发掘内蒙古历史文化　服务"一带一路"建设研究丛书

朝 克 主编

# 蒙古族教育科学医疗文化与"一带一路"建设研究

The Study on Mongolian Education, Science,
Medical Culture and the Belt and Road Construction

布仁吉日嘎拉　仪德刚　代　钦　王风雷　等著

中国社会科学出版社

**图书在版编目（CIP）数据**

蒙古族教育科学医疗文化与"一带一路"建设研究／布仁吉日嘎拉等著．
—北京：中国社会科学出版社，2021.9
（发掘内蒙古历史文化 服务"一带一路"建设研究丛书）
ISBN 978 - 7 - 5203 - 8076 - 8

Ⅰ．①蒙… Ⅱ．①布… Ⅲ．①蒙古族—民族文化—文化史—研究—
中国 Ⅳ．①K281.2

中国版本图书馆 CIP 数据核字（2021）第 042027 号

| | | |
|---|---|---|
| 出 版 人 | 赵剑英 | |
| 责任编辑 | 张冰洁 | 侯聪睿 |
| 责任校对 | 杨 林 | |
| 责任印制 | 王 超 | |

| | | |
|---|---|---|
| 出 版 | 中国社会科学出版社 | |
| 社 址 | 北京鼓楼西大街甲 158 号 | |
| 邮 编 | 100720 | |
| 网 址 | http://www.csspw.cn | |
| 发 行 部 | 010 - 84083685 | |
| 门 市 部 | 010 - 84029450 | |
| 经 销 | 新华书店及其他书店 | |

| | |
|---|---|
| 印 刷 | 北京君升印刷有限公司 |
| 装 订 | 廊坊市广阳区广增装订厂 |
| 版 次 | 2021 年 9 月第 1 版 |
| 印 次 | 2021 年 9 月第 1 次印刷 |

| | |
|---|---|
| 开 本 | 710×1000 1/16 |
| 印 张 | 24.5 |
| 插 页 | 2 |
| 字 数 | 352 千字 |
| 定 价 | 139.00 元 |

凡购买中国社会科学出版社图书，如有质量问题请与本社营销中心联系调换
电话:010 - 84083683

# 总　　序

　　内蒙古自治区人民政府交办的重大委托课题"发掘内蒙古历史文化，服务'一带一路'建设"于 2017 年 10 月课题经费下拨后正式启动。

　　在课题经费下拨之前，根据内蒙古自治区主席布小林提出的："要坚定不移地以习近平总书记提出的新时代中国特色社会主义思想和关于'一带一路'建设的重要论述为指导，深入贯彻党的十九大和十九届二中、三中全会精神，认真贯彻落实习近平总书记提出的哲学社会科学工作要为党的路线方针政策及经济社会建设服好务的重要论述。要充分解放思想、求真务实、与时俱进，深入发掘内蒙古源远流长的历史文化与文明，充分发挥内蒙古政府交办的重大委托课题的示范引导作用，为党和国家工作大局及'一带一路'建设服好务。要从内蒙古地区自身优势出发，科学解读和阐释'一带一路'建设的核心内容、性质和目的及其现实意义，进而更科学、更有力、更积极地推动中俄蒙乃至延伸到欧洲各国的'一带一路'建设"以及她所指出的"该项重大委托课题要将对策研究、应用研究及理论研究紧密相结合，对策、应用研究要从内蒙古地区和'一带一路'建设的实际情况出发，要以该地区'一带一路'建设的重大理论和现实问题为主攻方向，深入实际和强化实证性研究，拿出具有重要决策参考价值和实践指导意义的对策性、应用性、实用性调研报告或研究成果。在基础研究和理论研究方面，要实事求是地发掘和充分反映内蒙古地区的历史文化与文明，进而为中华民族多元一体的历史文化与文明不断增添新的内涵，为内蒙古'一带一路'建设不断增加新的活力和生命力"等指导思想为主题，2017 年 3 月在内蒙古自治区人民政府办公厅（以下简称内蒙古政府办公厅）负责人的主持下，北京和内蒙古两地的相关专家学者在京首次召开课题工作会议。与会专家学者针对自治区主席提出的课题思路、课题内容、课题意义、课题框架、课题实施计划等展开了广泛而务实的讨论，随后将会议讨论稿交给了内蒙古政府领导。在这次召开的课题会上，初步做出如下几项决定：一是，由中国社会科学院民族文学研究所党委书记朝克研究员主持该项重大委托课题。二是，重大委托课题内部要分：（1）蒙古族与欧亚草原历史文化渊源；（2）元朝商贸往来与"一带一路"贸易畅通研究；（3）蒙古始源与中蒙俄"一带一路"地名考释；（4）蒙古族民俗文化与"一带一路"建设研究；（5）蒙古族文学艺术与"一带一路"建设研究；（6）内蒙古农牧业文化与"一带一路"建设研究；（7）蒙古族教育科学医疗文化与"一带一路"建设研究；（8）草原丝绸之路与呼伦贝尔俄侨历史文化研究；（9）内蒙古草原丝绸之路与中蒙俄经济走廊建设研究；（10）内蒙古语言文字与"一带一路"建设研究，共 10 个子课题。三是，根据参加该项重大委托课题专家们多年从事的科研工作实践及研究领域和专业特长，由中国社会科学院历史研究所青格力研究员、中央民族大学黄健英教授、内蒙古党校吉日格勒教授、中国社会科学院民族学与人类学研究所色音研究员、中央民族大学汪立珍教授、内蒙古社会科学院王关区研究员、内蒙古师范大学党委书记傅永春教授、呼伦贝尔学院院长侯岩教授、内蒙古社会科学院院长马永真研究员、内蒙古师范大学孟和宝音教授分别承担 10 项子课题的科研工作任务。四是，每个子课题要完成一部科研专著，同时还要写一份同研究课题相关的政策对策调研报告或相关政策对策性建议。并要求政策对策性调研报告或相关政策对策性建议要在课题启动后的第一年年底完成，课题专著类研究成果要在课题启动后的第二年年底完成。五是，该项重大委托课题在下拨经费后两年内完成。六是，课题总负责人同子课题负责人签署课题合同责任书。七是，课题的日常事务性工作、各子课题间的相互协调、各子课题组在内蒙古地区开展调研或资料搜集时协助提供各方面的方便条件、政策对策建议及调研报告的撰写工作、课题《工作简报》的编辑工作等均由内蒙古自治区研究室（参事室）来负责。该项课题在正式启动之前，课题组核心成员及各子课题负责人先后召开两次工作会议，主要是进一步讨论第一次课题工作会议上拟定的课题实施计划及相关内容，以及如何更好、更快、更高质量地按计划完成各项子课题科研工作任务等方面的事宜。在广泛而反复讨论的基础上，最后对于课题实施计划及要求做出了明确规定，其规定基本上保持了第一次课题工作会议上拟定的事项和内容，只是对有关子课题题目和相关子课题负责人做了必要调整。

内蒙古自治区人民政府交办的该项重大委托课题经费于 2017 年 10 月份下拨到各子课题负责人所属部门的账号，从此各子课题组开始正式启动了各自承担的科研工作。2018 年 7 月，各子课题组基本上都撰写完成了各自承担的对策研究报告。其中，有的课题组完成了两份对策调研报告。而且，调研报告经课题组负责人会议讨论通过后，第一时间交给内蒙古自治区研究室（参事室）进行审阅。随后，根据内蒙古自治区研究室（参事室）提出的建议，将这些对策研究报告，分别交给中央党史和文献研究院及中国社会科学院从事政策对策研究的资深专家进行审阅。各子课题组根据审阅和审读专家提出的意见，对政策研究报告做了必要修改和补充，同时淘汰了个别审阅未通过的政策研究报告。最后将 10 个子课题组审阅通过并进行修改补充的 13 篇对策研究报告，合订成 30 余万字的《内蒙古自治区人民政府重大委托课题"发掘内蒙古历史文化，服务'一带一路'建设"之对策研究报告》，交给了内蒙古自治区研究室（参事室）。

各子课题组承担的科研工作，也基本上按计划于 2019 年年底完成了田野调研、资料搜集整理和分析研究、撰写课题成果专著等方面的工作任务。在这里，有必要说明的是，由于两位子课题组负责人的先后去世，以及一些子课题组负责人工作岗位、工作部门、工作性质的变动和调整，加上有些子课题组负责人所承担的行政管理工作或其他科研管理工作过重而很难拿出一定时间主持该项课题等原因，在具体实施这一重大委托课题的实践中，对有关子课题组负责人做了及时调整和补充。另外，也有个别子课题组核心成员由于所承担的其他各种科研工作任务过重等原因，自动申请退出了该项课题。所有这些，给内蒙古政府交办的重大委托课题的顺利推进带来了一定困难。但在内蒙古自治区研究室（参事室）领导和相关人员的积极协调和帮助下，在课题组负责人及所有课题组专家学者的共同努力下，除了极个别的子课题组没有按时完成课题成果的撰稿工作之外，绝大多数子课题组均按时提交了作为课题研究成果的初步定稿。

在这里，还需要交待的是，课题总负责人同内蒙古自治区研究室（参事室）负责人共同商定后，在课题进行的过程中根据一些子课题组负责人的变化与变动，重新调整了第三、第八及第十子课题组负责人。重新调整后的这三个子课题组负责人分别是蒙古国国立大学的超太夫博士（第三子课题书稿补充修改完成人）、呼伦贝尔学院的斯仁巴图教授（第八子课题负责人）、中国社会科学院民族文学研究所的朝克研究员（第十子课题负责人）等。其中，蒙古国国立大学的超太夫博士主要在相关专家的协助下，负责完成其父亲内蒙古党校吉日格勒教授基本成型的课题研究书稿。以上子课题组负责人的及时调整，对于该项重大委托课题的顺利推进产生了积极影响和作用。另外，还根据该项重大委托课题的指导思想及科研任务、研究内容，将第八子课题题目改为"内蒙古草原旅游文化与'一带一路'建设研究"。依据课题工作安排，将初步完成并提交上来的各子课题组书稿，全部送交中国社会科学院、内蒙古社会科学院、内蒙古大学、内蒙古师范大学的相关专家进行审阅。对于各子课题组完成的书稿，审阅专家们提出了不同程度的修改意见。然而，从2019年年底至2020年年中的半年多时间，受新冠肺炎疫情影响，一些子课题组对审稿专家提出的书稿修改所需的补充调研工作未能按计划推进。这期间，各子课题组根据现已掌握的第一手资料也做了一些补充和修改，但一些具体数字还需要经过再次补充调研才能够进一步完善。疫情得到基本控制后，子课题组专家学者在第一时间对于书稿修改内容做了补充调研，并在较短时间里完成了课题书稿的修改完善工作。其实，从 2019 年年底到 2020 年 9 月，该项重大委托课题的各子课题组又将修改补充的书稿，在不同时间段内分别让不同专家学者反复审阅 2—3 次。而且，审阅专家学者都从各自的角度提出不少意见和修改建议。最后，于 2020 年 9 月至 10 月，把审阅通过并修改完善的书稿先后交给了中国社会科学出版社，顺利进入了出版阶段。

内蒙古政府交办的该项重大委托课题在具体实施的两年多时间里，各子课题组负责人和参加课题研究的专家学者，先后用汉文和蒙古文公开发表 41 篇学术论文，在中蒙俄 "一带一路" 沿线地区开展 37 次实地调研，并在北京、呼和浩特、海拉尔及蒙古国的乌兰巴托等地先后召开 14 次不同规模、不同内容、不同形式、不同层面的大中小型学术讨论会、专题讨论会、学术报告会等。与此同时，还内部印发四期课题《工作简报》，主要报道课题组负责人工作会议、子课题组负责人的变动和调整、整个课题工程的推进、各子课题组承担的科研工作进度、各子课题组取得的阶段性成果及发表的论文或相关文章、不同规模和内容的课题学术讨论会及课题推进会、国内外进行的学术考察和田野调研、课题进行中遇到的问题或困难等方面的内容。另外，内蒙古自治区研究室（参事室）还先后印制了四本约 200 万字课题阶段性研究成果汇编及资料汇编。所有这些，对于整个课题的顺利推进产生了极其重要的影响和作用。

众所周知，从元代以来的 "丝绸之路" 到当今新时代强有力推进的 "一带一路" 建设的漫长历史岁月里，内蒙古作为通往俄罗斯和蒙古国乃至通向欧洲各国的陆路商贸大通道，为欧亚大陆国际商贸往来、商业活动、商品交易、文化交流发挥过并一直发挥着极其重要的作用。特别是，当下内蒙古对外开放的边境口岸，已成为我国对外开放和

"一带一路"建设的重要枢纽。根据我们现已掌握的资料，内蒙古草原边境地区有 19 个对外开放的口岸，关系到内蒙古边境陆路口岸和国际航空口岸的地区共有 14 个旗（市）及呼和浩特市和呼伦贝尔市。其中，发挥重要枢纽作用的是，对俄罗斯开放的满洲里口岸和对蒙古国开放的二连浩特口岸，以及呼和浩特、海拉尔、满洲里 3 个国际航空口岸等。所有这些，给元代以后兴起的草原"丝绸之路"远古商业通道注入了强大的活力和生命力，并肩负起了以中蒙俄为主，包括欧洲各国的商贸活动和经贸往来，乃至承担起了东西方文化与文明交流的重要使命。正因为如此，从草原古"丝绸之路"到新时代"一带一路"建设这一条国际商贸大通道上，内陆地区的商人同俄罗斯和蒙古国的商人之间，建立了互敬互爱互信互勉互助的友好往来和深厚友谊。尤其是，内陆地区的商人同生活在草原"丝绸之路"与"一带一路"通道上的内蒙古各民族之间，建立了不可分离、不可分割的商贸合作关系和骨肉同胞关系。所有这些，毫无疑问都表现在他们的你中有我、我中有你的历史文化与文明，乃至他们的经济社会、生产生活、风俗习惯、语言文字、思想教育、伦理道德、宗教信仰等方方面面。也就是说，从草原古"丝绸之路"到新时代"一带一路"建设的漫长历史进程中，他们的相互接触、互相交流、思想沟通变得越来越深，进而对于彼此的影响也变得越来越广。其中，语言文化方面的相互影响更为明显。

我们在该项重大委托课题里，从历史学、地理学、地名学、社会学、经济学、政治学、文化学、语言文字学、教育学、民族学、民俗学、文学艺术、外交学、宗教学等角度，客观翔实地挖掘整理和分析研究了内蒙古草原对古"丝绸之路"的作用和贡献及在新时代"一带一路"建设中如何更好地发挥作用、蒙古汗国和元朝时期古"丝绸之路"商贸往来与内蒙古"一带一路"贸易畅通之关系、古"丝绸之路"上的蒙古族与欧亚草原历史文化的渊源、内蒙古草原古"丝绸之路"对亚欧大陆历史进程的影响、蒙古族游牧文化与中蒙俄"一带一路"农牧业和生态合作关系、蒙古族科教医疗事业的发展对于"一带一路"建设的贡献、内蒙古地区蒙古族民俗文化与"一带一路"民心相通的内在合力、蒙古族文学艺术与"一带一路"建设的关系、内蒙古草原旅游文化对"一带一路"建设产生的重要推动作用、中蒙俄"一带一路"建设及语言文字资源的开发利用等学术问题。我们认为，从 13 世纪初开始，八个多世纪的人类历史的进程中，内蒙古地区对于草原古"丝绸之路"商贸往来发挥过极其重要的作用。在强有力地推动中国政府倡议的开放包容、和平发展、合作共赢，以及政治上高度互信、经济上深度融合、文化上广泛包容的"一带一路"建设的新时代，内蒙古草原作为欧亚大陆的大通道，在这关乎人类命运共同体、人类责任共同体的伟大工程及历史实践中，同样发挥着十分积极而重要的推动作用。

朝　克

2020 年 12 月

# 目　　录

# 前　　言

　　"一带一路"倡议是继承与发扬丝绸之路历史作用、实现中国梦的重大举措。"一带一路"倡议源自国家主席习近平2013年9月和10月出访中亚与东南亚国家时提出的"丝绸之路经济带"和"21世纪海上丝绸之路"。2015年3月，国家发展和改革委员会、外交部和商务部共同发布《推动共建丝绸之路经济带和21世纪海上丝绸之路的愿景与行动》。

　　"一带一路"是一个包容性、全球化的平台，为此国家设立了专门服务于"一带一路"建设的丝路基金，倡议成立了与"一带一路"建设相匹配的亚投行。"一带一路"为世界提供公共服务，是为全球资本流动服务的平台，更是包容性发展的平台。其愿景与行动明确提出，共建"一带一路"将秉承开放的区域合作精神，致力于维护全球自由贸易体系和开放型世界经济，旨在促进经济要素有序自由流动、资源高效配置和市场深度融合，推动沿线各国实现经济政策协调，开展更大范围、更深层次的区域合作，共同打造开放、包容、均衡、普惠的区域经济合作架构。现在，中国倡议已达成广泛的国际共识。截至2021年1月，全球171个国家和国际组织同中国签署共建"一带一路"合作文件，签署范围自亚欧大陆拓展至非洲、拉美和加勒比地区、南太平洋地区。正如世界银行原行长金墉所言，"'一带一路'倡议植根于古代丝绸之路的历史土壤，点亮的是未来世界发展的星空。它将推动跨境乃至跨大洲的融通，惠及世界大多数人口"。

　　蒙古族自元朝以来在科学技术方面做出过巨大贡献，涌现了许多著名的科学家和学者，显示出蒙古族卓越的智慧和才能。13世纪初，成吉思汗统一蒙古各部后在世界舞台异军突起，成吉思汗和他的继承者多次征服中亚、西亚等伊斯兰国家和地区，打通了中西文化交流的通道，大批阿拉伯人、波斯人和伊斯兰化的突厥人及有一技之长的工匠、科学家、天文学家、医学家随蒙古军队进入中国。元朝建立后，又有大批穆斯林知识分子、商人通过"丝绸之路"源源不断地进入中国。随着蒙古帝国的崛起，东西方的交往相比以前更加畅通无阻，连接东西方"丝绸之路"上的政治和交通障碍被扫荡一空，这个依靠战争建立起来的横跨欧亚大陆的超级帝国，成为连接东西方文化、科技、贸易的桥梁和纽带。

在"一带一路"沿线的中西文化交流历史上，蒙古族扮演了重要角色，他们打通了中西交流的道路，在发展自己科技文化的同时，也积极吸收其他民族和国家的科技文化，为中华民族科技文化发展和世界科技文化交流做出重要贡献。

# 第 一 章

## 蒙古族科学技术史研究的历史及展望

　　蒙古族科学技术史研究是蒙古学的重要组成部分。相对于一般的蒙古族历史、语言文学和艺术史来说，它是一门新兴学科，发展历史并不长，尚未成熟。在蒙古族科技史这个术语出来之前，人们对它的关注极少。蒙古学研究者们主要研究蒙古族的文学、艺术、政治、社会活动以及风俗习惯等，很少涉及科学技术方面的问题。但这并不等于蒙古族文学、艺术和历史活动中没有科学技术的元素。恰恰相反，蒙古族的文化生活、社会实践活动中蕴含着丰富的科学技术元素，只是由于历史原因，人们关注的落脚点侧重于传统的文学、艺术、军事、政治等。后来，受到国内外科技史研究的影响，学者们逐渐地涉足蒙古族科学技术史研究领域，有意识地挖掘蒙古族文学、艺术、风俗习惯等领域中的科学技术因素，也对现存蒙古族建筑、天文图、天文历法以及蒙医药等问题展开广泛的研究。中华人民共和国成立以来，中国各少数民族获得民主、自由、平等的权利，其文化教育健康发展。特别是中国改革开放以后，少数民族文化教育、经济民生得到空前的发展。在这近半个世纪的时间里，蒙古族的天文历法、自然科学、建筑、医药卫生、畜牧技术等方面的科学技术史研究都取得了举世瞩目的丰硕成果，让世人看到蒙古族科学技术的悠久历史和丰富内涵。这期间，李迪、盖山林等学者的一系列有关蒙古族科学技术史的论著，如《蒙古族科学家明安图》（李迪）等，开始引起广泛关注。20世纪90年代李汶忠的《中国蒙古族科学技术史简编》问世，这是我国第一部关于蒙古族科学技术史的整体性研究著作，为后续研究提供了范式和启示。2006 年，李迪的《蒙古族科学技术简史》问世，这是基于中国"二十四史"和相关历史典籍等雄厚的原始文献而完成的力作，是为蒙古族科学技术史研究事业奉献的宝贵财富。李迪还组建了蒙古族科学技术史研究团队，在国内外产生积极影响。2008 年，旺其格的《蒙古族科学技术史·导论·数学》（蒙古文）问世，在广大蒙古文读者中产生较大影响。除此之外，研究者们还发表了大量研究蒙古族科技史的论文，出版了《蒙古学百科全书·科技卷》和《蒙古族名人录·科技卷》，推动蒙古族科学技术史研究走上规范化的学科建设轨道。

# 第一节　蒙古族科学技术史研究对象

历史上，蒙古族虽然没有建立独立、系统的科学命题和定律，但他们在生活实践中广泛地应用科学技术知识。他们创造科学技术知识的同时，也从汉族、藏族、维吾尔族等其他民族吸收了不少科学技术知识，使之成为民族文化的有机组成部分。蒙古族创造了具有自己特色的数学、天文历法、医学和建筑技术。蒙古族科学技术史研究就是一门研究蒙古族创造和运用科学技术知识的历史及其规律的学问。研究对象大致包括蒙古族传统科学技术、蒙古族科学技术历史人物、蒙古族科学技术研究的组织者、蒙古族科学技术与蒙古族文化的关系、蒙古族在科学技术领域与其他民族的交流。

## 一　蒙古族传统科学技术

任何民族都要与物质世界打交道，以解决衣、食、住、行等实际问题，这就需要渔猎、畜牧和农业生产，建造住宅，缝织衣服，进行物质交流和运输等。人类在这些活动中积累了经验，有些还会上升到规律性的认识。蒙古族也同样由狩猎生活转向游牧生活，一部分蒙古族再由纯游牧生活转向半农半牧生活，甚至转向纯农业生活。

无论是狩猎、游牧还是半农半牧的生活方式，都离不开衣、食、住、行的问题。首先，"食"的问题占据首要地位。在解决"食"的问题的历史过程中，蒙古族人民探索和总结出狩猎技术、家畜饲养管理思想和方法、食品加工和储存方法、农业技术等，掌握了与"食"相关的科学技术知识。其次，"住"的问题与生存息息相关。住所的选择、建造等都与生存及自然环境的适应等有关。蒙古族祖先最早以洞穴为住所，又发展到半洞穴半棚的住所，后来逐渐地发展到蒙古包或蒙古帐篷。再次，"衣"是指在长期与自然的斗争中发展起来的蒙古族的独特服装。最后，"行"在狩猎、游牧、农业生产、军事活动、生产活动、宗教仪式、体育运动、艺术创造等方面无处不在。总之，上述衣、食、住、行并不是盲目的，蒙古族在漫长的历史发展过程中，为了适应自然环境，在与其他民族的冲突与交流中占据有利地位，不断观察和探索自然现象，总结出自然规律。

在这一过程中，蒙古族的科学技术得到不同程度的发展。例如，注意观测天象，认识季节更替的周期性、月亮盈亏周期与一年的关系、草木荣枯的周期变化、恒星随天体的运动，尤其是一些特殊星座如北斗星斗柄指向的变化等，这就产生了早期的天文学。为了解决日常生活、农牧业生产、天文历法的制定以及战争等的需要，就要计数、画图，并观察某些规则型物件，于是出现早期计数方法，形成某些图形观念，数学随之诞生。为了个体的存活与恢复健康，必然要同疾病做斗争，寻找产生疾病的原因，总结治疗方法和一些动植物或其某些部位对疾病的疗效等，原始的医药学开始形成。再如，打猎和战争中，弓箭技术得到发展。它又需要选择材料与加工技术。又如，"衣"和"住"的需要促进了皮毛加工、建筑技术的发展。衣、食、住、行需要工具，工具需要金属冶炼与加工、木材加工等技术。这些都有利于促进数学、天文历法、物理、化学、生物、医学、建筑等科学技术的发展。

## 二 蒙古族科学技术专家的研究

蒙古族是具有悠久历史和灿烂文化的民族，具有创造性的智慧。首先，在历史长河中出现了很多著名的科学家，如明安图、李四光、萨本栋、旭日干等。有的蒙古族科学家是在蒙古族传统科学技术领域中取得科学技术成就的；有的科学家是在蒙古族传统科学技术的基础上，在与其他民族的交流中或接受近现代科技教育后取得科研成就的。如明安图、李四光等蒙古族科学家的成就，具有全国性甚至国际性的影响。其次，其他民族的科学家和科技管理人员对蒙古族传统科学技术发展做出的贡献也是不容忽视的。

## 三 蒙古族科学技术交流史研究

蒙古族科学技术是在与不同民族、文化的长期交流中形成的。首先，从中华民族大家庭的视角看，在蒙古族科学技术发展史上，除蒙古族科学家外，其他民族也为蒙古族科学技术发展做出了重要贡献。这方面的研究成果有些是由个人完成的，如蒙古文字的创立；有些是由几个民族合作完成的，如在蒙古族传统的天文历法、医学、语言文字中都能看到其他民族文化的影子，汉族、藏族、维吾尔族等都对蒙古族科学文化的发展产生过积极影响。同时，蒙古族的传统文化知识对其他民族文化的发展也产生了重大影响。其次，考察蒙古族科学技术史时，不能把注意力仅仅放在中国范围内，还要从世界视角来审视蒙古族科学技术交流史。除挖掘整理正史的文献典籍外，还可以关注探险家、旅行家的游记，它们可能提供更有价值的线索。最后，关注考古发现的成果，为蒙古族科学技术交流史研究提供有益的信息。

## 四 蒙古族科学技术组织者及科技政策研究

中国历史上，元朝蒙古族统治者对科学技术产生过重要影响。这主要体现在两方面：一是统治者的科学技术政策，二是批准大型科研项目。元世祖忽必烈在这两方面都做出过杰出的贡献。他热衷科学技术事业，制定了一些有利于科学技术发展的政策，尊重知识，尊重人才，把一批高水平的各族科学家调到朝廷，还亲自批准十几个科研项目，[①] 使元代的科学技术水平迅速提高。宋元时期是中国古代科学技术发展的高峰时期，忽必烈的领导和组织对元代科学技术的发展起到至关重要的作用。

除统治者外，科学技术活动组织者也做出过重要贡献。中国古代，有的科学家既是科学研究者，又是科学技术活动的组织者和管理者，如清代的明安图。

### 五　蒙古族文化与科学技术的关系

科学技术是蒙古族文化的有机组成部分。蒙古族科学技术的发展与其文化有着千丝万缕的关系。蒙古族文化土壤中孕育出科学技术知识，同时科学技术也促进了文化发展。因此，对蒙古族科学技术史的研究，不能单纯地研究科学技术成就，还需要研究科学技术成就与文化之间的关系。

### 六　蒙古族科学技术史的研究

对蒙古族科学技术史的研究，属于史学范畴，是学术史或编史学的研究。迄今为止，国内外学者对蒙古族科学技术史的研究取得了丰硕成果，对这些研究本身进行系统而深入的探讨也是非常必要的。

可以将蒙古族科学技术史研究简单地分为蒙古族古代科学技术史研究和蒙古族近现代科学技术史研究两部分。在蒙古族古代科学技术史研究方面，出现了《蒙古秘史》中的科技史料、蒙古族统治者的科技管理思想、医药卫生、饮食制作、建筑、人物研究等方面的著作。

---

① 李迪：《忽必烈在我国科学发展中所起的促进作用》，《内蒙古社会科学》1980 年第 1 期，第 39—41 页。

相比之下，对蒙古族近现代科学技术史的研究似乎滞后于科学技术发展，只停留在宣传报道的水平上，对李四光、萨本栋、旭日干等科学家以及改革开放后出现的一大批蒙古族科学家的实质性研究还没有全面展开。这是蒙古族近现代科学技术史的研究课题，需要引起全社会的广泛关注。现代蒙古族科学技术与传统在研究对象、存在形态、科研环境、社会地位、研究特点、历史条件等方面发生了根本变化。对现代蒙古族科学技术史进行研究，要考虑这些客观情况，总结出其特点。另外，对现代蒙古族科技人才群体的形成与国家民族教育政策、蒙汉教育措施和蒙古族用汉语接受基础教育等的内在联系的研究，也是一项重要的课题。

### 七 蒙古族科学技术史教育研究

蒙古族科学技术史教育是科学技术史研究的重要内容，在以往的研究中，学者们关注得不多。

1949 年前的蒙古族科学技术史教育研究，这方面成果鲜见，如《清嘉庆末前关于满蒙天算人才的培养》①。王风雷在其著作中间接地透露出古代和近代蒙古族科学技术教育的情况②，但是没有专门论述。中华人民共和国成立以来，党和政府培养了大批的蒙古族科学技术人才，这与民族教育政策和具体措施有直接的关系，但是从科学技术史角度对 70 多年以来的民族教育的研究较少，将此作为重点课题来研究势在必行。

科学技术史教育包括两个方面：其一，在高校为培养专业人才进行科学技术史专业教育，如一般的科学技术史、数学史、物理学史、化学史等学科史的教育；其二，科学技术史的科普教育，包括两个方面：在高校开展科学技术史的通识教育和在中小学开展的科普教育。

---

① 李迪：《清嘉庆末前关于满蒙天算人才的培养》，载李迪主编《中国少数民族科技史研究》（第四辑），内蒙古人民出版社 1989 年版。

② 王风雷：《蒙古族全史·教育卷》（上、下），内蒙古大学出版社 2013 年版。

在蒙古民族地区科学地开展蒙古族科学技术史教育是一项十分必要的工作。如何把科学史的学术形态转变为教育形态、甄选蒙古族科学技术史内容并与其他学科协调、培育蒙古族科学技术史教学人才、实现高校专家与中小学教师对接、在学校教科书和校本课程中融入蒙古族科学技术史内容等，皆为亟待研究的现实问题。如果没有有效实施这些研究，蒙古族科学技术史教育的健康发展则无从谈起。

总之，蒙古族科学技术史的研究内容非常丰富，为了便于表述，本书将研究对象大致分为上述七项。在实际研究中，这些研究对象往往互相交杂，难以分开，因此，需要在广阔的视野下以蒙古族科学技术史的整体为基础开展研究，不能孤立地考虑问题，防止顾此失彼。

## 第二节　蒙古族科学技术史研究现状及其特点

中华人民共和国成立前，对于蒙古族科学技术史的研究寥寥无几。即使有一些成果，也不是从蒙古族科学技术史视角研究的，而是从其他学科的角度进行研究。例如，张穆的《蒙古游牧记》对蒙古地理方位等进行了调查研究。① 再如，卓宏谋的《蒙古鉴》研究了蒙古族的地理、建筑等内容。② 又如，李俨研究了蒙古族科学家明安图的著作《割圆密率捷法》。③

中华人民共和国成立后，在中国共产党的正确领导下，蒙古族的科学技术文化遗产逐渐受到人们的尊重和重视，蒙古族科学技术史研究工作逐步展开，研究领域和研究队伍不断壮大，取得了丰硕成果。

---

① （清）张穆：《蒙古游牧记》，张正明、宋举成点校，山西人民出版社1991年版。
② 卓宏谋：《蒙古鉴》，北京琉璃厂公慎书局1919年版。
③ 李俨：《明清算家之割圆术研究》，《科学》1927—1928年第12卷第11期—第13卷第2期。

可从两个方面考察研究现状及其特点：一方面，从研究领域进行概括；另一方面，从研究方法上进行归纳。

## 一　通史性研究成果

从宏观上对蒙古族科学技术史进行整体性研究是一件非常困难的事。学者经过长年累月的钻研才能进入通观全局的境界，达到通史性的目标。目前，被学术界认可的通史性研究只有两项，即李汶忠的《中国蒙古族科学技术史简编》（科学出版社 1990 年版）和李迪的《蒙古族科学技术简史》（辽宁民族出版社 2006 年版）。李汶忠在著名语言学家和民族教育家马学良的指引下，"不舍昼夜，孜孜以求，除博览群书、阅有关历史文献外，还佐以出土文物，剖析研究，并深入少数民族地区进行调查和搜集资料，期年写出《中国少数民族科学技术史》第一部《中国蒙古族科学技术史简编》"①。作为一部开拓性著作，李汶忠的《中国蒙古族科学技术史简编》无论是在典籍文献的挖掘、前人研究成果的应用还是研究思路和方法方面，都为后续研究提供了范式。李迪在几十年"勤能补拙，持之以恒，专心致志，老实做人"（简称"勤、恒、专、实"，这是他的座右铭）治学精神的指导下，研读宏富的典籍，发现新的史料，撰写多篇论文，为人们提供了新颖的研究思路，展现了广阔的前景。

## 二　人物研究

蒙古族科学技术发展史的主角是人，离开了人，这种历史不可能存在。人物研究在蒙古族科学技术史研究中具有重要地位，它在很大程度上决定了研究的走向。蒙古族科学技术发展的历史长河里出现了很多杰出人才，他们不仅对本民族的发展做出重要贡献，也为中华民族的发展做出积极贡献。迄今为止，对他们的研究颇多，有些是研究

---

①　李汶忠：《中国蒙古族科学技术史简编》，科学出版社 1990 年版，"序"。

单独一个人的，有些是介绍科学家群体的，这里不能一一列举，仅列具有代表性的几项。

首先，对蒙古族单个科学家的研究应该是李迪的《蒙古族科学家明安图》（内蒙古人民出版社 1978 年版）。李迪基于广泛的历史文献详细介绍了明安图的生平和科学研究贡献。他关于明安图的论文被翻译成蒙古文收录到 1979 年出版的高中蒙古文课本中，其他论著被翻译到蒙古国等。李迪发表了大量研究明安图的论文，如《我国 18 世纪少数民族大数学家——明安图及其数学成就》（1960 年）、《明安图在我国地图测绘方面的贡献》（1963 年）、《明安图成功的社会背景》（1992 年）、《新发现的〈割圆密率捷法〉》（1996 年）。这里值得一提的是，罗见今对明安图的研究成果引起国内外学界的关注。他的《〈割圆密率捷法〉译注》是对明安图巨著的现代解读，是一项重大工程。罗见今指出，明安图的《割圆密率捷法》"在中国数学史上宣告了无穷级数新学科的诞生，并叩响了变量数学的大门"[①]。罗见今还发表了《明安图是"卡塔兰数"的首创者》（1988 年）的重要文章。总之，对明安图的研究成果丰富，阿拉腾花、张继霞、巴拉吉尼玛也搜集整理并出版了这些成果，如《蒙古族科学巨星——明安图》（内蒙古人民出版社 2010 年版）。

蒙古国学者阿·达木廷苏荣参考李迪研究成果和其他中文文献，出版专著《明安图传》[②]，在蒙古国产生一定影响，但是中国学者了解得少。

单个科学家的研究成果，如纳古单夫、那林高夫的《特睦格图传》（内蒙古科学技术出版社 1989 年版）是一部介绍蒙古族近代出版家特睦格图的著作。李迪介绍忽必烈科学管理思想和蒙古族科学家拉锡的论文，李汶忠研究蒲松龄对科学技术的贡献等论文，也有重要的参考价值。在几十年的报刊上也有关于蒙古族科学家旭日干等的大量报道。

---

① 罗见今：《〈割圆密率捷法〉译注》，内蒙古教育出版社 1998 年版，第 15 页。
② 阿·达木廷苏荣：《明安图传》，蒙古国科学院出版社 1978 年版。

其次，在科学家群体的研究和介绍方面，张继霞、巴拉吉尼玛的《蒙古族科学家》（蒙文版，远方出版社 2005 年版）也产生了广泛的科普教育影响。

即将出版的《蒙古学百科全书·科技卷》（原主编为已故李迪先生，现任主编为郭世荣，副主编为代钦）和《中国蒙古族名人录·自然科学卷》（执行主编为代钦、那顺巴图、乌尼日夫）在全国范围内尽可能地收集了关于蒙古族科学家的信息。这些都为蒙古族科学家的研究提供了基本信息。

### 三　数学与天文历法史研究

数学与天文历法是蒙古族科学技术史研究的传统课题。蒙古族在历史上没有创造出系统的数学概念和公理系统，也没有创造出系统的天文历法理论，但是这并不说明他们没有自己的数学和天文历法知识。他们的数学和天文历法知识有些是在生存和发展过程中独立形成的，有些是在与其他民族的交流中学习吸收的。另外，蒙古族的数学知识可能蕴含在文学艺术和传统游艺活动中，与天文历法混杂在一起。从记载语言方面讲，我们经常参考的是汉文、蒙古文，但实际上记载蒙古族数学和天文历法知识的还有俄文、阿拉伯文、波斯文、法文、德文、英文和日文等。就这方面而言，蒙古族科学技术史研究也是一项国际性课题。自中国改革开放以来，有关蒙古族数学、天文历法的研究成果如雨后春笋般地展现在世人面前。它大致分为三类：一是历史经典的解读和研究；二是通史性研究；三是小专题的研究。

首先，关于历史经典的解读，有斯登等校注的《天文原理》（蒙古文，内蒙古科学技术出版社 1990 年版）和罗见今的《〈割圆密率捷法〉译注》（内蒙古教育出版社 1998 年版）。其中，《〈割圆密率捷法〉译注》及其研究是一项重大项目，在国内外学术界产生重要影响。

其次，关于通史性研究，旺其格的《蒙古族数学史》（蒙古文，辽宁民族出版社 2009 年版）和《蒙古族科学技术史：天文历法》（蒙古文，内蒙古人民出版社 2007 年版）两部著作在参考前人研究成果以及国外文献的基础上完成。由于用蒙古文撰写，它们在广大的蒙古族同胞中产生积极的科普效应。

最后，小专题研究方面也出现不少成果，如代钦的《蒙古族传统生活中的数学文化》[《内蒙古师大学报》（哲学社会科学版）1996 年第 2 期]，萨仁图雅的《蒙古"朱尔海"四则运算》[《中国少数民族科技史研究》（第二辑），1988 年]，王艳玉的《明安图及其〈割圆密率捷法〉研究史》[《中国少数民族科技史研究》（第三辑），1988 年]，斯登、苏瓦迪、萨仁图雅的《蒙古族"朱尔海"中的数理内容》[《中国少数民族科技史研究》（第一辑），1987 年]等，均有一定的参考价值。

蒙古国学者也有一些研究成果，如巴·巴图吉日嘎拉在发表系列论文的基础上出版了专著《古代蒙古的数学》（上）。[①] 它在简要介绍蒙古族文化发展的基础上，介绍了蒙古族的数数、记数、数的位值制、度量衡、民间计算法、"朱尔海"的四则运算、古代数学和天文历法知识、几何学知识、三角函数知识、日月食等，涉及的知识领域较广。

**四　蒙医史研究**

蒙医在蒙古族科学技术中占有重要地位。它是蒙古族在长期的医疗实践中逐渐形成与发展起来的传统医学，历史悠久，内容丰富，是蒙古族的智慧结晶。蒙医与藏医有千丝万缕的关系，但是它具有鲜明的民族特色和地域特点。比起其他领域，蒙医的研究内容和研究成果最丰富、最深奥。蒙医的研究现状分为三类：一是对历史经典的诠释、翻译及研究；二是通史性研究；三是对某课题的单独研究。

首先，在蒙古族科学技术史研究中最突出的是对蒙医经典著作的诠释、翻译和研究。目前，"蒙古族历史文化经典文库·医药系列"35 种（内蒙古科学技术出版社 2015 年版）和"蒙古族历史文化经典文

---

① ［蒙古］巴·巴图吉日嘎拉：《古代蒙古的数学》（上），蒙古国科学院出版社 1976 年版。

库·名老蒙医医案系列"20 种（内蒙古科学技术出版社 2012 年版）出版，这是一项宏大的工程，对今后学习、研究和应用蒙古族科学技术奠定了坚实的基础。

其次，通史性研究方面，首推巴·吉格木德的《蒙医简史》（蒙古文，内蒙古科学技术出版社 1985 年版），该书在国内外产生一定影响，有日文版。另外，《巴·吉格木德学术著作选集》（共 9 本，《蒙医学史研究论文集》《蒙医学基础理论研究论文集》《蒙医学文献研究论文集》《蒙医学基础理论》《蒙医学简史》《蒙医学史》《蒙医学史与古籍文献学研究》《蒙医学史与文献研究》《蒙医学基础理论研究》）是巴·吉格木德用毕生心血铸造的鸿篇大作，有极高的理论价值和现实意义。还有金巴图、哈斯格日勒的《蒙医药史概略》（蒙古文，内蒙古科学技术出版社 1996 年版）和包额尔很巴图的《蒙医史研究》（蒙古文，辽宁民族出版社 2018 年版）等也是有参考价值的著作。

最后，关于蒙医历史的研究论文非常多，如德力格玛的《〈智慧之源〉蒙医名词术语研究》（中央民族大学博士学位论文，2015 年）、刘同洲的《蒙医药学著述出版研究》（安徽大学硕士学位论文，2018 年）等，这里不赘述。

## 五　建筑史研究

蒙古族传统建筑主要有蒙古包和寺庙建筑。提起蒙古族建筑，人们会很自然地联想到蒙古包。蒙古包是蒙古族传统生活中最重要的生活场所，它有着悠久的历史，是蒙古族文化的符号之一。蒙古族的寺庙建筑在蒙古族的日常生活中具有重要地位，有着 700 多年的历史。蒙古包和寺庙建筑承载着蒙古族丰富的历史信息与文化内涵，甚至可以说蒙古包是蒙古族的一个文化符号。从起源、地理环境、制作工艺、艺术创作、方位分析、风俗习惯、生态文化等方面对蒙古包历史进行研究，成果丰硕。

　　首先，在著作方面，蒙古包历史、结构和制作技术方面的著作有郭雨桥的《细说蒙古包》（东方出版社 2008 年版）、赵迪的《蒙古包营造技艺》（安徽科学技术出版社 2013 年版）等。尤其是郭雨桥的著作广为人知，有蒙古文和汉文两种版本，既有学术价值，又有科普宣传教育作用。

　　其次，学位论文方面有乌恩宝力格的《蒙古包传统制作调查研究》（内蒙古师范大学博士学位论文，2012 年），主要对锡林郭勒盟的蒙古包历史及其制作技术进行调查研究。近 10 年，关于蒙古包历史文化等研究的硕士学位论文产生了十余篇，分别如下。

　　1. 兴安：《传统蒙古包的建筑元素及民俗文化研究》，天津大学硕士学位论文，2016 年。

　　2. 张聪超：《蒙古包的地域特色及可持续发展研究》，内蒙古农业大学硕士学位论文，2014 年。

　　3. 于兰君：《蒙古族传统建筑文化在松原地区建筑设计中的应用研究》，吉林建筑大学硕士学位论文，2015 年。

　　4. 杨卓：《内蒙古民族特色建筑风格的创新与研究》，天津科技大学硕士学位论文，2010 年。

　　5. 孙乐：《内蒙古地区蒙古族传统民居研究》，沈阳建筑大学硕士学位论文，2012 年。

　　6. 乌仁图雅：《蒙古包艺术的象征性》，内蒙古师范大学硕士学位论文，2012 年。

　　7. 高学勤：《传统蒙古族建筑元素在现代类蒙古包设计中的体现》，内蒙古农业大学硕士学位论文，2010 年。

　　8. 张彤：《蒙古包物质文化研究》，内蒙古大学硕士学位论文，2008 年。

　　9. 郝佳音：《满族、朝族、蒙族传统民居居住形式的比较研究》，东北师范大学硕士学位论文，2006 年。

　　10. 王紫萱：《古代蒙古族生态文化研究》，兰州大学硕士学位论文，2006 年。

11. 马冬梅：《毡帐建筑及其意义研究》，内蒙古大学硕士学位论文，2006 年。

12. 刘铮：《蒙古族民居及其环境特性研究》，西安科技大学硕士学位论文，2001 年。

从学位论文的学校分布看，外省区高校论文占一半，表明蒙古族科学技术史研究在全国很多地方都在进行，这是难能可贵的事情。

再次，论文方面较有影响的是关晓武、李迪的《蒙古包的源流、制作工艺与文化内涵》[《广西民族大学学报》（自然科学版）2009 年增刊]，满珂的《蒙古包：神圣、世俗与科学的混合空间》[《中南民族大学学报》（人文社会科学版）2003 年第 4 期]，马冬梅和任玉凤的《蒙古包建筑：生活技术和文化符号》[《广西民族大学学报》（自然科学版）2009 年增刊]，金光、高晓霞、郑宏奎的《传统蒙古包木结构研究——传统蒙古包木构件及拆装特征研究》（《内蒙古农业大学学报》2010 年第 1 期）等，都是具有研究价值的成果。

最后，外国学者对蒙古族传统建筑的研究成果也不容忽视。蒙古国的达·迈达尔、拉·达力苏荣的《蒙古包》从人类学、地理学、气象学、考古学等多视角对蒙古包的历史变迁、建筑学原理、结构特点、文化内涵等进行了深入系统的研究。[1] 蒙古国的巴·巴达拉胡、达·奥都苏荣的《蒙古包解释辞典》是极为重要的工具书，详细介绍了蒙古包的历史变迁、结构特点、部件名称及其功能、制作方法等问题。[2]

20 世纪 30 年代，日本学者多田文男在《满蒙学术调查研究团·第一次满蒙学术调查研究团报告（第三部）》中详细记载了赤峰东翁牛特贝子府的蒙古包的结构以及蒙古族人民逐渐从居住蒙古包到土房的变

---

① ［蒙古］达·迈达尔、拉·达力苏荣：《蒙古包》，楚勒特木、仁钦宁布转写，内蒙古文化出版社 1987 年版。

② ［蒙古］巴·巴达拉胡、达·奥都苏荣：《蒙古包解释辞典》，"TEPE" XXX-D，2016 年。

迁情况，均用照片对比方法展示了这一变迁情况。①

20 世纪 60 年代，苏联学者也对蒙古族建筑进行了研究，多数成果在考古报告中出现。例如，吉谢列夫等学者对古代蒙古城市进行挖掘，发现了哈拉和林的宫殿，并对其宫殿建筑、宗教建筑进行介绍，论述了宗教建筑的人文蕴涵。②

## 六　饮食文化研究

蒙古族的传统饮食大致有四类，即面食、肉食、奶食、茶食。通常，蒙古族称肉食为"红食"，蒙语叫"乌兰伊德"；称奶食为"白食"，蒙语叫"查干伊德"（纯洁、吉祥、崇高之意）。它们具有悠久的历史及独特的制作方法和技术，追求丰富的营养和健康价值，也在蒙古族饮食文化向现代转型发展中扮演着重要角色。关于蒙古族传统饮食制作技艺及其转型开发的研究引起人们的关注。人们不仅关注其历史本身，更关注将蒙古族传统饮食制作技艺转化为现代应用和产品开发等方面。

首先，在历史经典解读方面，代表性著作有李春方译注的（元）忽思慧所著的《饮膳正要》（中国商业出版社 1988 年版）。该译注对人们了解和研究蒙古族在元朝时期的饮食文化起到积极作用。

其次，关于蒙古族饮食文化历史研究的著作有散普拉敖日布的《蒙古族饮食文化》（蒙古文，辽宁民族出版社 1997 年版），裴聚斌、桂小平的《蒙古族饮食图鉴》（内蒙古人民出版社 2010 年版）和莎日娜的《蒙古族饮食文化》（内蒙古人民出版社 2014 年版）等。

再次，饮食文化历史研究的学位论文有王猛的《蒙古族传统饮食制作技艺研究》（内蒙古师范大学博士学位论文，2017 年）、金良的《蒙古族传统肉食加工技艺研究》（内蒙古师范大学博士学位论文，

① 满蒙学术调查研究团：《第一次满蒙学术调查研究团报告》（第三部），满蒙学术调查研究团事务所，1937 年。

② ［苏］C. B. 吉谢列夫等：《古代蒙古城市》，孙危译，商务印书馆 2016 年版。

2018年)、师丽丽的《蒙古族马奶酒技术发展的社会因素研究》（内蒙古大学硕士学位论文，2010年）。

最后，蒙古族饮食制作技艺期刊研究论文发表数量可观。例如，好斯巴特、布日额的《蒙古族马奶酒技术的历史考证》（《中国校外教育》2012年第10期），敖其的《蒙古族传统奶食品的制作技艺与相关民俗探析》（《西北民族研究》2012年第3期），罗丰的《蒙元时期的酿酒锅与蒸馏乳酒技术》（《考古》2008年第5期）等成果均有理论参考价值和现实意义。

蒙古族传统饮食文化与制作技术研究之所以能蓬勃发展，原因有以下三个。其一，出现20世纪80年代美国未来学家约翰·奈斯比特等描述的情况："我们的生活方式越趋同一，我们对更深层的价值观，即宗教、语言、艺术和文学的追求也就越执着。在外部世界变得越来越相似的情况下，我们将愈加珍视从内部衍生出来的传统的东西。"[1] "互相影响越深，就越想保持自己的传统……面对统一化趋势的不断发展，人们都在竭力保持自己的特色，不论是宗教的、文化的、民族的、语言的，还是种族的特色。"[2] 和奈斯比特发现的情况相类似，蒙古族在现代饮食文化的冲击下对传统饮食文化的保护和传承有了更自觉的意识，主动地展开具体行动。其二，随着蒙古族科学技术史研究广泛而深入地进行，蒙古族传统饮食文化和制作技术自然地成为研究的关注点之一。其三，随着近几十年旅游业的发展，蒙古族传统饮食文化和制作技术已经成为吸引国内外游客的重要选项。换言之，蒙古族传统饮食文化的挖掘与发展，已经成为获得更大商业利益的重要手段。

## 七 传统工艺研究

蒙古族传统工艺是一个非常广义的概念，包括各种用具的制作、

---

① ［美］约翰·奈斯比特、帕特里夏·阿伯迪妮：《2000年大趋势》，军事科学院外国军事研究部译，中共中央党校出版社1990年版，第141页。

② 同上书，第177页。

食品制作技术和艺术工艺等。人们主要从技术史、工艺史、文化史角度展开研究，相关成果较多。仪德刚的蒙古族弓箭历史和制作技术研究在国内外有一定影响，专著《中国传统弓箭技术与文化》（内蒙古教育出版社 2007 年版）、《中国传统射艺》（金城出版社 2017 年版，英文版）也论述了相关内容。基于技术史研究的成果有途静的《蒙古族酒具技术浅析》（内蒙古大学硕士学位论文，2009 年）、春英的《现代木质马头琴的发展和生产技术》[《内蒙古农业大学学报》（自然科学版）2008 年第 1 期]、玛喜巴图的《马头琴的构造及其各部件的作用》（《锡林郭勒职业学院学报》2006 年第 2 期）等。基于工艺史的研究成果有苏畅的《蒙古族传统服饰纹样在旅游工艺品设计中的应用研究》（内蒙古工业大学硕士学位论文，2018 年）、王丽的《蒙古族传统箱柜类家具造型研究》（东北林业大学硕士学位论文，2011 年）等。基于文化人类学、环境保护等方面研究的成果有诺敏的《〈蒙古秘史〉中的弓箭知识研究》（内蒙古师范大学硕士学位论文，2011 年）、曹叶军的《对马头琴的科技人类学考察》（内蒙古大学硕士学位论文，2007 年）、刘荣臻和包羽的《蒙古族传统游牧技术及其生态适应性》（《前沿》2011 年第 11 期）等。

## 八　科技政策与科技思想史研究

国家和地区的科技政策决定科学技术发展的走向，好的科技政策能够为创新性科技思想的产生提供良好的环境和条件。民族的科学技术发展与科技政策有着直接的关系。因此，关于蒙古族科学技术史中的科技政策和科技思想的研究也是重要课题。科技政策史研究论文有吴彤的《论元代科技成就和科技政策》[《中国少数民族科技史研究》（第二辑），1988 年]和《元、明科技观念与政策》[《中国少数民族科技史研究》（第四辑），1989 年]、李迪的《论元代前期科学技术繁荣的原因》（第二届中国少数民族科技史国际学术讨论会论文集，1996 年）、王风雷的《元代的野生动物保护法》（《第二届中国少数民族科技史国际学术讨论会论文集》，1996 年）等，都是具有创新性的成果。蒙古族科技思想方面的论文有金立军和秦桂芝的《古代蒙古族科技兴衰原因初探》（《学术交流》1999 年第 3 期）、刘长春的《清代蒙古族的科技思想》[《中国少数民族科技史研究》（第六辑），1991 年] 等。

以上概括并不一定是截然分离的，它们有些是互相交叉的。这里只列举了带"蒙古族"抬头的成果，实际上在其他少数民族科技史的论著中不乏蒙古族科学技术史研究内容，如李迪主编的《中国少数民族科技史丛书》（共 6 卷：通史卷、天文历法卷、编织卷、农业卷、医学卷和地学水利航运卷），每卷的相应章节中都有蒙古族科学技术史内容。每届少数民族科技史会议论文集中也有具有独到见解的研究成果，如《第二届中国少数民族科技史国际学术讨论会论文集》（李迪主编，社会科学文献出版社）、《第三届中国少数民族科技史国际学术讨论会论文集》（陈久金主编，云南农业大学以学报增刊形式出版）。这些论文集中，蒙古族科学技术史研究内容亦占相当大的比例。

由上述简要综述发现：首先，在蒙古族科技史研究中，蒙医史研究较为系统全面，传统技术工艺次之，天文历法和数学史、饮食文化、建筑等不及蒙医史和传统技术工艺。其次，论著所用语言方面，早期研究成果使用汉语较多，后来使用蒙古文撰写的论著逐渐增多，已超过汉文论著。再次，与早期的文献研究相比，近 20 年出现了不少田野调查研究成果。最后，关于蒙古族科学技术史研究的博士、硕士学位论文数量逐年增多，这对研究水平的提高颇有促进作用。

# 第三节　蒙古族科学技术史研究中存在的问题

蒙古族科学技术史研究虽然取得了丰硕成果，但是也存在不少问题。正如格·孟和指出的："蒙古学中历史、文学、语言，根底深厚、资料丰富、研究成果多，专家学者也多，是蒙古学的台柱子，在传统文化中占有重要的地位。……自然科学方面，门类不全，原始资料不多，研究的人少，但使用的人多，运用别人的多，而自己创新少。"①这里言简意赅地指出一些要害问题，主要如下。

## 一　研究内容不平衡

蒙古族科学技术史研究内容不平衡，有些领域的研究成果相当多，如蒙医史、天文历法、数学、宏观研究、人物研究、建筑研究等都有专著。但有些领域的研究成果甚少，甚至尚未出现，如物理学史、皮革加工技术的研究颇少。对蒙古族科学技术史研究的反思性研究尚未出现，或者说对蒙古族科学技术史的史学研究还没有出现。

## 二　基于民族关系史研究的蒙古族科技史还不够

研究蒙古族科学技术史的目的在于挖掘民族文化，保护民族遗产，也是为了开发利用。目前，基于民族关系史的蒙古族科学技术史研究仍然不够深入和广泛。首先，自古以来，中国是一个多民族国家，各民族的科学技术和文化发展互相影响，蒙古族的科学技术在中华民族的交往中产生是毋庸置疑的。其次，在历史上，蒙古族在世界舞台上扮演着特殊角色，与"一带一路"沿线的国家和民族发生过复杂的交流关系，产生各种相互作用。正如美国人类学家杰克·威泽弗德所说的："欧洲人生活的每一个方面——科技、战争、衣着、商业、饮食、艺术、文学和音乐——都受蒙古人的影响。"② 他还给我们提供了富有想象力的线索，如"成吉思汗建立的具有深远意义的建筑不仅仅是桥梁""当来自中国、波斯和欧洲的娴熟技师们将中国火药、伊斯兰喷火器和实用的欧洲铸钟技术融于一体的时候，他们制造了大炮""蒙古人

---

① 格·孟和：《蒙古文化概论》，辽宁民族出版社 2016 年版，第 129 页。

② ［美］杰克·威泽弗德：《成吉思汗与今日世界之形成》，温海清等译，重庆出版社 2017 年版，第 44 页。

改进并融合多种历法,制定了优于以前的更精确的万年历,并主持汇编最大范围的地图"等。① 这些说法不一定准确,但是对研究来讲很重要。蒙古人也在一定程度上受到周边或当地原住民族和国家文化的影响,甚至失去了自己的语言文字。所以,研究蒙古族科学技术史时,也涉及蒙古族与其他民族科学技术和文化的交流。目前,这方面的研究成果并不显著。

### 三　个别研究对研究对象的认识模糊

已有的蒙古族科学技术史研究成果中,有些将蒙古族科学技术成果和其他民族的科学技术成果划分不清晰,给人一种模糊的概念。例如,研究元代蒙古族科学技术成就时,把有些汉族科学家或其他民族科学家的成就相当篇幅地写在蒙古族科学技术史内容中。

### 四　研究水平有待提高

目前,蒙古族科学技术史研究人员的数量比以往任何时期都要多,这是值得庆幸的事情。但是也存在研究人员素养不高和团队不稳定或数量不够等问题。

在蒙古族科学技术史研究过程中涌现出不少高水平的学者,但从整体上看,蒙古族科学技术史研究者的科学史和民族知识素养不高,有待提高。现在,知名学者、高校教师、中小学教师、博士和硕士研究生、科研机构管理人员和一些行政官员都投入蒙古族科学技术史研究中,水平参差不齐。有些研究人员没有接受过系统的科学史研究训练,有些研究人员缺乏民族学知识。任何人都不能剥夺他人的研究权利,但是有一点是明确的,从事蒙古族科学技术史的研究起码应具备两个条件:其一,具备一定的科学史知识素养;其二,具备蒙古族历史知识素养。这叫作学术功底,功底不够会直接导致研究水平下降。

---

① ［美］杰克·威泽弗德:《成吉思汗与今日世界之形成》,温海清等译,重庆出版社 2017 年版,第 43—44 页。

倘若提出更高要求，研究蒙古族科学技术史还要具备精通或熟悉蒙古语、汉语、其他外国语的条件，具备对蒙古族文化生活的内在体验，以及深厚的文化人类学、哲学等知识素养。

国内的蒙古族科技史研究成果不少，除蒙医史、数学和天文之外，建筑和传统工艺等领域的研究成果对形式问题研究居多，欠缺对本质或深层次问题的研究。例如，寺庙建筑史研究中，目前还没有看到这些建筑使用了哪些材料，用了多长时间、多少人力，设计者如何设计及其结构和原理，是蒙古族独立完成还是其他民族也参与，它们与藏族寺庙建筑有何关系等深层次的问题研究。又如蒙古族奶酪制作技术，从研究成果看不出不同地区奶酪的区别，泛泛地给出像数学公式一样的模式，这极不符合实际情况。到呼伦贝尔、科尔沁草原、赤峰、锡林郭勒、鄂尔多斯等地观察后，很容易发现不同地区的奶酪制作过程、味道和形状都有明显的差别。

## 五　蒙古族科学技术史研究需要理性精神

蒙古族具有悠久历史和优秀文化，为人类历史的进步做出过自己的贡献，这是世人认可的。我们可以赞美他们的优秀，但是科学研究与诗歌、散文的创作迥然不同，它的指导思想是理性精神，离开了理性精神，研究就会失去客观性。观察后发现，在有些研究中总能看到极端化的表述，使用最高级别的词语。如蒙古包的研究中出现"最好的"建筑等，脱离环境条件、时间局限等叙述，似乎是用感情替代理性。又如，不能想当然地认为蒙古族的环保意识、思想是主动形成的，而应该认为是在自然力的驱动下被动形成的，从而把被动变为主动，寻求与自然和谐共生。

在蒙古史研究中，经常看到一些关于某一问题的争论性文章或者不同的观点，但是在蒙古族科学技术史研究中看不到这种现象，缺乏批判意识和理性精神。换言之，缺乏对研究的研究，没有出现对蒙古族科学技术史的元研究。目前，没有出现对某某知名专家蒙古族科学技术史研究成果的再研究，人云亦云，互相引用，新意鲜见。这说明该学科还没有迈进成熟阶段。

### 六　团队建设有待加强

目前，蒙古族科学技术史的多数研究属于个人行为，有极少数以研究项目形式进行，有些以高校或其他研究机构身份进行。另外，除内蒙古师范大学、内蒙古大学、内蒙古医科大学等高校以外还没有形成较稳定的研究机构，如前者有科学技术史研究院，部分师生专门研究蒙古族科学技术史，内蒙古大学蒙古学学院和内蒙古医科大学蒙医药专业个别师生的研究涉及蒙古族科学技术史研究。简言之，还没有足够多的、较为稳定的研究团队。目前，还没有蒙古族科学技术史研究会或蒙古族科学技术文化研究会之类的社会学术组织。因此，研究者们互相交流不够，对各自的研究工作了解不够，研究资源的共享也不充足。

### 七　国际交流合作研究不够

从国家"一带一路"倡议和蒙古族科技史研究的特点看，蒙古族科学技术史研究与一般历史、文学、艺术和考古等研究相比，国际交流合作欠缺。到目前为止，还没有进行过中蒙俄国际会议或合作项目，仅仅是一些学者之间的交流合作，没有建立合作研究的有效机制。虽然蒙古族科学技术史是蒙古学的一个很小的研究领域，但是它的涉及面广，需要国际合作研究才能更好地解决一些问题。在这方面为我们提供很好参照的国际合作项目不少，如《中亚文明史》（六卷九册）是一项国际合作项目。[①] 其中，中亚科学技术史内容显示，历史上中亚科学家一些很重要的成果没有被欧洲人所知，如蒙古族对14—15世纪中亚科学技术的影响、蒙古族对科学技术做出的贡献等。这些国际合作

---

① 博斯沃斯、阿西莫夫：《中亚文明史》第四卷（下），刘迎胜译，中译出版社2017年版，第174—205页。

项目成果均有很好的参考价值。

### 八　译介工作滞后

自古以来，译介是不同文化交流和相互了解的纽带，现代社会更是如此。尤其是在学术研究中，译介扮演着不可替代的角色。蒙古族科学技术史研究中，译介亦极为重要，但是目前情况并不尽如人意，处于滞后的状态。具体地说，首先，针对英文、俄文、日文等相关著作的汉文和蒙古文的翻译远远不够；其次，从蒙古文翻译为汉文的情况也不尽如人意，导致不懂蒙古文的学者不了解蒙古文史料和研究情况；最后，近些年出现了不少从西里尔蒙文转写的与科学技术史相关的著作，但是没有汉文译本。这样，读者范围有限，影响不大，有时候会出现重复性研究工作，导致资源浪费。

# 第四节　蒙古族科学技术史研究方法论问题

蒙古族是游牧民族，又是马背上的民族。在历史上，他们的生活空间极其辽阔，足迹遍及欧亚大陆，对世界格局的变化产生深刻影响。蒙古族科学技术史研究必须放眼四海，有国际视野。

研究者的成长经历、学术背景、研究风格以及研究对象的特点等自然地影响其使用何种方法和工具研究蒙古族科学技术史，可以说，没有固定的方法，但讲究方法、遵守规则是基本常识。研究方法的选择需要方法论的指导。法国著名哲学家和数学家笛卡尔在研究史上首次系统地提出科学研究的方法和步骤，它也是解决问题的步骤。①

第一条：凡是自己没有明确地认识到的东西，绝不把它当成真的

---

① ［法］笛卡尔：《谈谈方法》，王太庆译，商务印书馆 2005 年版，第 16 页。

接受。也就是说，小心避免轻率的判断和先入之见，除了清楚分明地呈现在自己的心里，使自己根本无法怀疑的东西以外，不要多放一点别的东西到自己的判断里。

第二条：把自己审查的每一个难题按照可能和必要的程度分成若干部分，以便妥善解决。

第三条：按次序进行思考，从最简单、最容易认识的对象开始，一点一点逐步上升，直到认识最复杂的对象。就连那些本来没有先后关系的东西，也给它们设定一个次序。

第四条：在任何情况下，都要尽量全面地考察，尽量普遍地复查，做到确信毫无遗漏。

这是科学研究的普遍原则，对历史研究同样具有积极的指导作用。作为具体的蒙古族科学技术史研究，在遵循普遍的方法论原则和历史研究一般方法的同时，还要有具体的研究方法。

首先，研究的着眼点落在文献资料上。由于历史和生活习惯以及环境等特点，蒙古族创造了具有自己特色的科学技术文化。相对于农业民族和城市市民，他们留下的有文字记载的历史文献较少。正如姚大力所言："蒙古帝国史的研究，需要涉及太广袤的地域、太漫长的时间段、太多语种的文献资料，而漠北草原深处的游牧政治与文化所留下的翔实记载又太过稀少。这就迫使绝大多数学者只好根据自身的兴趣与擅长，把各自的学术探索聚焦于被进一步分割开来的诸多狭小而专门的分支领域。"[①] 这说明，不同民族用不同文字撰写的历史书籍中也保存了不少关于蒙古族的科学技术、文化教育的记载，这些都是极为珍贵的文献。这些汇聚多种语言文字的文献分散在中国、蒙古国、俄罗斯、阿拉伯世界、伊朗、英国、法国、德国、美国和日本等国家，有的已被发现，有的还被尘封在某一角落里等待人们发现。另外，一些蒙古族的科学技术知识不一定在某一专门的学科书籍中，而是隐藏

---

① 姚大力：《读史的智慧》，复旦大学出版社 2016 年版，第 9 页。

在文学、法典和艺术中。这就需要多学科的合作研究。

其次，有些蒙古族的科学技术内容以口传形式传承下来，难以确定它们的产生时间和地点等详细情况，甚至有的因现代生活的冲击而逐渐消失，因此，需要进行广泛的田野调查，研究如何保护和传承。

最后，有些蒙古族的科学技术史研究内容，随着考古发现先后展现在世人面前。考古发现有很多偶然性，发现新的研究资料或证据完全取决于运气，有些新发现可能会颠覆以往的研究结果。一言以蔽之，蒙古族科学技术史研究需要大量地参考相关考古发现。

可见，蒙古族科学技术史内容、存在形式和特点等决定了其研究思路和方法。在史料的应用方面，可以从以下几方面考虑。

**一　史料的作用**

任何历史研究都是从史料开始，没有史料，历史研究无从谈起。对已有史料的整理甄别、发现新史料，是一项艰巨的工作。史料并不像教科书似的秩序井然和分门别类，也许搜索几十万字甚至几百万字的史料后可能只会发现一丁点儿所需材料，甚至什么也找不到。因此，发现史料需要扎实的基础知识、丰富的研究经验、开阔的眼界和执着的志向。就这一点来讲，并不是说任何人都可以研究蒙古族科学技术史，也不是说什么时候想研究都可以，它需要丰富的知识积累和持之以恒的研究精神。总之，掌握史料是第一件要事。对此，蒙元史著名专家陈得芝《蒙元史研究导论》中的史料分类颇有借鉴作用。[①]

**（一）汉文史料**

1. "二十五史"

可以挖掘"二十五史"中《元史》《明史》《清史稿》关于蒙古族科技的史料。特别是在《元史》中，关于蒙古族科学技术方面的史料更多一些，如天文、地理、饮食、服装、农业等，有些是汉族的知识，

---

① 陈得芝：《蒙元史研究导论》，南京大学出版社 2012 年版。

有些是蒙古族的知识。又如科技管理思想等，都可以从《元史》中寻找到。

2. 传记

《畴人传》《蒙鞑备录》《黑鞑事略》以及中国历史名人录等史料中，都可以寻找到与蒙古族科学技术史相关的材料。从近代特别是对新中国成立以来的蒙古族科学技术史研究中，从各学科名人录中，都可以搜寻到蒙古族科学技术人才信息。

3. 行记和游记

古代和近现代中国人在蒙古族生活地区的各种游记，如耶律楚材的《西游录》、刘祁的《北使记》、李志常的《长春真人西游记》、张德辉的《纪行》、刘郁的《西使记》、清代张穆的《蒙古游牧记》、毕奥南整理的《清代蒙古游记选辑三十四种》（上下册）① 等。自元代以来，许多外国探险家或旅行者留下了丰富的游记史料，也有不少关于科学技术文化的记载。早期的行记或探险记有意大利普兰诺·卡尔平尼的《蒙古史》、英国道森编的《出使蒙古记》（吕浦译）、马可波罗的《马可波罗行记》（冯承钧译）等。又如，"上世纪二十年代至三十年代美国和西欧在中亚进行的一系列科学考察所获得的资料，是蒙古史包括现代史的资料来源之一。……他们所搜集的珍贵藏品包括考古学资料、民族学资料和抄本，不断地吸引着学者们的注意力，成为研究蒙古人丰富的物质文化和精神文化的基础"② 。比如，美国科学考察成员安德鲁斯的《踏上古人的足迹》、丹麦人哈士纶的《蒙古的人和神》和《蒙古包》、瑞典探险家斯文·赫定的探险记等，都是很珍贵的参考资料。又如，日本学者在近代中国内蒙古地区的考察报告或行记对科学技术史研究也大有裨益。日本著名人类学家鸟居龙藏及其夫人

---

① 毕奥南：《清代蒙古游记选辑三十四种》，东方出版社 2015 年版。

② ［苏］马·伊·戈尔曼：《西方的蒙古史研究》，陈弘法译，内蒙古教育出版社 1992 年版，第 129 页。

的行记《蒙古旅行》① 和《土俗学上より観たる蒙古》(《从土俗学上看蒙古》)②，以及日本的《第一次满蒙学术调查研究团报告》（第三部)③ 等，对蒙古族建筑、传统技术工艺和民俗研究均有重要的参考价值。

（二）蒙文、藏文、畏兀儿文等史料

除汉文史料外，蒙古族科学技术史还涉及蒙古文、藏文、畏兀儿文和满文的史料。如在蒙古文史料方面，《元朝秘史》、罗卜藏丹津的《大黄金史》《蒙古源流》等都是经典的参考文献。在藏文史料方面，如关于蒙医史，有不少用藏文撰写的文献。据陈得芝介绍，畏兀儿文蒙元史研究文献丰富，这些文献中是否有蒙古族科学技术史资料有待考察。④

除汉文、蒙古文、藏文、畏兀儿文、满文等史料外，蒙古族科学技术史研究也要参考波斯文、阿拉伯文、亚美尼亚文、叙利亚文、俄文、日文等外文史料。这些问题对研究者提出了更高的要求。

**二　国内外蒙古族科学技术史研究成果的有效利用**

科学研究是在前人研究的基础上进行的。正如索尔兹伯里的约翰（John of Salibury）所说："我们是站在巨人肩膀上的矮子。"⑤ 在蒙古族科学技术史研究领域，虽然巨人寥寥无几，但是"矮子们"的研究成果犹如溪流成河般地呈现在人们眼前。这是值得肯定的方面，也是今后研究的基础。

从"蒙古族科学技术史研究现状及其特点"一节中介绍的国内研究成果看，主要是用汉文和蒙古文发表或出版的成果，对国外研究成

---

① 鸟居龙藏：《蒙古旅行》，戴玥、郑春颖译，商务印书馆 2018 年版。

② 鳥居さみ子：《土俗学上より観たる蒙古》，大鐙閣，1927 年。

③ 满蒙学术调查研究团：《第一次满蒙学术调查研究团报告》（第三部），满蒙学术调查研究团事务所，1937 年。

④ 陈得芝：《蒙元史研究导论》，南京大学出版社 2012 年版，第 79—81 页。

⑤ ［英］肯尼斯·克拉克：《文明》，易英译，中国美术学院出版社 2019 年版，第 112 页。

果了解不够。如蒙古族建筑史研究中，几乎没有参考蒙古国的《蒙古包》①《蒙古包解释辞典》② 和亚历山大的《蒙古人的建筑》③，国内研究蒙古族传统技术工艺的论著中也少见蒙古国的金银器具和瓷器等考古发现的介绍性画册以及相关论著。从蒙古族传统科学技术的角度讲，中国的蒙古族和蒙古国的蒙古族在传统科学技术方面内容基本相同，因此没有理由不互相借鉴和参考。在蒙古族传统技术工艺研究中，除可以参考蒙古国的研究成果外，还可以参考苏联或俄罗斯的相关研究，如苏联考古学家吉谢列夫等的《古代蒙古城市》④，其中有丰富的铁器、金银器和其他材料的器具及解释。该著作中也有蒙古族的数学文化内容，如有丰赡的图案和几何作图等内容。在天文历法方面，可以看到国内李迪、李汶忠、斯登等学者的研究，也能看到国外学者的研究。国外研究视角、方法和结论与我们有所不同，富有启发性。如约翰·艾尔沃斯克格的《蒙古的时间进入了清的世界》，作者在简要介绍清代之前蒙古族时间方法的基础上，详细阐述了蒙古族对清代时间概念之重新划定。⑤ 又如，苏联学者茹科夫斯卡娅对蒙古族数学文化的研究⑥、蒙古国学者色·杜力玛对蒙古族数学文化的研究等成果均有新意，是蒙古族数学文化史研究中不可多得的史料。

---

① ［蒙古］达·迈达尔、拉·达力苏荣：《蒙古包》，楚勒特木、仁钦宁布转写，内蒙古文化出版社 1987 年版。

② ［蒙古］巴·巴达拉胡、达·奥都苏荣：《蒙古包解释辞典》（第二版），蒙古国科学院历史考古研究院"色·巴达吗哈塔"人类学研究所，蒙古国文化艺术大学出版社 2016 年版。

③ ［法］恰赫里亚尔·阿德尔、伊尔凡·哈比卜主编：《中亚文明史》（第五卷）下，蓝琪译，中译出版社 2017 年版，第 546—557 页。

④ ［苏］C. B. 吉谢列夫等：《古代蒙占城市》，孙危译，商务印书馆 2016 年版。

⑤ 约翰·艾尔沃斯克格：《蒙古的时间进入了清的世界》，载［美］司徒琳主编《世界时间与东亚时间中的明清变迁》（上卷），赵世玲译，生活·读书·新知三联书店 2009 年版，第 142—221 页。

⑥ ［苏］茹科夫斯卡娅：《数目字在蒙古文化中的作用》，《蒙古学信息》1995 年第 1 期。

### 三　口述史方法的应用

记忆是口述历史的核心，历史从记忆里被提取和保存。简言之，口述历史就是通过记录访谈的形式，收集记忆和有历史意义的个人观点的一种史学分支学科或历史研究方法。[①] 研究蒙古族科学技术史时，采用口述史方法可以考虑三个方面。一是对健在的蒙古族科学家进行广泛而系统的访谈。现在，80 岁左右的科学家和年青一代不同，他们有很多坎坷的人生体验。通过访谈，了解他们对成长的认识和感悟、对研究成果的自我评价，以及其学术思想和治学精神。另外，这些科学家也是新中国成立后在党的民族教育政策下成长起来的民族精英，对他们的访谈，也为我国民族教育史研究提供了更生动的材料。二是对正活跃在国内科学界的蒙古族中青年科学家进行访谈，为以后的研究保存历史资料。三是对民间的工艺技术工作者进行调查访谈，储存蒙古族传统工艺技术方面的历史资料，为保护和传承非物质文化提供有效保障。

### 四　蒙古族科学技术史研究与科普教育的有机结合

历史研究的目的之一就是保存历史记忆，而历史记忆的保存要通过教育来实现。因此，在积极开展蒙古族科学技术史研究的同时，也要认真考虑相关的科普教育问题。换言之，必须考量如何将研究成果转化为教育内容并付诸实践的一系列问题。科学研究成果处于学术形态，只有专业人士所熟知，范围小，普通民众望而生畏。因此，将学术形态的成果转化为教育形态，是一个关键问题。教育形态的主要方面就是科普形态，满足趣味性、通俗性、可读性、可视性和科学性的要求。科普形态可以简单分为四种：博物馆教育、科普著作的建设、非物质文化教育、数字化教育。

---

① ［美］唐纳德·里奇：《大家来做口述历史》，邱霞译，当代中国出版社 2019 年版，第 1 页。

首先，目前，各地区争相建立各种博物馆，如民族博物馆、珠算博物馆、算具博物馆、民具博物馆、民族服饰博物馆，群众可以免费参观。这些展览场所对爱国主义教育、民族团结教育、科技教育和各种文化教育的发展起到积极的促进作用，是一个好现象。通过博物馆教育，可以有效地进行可视化教育。但是仅有博物馆的视觉材料还不够，展示保存下来的非物质文化遗产，并不等于保护和传承。

其次，蒙古族科学技术史方面的科普读物相当匮乏，努力组织有关人员分门别类地编写蒙古族科学家、科学成就方面的科普著作是一项重要任务。

再次，在学校教育中设置蒙古族科学技术史方面的课程是最直接、最有效的手段。中小学可以设置校本课程或兴趣课，大学可以设置通识课，这样能够逐渐地培养相关人才。目前，蒙古语授课学校教师对蒙古族科学技术史的知识储备并不理想，对蒙古族科学技术史在民族教育中的作用认识不够。在内蒙古，除内蒙古师范大学以外，其他高校并没有开设蒙古族科学技术史方面的通识课，多数蒙古族大学生不甚了解自己民族的科学技术史，这也是令人担忧的。

最后，通过数字化技术进行蒙古族科学技术史教育，也是很现实的事情。可以通过数字博物馆建设、在线教育、网络教育等丰富多样的形式进行蒙古族科学技术史教育。

总之，通过科普教育培养学生的兴趣，待其有了浓厚而持续的兴趣后，就有可能产生学习和研究科学技术史的志向。有兴趣、有志向的人多起来，自然会提升蒙古族科学技术史的研究水平，直接或间接地为我国科学技术史研究做出应有的贡献。

# 第 二 章

# 元朝"一带一路"上的科技交流

　　蒙古族自元朝以来在科学技术方面做出过重要贡献，涌现了许多著名的科学家和学者，显示出蒙古族卓越的智慧和才能。13世纪初，成吉思汗统一蒙古各部后在世界舞台异军突起，和他的继承者多次征服中亚、西亚等国家和地区，打通了中西文化交流的通道，大批阿拉伯人、波斯人和伊斯兰化的突厥人及有一技之长的工匠、科学家、天文学家、医学家随蒙古军队进入中国。元朝建立后，又有大批知识分子、商人通过丝绸之路源源不断地进入中国。随着蒙古帝国的崛起，东西方的交往相比以前更加畅通无阻，连接东西方丝绸之路上的政治和交通障碍被扫荡一空，这个依靠战争建立起来的横跨欧亚大陆的超级帝国，成为连接东西方文化、科技、贸易的桥梁和纽带。

　　元朝的"丝绸之路"不仅具有经济和军事文化的功能，而且促进了不同国家、民族之间科学技术的交流和传播。这种相异文化、科技之间的相互渗透与交流的规模是空前的，其主要是建立在公元13世纪上半叶成吉思汗、窝阔台西征的基础上。当然，也包括元朝建立后，统治阶级所实行的开放、兼容并蓄等政策以及四通八达的水陆交通等诸多因素。这一时期有不少中国的科学技术传到了中亚和西方，也有一些中国学者随蒙古军队西征而留在了波斯（伊朗）等国。同时外国的科学技术和学者也不断地进入中国，属于伊斯兰教系统的学者如札马鲁丁、爱薛、可里马丁等把阿拉伯的天文学、地理学、医学、数学等传进了中国，成为中国科学文化的组成部分，而这些学者也都成为中国少数民族——回族的最早成员。还有意大利人、尼泊尔人等来到我国，如尼泊尔人阿尼哥是一位卓越的技术专家，几十年来一直在我国从事技术工作。元朝政府十分注意吸收外国科学文化，团结外国科学家，使其和中国科学家一道从事研究工作，还让有些外国科学家做了大官。这是元代科学技术发展的新因素。[①] 元朝的中外科技交流之频繁达到了前所未有的程度，为中华文明的繁荣发展做出了历史性的贡献。

# 第一节　天文历法交流

元朝政府建立前后，蒙古族一直都重视天文历法的研究。其中，元宪宗孛儿只斤蒙哥和元世祖忽必烈关于天文学的关注和研究是值得注意的。他们早期曾组织各方面的天文学家在我国传统天文历法的基础上吸收阿拉伯天文学开展天文历法的研究工作。忽必烈组织各方面的人才兴建多处天文台，其遗址至今犹存，同时制造了大量天文仪器，派人到各地进行大规模的天文观测，制定颁行《授时历》，使我国天文学的发展达到了当时世界的先进水平。

13世纪初，成吉思汗西征中亚时就接触到阿拉伯天文历法。当时随军的耶律楚材（1190—1244）学习了阿拉伯天文历法。他在西域生活的六七年中，"于星历、筮卜、杂算、内算、音律、儒释、异国之书，无不通究。尝言西域历五星密于中国，乃作《麻答巴历》，盖回鹘历名也"，1221年5月蒙古军进驻撒马尔罕，他在5月望日校食亏，觉有差数，于是用里差法，以撒马尔罕（寻斯干城）为准，按经纬度不同，以差距乘4359，取得里差，用来加减经朔弦望小余，"满与不足，进退大余，即中朔弦望日及余，以东则加之，以西则减之"。耶律楚材

---

① 李迪：《元代的科学技术成就》，《内蒙古师院学报》（哲学社会科学版）1982年第3期，第58页。

引进了回历中朴素的地球经度的概念，作成《西征庚午元历》进献成吉思汗，但未被采用。[①]从此我国对阿拉伯天文学开始有了一些了解。

耶律楚材在 1220 年 5 月到 1221 年 10 月，使用撒马尔罕天文台的仪器进行观测，和穆斯林天文学家交换研究心得，当时撒马尔罕天文学家预测 1221 年 5 月为望夜月亏，耶律楚材预测结果却不然，经观测，确未见蚀。1221 年 10 月耶律楚材预测月食。当地天文学家持不同意见，到时果见月食八分。这两次推算月食，都证实耶律楚材的推算完全正确，显示了中国具有悠久传统的天文历法知识仍比阿拉伯先进。耶律楚材在中亚的天文观测给中国历法带来了新的声誉，显然引起了阿拉伯的注意。[②]

耶律楚材是个非常善于吸收国外的新颖知识、在科学上精益求精的学者，宋子贞在《耶律楚材神道碑》中记载，鉴于西城历五星密于中国，才有麻答巴历的制作。麻指穆罕默德（摩诃末），答巴，在明代称作"土板""土盘"，阿拉伯语"历书"。由耶律楚材自算、自印造、自颁行的历书便是这种麻答巴历。徐霆在 1236 年春夏间在燕京宣德州见到过这种历书，是政府所颁布的大明历之外的另一种历书。耶律楚材前后两次造历，都受到波斯历法的影响，关注和研究过穆斯林的天文和星历。麻答巴历可能是参考了欧麦·卡雅（1048—1124）在内沙布尔天文台编制的哲拉里历，这种历法要经历五千年才相差一日，比格雷历积三千三百三十年相差一日，还要精密。后来札马鲁丁所进万年历大约也是这种经过改良的波斯历。

元初对回族天文学便非常重视，回族历法是公元 7 世纪伴随着伊斯兰教的创立而产生于阿拉伯半岛的一种历法体系，又称"希吉拉历"或伊斯兰教历。据史料记载，回族历法于北宋初年传入中国。蒙古统一中国时，由于"西域推测天象最精，其五星纬度又中国所无"，故而在元代一直被人们采用。

---

① （明）宋濂等：《元史》卷 52《志第四·历一》，中华书局 1976 年版，第 761 页。
② 沈福伟：《中西文化交流史》，上海人民出版社 1985 年版，第 269 页。

　　元朝王士点、商企翁《秘书监志》卷九"回回书籍"条，列举
1273 年 10 月北司天文台收藏的波斯文、阿拉伯文书籍总计有 23 种，
其中天文、历法、算学、占星书 14 种，天文著作以《麦者思的造司天
仪式》（十五部）、《积尺诸家历》（四十八部）最重要。《麦者思的造
司天仪式》是希腊天文学家托勒密的名著《行星体系》（或《天文大
集》）的阿拉伯文节译本，取名《行星体系萃编》。《积尺诸家历》是
波斯语《天文表》，可能是 1272 年刚刚完成的《伊利汗天文表》，因为
其中也有中国科学家的一份贡献，所以很快便传到中国。此外该书还
吸收了希腊、阿拉伯、波斯天文学的成就，故称《诸家历》。《伊利汗
天文表》编成以后，不断加以修订和签注。14 世纪初哈桑·伊本·穆
罕默德·纳赛波里对其加以注释，题作《真道示相》，阿里·沙·伊
本·穆罕默德·花剌子模也作过名为《伊利汗的支柱》的签注。这些
便是 1313 年主持回回司天台的可里马丁再次进呈的《万年历》。①

　　司天台在汉儿司天台以外又专设回回司天台（上都天文台），由穆
斯林色目人主持天文观测。忽必烈登汗位前，已征集回族天文学家。
波斯人札马鲁丁因精于历算，应召入华，札马鲁丁据说是中亚伊尔汗
国人，来中原前是马拉格天文台的学者。② 忽必烈即位后，便在 1263
年任命叙利亚人爱薛专管西域星历、医药二司，请札马鲁丁编万年历，
1267 年历成之后，曾在一定范围内试行。1271 年，忽必烈在上都主持
修建上都天文台，任命札马鲁丁负责具体工作。"至元八年始置司天
台"，③ 同时"设回回司天台官属，以札马鲁丁为提点"④。提点是这座
天文台的最高领导者，相当于现代天文台的台长。天文台有一套行政
机构，叫司天监，掌管观象、订历。工作人员除提点外，还有"司天

---

　　① 沈福伟：《中西文化交流史》，上海人民出版社 1985 年版，第 271—272 页。

　　② 余振贵：《回回司天台的建立和演变》，载李迪主编《中国少数民族科技史研究》（第一辑），内蒙古人民出版社 1987 年版，第 74 页。

　　③ （明）宋濂等：《元史》卷 90，中华书局 1976 年版。

　　④ （明）宋濂等：《元史》卷 7，中华书局 1976 年版。

监一员，少监二员，监丞二员，品秩同上。知事一员，令史二员。通事兼知印一人，奏差一人，属官，教授一员。天文科管勾一员，历算科管勾一员，三式科管勾一员，测验科管勾一员，漏刻科管勾一员，阴阳人一十八人"。可见，这是一座有相当规模的大天文台。

上都天文台所用的仪器和图书主要是从阿拉伯传入的。即使仪器不是在阿拉伯制作的，至少仪器的原理来自阿拉伯，图书则是阿拉伯文的。[①] 在《元史》中有记载："世祖至元四年（1267），札马鲁丁造西域仪象。"[②] 札马鲁丁所造天文仪器共 7 件，由于札马鲁丁熟悉这些仪器，因此能在中国另外依法制备一套。其构造、用途和用法在《元史》中均有记载。现介绍如下[③]：

（1）"咱秃哈剌吉，汉言混天仪也。"《元史》中这样描述，它有一个地平环、一个子午双环和一个与赤经圈相当的四游双环。在四游双环内还有两个环，"内第三、第四环皆结于第二环（即四游双环），又去南北极二十四度，亦可以运转。凡可运三环，各对缀铜方钉，皆有窍，以代衡萧之仰窥焉"。

所谓"铜方钉"，就是后来清初黄道经纬仪等上设有的"光耳""游表"，它们是一种照准器。西方一直到第谷的仪器上还是用这种游表作照准器，而不大用窥衡、窥管之类的东西。既然咱秃哈剌吉的第三、第四环上也设有照准器，则可以肯定它们不是回归圈，而是黄经圈和黄道圈。黄道圈和黄经圈相固结，黄经圈又结在四游环上离南、北极 24 度，即相当于黄极的方向，则黄经圈就可以绕黄极旋转。因此咱秃哈剌吉是一种使用黄道坐标的浑仪，可称为黄道浑仪。

（2）"咱秃朔八台，汉言测验周天星曜之器也。"《元史》描述，

---

① 陆思贤、李迪：《元上都天文台与阿拉伯天文学之传入中国》，《内蒙古师范大学学报》（自然科学版）1981 年第 1 期，第 81 页。

② （明）宋濂等：《元史》卷 48《志第一·天文一·西域仪象》，中华书局 1976 年版，第 677 页。

③ 李汶忠：《中国蒙古族科学技术史简编》，科学出版社 1990 年版，第 63—64 页。

该仪器是在一根7.5尺高的铜镜上设了机轴，悬挂一根5.5尺长的铜尺，又加上一根同样长的窥箫。箫下端和铜尺之间又有一根横尺，整个仪器可以绕着铜表左右转动，而窥箫可以高低举动。这是一种测量天体的天顶距的仪器。窥箫、铜表和横尺构成一个等腰三角形，从窥箫所加横尺离铜表的长度，可以用三角学推算出窥箫所指恒星的位置。当然，也可以在横尺上直接刻出角度数，不过这种刻度不均匀。

（3）"鲁哈嘛亦渺凹，汉言春秋分晷影堂。"《元史》描述，这座仪器是置于一座密闭的屋子里的。循东西方向的屋脊上面开了一道缝，日光从缝中通过。屋中有一座台，台上斜仰放置一个铜的半圆环。斜度是南高北下，沿着过横缝的赤道面方向。一根6尺长的铜尺贴着半圆环面安放，一头结在半圆环的中心，另一头可沿着半圆环挪动。当太阳在春秋分时，日光正好照射到半圆环上，由此可进行观测，以求得春分、秋分的准确时刻。总之，这是一种测定节气的仪器。

（4）"鲁哈嘛亦木思塔余，汉言冬夏至晷影堂。"《元史》描述，这是一间占平常房间5间那么大的屋子。屋子里挖了探22尺的坑。屋脊循南北方向，上面开了一道南北方向的缝。随着这条缝隙立一道墙壁，壁上悬一铜尺，长10.6尺。还仰天画了一个半圆环，标分有刻度。尺子可绕着这半圆环的中心转动。当太阳走到子午线上，光缝从缝中直射下来，以确定冬至、夏至的准确时间。这座仪器的本质和中国的圭表是一致的，都是子午观测，不过它不用直尺量影长，而是直接量角度求出太阳赤纬，从这一点来讲，有它的优点。

（5）"苦来亦撒麻，汉言浑天图也。"《元史》描述，这是一个铜球，上面刻有星座和黄道，外面由地平、子午、赤道三个环架起来。

（6）"苦来亦阿儿子，汉言地理志也。"《元史》描述，这是木制圆球，上面画有陆地（自色）和江河湖海（绿色），陆、海比例为3：7。球上还画有小方格，用来计算道里的远近。这些小方格显然是经纬线，科学的经纬度概念在这个仪器上第一次反映出来。该仪器就是现在通用的地球仪。

（7）"兀速都儿剌不定，汉言定昼夜时刻之器也。"从《元史》的简单描述中，可以肯定这是个星盘。星盘上的观测照准器是一条铜条。铜条两头有立耳，立耳上各有一孔。铜条贴着盘面旋转，通过立耳上的两个孔进行观测。

以上 7 件仪器和我国传统的差别很大，表现出阿拉伯仪器的特点。这些天文仪器被安放在上都天文台里。

上都天文台还藏有一批阿拉伯文图书。"至元十年（1273）十月北司天台申：本台合用文书，经计经书二百四十二部"，报告给秘书监。"北司天台"就是上都天文台。在这 242 部"经书"中，经鉴别"本台见合用经书一百九十五部"，都是阿拉伯原文，与天文数学有关的部分如下：

兀忽烈的四擘算法段数 15 部；

罕里速窟允解算法段目 3 部；

撒唯那罕答昔牙诸般算法段目并仪式 17 部；

麦者司的造司天仪式 15 部；

海牙剔穷历法段数 7 部；

呵些必牙诸般算法 8 部；

积尺诸家历 48 部；

速瓦里可瓦乞必星纂 4 部；

撒那的阿剌忒造浑仪香漏 8 部；

撒非那诸般法度纂要 12 部；

提点官家内诸般合用天文书 47 部；

艾竭马答论说有天源流 12 部；

黑牙里造漏并诸般机巧 2 部；

兀速剌 8 个；

窟勒小浑天图；

阿剌的杀密剌测太阳暑影 1 个；

牙秃鲁小浑仪 1 个；

拍儿可儿潭定方圆尺 1 个。

上列清单中开列的东西包括书籍与仪器两部分。由于这些书没有译成汉文或蒙文，且均已失传，故对其具体内容只能推测。根据书名，大体可以推知有数学、天文历法、医药、占卜、机械仪器及其他类，内容相当广泛。至于每种书的作者是谁，其拉丁文名或阿拉伯文名是什么，现在已难弄清。过去曾有人对此做过某些探讨，如对比较突出的"兀忽烈的"，研究者较多。严敦杰先生认为"兀忽烈的"可能是 Euclid 的译音，因此主张欧几里得之《几何原本》是元代传入我国的。马坚先生也认为"兀忽烈的"可能是 Euclid 的最早译音，同时他还对其他"回回书籍"做了一些解释。

这些书可能是札马鲁丁等人带到我国来的，上都天文台建成后便放在天文台中。清单中有一种"提点官家内诸般合用天文书 47 部"的书，"提点官"就是札马鲁丁，这书是他经常使用的，很可能是一些星表、天文工作制度、仪器用法以及其他有关文件等等。这也说明，札马鲁丁与这批阿拉伯文书籍有密切关系。

回族天文学家爱薛（1226—1308）对于中国科学家参加伊利汗设在马拉格天文台的国际合作，宣扬希腊和阿拉伯天文学，推动元朝决心改订新历，有不可磨灭的功绩。1274 年，在爱薛从马拉格考察归国的下一年，元朝便正式将回回、汉儿两个司天台合并，1275 年开始筹备改历，由王恂、郭守敬主要负责编修的《授时历》，于 1281 年正式在全国颁行。当时可作参考的回族历本便是《积尺诸家历》，回族历的特点是五星纬度计算周密，郭守敬的《五星细行考》五十卷，就是吸收回族历的这一优点而作。[①]

当时受撒马尔罕和马拉格天文台的启发，郭守敬在恒星观测方面开始编制星表。他测量二十八宿杂坐诸星入宿去极度，编制了星表；又对前人未命名的 1464 颗星以外的无名星编入星表。郭守敬设计的十

---

①　沈福伟：《中西文化交流史》，上海人民出版社 1985 年版，第 272 页。

三种天文仪器，总数和马拉格天文台的仪器相等，其中玲珑仪、浑仪、浑天象、立运仪、候极仪和简仪，分别和马拉格天文台的同类仪器壁象限仪、浑天仪、天球仪、希巴库经纬仪、二至仪、黄赤道转换仪的功用相仿。郭守敬改革和重新设计这些仪器是在 1276 年以后，马拉格的仪器则都在 13 世纪 60 年代便安置使用了。通过回回司天台和多次往返马拉格的爱薛的介绍，郭守敬有可能在仪器设置方面吸收了新的养料。[1]

郭守敬曾经创造过有名的简仪，把传统的、复杂的浑仪加以彻底精简，成为一种简单的赤道装置。因为这种浑仪规环太多而产生很多缺点，所以郭守敬在制作中要简化传统的浑仪，札马鲁丁所造的"咱秃哈剌吉"就是一架相当简化的浑仪，而且也是赤道式装置。这些固然使他有了简化的想法，于是只要有现成的样子就会立刻启发他去具体实现简化。由"咱秃哈剌吉"到简仪，是很容易的，只要把"咱秃哈剌吉"的赤道环固定在南极点上，去掉黄道双环，再把固定的子午圈变成绕极轴旋转的四游环，同时把地平圈下放到仪器座上，基本上就成了简仪。

在简仪上有个窥衡，是代替以前浑仪上装置的窥管的，由一个长条铜片在两端向同一侧各做一个"横耳"，中为圆窍。这一改变，也是受札马鲁丁仪器的影响。在"兀速都儿剌不定"的方位盘上"加铜条缀其中，可以圆转。铜条两端各屈其首为二窍以对望，昼则视日影。夜则窥星辰，以定时刻，以定休暑"。这是一根铜条的两端向同一侧各卷一立孔（圈），两孔相对进行观测。只要把铜条改为铜片，就变成了简仪上的窥衡。它们的共同特点是，都不是管筒，这绝非偶然。

晷影堂是我国以前没有的，札马鲁丁在两件仪器中有这种建筑。至元十六年（1279）春，忽必烈又批准在大都"东墉下"建一座规模

---

① 沈福伟：《中西文化交流史》，上海人民出版社 1985 年版，第 272 页。

更大的天文台，主要建筑为高七丈的灵台。"灵台之右，立高表，表前为堂。"这个"堂"就是晷影堂。晷影堂的特点是使光线从墙的顶上穿过，照到表上，这样可得到真太阳时。"表前为堂"正是这种建筑。另外，河南登封保存至今的元代观象台也是一座典型的晷影堂。明成化十四年（1446）在北京的观象台也增修了一座晷影堂。由此可见，我国天文学家的确是采用了晷影堂，成为我国天文研究设施的一部分。

元代以前未见我国在观测仪器外面加修圆室的记载，可是简仪的外面却有了这种建筑。明初的叶子奇说过："元朝立简仪，为圆室一间。平置地盘二十四位于其上，屋背中间开一圆窍，以漏日光，可以不出户，而知天运矣。"札马鲁丁的"咱秃朔八台"也是"外周圆墙，而东西启门"。两者非常相似，但"咱秃朔八台"在前，简仪的安装在后，其影响关系是显然的。①

撒马尔罕的天文学家和元朝的关系是很密切的。1363 年阿塔·本·阿赫曼德·撒马尔罕迪为忽必烈后裔搠思班之子、征西武靖王阿剌忒纳写成天文学专论，并编制了月离表，有蒙古文旁注，他的手稿封面上有中文和阿拉伯文两种文字，被保存在巴黎。阿拉伯天文历算对中国天文观测的启发和推动，却是在 13 世纪便已奠定了基础，到 15 世纪初才取得丰硕的成果。

在元朝，中国的天文学也传播到其他国家。中国的《授时历》也被朝鲜等邻国所采用，1298 年朝鲜有人在中国了解到《授时历》后，很快就派专人到中国学习，其原理传到了朝鲜。后来姜保完成了一部《授时历捷法立成》，于 1343 年出版。② 与此同时，元朝政府每年都向朝鲜等邻国赠送当年的历书。

蒙哥之弟旭烈兀（后是伊儿汗国之汗）西征时，就曾带去不少精

① 陆思贤、李迪：《元上都天文台与阿拉伯天文学之传入中国》，《内蒙古师范大学学报》（自然科学版）1981 年第 1 期，第 87—88 页。

② 李俨：《十三、十四世纪中国民间数学》，科学出版社 1957 年版，第 47—48 页。

通天文、历算的学者到达波斯国。其中有一个名叫屠密迟（译音）的人，被称为"先生"。当地著名天文学家纳速剌丁·徒思（1201—1280）奉旭烈兀之命编纂《伊儿汗天文表》时，就曾向这位先生学习过中国的天文推步之术。[①] 元朝也有许多中国学者到伊儿汗国任职，他们带去了中国的医学、天文、历算及历史等各类书籍。伊儿汗国的合赞汗时期，精通天文历法的中国学者李达迟（译音）、倪克孙（译音），曾向编撰《史集》一书的当地著名学者拉施特讲述中国的干支纪年法。

# 第二节 数学交流

13 世纪是中国数学取得辉煌成就的时期。这一时期，中国数学在原有基础上吸收了阿拉伯的历算、代数、几何和三角的一些成果。侨居中国的回族学者如瞻思、康里不华、丁鹤年等人，都是精通阿拉伯数学的名家。著名数学史家钱宝琮曾这样赞赏元朝的数学："中国数学以元初为最盛，学人蔚起，著作如林，于数学史上放特殊光彩。"元朝的数学成就主要有天元术的发展、高次方程组及其解法、内插法和垛积术。中国的这些数学成果在元朝通过阿拉伯传入欧洲。以下以阿拉伯数码的传入及蒙哥对《几何原本》的研究为例阐述数学方面的交流。

阿拉伯数码字（Arabic numerals），又叫作印度—阿拉伯数码字。公元前 3000 年，古印度人根据位值原则的记数方法发明了数码字。8 世纪初，阿拉伯人的势力到达旁遮普地区，不久，连同数学一起，印度婆罗门数字传入阿拉伯地区。大约 9 世纪，从原来的婆罗门数字分出东阿拉伯数码字和西阿拉伯数码字，两者稍有差异。东阿拉伯数码字

---

① 翦伯赞、郑天挺主编：《中国通史参考资料》（古代部分，第六册），中华书局 1981 年版，第 258 页。

发展为现代阿拉伯数码字，为了区别，有人称之为阿拉伯人数码字。①

　　印度数码字在公元 8 世纪初也传到中国，唐代开元年间由瞿昙悉达所编的《开元占经》内著录一部印度古代历法叫作"天竺九执历经"，这部历法内介绍了印度数码字。不过，这种印度数码字传入后，我国并没有采用它，阿拉伯数码字的传入我国，应该是在 13—14 世纪，这是由伊斯兰教徒从西方带进来的。②

　　1956 年冬，陕西省文物管理委员会在西安东北部斡耳朵元代蒙古族安西王府旧址发掘出 5 块铁板，上刻有六阶阿拉伯文幻方，这是一个复形纵横图，是六六图，纵横斜总数相等，它的纵行、横行和对角线上的数字总和都是 111。③ 其意义和我国古代的"纵横图"相当。但是这个图的编织法和我国宋末杨辉的纵横图不同，而且这个字体全部是阿拉伯数码。④ 它们都是铸在正方形铁板上的，铁板藏在石函内，埋在夯土台的房基中。它的作用和埃及法老时代的"奠基埋藏"相同。⑤ 1980 年在上海浦东陆家嘴也发现了一个，其为四阶幻方。另外，流行于印度、阿拉伯等地的称为"格子算"的一种乘法算法也在元代传入中国，并为我国学者掌握。⑥ 阿拉伯算法在元朝也是色目人和蒙古贵族中通用的算法。阿拉伯各国虽然早已将印度的土盘算（在沙土盘中运算）改为笔算，但在中国仍习惯称为土盘算法。明初永乐年间贝琳编《化术政推步》，称洪武时翻译回历："去土盘译为汉算"。明朝天文学家周相也熟知伊斯兰国家的各种算法，唐顺之《荆川

① 陆锡兴：《汉字数字之变迁》，《中国文字研究》（第十八辑），上海书店出版社 2013 年版，第 116 页。
② 严敦杰：《阿拉伯数码字传到中国来的历史》，《数学通报》1957 年第 10 期，第 1 页。
③ 李俨：《阿拉伯输入的纵横图》，《文物参考资料》1958 年第 7 期，第 17 页。
④ 严敦杰：《阿拉伯数码字传到中国来的历史》，《数学通报》1957 年第 10 期，第 1 页。
⑤ 夏鼐：《元安西王府址和阿拉伯数码幻方》，《考古》1957 年第 5 期，第 26 页。
⑥ 钱宝琮：《中国数学史》，科学出版社 1964 年版，第 226 页。

先生文集》卷三《寄周台官二首》中赞扬他"沙书暗译西番历",也是指阿拉伯算法。可见此法在明朝中叶还是一种为历算家必须精通的算法。[1]

另外,用"0"来表示空位,在中世纪初已被印度和阿拉伯学者运用,到宋元之际,随着数学演算顺序的繁复,演算的形式由使用筹过渡到用纸笔摹绘等,于是产生了使用空位的零号。从 13 世纪 40 年代起,中国数学家开始采用数码,并且用"0"表示空位,这种写法,是受到在华穆斯林侨民使用阿拉伯数码的启发而采用的。

在元朝,由于回回司天台的使用,阿拉伯数码在中国也广为流传。同时一些阿拉伯数学著作也传入中国,据《元秘书监志·回回书籍》记载,元代传入我国的 26 种科技书目中,有 4 种是数学方面的,它们是《兀忽烈的四擘算法段数 15 部》《罕里速窟允解算法段目 3 部》《撒唯那罕答昔牙诸般算法段目并仪式 17 部》《呵些必牙诸般算法 8 部》。马坚先生认为《兀忽烈的四擘算法段数 15 部》可能是欧几里得《几何原本》15 部的最早译名。

13 世纪著名的阿拉伯科学家纳速拉丁与中国有密切联系。札马鲁丁于 1249—1252 年携带一批包括纳速拉丁译的《几何原本》在内的阿拉伯文书来到中国,引起君王蒙哥大汗对纳速拉丁的注意。蒙古西征打开了中国和伊斯兰世界的大门,使科学交流和人员往来大大增加。随成吉思汗西征的耶律楚材回国后把伊斯兰的天文历法等科学知识介绍给中国人,其中包括一些被翻译成阿拉伯文的古希腊科学著作,如纳速拉丁 1248 年翻译的欧几里得《几何原木》。这些成就,得到了成吉思汗的孙子、拖雷的长子蒙哥(1208—1259)的重视。蒙哥是一位很有才华的人,很爱学习,"然酷信巫觋卜筮之术,凡行事必谨叩之,殆无虚日,终不自厌"。他在 1251 年成为蒙古大汗,拉施特写道:"蒙哥合罕以其智慧的完美和远见卓识,卓异于(其他)蒙古

① 沈福伟:《中西文化交流史》,上海人民出版社 1985 年版,第 278 页。

君王，他会解答欧几里得的若干图。他有卓绝的见解和崇高的意念，认为必须在他强盛时代建造一座天文台，他下令让札马鲁丁等着手办这件事。"①

由此看出，蒙哥所解答的"欧几里得的若干图"就是根据纳速拉丁的阿拉伯文译本《几何原本》，而且必须是由精通阿拉伯语的学者给他翻译或者讲解的。这位精通阿拉伯语的学者无疑就是他准备委托建天文台的札马鲁丁，是他把包括纳速拉丁的《几何原本》阿拉伯文译本在内的阿拉伯文科学书籍带到蒙古王廷的。

# 第三节　医学交流

中国元朝与阿拉伯、伊朗等国家在医学方面的交流包括医学著作、药物的传入与传出。元初，阿拉伯医学大量传入中国。其中著名的回族药物学家爱薛，是"西域弗林人，通西域诸部语，工星历、医药。初事定宗，直言敢谏。时世祖（忽必烈）在藩邸，器之。中统四年，命掌西域星历、医药二司事，后改为广惠司，仍命领之"。② 来到大都后，他建立了"京师回回医药院"。当时"回回医药院"的规模及药物的种类都比较齐全。回族医生除服务于宫廷、京师者外，还有不少散在各地行医，很受民间欢迎。回族医生医术高明，据载，任子昭在大都见邻家儿头疼不可忍，有回族医官用刀制开额上，取出小蟹一只，坚硬如石，取出时还能活动，经外科手术，头疼果然痊愈。③ 广惠司的主要职官有20多人，在那里工作的都是回族医生，按阿拉伯方式医治

---

① 李迪：《纳速拉丁与中国》，《中国科技史杂志》1990年第4期，第7页。

② （明）宋濂等：《元史》卷134《列传二十一·爱薛》，中华书局1976年版，第573页。

③ 刘晓军：《蒙元时期回回人对中西科技交流的贡献》，《重庆科技学院学报》（社会科学版）2008年第5期，第154页。

病人。1333 年广惠司卿聂只耳在上都给顺帝皇姊的驸马刚哈剌咱庆王医病，是一个治外科跌打的一流名医。当时刚哈剌咱庆王得了一种异症，坠马后，两眼俱无，舌头吐出至胸口，诸医均束手无策，只有聂只耳能治此症，用剪刀剪舌。据夏雪蓑说，在苏州阊门看见过客马腹膨胀倒地，正好店里有老年回族兽医，在马左腿内割取小块，经手术后，马便立即可骑了。①

同时，回族的医学著作和药物也大量传入中国。如，元朝秘书监所存的回族书籍《忒毕医经十三部》就是一部医学著作。在忽思慧所编的《饮膳正要》和李时珍的《本草纲目》中，也都收录了许多回族药物和医法。② 回族医药在元代享有很高的信誉。1270 年，在太医院下便专设"回回药房院"和"回回药物局"等两个阿拉伯式的药学管理机构，分管大都和上都的宫廷医药，后将其合并于广惠司，掌管修制皇帝御用回族药物及调剂，和治疗各宿的卫士以及居住北京的贫寒百姓。中统元年（1260）调西征军充城防军，由于许多兵士来自西方，习惯于阿拉伯治法，因此于 1270 年设立广惠司，广惠司是阿拉伯式医院，蒙古兵在 1253—1259 年西征回教国家，占领波斯一带地区，建立伊利汗藩国。聘用阿拉伯医生，配制回族药物，以治疗患病士兵。至元二十九年（1292）更扩大组织，在大都和上都各设一"回回药物院"。于是元代时，中国境内已设有 3 个阿拉伯式的医学机构。③

回族医药在民间也很流行，许多来华经商的阿拉伯人便以卖药为业。一些回族医生经常在江南各地街头卖药行医，尤其以金丝膏药治疗跌打损伤最妙。《辍耕录》中记载了一种由回族人掌握的木乃伊制作方法，这在当时是十分罕见的。著名的回族诗人丁鹤年元末客居四明

① 沈福伟：《中西文化交流史》，上海人民出版社 1985 年版，第 279 页。
② 李迪：《中国少数民族科学技术史丛书·通史卷》，广西科学技术出版社 1996 年版，第 284 页。
③ 李汶忠：《中国蒙古族科学技术史简编》，科学出版社 1990 年版，第 272 页。

（宁波），也常靠卖药自给。① 回族医药丰富了我国的医药学。现今，北京图书馆善本书库里收藏有《回回药方》残本 4 册，其全书共为 36 卷。近年来，学者对该书做了大量研究，认为该书是以阿拉伯医学为主，同时包含中医药内容的著作，是一部回族医学传入后百余年间汉族医学、蒙医学、维吾尔医学逐渐融合而又保留明显阿拉伯医学特色的著作。从书中记载的内容可以看出，该著作是一部搜罗俱全的医学百科全书，涉及内科、妇科、儿科、外科、正骨、针灸和药剂等诸多分科。

阿拉伯医学传入我国的时候，我国的针灸疗法，以及姜、茶、大黄、麝香、肉桂等多种药材也传往阿拉伯国家。据《史集》记载，旭烈兀生病时，他就"服用了中国医生开给的泻药"进行医治。合赞汗有一次患眼疾，曾按照中国医生的嘱咐，用烧红的铁在身上烙两处。这可能用的是热灸疗法。②《史集》的作者拉施特就是一位著名医学家，曾任过合赞汗的宰相。1313 年，他主编了一部关于中国医学的百科全书，名为《伊尔汗国的中国科学宝藏》。书中讲到了脉学、解剖学、胚胎学、妇产科学、药物学等内容。值得注意的是，该书还提到了中国晋朝医学家王叔和的《脉经》。

此外，东南亚诸国和中国元朝也进行了大量医药交流。如安南国（今越南）自 1263 年起，每三年向元朝赠送一次他们的药材。这些药材有苏合香、光香、朱砂、沉香、檀香、犀角、玳瑁、珍珠、象牙等，同时选派医生一起来中国，同时传入的还有治痢药方。忽必烈在 1263 年、1267 年和 1269 年赠给安南王药物，派针灸医生邹庚（被称为邹神医）为安南国的上皇子治病。真腊国（今柬埔寨）于 1285 年向元朝送药材等物。罗斛国也在 1291 年曾派遣使者向元朝送来象牙、犀角、龙

① 刘晓军：《蒙元时期回回人对中西科技交流的贡献》，《重庆科技学院学报》（社会科学版）2008 年第 5 期，第 154 页。

② 韩儒林：《元朝史》（下册），人民出版社 1986 年版，第 401 页。

脑等药材。①

# 第四节　农作物和地学交流

人类的生存不能没有农业，而为了更好地生存，人类必须创造条件更有效地利用自然，用劳动获得更多、更好的农产品。今天的许多农作物，其源并不在中国。同样，源于我国古代的一些农作物，现也在异国他乡根深叶茂地生长和结果。农作物在他乡落户，元朝的航海贸易对此曾发挥过一定的作用。

在元朝，由于海上贸易的发展，土特产品之间的交换，使得外国的植物、果品引进中国，中国的一些植物也同样被带到国外，如茶叶就是在这个时期传到国外的。引进的植物、果品均带有"胡"或"番"字的名称。如，胡萝卜原产北欧，元朝时由波斯引种到云南地区，后来才遍及全国。

地理学方面，沿岸的国家在地理、测绘和航海等方面的成就十分突出。一些科学家一方面传入阿拉伯的地理、地图和航海等方面的知识，另一方面对中国地理、地图和航海事业的发展也做出了重要贡献，主要可以概述为以下三个方面。

## 一　绘制全国地图

元朝政府在编纂《大一统志》的过程中，又绘制了全国彩色大地理图。这一工作从至元二十四年（1287）开始酝酿，在《大一统志》每一部的卷首上还附有彩色地理小图。在编制地理志的同时，还进行了绘制彩色"天下地理总图"的工作。元朝编辑全国地理志和绘制全国大地图的工作，札马鲁丁是业务上和学术上的负责人。参加这项工

---

① 李迪：《中国少数民族科学技术史丛书·通史卷》，广西科学技术出版社1996年版，第285页。

作的人员很多，其中有回族、汉族、蒙古族、维吾尔族等。维吾尔学者阿鲁浑撒里当时"受宣命尚书省右丞兼议秘书监地理图本"，受元世祖之命提调"画地理图本"。[①] 在至元三十一年（1294）地理志成书后，又陆续得到一些边远地区的图志资料，由孛兰禧、岳铉主持修订工作，于大德七年（1303）成书。直到大德七年，在札马鲁丁主持下才由方平绘制成彩色"天下地理总图"。这幅总图大概是按行政区划着色的。这幅彩画中国地图可能在技术上受到阿拉伯的影响。因为札马鲁丁是这次编制地理图志和绘画彩色地图的工作学术上的总负责人，他最熟悉的是阿拉伯的知识，工作中作为参考是理所当然的。在他接到任务不久，于至元二十三年（1286）二月在给朝廷的一封奏书中就提到"回回图子"。[②]

自从裴秀（224—271 年）使用"准望"以后，中国的地图绘制就确立了矩形网格的科学制图学，这种网格制图法一直使用到元明时代。而同一时期欧洲的制图学由定量制图退回到宗教寰宇观支配下的"寰宇图"制图法，使地图的绘制走向几何图形化。中国的网格制图学在中世纪的后期对西方各国产生了两个影响，一是使阿拉伯制图学重新走向网格化，二是对欧洲各国雨后春笋般兴起的实用航海图起了催生的作用。[③] 如伊斯兰国家使用的定量制图学既受到元朝网格地图的影响，而且也直接促使欧洲绘制实用的航海图。

## 二　外国地理知识的传入

至元十年（1273）十月登记的北司天台"合用经书一百九十五部"（《秘书监志》卷 7）全是阿拉伯文，可能就是札马鲁丁来中国时带来

①　冯立升：《色目人在科学技术上的成就与贡献》，载李迪主编《中国少数民族科技史研究》（第四辑），内蒙古人民出版社 1989 年版，第 27 页。

②　李迪：《元朝政府编辑全国地理志和绘制彩色地图的经过》，《内蒙古师范大学学报》（自然科学版）1986 年第 3 期，第 61 页。

③　沈福伟：《中西文化交流史》，上海人民出版社 1985 年版，第 291 页。

的。其中有一部《海牙剔穷历法段数七部》，马坚教授研究后认为"海牙剔"是 Hayat 的对音，译为生活，可能讲到天文和地理。[①] 这说明有关阿拉伯人所掌握的某些地理知识传到了我国，当时阿拉伯在地理方面比我国先进的地方主要是测量了经纬线和广阔地域（包括欧亚非各一部分）的地理知识。

从成吉思汗时开始，到元朝后期的一百多年，我国有不少人到过外国，回国后把所见所闻写成旅行记之类的书出版，其中有：耶律楚材所著《西游录》，李志常的《西游记》，刘郁的《西使记》，周达观的《真腊风土记》，汪大渊的《岛夷志略》。前三本书都是记载由陆路进入中亚时所见到的地理情况，刘郁所记是常德前往波斯朝见旭烈兀的沿途所见，行程最远。《真腊风土记》是我国第一本记载柬埔寨（当时称真腊）风土人情的专书，是研究柬埔寨吴哥时代最重要的历史资料。《岛夷志略》是作者记其所见所闻，描述了印度西海岸与欧洲的贸易情况，该书在叙述地理位置、土地气候和物产等方面比较翔实、准确。

### 三　航海和旅行方面

由于元朝航海与陆路交通的发达，不仅有东南亚，而且阿拉伯、欧洲甚至非洲的许多旅行家都曾来到过中国。其中，一些人是以传教士身份来的，受到过元朝政府的款待，如欧洲人普兰诺·加宾尼、鲁不鲁乞、马可·波罗、伊本·拔图塔等。马可·波罗是意大利威尼斯人，1271 年随父亲和叔叔来中国，经长途跋涉，于 1275 年 5 月到达上都，并在中国待了 17 年。他聪明机智，不仅学会了蒙语、汉语，还精通中国文化，因而深得忽必烈信任，多次奉命其出使各地，并到过亚洲一些国家。他于 1292 年起程，1295 年回到了阔别 26 年的故土威尼斯。后来，他把自己在中国及其他亚洲国家的所见所闻讲授给一位作

---

① 马坚：《元秘书监志"回回书籍"释义》，《光明日报》1955 年 7 月 7 日。

家，作家把其叙述笔录整理，便是《马可·波罗游记》，也叫《东方见闻录》。该书记载了元朝初年的政事、战争和大汗朝廷、宫殿、节日、游猎等各种情况，同时也介绍了当时一些名城的风土人情、物产及城市风貌，还有中国邻近国家的一些情况。《马可·波罗游记》使欧洲人了解到了东方的中国及其他一些国家，一些欧洲地理学家还根据它绘制成早期的《世界地理》。

伊本·拔图塔是元顺帝时期来中国访问的非洲摩洛哥旅行家。他先后在泉州、广州等地滞留。1354 年回国后，口述其旅行经历，由他人记录成书。他的《游记》还记载了当时中国与印度、波斯湾和阿拉伯半岛各地的贸易以及中国海船的构造等情况。[1]

中国与波斯、阿拉伯航海技术方面的交流，无疑对当时的航海技术发展有促进作用。亦黑迷失是一位出色的航海家，曾多次远航东南亚各地，如僧伽剌（斯里兰卡）、马八儿（印度东南部）等国，后又出使占城（越南南部）、南巫里（苏门答腊西）、速木都剌（苏门答腊）等国。到各国"得其良医善药，遂与其国人来贡方物"。他对元朝与这些国家和地区沟通关系的构建做出了贡献。[2]

在元朝，我国一些旅行家也出访过外国。如，汪大渊曾随商船出海，至数十国，还到达过非洲。他回国后著《岛夷志略》，记其所到之地的山川、习俗、风景、物产及贸易等情况。《岛夷志略》涉及的地理范围，东至菲律宾群岛，西至非洲，是一部较重要的著作。书中 100 余条，除末条"异闻类聚"外，其余 99 条，均为作者"身以游览，耳目所亲见"，记载国名、地名达 200 余个，其中大部分是中国商船到过的地方。当时不仅中国人乘船周游各地，取海道至中国的外国人也络绎不绝，京城大都云集了不少各国的使节、旅行家、传教士、艺术家、

---

①　李迪主编：《中国少数民族科技史丛书·通史卷》，广西科学技术出版社 1996 年版，第 290 页。

②　冯立升：《色目人在科学技术上的成就与贡献》，载李迪主编《中国少数民族科技史研究》（第四辑），内蒙古人民出版社 1989 年版，第 24 页。

工匠等。①

## 第五节　冶金与建筑交流

　　元朝冶金技术上的交流，较著名的一件事要算是镔铁在我国的大量冶炼并普及。镔铁是古代一种表面带有花纹且极其坚利的优质钢材，大约在南北朝时由波斯国（今伊朗）传入我国的西北地区。据载，辽、金时代，北方人曾冶炼过镔铁，特别是辽代的契丹人更擅长冶炼镔铁。金太祖曾说："辽以镔铁为号，取其坚也。"② 可是后来，随辽的灭亡及连年不断的战争，使镔铁冶炼技术几乎绝传。到元朝统一全国后，由于波斯、阿拉伯工匠的大量涌入，使镔铁冶炼技术重又兴盛起来。元朝政府于至元十二年（1275）设置掌镂铁之工的"镔铁局"，管理镔铁生产以及用镔铁制作各种兵器、农具等事项，让一些工匠专门炼制镔铁。由于政府重视，元朝的镔铁产量也随之越来越多。一改过去镔铁只作"上乘之礼品"，而将其广泛用于制造各种兵器和一些生产、生活用具。③ 如阿尼哥"为七宝镔铁法轮，车驾行幸，用以前导"④。元人杨瑀在《山居新语》中说："镔铁胡不四（古代一种乐器。也称火不四、浑不四），世所罕也，乃回回国中上用之。制作轻妙，余每询铁工，皆不能为也。"⑤

---

　　① 褚锡斌：《中国少数民族科学技术史丛书》（地学·水利·航运卷），广西科学技术出版社 1996 年版，第 334 页。

　　② 董原：《二十五史》（金史），陕西出版集团、三秦出版社 2012 年版，第 391 页。

　　③ 刘长春：《元代蒙古族对冶铁业的贡献》，载李迪主编《中国少数民族科技史研究》（第三辑），内蒙古人民出版社 1988 年版，第 197 页。

　　④ （明）宋濂等：《元史》卷二百零三《列传九十·阿尼哥》，中华书局 1976 年版，第 785 页。

　　⑤ 李迪主编：《中国少数民族科技史丛书·通史卷》，广西科学技术出版社 1996 年版，第 287 页。

　　元朝的建筑，不论从建造技术还是从形式风格上，都是较多样化的。特别是在大都、上都以及南方经济贸易较为繁荣的城市里，这种状况尤为明显。这是由于在元朝佛、道、伊斯兰、基督等宗教都有自己的活动场所，元朝统治者也不因自己信仰某一种宗教而排斥其他宗教，因此，宗教建筑便随其教徒进入，其影响在中国大地逐渐强大起来。回族人也黑迭儿是一位杰出的土木工程专家，其子马哈马沙也是建筑专家，他们世代主持元朝工程部门的工作，对元朝工程建设有重要贡献。也黑迭儿曾参加过大都城的建造工作，是这一工程的主持者之一。他在大都城的规划、勘测设计方面起了重要作用，有很大贡献。尼泊尔人阿尼哥也是一位出色的工程专家，他曾负责诸色人匠总管府、将作院等工程部门，主持修造了许多佛塔、大寺等工程。[①] 西藏日喀则的夏鲁寺和日喀则西南的萨迦寺以及大都的妙应寺塔，便是元朝典型的喇嘛教（佛教的一支）建筑。其中，妙应寺塔（今北京西四白塔），就是由阿尼哥主持修建的。

　　伊斯兰教建筑在元朝也完成不少。至正八年（1348），中山府（今河北定县）《重建礼拜寺记》中说伊斯兰寺"今近而京城，远而诸路，其寺万余，俱西向以行拜天之礼"，其内容可能有些夸张，但是说明当时的伊斯兰教建筑确实很多。这也与元朝"回回遍天下"的说法是一致的。元朝伊斯兰教建筑中有一部分采用中亚的形式。如新疆霍城的吐虎鲁克玛扎建于 14 世纪中叶，矩形平面，穹隆顶，大门镶嵌白、紫、蓝色琉璃砖。明、清时期新疆地区的伊斯兰教建筑主要就是继承了这种形式并结合地方传统而加以发展的。从元朝起，已经有以汉族传统建筑布局和结构体系为基础、结合伊斯兰教特有的功能要求创造出中国特色的伊斯兰教建筑形式。这类建筑虽均经后代重建，但现存明初建造的北京、杭州、西安等地的清真寺，无论整体布局还是单座建筑的处理，都已相当完整成熟。不难推测，这种新型建筑在元朝已经形

---

　　① 冯立升：《色目人在科学技术上的成就与贡献》，载李迪主编《中国少数民族科技史研究》（第四辑），内蒙古人民出版社 1989 年版，第 27 页。

成了。①

关于基督教堂,由于该宗教当时主要集中在北方和沿海地带,因此在这些地区也建造过不少教堂。如,现存北京附近的房山三盆山十字寺遗址,《马可·波罗游记》中记载,镇江府"城里,有三千聂利托利(聂斯脱利)派的基督教教堂,建于1278年。那时候,皇帝曾任命这一教派的一个教徒,名叫马萨奇斯(马薛里吉思),来到这里担任本城的行政长官"。这一记载就是指聂斯脱利教徒马薛里吉思任镇江府路总管府副达鲁花赤期间建造教堂之事。在任期间,他先后建教堂七所,其中一所在杭州。②

## 第六节 火药和兵器技术交流

宋代最早把火药用于武器。据《武经总要》记载,北宋军用火药共有14种物质,即硫黄、木炭、硝石、麻茹、干漆、砒黄、定粉、竹茹、黄丹、黄蜡、清油、桐油、松脂、浓油等。这些物质分别是可燃物、氧化剂、赋形剂和毒剂。其中的可燃物,除硫黄外,其他效能都较低,因而这种火药的燃烧速度和爆炸力都比较小。到了元朝,火药组成有了显著的变化,其爆炸威力大大提高。

1974年西安出土的元代铜手铳里装有黑火药。据晁华山分析考证,该火药成分为:硝石,约占60%;硫黄,约占20%;木炭,约占20%。从以上组成可看出,元代火药比宋代火药的组成大大精减,只有硝石、硫黄、木炭三种,但是组成火药的三种主要成分都大大增加了,因而火药质量大为提高。这种火药比以前的火药有如下改进:克服了木炭和硫黄之外的多种可燃物的燃烧速度慢,且不易点火的缺点;

---

① 李汶忠:《中国蒙古族科学技术史简编》,科学出版社1990年版,第186—187页。

② 李迪主编:《中国少数民族科技史丛书·通史卷》,广西科学技术出版社1996年版,第287页。

硝石在爆炸时主要作用是提供氧，由于它的含量比例增加，火药中大部分可燃物都能燃烧，因而产生气体更多，加大了爆炸力；由于硝石比例的增加，爆炸后形成的有毒气体数量相应地减少；另外，这种火药的制造和保管也比过去优越。[1]

在北宋末年的宋金战争中，除火箭、火枪、火毯、火蒺藜等小型火药武器外，还广泛使用了"霹雳炮""震天雷"等杀伤力较强的火器。后来蒙古兴起，他们也掌握了火药兵器技术，并且在西征以及与金、南宋的战争中大量使用了火器。特别是在西征中的运用，使我国的火药传入西方。旭烈兀西征时，蒙哥征集了1000名中国抛石机手、火炮手（火枪手）及弓弩手从军，带去了大量武器。当时中国各种火器都是世界上最先进的，这些最优的兵器为蒙古西征取得胜利发挥了作用。如在攻打木刺夷堡、报达城等地时，火药武器发挥了很大威力。元兵使用的火器有火箭、火炮、毒火罐、震天雷等。从此，这些武器也相继流落到阿拉伯人手中。后来，欧洲人在同阿拉伯人作战时，也获得了火药和火药兵器。因此，在13—14世纪，火药传入了欧洲。[2]

另外，中世纪伊斯兰国家设计和制造的抛石机非常发达，有一种抛石机叫"开满尼拉得"，能发射800磅的巨石，远远胜过宋代《武经总要》中记述的只能发射几斤、几十斤石头的抛石机。因为它们是由回族人制造和使用的，故又称"回回炮"。元朝政府十分重视新式武器的使用，据记载："西域砲、折叠弩，皆前世所未闻。"中世纪阿拉伯人设计制造的抛石机能发射巨大的石弹，其威力相当大。元朝政府很早就注意到中亚、西亚伊斯兰国家的抛石机并将其制造技术引进中国，由于这种兵器攻击力很强，所以很快在元军征伐南宋的战争中发挥了

---

① 李汶忠：《中国蒙古族科学技术史简编》，科学出版社1990年版，第154页。

② 韩儒林：《元朝史》（下册），人民出版社1986年版，第398页。

重大作用。① 至元五年（1268），元军对南宋襄阳和樊城进行围攻，此二城城高墙厚，又有重兵把守，久攻不下，对元军士气影响很大。于是，忽必烈遣使征炮匠于波斯国。伊儿汗阿八哈派出身制炮世家，以造炮而扬名的旭烈（赫拉特）人亦思马因和木发里（布哈拉）人阿老瓦丁前往中国。至元九年（1272）十一月，"回回亦思马因创作巨石炮来献"②，忽必烈下令在大都午门前进行试射，并亲临观看，忽必烈大加赞赏，即命亦思马因携其炮术前往樊城、襄阳助战。开炮后"声震天地，所击无不摧陷"，樊城、襄阳很快被攻下。此后，元军将回回炮用于征服南宋的各个战场，成为元军攻城的有力武器。至元十一年（1274），元军设回回炮手总管府，以亦思马因为总管。至元十八年（1281）又设回回炮手都元帅府，阿老瓦丁加镇国上将军、回回炮手都元帅，成为炮手的最高统帅。至元二十二年（1285）改为回回炮手军匠上万户府。这一机构的不断升迁说明元统治者对回回炮的重视。

　　回回炮是元代一种大型抛射兵器，在当时是一种先进的攻城战具，在战争中发挥了很大作用，在中国兵器史上占有一定的地位。回回炮因其制造技术传自西域伊斯兰教国家而得名，它的制造和使用技术在元朝初期主要掌握在回族人手中，后来也为蒙古族和汉族掌握，忽必烈还征召回族炮手，如亦思马因、阿老瓦丁等来到中国，制造和使用回回炮。回族人在回回炮的制造及其技术传播方面做出了重要贡献。回回炮是一种配有对重的抛石机，它优越于中国传统的抛石机，其威力远胜于宋代的抛射兵器，从元初到明代初期，它一直是一种重要的冷兵器。起初回回炮的制造和使用都掌握在色目人阿老瓦丁和亦思马因家族的手中。后来回回炮手军中一些军官也逐渐汉化，如河南伊川

---

　　① 冯立升：《回回砲考述》，载李迪主编《中国少数民族科技史研究》（第七辑），内蒙古人民出版社 1989 年版，第 170 页。

　　② 马建春：《蒙元时期"回回炮"的东传及作用》，《西北民族研究》1996 年第2 期。

鸣皋镇回回炮手军总管勘实戴，字士希，用他的家财创办书院，经过十年筹集，才告完成。他的儿子慕颜铁木，建稽古阁，藏书万卷，延祐（1314—1320）时到大都，经过仁宗批准，书院取名伊川书院。可见，回回炮手和中原汉人之间在文化上、技术上的接触和交流是很活跃的。①

此外，元代出自回族人之手的兵器还有"火铳"和"镔铁刀"，它们也是中亚、西亚波斯、阿拉伯手工业技术与中国传统手工技术结合的产物，是蒙元时期军事技术成就之一。

# 第七节　金工、陶瓷与印刷术交流

蒙古汗国时期，在宫廷和官邸里有过大批欧洲技师，其中最有名的是威廉·布歇（William Boucher）。他是巴黎的金匠和技工，曾于1246—1259年在和林侍候过贵由和蒙哥。《鲁布鲁克东行记》中记载，威廉·布歇在和林宫殿的门口处为蒙哥制造了一棵大银树。在树的根部有4只银狮子，每一只狮子嘴里有一根管子，喷出白色的马奶。在树干里面，有4根管子通到树顶上，管子的末端向下弯曲。在每一根管子上面，有条镀金的蛇，蛇的尾巴盘绕在树干上。这4根管子分别流出葡萄酒、哈剌忽迷思（马奶酒）、蜂蜜酒和米酒。其制造精巧，堪称一绝。

尼泊尔的阿尼哥不仅是位优秀的建筑高手，同时也是擅长绘画、塑像和铸造工艺的专家。忽必烈曾让他修复明堂针灸铜像，他谦虚地答应，新像建成后关膈脉络齐备，金工皆叹服，称其"天巧"，并由此受到重用。另外，他还把他的绝艺传授给宝坻（今属河北省）人刘元，

---

① 沈福伟：《中西文化交流史》，上海人民出版社1985年版，第286页。

使其也成为一代雕塑名手。①

中国的铸造铜镜技术在元代传入了钦察汗国。据 14 世纪阿拉伯历史家乌马儿和伊本·拔图塔的记载，欧洲商人用不着亲自到中国，就能在这里买到中国的丝织品，在钦察汗国都城别儿哥萨莱就有大量的中国手工制品出售。近年来，在当时的别儿哥萨莱和钦察汗国的其他城市遗址中发掘出了有汉字和阿拉伯字铭文的两种元代铜镜。带汉字铭文的是从中国输入的，而带阿拉伯字铭文的铜镜是由中国和当地铸铜镜匠制造的。②

元朝的陶瓷器是比较有名的，元朝对外交往和贸易是很频繁的，瓷器是当时重要的出口商品。据《岛夷志略》记载，当时我国向 50 多个地区输出瓷器。如向琉球输出"粗碗处州磁器之属"，三岛输出"青白花碗"等，③ 这些地区分别属于现今的日本、菲律宾、印度、越南、马来西亚、印度尼西亚、泰国、孟加拉国、伊朗等"一带一路"沿线的国家。随着陶瓷器作为商品出口的积累，其制造陶瓷技术也随之传到国外。如，1223 年日本的加藤四郎等人到中国学习造瓷技术，并将其带回日本制瓷。元代前期暹罗（今泰国）国王敢木丁曾几次来到中国，并请回许多中国陶瓷工匠，从而开创了暹罗国的陶瓷业。

北宋时毕昇发明的活字印刷，开创了印刷史上的新纪元，这个被称为四大发明之一的活字印刷术在其被逐渐完善的同时也大量传入国外，毕昇所创的活字是用胶泥制的，缺陷很多。元世祖忽必烈的谋士姚枢的学生杨古，将泥活字制成整段陶板来印书。这种陶活字，要比泥活字好得多。之后元代印刷术的另一重大改进是使用了木活字，当时江南一带盛行用木制活字来印书。木活字比陶制活字更轻巧方便而

---

① 李迪主编：《中国少数民族科技史丛书·通史卷》，广西科学技术出版社 1996 年版，第 288 页。

② 韩儒林：《元朝史》（下册），人民出版社 1986 年版，第 392 页。

③ 李汶忠：《中国蒙古族科学技术史简编》，科学出版社 1990 年版，第 152 页。

耐用，印出的书字迹更清楚。

印刷术传入欧洲后，改变了原来只有僧侣才能读书和享受高等教育的状况，为欧洲的科学从中世纪的黑暗之后的突飞猛进，以及文艺复兴运动的出现提供了一个重要的物质条件。马克思在 1863 年 1 月给恩格斯的信中，把印刷术、火药和指南针的发明称为"是资产阶级发展的必要前提"。可见，元代印刷术的改进与西传是具有重大意义的事情。

# 第八节　语言文字交流

语言文字作为文化交流的桥梁，是一种重要的工具。元代使用外国语言文字，并将其作为科技交流的重要手段。元代使用的外国文字主要有三种。

## 一　维吾尔文字

元代在制定蒙古文字之前，使用畏兀儿文字。《元内章·诏令一》中至元六年（1269）二月十三日忽必烈曾颁发诏书：朕唯字以书言，言以记事，此古今之通制。我国家肇基朔方，俗尚简古，未遑制作，凡施用文字，取模（汉）楷及畏兀字（维吾尔文）以达本朝之言。①

后来蒙古文字形成，维吾尔文字仍没有废除。该文字在元代初期文物制度和碑碣石刻中最常见。如 1225 年列宁格勒博物馆藏的所谓"成吉思汗碑"就是使用了这种文字。

## 二　波斯文字

元朝有一种国际通用的文字就是波斯文字，当时有六国来朝、万

---

① 刘长文编：《刘铭恕考古文集》（上），河南人民出版社 2013 年版，第 813 页。

国衣冠的盛况，大家交流主要使用波斯语。王国维译的《近日东方古言语学及史学上之发明与其结论》中提到：十三世纪之初，蒙古成吉思汗以不世之天才，统一全亚，并欧洲之东部，混合一切民族。其后数世间，蒙古大汗所都之和林，万国衣冠咸会于此。各国之使臣与诸教之主教，项背相望。……故和林之地各种族杂居，意必有一种通用语，此通用语，疑即波斯语也。观马可波罗之书，其证颇不少。马可留支那二十年，然不解支那语，又于蒙古语所知亦甚少。书中记北京之卢沟桥，名之曰"保尔珊琴"，此波斯语石桥之义也。又呼云南人为"察唐唐"，亦波斯语金齿之义，云南人好以金镀齿，支那人夙呼之曰金齿，此波斯语"察唐唐"一语之所由来也。支那之回教碑文最古者，在山东曲阜。此西历十四世纪初所立，不过二石柱上刻波斯文数行耳。又据赫以达尔书，谓西藏有元代碑碣，刻汉藏波斯三体文字。又十三世纪末，北京所制青铜天文器械。在蒙古史中，此器械各部分之名称，皆以波斯语记之。且支那今日尚呼回回教之僧曰"阿浑"。蒙古史中呼之曰"达尼休曼"，皆波斯语。又明代会同馆所编之四夷语，其中有回回语一目盖谓回回教徒所用语。迄今考之，则并非阿剌伯语，而为波斯语也。①

像这样的通用文字，不仅可以解决不同语言的人们之间的交流，而且对科技交流也起到了一定的促进作用。

### 三　回族文字

元朝和阿拉伯的交往非常紧密，而且很多阿拉伯人还住在中国，所以仿照"蒙古国子学"的先例，设置了"回回国子学"。

"世祖至元二十六年夏五月，尚书省臣言，亦思替非文字宜施于用。今翰林院益福的哈鲁丁能通其字学，乞授以学士之职，凡公卿大夫富民之子，皆依汉人入学之制，日肄习之。帝可其奏。是岁八月，始置回回国子学。至仁宗延祐元年四月，复置回回国子监，设监官。

---

① ［法］伯希和：《近日东方古言语及史学上之发明与其结论》王国维译，《国学》（季刊）1923 年第 1 期，第 157—158 页。

以其文字便于关防，取会数目，令依旧制笃意领教……学之建置。在于国都，凡百司庶府，所设译史，皆从本学取以充焉。"

"翰林兼国史院秩正二品……（至元）二十六年置官吏五员。掌管教习亦思替非文字……延祐元年别置回回国子监学，以掌亦思替非官属归之。"

以上两段《元史》中的文字是当时学习、传播回族文字的概况，其中都提到了"亦思替非文字"，回回国子学所教的就是亦思替非文字。由于《元史》记载简略，亦思替非文字到底是一种什么文字，曾困扰学术界长达半个多世纪。早期陈桓曾探讨过这个问题，称元代的回族文字是沿用波斯文字的一种，因为"亦思替非"就是古代波斯的郁城之名。1940 年白寿彝根据以上记载推测亦思替非文字"在元代系做关防会计之用"①，指出了这种文字的用途，可惜没能引起学术界的重视。后来又有人撰文认为是波斯文、阿拉伯文，也有人认为是一种突厥语言。在 1992 年 11 月举行的"伊朗学在中国"的学术讨论会上，伊朗学者穆扎法儿·巴赫蒂亚尔提交的《"亦思替非"考》一文破解了这一问题。他指出："亦思替非"本意乃是"获取应有之权利"或"向某人取得应得之物"。作为一个专有名词，其意为"财产税务的核算与管理"。因此，在古代，大多数伊斯兰政权统治的国家，类似现代财政部的部门称为"亦思替非部"。"亦思替非"乃是一种特殊的文字符号，用于国家文书之中，它有特定的写法与规则，国王及政府有关财务税的诏书、清算单据、税务文书等都用这种文字书写……这种文字类似缩写符号或象形文字，只表意而不标音。② 由此可见，亦思替非文字是一种专用于财务核算的文字，创造者是伊朗人，元朝传入我国，元政府设立回回国子学，蒙古贵族子弟有入学学习者，命回族人益福的哈鲁丁专门教习。

---

① 白寿彝：《元代回教人与回教》，《中国伊斯兰教史参考资料》（上册），宁夏人民出版社 1985 年版。

② 陈高华：《关于亦思替非文字》，《中国伊斯兰文化》，中华书局 1996 年版。

# 第 三 章

## 蒙古族教育的历史脉络

蒙古族教育既是一个广义的概念，又是一个狭义的概念。它的产生和发展与其社会的发展历程有着密切的联系，总体上是由低级向高级推进，且深深地打上了时代的烙印。因此，要厘清蒙古族教育发展脉络，必须有宏观视野和微观嗅觉：一方面，要从单一学科的角度去考虑问题；另一方面，更应该注意从跨学科或交叉学科的视角考察研究的对象。这是本章研究的基本思路。蒙古族教育在不同的时间和空间都有哪些运行规律，对今天又能提供什么样的经验教训，这是我们的目标所在。

### 第一节　蒙古族兴起前北方游牧民族教育

匈奴、东胡、乌桓、鲜卑、丁零（高车）、柔然、突厥、回鹘、契丹、党项、女真等北方游牧民族，其文化同蒙古人有着密切的关系。其表现在以下几个方面。首先，都以畜牧业生产为主导产业。蒙古族原原本本地继承了他们的生产方式，并对其发扬光大。其次，蒙古族兴起前的北方游牧民族普遍信奉萨满教，后继的蒙古人也同样信奉萨满教。再次，生活习俗的继承更为直接，在今天的蒙古人当中仍然能够看到某些踪迹。又次，北方游牧民族的英雄品格对蒙古人产生了深远的影响，前后具有明显的继承关系。最后，蒙古人入主中原后，"考诸辽金"① 制定了治国方略，尤其在文化教育方面参考的东西特别多。因此，蒙古族教育的起源，应该同远古时期的北方游牧民族的教育结合起来加以考虑，这有助于科学把握其发展脉络。

## 一　匈奴及东胡教育

匈奴是一个比较强悍的马背民族，他们在中国历史舞台上与农耕民族发生了激烈的碰撞，并产生了深远的影响。从某种意义上讲，匈奴人居住的自然环境决定了他们逐水草而居的游牧生产方式，进而演绎出与之相适应的生活方式。他们的生产链和食物链基本属于天然的原生态，遵循了自然的运行规律、降低了对环境的排放物，确保了水体、土壤、空气的洁净度。而且，极端恶劣的气候条件也造就了匈奴人的强健体魄和倔强性格，乃至于对中原地区构成巨大的冲击力。构筑长城、和亲政策以及战略反击中融入了许多人文故事，也向后人传递了匈奴教育的细节及其内容。总的来讲，匈奴教育的实践性或可操作性内容比较多，主要通过生产和生活演练来影响下一代。长者的口耳相传、耳濡目染都属于正常的教育范畴。匈奴人对习惯法的遵守以及某些祭祀活动，都带有教育的性质。好男儿在疆场上驰骋杀戮，其意义远胜于纸上谈兵。当年，冒顿用40万铁骑围高帝于白登②（今大同东三十里）的场面，对所有的将士就是一种历练。匈奴人出征时对地形地貌和战略要地的把握，都源自畜牧业生产，不会出现丝毫的差错。匈奴人的西迁以及在欧洲战场上的表现，也说明了这一点。匈奴人的音乐和科技教育在当时都达到了很高的水准，为后人留下很多想象的空间。一些知名学者认为，匈奴人创制了自己的文字，但留下来的资料并不多见。③ 与之相适应，匈奴人开始有了学校教

---

①　（明）宋濂等：《元史》卷二百二《释老·八思巴》，中华书局1976年版，第4518页。

②　（汉）司马迁：《史记》卷一百十《匈奴列传》，中华书局1959年版，第2894页。

③　王风雷：《蒙古族全史（教育卷）》（上），内蒙古大学出版社2013年版，第8页。

育,"儒生"①"比车耆"②(书记官)的出现,都是很好的例证。然而,能够接受这种教育的人极其有限。

东胡与匈奴的区别不大,尤其在生产生活、语言文化方面,非常接近,共性的东西比较多。时人对他们的定义仅限于地理位置这一表面现象,从而忽略了其本质内涵。在史家的眼里,匈奴和东胡都是胡人。在汉籍里,胡人是一个大的民族共同体,其下又分成两个部落联盟。实力强大的称为匈奴,游牧于辽河流域的被冠名为东胡。至于两者的内在关系,当时的史家由于受主客观条件的限制,只对其表面现象进行了描述,没有深入探讨。其结果是,人们认为匈奴和东胡是两个毫无关联的不同种系,试图抛开匈奴而孤立地谈东胡,进而产生很多偏差或误解,也为后继研究带来许多不必要的麻烦。针对这一问题,笔者专门咨询了内蒙古大学知名学者乌其拉图教授,并用微信进行交流。他认为东胡一些部族所操语言为蒙古语,这一点史学界没有异议;匈奴所操语言也是蒙古语。③ 可见,多语交叉的历史语言学研究为人们认识匈奴和东胡之间的关系,提供了强有力的佐证。二者语言上的差异只属于方言的范畴,相互间的沟通没有太大的障碍。相比之下,东胡教育更多地同军事、生产、生活混杂在一起,为种系的辉煌埋下伏笔。

## 二 乌桓、鲜卑、丁零(高车)、柔然的教育

在乌桓或乌丸的社会里,女性具有绝对的权威,其社会成员对母亲的尊崇达到无以复加的程度。相比之下,父亲的地位远不如母亲,除了征伐外,很多事情由母亲来决断。母亲在乌桓教育里扮演了一个重要的角色,孩子们紧紧地围绕在母亲周围踏上成长的历程。所有这

---

① (汉)班固:《汉书》卷九十四上《匈奴传》,中华书局1962年版,第3773页。

② (汉)司马迁:《史记》卷一百一十一《卫将军骠骑列传》,中华书局1959年版,第2936页。

③ 微信咨询乌其拉图教授的时间为2019年1月31日星期四下午3:20—3:45。

些都符合人类社会及其教育发展的常理。为了确保种群的繁衍，乌桓人形成了很多约定——习俗禁忌，并进行传承，使之成为一项重要的教育内容。"贵兵死"的时尚，激励了成千上万名乌桓男儿冲向沙场，谱写了一曲曲英雄的赞歌。① 乌桓人的科技教育，也取得了一定的发展。

东胡的一支鲜卑的教育主要表现为以下几个方面。第一，早期鲜卑人的教育接近于乌桓，两者间没有太大的差别。当时鲜卑人角端弓②的制作已经名满天下，其工艺传承到了今天。马背上的颠簸造就了一批批军事英才。第二，前燕、后燕、南燕时期，慕容鲜卑教育同汉民族相互交融甚至夹杂在一起，一定程度上接受了他们的影响。慕容鲜卑人在习农的同时，进一步加强军事教育，从而提升国力。经过若干年的积累，慕容鲜卑人中涌现出一批文人雅士。不过从《阿干歌》来看，他们没有放弃本民族的文化。③ 第三，鲜卑后裔吐谷浑（起初吐谷浑是人名，后来成为游牧民族政权的代名词）的教育，在高原环境里保留了自己原始的风采，特别是阿豺的折箭训子的创意写下千古绝唱，也为后继蒙古人的五箭训子提供了确凿的依据史源。④ 第四，拓跋鲜卑创制了文字，留下了很多与之相应的文化教育踪迹。遗憾的是，它们早已灰飞烟灭，⑤ 取而代之的是汉文化教育。第五，迁洛后的北魏统治者对中原地区文化教育的发展做了很多实事，他们所设立的中央官学和地方官学以及其他类型的教育都能证明这一点。第六，北魏皇帝和宗室子孙们在接受汉文化教育方面也有突出的表现，并以卓越的业绩

---

① （晋）陈寿撰，（宋）裴松之注：《三国志》卷三十《乌丸鲜卑东夷传》，中华书局 1997 年版，第 832 页。

② （宋）范晔撰，（唐）李贤等注：《后汉书》卷九十《乌桓鲜卑列传》，中华书局 1965 年版，第 2985 页。

③ （唐）房玄龄等：《晋书》卷九十七《吐谷浑》，中华书局 1974 年版，第 2537 页。

④ （北齐）魏收撰：《魏书》卷一百一《吐谷浑》，中华书局 1974 年版，第 2235 页。

⑤ 王凤雷：《蒙古族全史·教育卷》（上），内蒙古大学出版社 2013 年版，第 33—35 页。

载入历史史册。北魏特别是鲜卑音乐及其教育，取得了巨大的成功，这种说法不是空穴来风的，都有案可查。

丁零（高车）的教育，首先由老者们从传说故事入手，用形象的语言向其子女勾勒出一幕幕悲壮的历史图景，向他们提供高品位的精神食粮，包括种系的来龙去脉、图腾崇拜等诸多内容，留下的印象极为深刻。其次，在丁零（高车）教育中，英雄崇拜占了相当大的比重。男儿在战场上的厮杀以及猎场上的围捕，练就了其果敢的性格。年轻女性嫁给英雄成为一种社会时尚，她们直言："求良夫，当如倍侯（利）"①。最后，丁零（高车）的音乐教育以及综合性教育都得到较好的发展。"平吉之人则歌舞作乐"②，说明其音乐舞蹈具有广泛的群众基础。生产、生活、习俗，以及萨满，都反映了丁零（高车）另一层面的教育。

柔然的教育主要表现在以下几方面。一是生存能力的培养带有普遍意义；恶劣环境的适应、艰难困苦的磨炼、畜牧技能的训练、耕种技艺的掌握，都属于生计或生存教育的范畴。二是游牧民族自身习俗的传承，成为一项重要的教育内容。其中，最典型的当属收继婚的传承，一直在延续且得到具体的落实，类似的案例比比皆是。三是柔然人的尚武精神，在其东征西讨的战场上得到最佳体现。女性们的骑射技艺，从另一侧面反映了其军事教育达到的水准。攻城实战造就了一批军事工匠。四是柔然的语言文字教育得到发展，但留下来的东西不多。

### 三　突厥、回鹘的教育

突厥的教育主要表现在以下几方面。第一，早期突厥人的教育与生产劳动构成一个有机整体。生产劳动本身成为一种实实在在的教育，教育也为其劳动技能的传承找到自我生存发展的空间。实践环节把突

① （北齐）魏收：《魏书》卷一百三《高车》，中华书局 1974 年版，第 2309 页。
② 同上书，第 2308—2309 页。

厥人最擅长的畜牧、围猎、驯鹰以及冶炼等秘诀传承得淋漓尽致，且有了新的发展。第二，突厥人对生活教育赋予了更多的实际内容，其祭祀、丧葬、婚俗、服饰、牙帐、禁忌、图腾、官职、法律、号令等，对年轻人产生很深的影响。人是环境的产物，身临其境者很难不会耳濡目染。当然，突厥在蓬勃向上的时段形成的社会舆论氛围以及共同的价值观，对每个成员都产生了巨大的教育力。第三，军事斗争造就了虎狼之师。突厥人普遍信奉"重兵死，耻病终"①的信条，认为战死疆场是好男儿最好的归宿，也是一种荣耀，死在病榻上则被看作一种耻辱。在这种思想理念驱使下的壮士们，高擎"狼纛"，绝对都是以一当十，可谓攻无不克、战无不胜。唐太宗李世民对突厥铁骑所做的评价②非常到位，其军事指挥员高超的作战艺术令人叹为观止。就拿射箭技术而言，唐朝将士们的实力和水平远不如突厥人，两者间存在很大的差距。第四，古突厥文为其教育带来很多荣耀。汉籍里有关古突厥文的信息比较零散，国内学者对它的关注度极低，甚至成为盲点。至少在国外学者揭开古突厥文碑神秘面纱之前，我们在该领域基本上未能掌控话语权。丹麦学者汤姆森对《阙特勤碑》《苾伽可汗碑》的解读，为我们了解突厥人的历史文化教育提供了一个全新的视角。③古突厥文的使用情况证明，当时突厥人中已经有了专门的师儒——知识分子，开始有了狭义的教育教学活动，为其文字的传承发挥了作用。古突厥文资料里很好地保留了其先民遵循的团结合作教育内容，只在直观演示时用了单张纸和多张纸叠加来说明，其含义与折箭训子没有实质性的差异。此外，在突厥人所用的粟特文、吐火罗语等文献资料中，也隐含了很多教育密码，所有这些有待人们深入解读。第五，突厥人

---

① （唐）李延寿：《北史》卷九十九《突厥》，中华书局1974年版，第3289页。
② （唐）温大雅、李季平、李锡厚点校：《大唐创业起居注》（卷一），《起义旗至发引凡四十八日》，上海古籍出版社1983年版，第2页。
③ 中央民族学院少数民族语文系：《古代突厥文献选读》（第一册），内部资料，第12—14页。

的音乐以及宗教教育也得到了较好的发展。史家们对突厥的音乐及其作品进行了较为详细的记载，所有这些都说明其音乐教育具有广泛的民众基础，男女老幼皆能歌舞作乐，自娱自乐彰显了民族的个性。萨满教和佛教交相辉映，对突厥人的精神世界产生了巨大的影响，进而折射出相应的教育。

回鹘的教育主要表现在：第一，生产性教育影响了整个回鹘民众，使其物质文明建设迈上新台阶。回鹘人在畜牧业生产方面，对马群的饲养，特别是对马印的设计制作都达到了极致，为后人留下了宝贵的财富。[①] 在此基础上，回鹘人在农业生产方面也有很多建树。后来，他们在都城的建造上留下了很多遗迹，为推断其社会发展水平提供了想象的空间。第二，多元宗教使回鹘教育有了更丰富的人文内涵。在回鹘社会发展的不同阶段，萨满教、摩尼教、佛教、景教、祆教、道教、伊斯兰教对人们的文化生活产生过影响，因而其教育很难超越它们而独立存在。这在回鹘教育的内容上有所反映，而且打上了不同的烙印。第三，回鹘人的艺术教育达到相当高的层次。其中的一些经典传说故事，成为全人类的文化遗产。回鹘人的壁画，造型奇特，独具匠心。那些传世之作用无声的语言向人们透露了回鹘艺术家们成长的基本信息。回鹘人的音乐舞蹈对中原地区产生很深的影响，也得到人们的追捧。但我们不能忽略其中存在的创编、传播和模仿等问题。第四，文字及科技为回鹘教育增添了活力。回鹘人用过多种文字，而且变幻莫测，无形中加大了学习和研究的难度系数。回鹘人的科技主要体现在天文、历算、医学等诸多领域，与之相应的教育也得到发展。

## 四　契丹、党项、女真的教育

契丹的教育：第一，契丹人的游猎教育对男儿具有普及性的特点。

---

① （宋）王溥：《唐会要》卷七十二《马》，中华书局 1955 年版，第 1305—1308 页。

诸如四季轮牧、倒场、放牧等生产方式和方法都属于实实在在的教育，理论性的东西并不多，只要做就能学会。至于渔猎的技术性问题，主要是跟着长者或有经验的人去学习，日积月累，增长了见识。"吹角效鹿鸣"，呼鹿①、撒网捕鱼等，都是经过反复实践、演练最终熟练起来的。渔猎活动中，也融入了契丹人崇尚的习俗，如冬捕等都属于这一范畴。第二，契丹大字和契丹小字的创制，为其教育注入新的活力。文字的盛行造就了一批知识阶层，更重要的是带动了施教场所的发展，使读书人的数量呈现增长的趋势。同时，吸纳一批高丽儿童学习国语。② 第三，儒学与科举并驾齐驱，成为契丹教育的另一个层面。从中央到地方，儒学形成独立的体系，为科举储备了大批考生。同时，科举又反哺儒学，二者形成良性互动。契丹等游牧民族人士的加盟，为其科举增添了新的亮点。第四，契丹贵族的教育书写了新的辉煌。在男性宗室成员中，涌现出很多文人墨客，个别皇妃在琴棋书画乃至武功方面都有不俗的表现。可见女性教育备受重视，并取得了巨大成功。第五，音乐、科技、佛学教育都得到很好的发展。契丹人能歌善舞，创造了很多佳作，造就了大批的音乐人才。其科技教育重点在人医、兽医、天文等方面向前推进，形成自己的优势。佛教教育主要体现在佛寺通过翻译、刊印佛经，弘扬了佛法。

党项的教育：第一，习俗的传承成为党项（唐兀）教育的重要内容。聚会、祭祀上苍、收继婚、复仇、盟誓、举兵、游猎以及"候草木记岁"③ 等诸多习俗，都通过教育得到传承。第二，西夏文字的创制与推广，为蕃学的发展提供了良好的机遇。两者的关系是先有文字，然后设置了蕃学，而蕃学的发展又助长了西夏文字的繁荣。与蕃学的

---

① （元）脱脱等：《辽史》卷三十二《营卫志中·行营》，中华书局 1974 年版，第 375 页。

② （元）脱脱等：《辽史》卷十三《圣宗四》，中华书局 1974 年版，第 146—147 页。

③ （宋）欧阳修、宋祁：《新唐书》卷二百二十一上《西域上·党项》，中华书局 1975 年版，第 6214 页。

发展相适应，西夏的国学曾一度出现繁盛的景象，其师儒和生徒数量都达到相当的规模。第三，党项人对中原文化也给予了高度重视，并为儒学的发展提供了政策保障。党项人对孔子的尊奉，达到一个新的高度，也设置了相应的官僚机构。唐兀人在儒家经典购买、研习、传播、抄录方面的所作所为，永远地载入史册。第四，蕃汉文化的碰撞促进教育的繁荣。统治者面对蕃汉两种文化矛盾冲突，先保证了本族文化，在这个基础上科学地吸纳了汉文化，并在翻译上进行探索，留下了宝贵的文化遗产。第五，佛经翻译一方面促进了文化繁荣，另一方面也培养了一批高端人才。《西夏译经图》比较直观地展示了当时翻译佛经的概况，涵盖一个高层次的教育。[①] 第六，音乐、科技成为党项教育的重要组成部分。西夏乐很厉害，无论是作品还是人才都占了一席之地。他们的医学教育也得到了发展，与生产相联系的匠人对行业技术的发展做出了贡献。

女真的教育：第一，女真文字成为女真官学响亮的名片。女真大小字的创制、推广和使用，带动女真官学的发展，而且在全国范围内确立了比较完备的女真教育体系，为人才培养、文化繁荣奠定了基础。第二，儒学与科举共同撑起女真教育的另一个门面。女真人对儒学情有独钟，为其发展提供了很多方便。女真科举考试早已超出儒学的范畴，包容了女真人在内的北方游牧民族文人，他们在一定程度上参照了契丹人的做法。第三，女、辽、汉多语教育贯穿整个金代。除了本民族的语言文字，他们对契丹文字的教学也给予了高度重视，一直没有偏废，造就了一大批精通多语的文化人。第四，完颜家族的教育，成就了他们的后代。金朝皇帝很重视自身的学习，金世宗是一个大教育家，留下了很多佳话。第五，农业、天文、医学、艺术教育取得长足发展。当时的劝农机构、都水监与农业教育有着密切联系；天文观象促进了相应教育的发展；金代的医学人才辈出，达到新的高度；音

---

① 史金波：《"西夏译经图"解》，《文献》1979 年第 1 期。

乐、绘画推出了很多佳作，教育功不可没。

# 第二节　统一前至大蒙古国教育

在统一前的漫长岁月里，蒙古各部在诸多强大民族共同体的夹缝中生存、发展，演绎了自己的教育。经过千百年的沉默与积累，到了成吉思汗时期，它开始登上世界舞台，并在政治、经济、军事、文化、教育方面展示了自己的实力。这一时期的蒙古族教育，一方面与众多游牧部落的生产生活融为一体，另一方面它的内容范围得到前所未有的扩展。随着版图的扩大，这在客观上要求蒙古人除了本民族的教育外，还必须关注异族、异域的教育，必须打破狭隘的观念，用亚欧的视野和气量办大教育。所有这些都为这一时期的蒙古族教育增添了光彩，也为亚欧文明续写了新的一页。

## 一　无法逃避的生产劳动教育

衣食住行是人类生存发展的第一要务，因此，所有人要正确对待物质资料的生产，并在实践中接受相应的教育。具体表现在：第一，必须接受畜牧业生产劳动教育。一个人从幼小的时候开始与六畜打交道，有意无意地识认家畜的颜色，诸如"腰花牛""口白黄马"① 等外表特征，而且不能有误。在此基础上，让他们区分六畜的雌雄及年齿，其称呼非常独特，也扩大了他们的词汇量。挤奶、驾车、放牧、接羔、驯马、驯驼，还有牛肉的储备（被称为成吉思汗军粮）、野菜野果的采集等，都是很实在的教育。对此不能有丝毫的含糊，必须掌握相应的技能技巧，否则生存都很困难。第二，年轻人必须具备从事渔猎生产

---

① 《蒙古秘史》，巴雅尔标音，内蒙古人民出版社 1980 年版，第 228、501 页。

的知识技能。蒙古人的远祖乌洛侯"好猎射"①，室韦也时聚弋猎②，并且进行了世代传承。当年孛端察儿用马尾套住雏鹰驯养捕捉野鸟的史实，就是对自己掌握的围猎飞放技艺的检验过程。不仅如此，蒙古人围猎时还有豹、山猫和猎狗③，对它们的驯养更是一项技术。也速该死后，年幼的铁木真、合撒儿早早操起弓弩从事围猎活动。15 岁的忽秃忽在冰天雪地里，单枪匹马射杀一群山羊的记载，传递的都是围猎教育的信息。④ 铁木真与其诸弟制作鱼钩在斡难河钓鱼的情况，反映了当时的渔猎生产实践及其教育的全貌。第三，蒙古人在一定范围内从事了农业生产，也发展了与之相适应的教育。当年蒙古人在哈剌和林地区就已经开辟了良田，从事粗放型农业。在前人开拓的基础上，继续种植具有北方特色的作物，稷子、糜子、荞麦等具有一定的代表性。现在所能看到的石臼、石碓，便是那一时期的农产品加工工具。成吉思汗时期，别失八里（新疆吉木萨尔境内）地区的农业有了很好的发展。镇海对屯田和农业技术的推广，做出了巨大贡献。第四，蒙古社会也需要工匠，他们在生产实践中扮演了师傅的角色。鞍具、车辆、帐幕的生产必须有一定数量的熟练工，结果木匠应运而生，并满足了社会需求。蒙古人从战场上俘获大量的工匠，为自己服役建造了好多华美的宫殿。匠人的技术传承，有形和无形相结合，对绝活秘不相传者都属于少数或极少数。皮革加工及女工技艺都得到很好的传承，这在史书上都有明确记载。

## 二　社会生活的影响力

首先，习俗的恪守就是养成的过程。蒙古人古老习俗的传承，都

---

① （北齐）魏收：《魏书》卷一百《乌洛侯》，中华书局 1974 年版，第 2224 页。

② （宋）王溥：《唐会要》卷九十六《室韦》，中华书局 1955 年版，第 1720 页。

③ 马可波罗口述，鲁思梯谦笔录，曼纽尔·科姆罗夫英译：《马可波罗游记》，陈开俊等汉译，福建科学技术出版社 1982 年版，第 105—109 页。

④ ［波斯］拉施特主编：《史集》（第一卷第一分册），余大钧、周建奇译，商务印书馆 1983 年版，第 174—175 页。

是在生活中进行的，也隐含了很多教育内容、方法和理念。当时人们对火有一种朴素的认识，它猛烈的气势让人们产生一种敬畏的心理，因而在遇到瘟疫的时候，试图用火来净化或洗礼进而达到防疫的目的。蒙古大汗接见远方使者时让他们穿过火堆的做法，给人们透露了这方面的信息。① 就是在今天，蒙古人对那些不洁的东西，仍保留着用火来绕圈祛邪的习惯。蒙古人忌踩门槛的习俗，源自大汗宫廷礼仪。②

其次，凝心聚力的教育为蒙古民族的振兴指明方向。阿阑豁阿的五箭训子不仅在当时影响了他的 5 个儿子，而且对后世产生了巨大的影响，成为千古绝唱。后来，库罗彻辰对其 10 个儿子的教训充分体现了团结合作、共创大业的思想，而且用正反两方面的事例阐释了合则兴、分则亡的道理。再后来，人们对这一教育理念赋予更多的内涵，对其发扬光大。对祖先系谱的讲述保留了大量的文化，而且具有启迪和激励价值。

最后，母亲的担当。统一前至蒙古帝国时期，男人忙于在沙场上厮杀，把家里的事包括养儿育女等，基本上都交给了女性来处理。惨烈征战、壮烈殉国成为家常便饭，这在客观上为孤儿寡母的生计和成长带来巨大的难题。也速该被害，也把他的遗孀和儿女推入水深火热的境地，一般人很难承受这种压力，甚至会导致家庭破败。诃额仑母亲以她柔弱的躯体撑起也速该的家业，并战胜了种种困难，为孩子们的成长筑起了一个精神家园。成吉思汗的成功得益于他的母亲。同理，13 世纪蒙古人能够称雄欧亚，得益于女性们打造的稳固后方托起了半壁江山。

### 三　军事、科技、音乐的熏陶

蒙古人的军事演练与游牧生产生活融为一体，主要表现在：第一，

---

① ［英］道森编：《出使蒙古记》，吕浦译，周良霄注，中国社会科学出版社 1983 年版，第 12—13 页。

② 马可·波罗口述，鲁思梯谦笔录，曼纽尔·科姆罗夫英译：《马可波罗游记》，陈开俊等汉译，福建科学技术出版社 1982 年版，第 99—100 页。

英雄人物形象为蒙古勇士们的成长提供了效仿的样本。《蒙古秘史》中的描写给人们留下了深刻的印象，面对冲杀，再强大的敌人在他们面前也将一败涂地，以失败告终。第二，野外生存训练为其作战能力的提升打下了坚实的基础。蒙古军取胜的背后经历了一个残酷的磨炼，并从幼年时期就形成一种习惯。第三，畜牧业生产使人们对地理及其特征的熟悉达到难以想象的程度。蒙古军征伐的路线，与高科技导航的高度一致。第四，草原环境训练使得蒙古人的视觉变成高倍望远镜，听觉超过声波探测仪。这在两军对垒中占了绝对优势。第五，军事理论、后勤及其管理都得到丰富与完善。军事实践发展了军事理论，生产生活与后勤管理构成一战车向前碾压。

蒙古人的科技传播：第一，冶炼技术的传承在史书上有明确记载。乞颜部的化铁出山①以及其他部落的冶铁技艺都得到相传。第二，弓弩制作、创伤治疗以及药剂炮制都达到很高水平。前者与工匠教育相联系，后者与老百姓生存相关联衍生了教育。第三，萨满教对医术传承也有贡献。

蒙古人的音乐，首先表现在歌舞表演上。人们每逢遇到欢宴都离不开歌舞，形成一个传统文化氛围。其次，蒙古人全盘吸纳西夏乐，并将其发扬光大。再次，汉地乐及乐人乐器得到重视、重用，有了用武之地。最后，音乐创作展示了自己的风采。所有这些都在很大程度上推进了蒙古人当时的音乐教育事业的发展。

## 四　文字衍生的教育

蒙古人登上历史舞台之前，其成员作为一个比较分散的部落联盟，在文字的使用方面存在以下几种现象。一是借用汉字，作为一种媒介与外界进行交流。当年高丽人就是用汉字与中原地区交流，并发展了自己的教育，尤其在文化方面书写了历史。相比之下，蒙古人很可能

---

①　［波斯］拉施特主编：《史集》（第一卷第一分册），余大钧、周建奇译，商务印书馆1983年版，第252—253页。

不会有太大的区别，遗憾的是缺少一些资料的支撑。二是匈奴文字和鲜卑文字对他们有一定的影响。蒙古人的先祖作为这两个游牧民族中的一员，分享其文明成果是顺理成章的事情。当然，当时社会不需要那么多的文人，有一两人足矣。三是受突厥、回鹘政治经济文化的影响，蒙古的先民们或多或少地同突厥文、粟特文和回鹘文发生关系。这些文字为寻觅蒙古族历史文化发展的踪迹提供了比较清晰的线索。四是契丹大字、小字和西夏文与蒙古的关系更近了一步。这是因为，契丹人说的是一种蒙古语方言，这种方言由于与通古斯语言接触而出现颚化现象。[①] 可见蒙古先民学习、使用过契丹大字、小字，使用西夏文字则是蒙古兴起后灭西夏前后的事情。五是蒙古人攻打金朝首先必须掌握对方的情报，这在客观上强化了对女真大、小字材料的审读工作，以获取有价值的信息。为此，现成人才为我所用。同时，还训练了一批有悟性的年轻人挑起大梁。六是蒙古人的西征，最大限度地关注各色人种的语言文字，并通过口译或笔译人员搭建了相互沟通的桥梁。阿尔泰及其他语言文化的碰撞，在一定程度上展示了蒙古族教育发展的曲折历程。

对蒙古族教育而言，1204 年具有里程碑意义。铁木真攻灭乃蛮，不仅具有政治军事意义，而且具有深远的文化意义。战争既给蒙古带来了物质财富，也产生了精神财富，其中，塔塔统阿向蒙古人奉献了永恒的火种——畏兀字。从那一年开始，蒙古人开始有了自己的文字，而且有了自己特定意义的教育。若从乃蛮部算的话，这一历史还要往前推，然而其应用面尚未得到扩展。蒙古人之所以借用畏兀字书写国言，是因为两种文化的近因性及其历史渊源。[②] 更有意思的是，蒙古人排除了契丹文、西夏文和女真文，唯独偏爱畏兀字，其中有何深层的原因呢？这是一个很值得探讨的问题。不管怎么说，蒙古文字是在异族文化的基

---

① ［法］勒尼·格鲁塞：《草原帝国》，魏英邦译，青海人民出版社 1991 年版，第 216 页。

② （明）宋濂等：《元史》卷一百二十四《塔塔统阿》，中华书局 1976 年版，第 3048 页。

础上起家的，开拓者为塔塔统阿，之后带着诸子诸弟开始了漫长的教育之旅。在其发展过程中，可谓人才辈出，推出了《蒙古秘史》等文化精品。

## 五 施教场所的发展

蒙古人对华北地区的争夺，对女真政权造成强有力的冲击，经过几个回合便拿下中都和燕京（今北京）。在一些人的想象中，蒙古铁骑对北中国带来了极大的破坏。然而，史实与这种想象或推断形成鲜明的对比，尤其在文化教育上表现出一派繁荣的景象。其中一个典型的事例就是，1215 年，成吉思汗破中都后始置宣圣庙。[①] 这里没有太多的解释和渲染，而是用具体的行动告诫世人我们在遵奉什么、倡行什么，给人们吃了一个定心丸。仅仅看成吉思汗时期的施政措施还远远不够，人们关心的问题是能否持久延续。实践证明，成吉思汗的继承者们对华北和中原地区采取了更宽容的治理措施，保证了文化教育的正常发展。"元措袭封衍圣公"、修复孔子庙及司天台[②]等记载，都证明了这一点。

要说这一时期的学校教育，名气比较大的当属燕京国学。[③] 这所学校始建于 1234 年，招收蒙古、汉人生徒，目的是培养国家所需的译史、令史、通事等书吏。这是因为治理北中国，不仅需要带兵打仗的勇士，更需要安抚百姓的一大批文官。蒙古人或多或少感悟了"以马上取天下，不可以马上治"[④] 的道理，所以从文化教育方面入手，做了一些必要的探索。当然，提出这句话的人是忽必烈的重臣刘秉忠，把他的话往前提一下放到这儿也未尝不可。人才储备是一个长期的工作，所有

---

① （明）宋濂等：《元史》卷七十六《宣圣》，中华书局 1976 年版，第 1892 页。

② （明）宋濂等：《元史》卷二《太宗》，中华书局 1976 年版，第 32、34 页。

③ （元）熊梦祥：《北京图书馆善本组辑〈析津志辑佚〉》，北京古籍出版社 1983 年版，第 197—201 页。

④ （明）宋濂等：《元史》卷一百五十七《刘秉忠》，中华书局 1976 年版，第 3688 页。

这些都属于儒士向统治者建言的范畴。据载该学是在宣圣庙基础上改建的，也有金朝枢密院的说法，招收了若干名北方游牧民族适龄少年充当生徒。同时，相当数量汉官子弟学习蒙汉文书和弓箭。其师儒主要由道教人士和儒士构成，在施教过程中有翻译，对那些不求上进者还要体罚，以此督促提高学习质量。政府为师儒和生徒们提供了相应俸禄和待遇，解决了他们的后顾之忧。当时国学还有一部分田产，后被冯志亨占有，1253 年归还。① 总的来讲，燕京国学前后持续了 20 年，尤其在人才培养方面积累了很多经验，为元代国子学的发展奠定了基础。除了燕京国学，大都路学也得到一定的发展，它的具体位置在金章宗养鱼池南，里面有仿古石径和金朝策士碑，形成一个良好的文化氛围。

这一时期，华北地区的学校不仅得到了保护，而且得到了不同程度的发展。这在耶律楚材写下的诗文中有明确的记载，为我们了解当时的儒学提供了文字依据。值得一提的是，河北军阀对教育的重视为后人留下很多佳话。他们一方面尊师重教，另一方面从战火中抢救出很多有价值的资料，并交付史馆保存。1236 年大蒙古国设立的经籍所和编修所，为大蒙古国以及元代文化的繁荣夯实了根基。② 太极书院的设立具有重大的历史意义，也为蒙元时期书院和理学的发展开辟了道路。③ 1237 年的科举取士，为文人的入仕敞开了大门，而且收罗了一大批高水平人才，有效地弥补了大蒙古国治世的短板。更为重要的是，通过儒士的业绩，蒙古人对汉地文人的作用有了较为全面的认识。

蒙古人对宗教的宽容，使得与各类宗教相关的教育得到发展。萨

---

① （元）熊梦群：《北京图书馆善本组辑〈析津志辑佚〉》，北京古籍出版社 1983 年版，第 201 页。

② （明）宋濂等：《元史》卷二《太宗》，中华书局 1976 年版，第 34 页。

③ （元）郝经：《陵川集》卷二十六《太极书院记》，载《北京图书馆古籍珍本丛刊（91）集部金元别集》，书目文献出版社 1991 年版，第 709 页。

满教及其教育不必多言，自然得到发展。汉地道教因丘长老而得到发展，并且获得了许多特权。成吉思汗与丘处机的对话中所提倡的价值取向，对蒙古统治者产生巨大的影响。从阔端到忽必烈，蒙古统治者开始皈依佛教，为其弘法大开绿灯，寺庙变成一个施教机构。不花剌（今乌兹别克斯坦布哈拉）伊斯兰教学校，也得到蒙古高层的资助。[①]基督教教育与中西方人员往来，带动口译、笔译人员的成长。

## 六　成吉思汗的训谕

除了政治、军事等诸多领域，成吉思汗在教育方面也有许多建树。他的训谕影响了一代又一代蒙古人，进而成为人类永恒的精神财富。这是因为成吉思汗的传奇人生为其思想理论的形成乃至升华，提供了常人难以具备的实践滋养。更值得一提的是，他的教育理论经历了实践、时间两个参数和程序的检验，带有循环往复以至无穷无尽的特点。

童年的铁木真因父亲的突然离世而栽进人间地狱。他是在众叛亲离、孤立无援的情况下闯出一条英雄之路，创造了征服世界的奇迹。因此，他的起家首先得益于蒙古人"上马则备战斗，下马则屯聚牧养"[②]这一实际，并对它进行科学的引导和掌控，最大限度地提高蒙古铁骑的征战能力。他一方面通过实战训练出一支虎狼之师，另一方面培养造就了一大批高级军事将领，冲向亚欧战场，创造了人间奇迹。除了一般意义上的军事训练，成吉思汗的军事谋略教育都达到极高的水准。其中，最典型的就是他临终遗言中的破金方略。[③]后来，忽必烈平云南也有类似的特点。在成吉思汗的教育实践中，科技、法制、习

---

① ［波斯］拉施特主编：《史集》（第二卷），余大钧、周建奇译，商务印书馆1985年版，第236页。

② （明）宋濂等：《元史》卷九十八《兵一》，中华书局1976年版，第2508页。

③ （明）宋濂等：《元史》卷一《太祖》，中华书局1976年版，第25页。

俗占了很大的比重,都得到了很好的落实。

成吉思汗在尊重知识、尊重人才方面都有突出的表现,收罗重用人才成为他事业成功的一大法宝。忠义孝悌、宽厚仁慈、诚实信用,是他治世知人的重要准则,也是其教育思想中的重要内容。成吉思汗对人的观察、了解到位,并进行有针对性的教育,取得了巨大的成功。

成吉思汗继承和发扬了蒙古人折箭训子的教育思想,并对它赋予了新的内涵。他用一头多尾蛇和多头蛇、可敦和婢女、撕咬的狗和羊群加以对比陈述,可谓深入浅出,给人们留下了很深的印象。元太祖特别强调意志的磨炼问题,而且现身说法,把年轻人放到前线摔打,做到了艰难困苦、玉汝于成。他有关酒的评论以及对女性的训谕,对克服蒙古男性的弱点、提升蒙古女性的素养,都有金科玉律的意蕴。另外,成吉思汗还要求人们必须节制物欲,否则将会身败名裂①,乃至遗臭万年。作为一名大教育家,他特别主张自律,要求人们做到的首先必须自己做到,要求别人不做的自己首先必须不做。严于律己,率先垂范,也是他奉行的教育法则。

在做受教育者思想工作方面,成吉思汗绝对称得上是一位合格的心理医生。他有时候也用强硬的方式,要求诸子诸弟按自己的意志行事。但在个别场合,还是平心静气地与对方交流,耐心而细致地做思想工作,最终达成一致,化解心灵上的疙瘩。他反对吃老本,要求人们为大蒙古国再立新功,只有这样,才能够实现人生的价值。若贪图安逸,江山社稷就会松懈,因此,让黄金身躯辛苦劳累,免得江山社稷发生松懈。② 这不仅是对将士们的要求,也是大汗的自勉,向着理想的目标永远奋进。那就是,"你们要永攀高山之巅,冲向大海的渡口,不要因路途遥远而踌躇,只要走一定能走到;不要因担子重而畏缩,

---

① (明)宋濂等:《元史》卷三十一《明宗》,中华书局1976年版,第697页。

② 扎奇斯钦:《蒙古黄金史校注》,台湾联经出版事业公司1979年版,第47页。

只要扛一定能举起来"①。除此之外，在成吉思汗的训谕里，治国安民之术占了相当大的篇幅，它要求人们具备很强的执政能力。

# 第三节　元代蒙古族教育（一）

蒙古统治者入主中原以后，面对汉地文化，积极采取应对措施，但也重点考虑了自己的语言文化，构建并发展了独特的教育体系。由于版图的扩大，再加上各色人种间的相互来往交流，元代蒙古族教育的内涵发生一些变化，包容了蒙古、色目、汉人、南人。这是因为蒙古人无法回避社会现实，必须公平公正地对待他们，满足各方面的需求。这是一个很实在的问题，处理不当将会影响全局甚至造成不良的后果。元代的蒙古族教育就是在这种情况下发展起来的。

## 一　皇室成员教育

蒙古统治者入主中原，一方面靠武力征服，另一方面在文化上下了很大功夫，做了充分的准备，实现了与时俱进。当时在蒙古皇室教育中，主要包括皇帝的自我学习、皇太子教育、家族环境影响以及伊尔汗国合赞汗的素养等内容。

从严格意义上讲，蒙古帝王家族非常重视教育，这在成吉思汗及其继承者的身上都有所体现，做不到这一点，很难肩负起历史的重任。在学习的问题上，大汗的左右都有各色人种的顾问，随时回答军国面临的重大问题，以便做出正确的决断。综观耶律楚材辅佐元太祖、元太宗的整个过程，就有这层意思。实际上，蒙古大汗们也有很多不知道的东西，他们也不是全知全能。为了解决这一问题，他们招揽了许多精英级的人才，发挥这些人的优势和专长，从而保证了国家机器的

---

① 罗布桑丹津：《黄金史》（蒙古文），乔吉校注，内蒙古人民出版社1983年版，第376—377页。

正常运转。

　　要实现王霸事业，仅仅只靠别人的智慧还很不够，还必须提升个人素养，这是一个很实在的问题。因此，元代最高统治者从自身做起，把学习摆到一个重要的位置。这一问题从元宪宗蒙哥①的身上表现得比较突出，他为后继者做出表率。后来，忽必烈的表现有过之而无不及，开辟了元代蒙古皇帝自主学习②的先河。他在潜邸就招揽名儒侍讲经传史鉴，双方对话交流，寻求治国方略。有时，他在马背上请名仕讲经，并就某个问题发表个人见解，真正做到历史与现实的有机结合，旨在解决国家面临的棘手问题。随着时间的推移，元代统治者设立了相应的机构，通过专人安排皇帝及大臣们的学习事宜。其进讲的时间不确定，五日一进讲、十日一进讲；授课地点也不固定，大都、上都的殿与阁经常变成侍讲的课堂。侍讲方法比较灵活，重在启发、质疑问难、理论联系实际，突出学术性。讲官除了讲经还兼有向皇帝进谏的任务，尤其对时弊提出批评进而纠正行政失误，与国计民生无缝对接。经筵讲官们结合侍讲，编译刊刻了很多讲义和儒家经典。而且，在授课时也有专人从旁翻译。史实证明，元代皇帝的学习取得了明显的成效，他们的执政能力有了大幅度的提高，实现了大治。

　　除了皇帝自身的学习，皇子皇孙的教育也备受重视，尤其是皇太子教育③在汉族官员的影响下，形成了一个独立的体系。这主要表现在：第一，对皇太子的定位比较明确，他是储君，是皇帝的接班人。第二，皇太子教育的目的就是要端正根本，最终实现治平。第三，设立皇太子教育的相关机构，并配备了专人进行管理。第四，确定了选拔师儒的标准，即"名儒""鸿儒""端士""孝悌""博文""有才

---

　　①　[波斯] 拉施特主编：《史集》（第三卷），余大钧译，商务印书馆 1986 年版，第73—74 页。

　　②　王风雷：《元代的经筵》，《内蒙古大学学报》（哲学社会科学版）1993 年第 2 期。

　　③　王风雷：《元代的端本堂教育》，《内蒙古大学学报》（哲学社会科学版）1992 年第 2 期。

者"。第五，承担皇太子教育任务的师儒，以汉人文官为主，也包括蒙古族和其他种族官员。第六，其授课方式为个别教育，还包括一些大臣子弟陪读。第七，在授课过程中融入尊师礼仪，并有突出的表现。第八，授课内容以儒家经典为主，同时兼顾军体、科技和治国理政等内容。第九，师儒们针对授课对象的实际，编写或翻译刊布了一部分儒家经典著作，为教材建设乃至文化建设开辟道路。第十，畏兀字和八思巴字是皇太子的必修课，在此基础上兼顾汉语文。这一教育的最终结果是，皇太子们的文化素养得到有效提升，为其接班后治国理念的形成产生深远的影响。

良好的家庭环境，对皇室成员构成无形的约束力，促使他们向前冲刺。忽必烈对国家的治理，首先是从治家入手的，而且形成了尚俭的家风。他对自己的生活非常苛刻，反对奢侈浪费，进而规范了身边的大臣和家人。在衣食住行方面，对皇后和子女提出严格的要求，不能越雷池一步。他栽种的"誓俭草"① 寓意深刻，成为千古美谈。元世祖忽必烈的这些做法，对深宫里的皇后们产生巨大的推动力，在勤俭持家方面确实达到了母仪天下的标准。她们的所作所为，对儿女构成无言的教育，对他人、对后人乃至对来人都成为效仿的对象。忽必烈的这一家风造就了真金太子，从他身上能够看到他父母的影子，给人的印象极为深刻。综观元代历史，皇室尚俭的家风也得到了很好的传承，这在后继的皇帝身上有很多具体的表现。他们用太祖、世祖的遗衣设戒以及"减御膳"② 的史实，便证明了这一点。皇后、皇妃们积极参与政治，很好地辅佐了皇帝，发挥了贤内助的作用。更有意思的是，她们面对三亲六故依法办事，杜绝了秽政。她们时刻关注自身的修养，尤其在知识和德行方面对自己提出更高的要求，为下一代的成长提供了滋养。

---

① （明）叶子奇：《元明史料笔记丛刊——草木子》，中华书局 1959 年版，第 72 页。
② （元）陶宗仪：《元明史料笔记丛刊——南村辍耕录》，中华书局 1959 年版，第 20 页。

伊利汗国第六任蒙古大汗——合赞汗的成长经历比较独特，反映了远离本土处于中亚地区的元代皇室支系的教育状况。[①] 他在幼年期接受了良好的教育，来自方方面面的关爱为他的发展打下了坚实的基础。据载，年幼的合赞汗卓异于其他儿童，在很多方面有出色的表现。由于教育得法再加上天赋，他精通蒙古语、阿拉伯语、波斯语、印度语、克什米尔语、藏语、汉语、富浪语以及其他语言。除了蒙古人的骑马、射箭、摔跤、打猎等传统训练外，合赞汗还接受了多方面的文化熏陶。他擅长蒙古史和各色人种的历史，对哲学宗教特别是对古兰经有很深的研究。通过实战，他具备了高超的军事指挥才能。在治理国家方面，他对经济、法律也很在行。合赞汗在自然科学领域，精通各种技艺，是一名药学专家，也是一名天文学家，此外对矿藏学、动物学、建筑学、水利工程有很深的造诣。

## 二　元代蒙古官学

元代的蒙古官学主要由中央和地方两套体系构成。前者集中于元大都（今北京），也包括元上都（故址在内蒙古正蓝旗境内），而后者遍布全国各地，涵盖了 12 个行省路一级的行政区域。所谓中央蒙古官学和地方蒙古官学，实际上就是按行政级别划分的。综观中国教育的发展历程，行政级别及其地缘优势对学校的影响是一个看得见、摸得着的事实，就是在今天也是如此。当时元大都、元上都已成为蒙古帝国的政治、经济、文化中心，如同"北漂"一样，这里聚集了四面八方的有为人士，为汗八里文化教育的发展提供了人脉。相比之下，行省所属的路府很难与两都媲美。然而，他们从实际出发，在创办地方蒙古官学方面进行了积极探索，铸就了非凡的业绩。

元代的中央蒙古官学主要包括蒙古国子学、蒙古国子监、国子学、国子监、回回国子学、回回国子监，其中有的冠以"蒙古"二字，有

---

① 王风雷：《百科全书式的人物——合赞汗》，《内蒙古大学学报》（哲学社会科学版）1994 年第 3 期。

的进行了简化，然而其本质内涵仍属于蒙古族教育的范畴。至于回回国子监学仍未超越蒙古族教育的范畴，在其教育对象中招收了很多蒙古族、色目官员子弟。如果说有什么区别的话，生徒们所学内容是面向中亚地区的亦思替非文字。[①] 元代的蒙古国子学始建于 1271 年，[②] 1279 年又设置了蒙古国子监。[③] 入学对象为蒙古、汉人官员和庶民子弟，其名额有严格的限定，但也呈现出增长的趋势。当时人们还招收了一定名额的陪堂生充当伴读，向普通民众子弟敞开官学的大门。生徒们重点学习蒙古文，包括八思巴字和畏兀字，教材是用蒙古文译写的《通鉴节要》。在此基础上，他们还要学习儒家的经典著作，而且按相应顺序逐级深入。另外，有关方面按照"六艺"标准给生徒们开设了数、书等课，前者以算术为主，后者则侧重书法，使二者构成一体，促进了教育对象的发展。为了提高蒙古国子监学教学质量，统治者并没有刻意打造硬件设施，而是选聘了很多顶级师儒，探索出内涵式发展的路径。需要大书特书的是，政府选拔任用的历任国子祭酒，[④] 无论在德行还是学问方面，都达到了无可挑剔的程度，从而保证了蒙古国子监学的可持续发展。他们针对蒙古族学生的学习特点实行的斋长制，开辟了蒙古族教育教学改革的先河。[⑤] 国子祭酒许衡通过长期观察对国子生提出的"蒙古族学生质朴未散，视听专一"[⑥] 的科学论断，在心理学史上具有里程碑意义。蒙古国子监学实行的升斋等第制、私试规矩制、黜罚科条制，[⑦] 在客观上造就了优胜劣汰的机制，进而最大

①　（明）宋濂等：《元史》卷八十一《选举一·学校》，中华书局 1976 年版，第 2028 页。

②　同上书，第 2027 页。

③　（明）宋濂等：《元史》卷一百八十七《百官三》，中华书局 1976 年版，第 2191 页。

④　王风雷：《元代的国子祭酒考》，《内蒙古社会科学》1993 年第 4 期。

⑤　（明）宋濂等：《元史》卷一百五十八《许衡》，中华书局 1976 年版，第 3727 页。

⑥　（元）苏天爵辑撰：《元朝名臣事略》，姚景安点校，中华书局 1996 年版，第 173 页。

⑦　（明）宋濂等：《元史》卷八十一《选举一·学校》，中华书局 1976 年版，第 2030—2031 页。

限度地调动生徒们的学习积极性、主动性，形成人人向上的学习氛围。统治者根据两都巡幸的实际，在元上都创办了国子分学，其生员春夏之际扈从皇帝由大都来到草原都城上都学习，到了秋季又随皇帝回大都授课。① 因此，国子生扈从巡幸的过程，带有实习、采风甚至体验生活的意味，对他们的学习生活构成一种有机的调节或放松，为下一阶段的学习蓄积了能量。元代蒙古国子监学为两方面人士的发展搭建了广阔的平台：一是对师儒们的成长，提供了外在环境或自我修炼的场所。它对师儒们的培养不仅仅局限于国子祭酒，而是对司业、监丞、典簿、博士、助教、教授、学正、学录以及令史、译史、必闍赤、知印、典给、典书、典吏的学习深造乃至成才成人，提供了肥美的土壤。二是加速了生徒们成德达才的步伐，为国家输送了一大批能够反映时代水平的文化名流。不忽木、巙巙、朵尔直班、铁木儿塔识、别儿怯不花、达识帖睦尔、月鲁帖木儿、廉惠海牙等人②，都具有一定的代表性。

　　忽必烈在向南发展的过程中，对蒙古文化进行了深入思考。他觉得蒙古人的武功已经达到前所未有的程度，但在文治方面还有很多不足，因此有必要进行探讨。一个突出的问题就是，对畏兀字不太满意，与蒙古人的身份、地位不太相称。元世祖对国家的治理，参照了很多辽、金的经验，他们创制的文字直接影响了统治者并付诸实践。这些应该是忽必烈创制八思巴字的初衷，通过它去译写一切文字。1260 年，帝师八思巴便着手创制蒙古新字③，经过完善于 1269 年颁行天下④。文字的推广需要相应的施教机构，对文职人员进行培训，蒙古字学应运而生，肩负起历史的重任。当时八思巴字的应用面非常广，因此在全

---

① 王风雷：《元上都教育考》，《内蒙古师大学报》（哲学教育科学版）2000 年第 4 期。

② 王风雷：《元代的蒙古国子学和蒙古国子监》，《内蒙古师范大学学报》（哲学社会科学版）1993 年第 2 期。

③ （明）宋濂等：《元史》卷二百二《释老·八思巴》，中华书局 1976 年版，第4518 页。

④ （明）宋濂等：《元史》卷六《世祖三》，中华书局 1976 年版，第 121 页。

国路一级的行政机构所在地都设立了蒙古字学。为了保证蒙古字学的正常运行，政府在师儒的选用上下了很大功夫，而且选聘一批汉人学者充当蒙古字学教授。元代的蒙古字学隶属翰林院、集贤院、大司农司管理，个别地方还专门设立了蒙古提举学校官来实施管理。因为蒙古语是官方通用语，所以蒙古字学招收了各色人种的生徒，培养了一批译史，同各地的种族间架设了沟通的桥梁。为保证蒙古字学的人才培养质量，政府向师儒和生徒们提供了薪俸与饩廪，这在地区之间也形成一定的差异。元代的蒙古字学不仅在人才培养上发挥了自身优势和特长，而且在文化发展上为后人留下了一笔无形的资产。今天我们所能看到的《蒙古字百家姓》《蒙古字韵》以及各类碑刻，都是元人弄出来的文化工程。更有意思的是，《蒙古字韵》为我们深入解读中古汉语的音韵提供了一把钥匙。据载，元代共有路 185、府 33、州 359。①这一数字说明，当时共有 577 所蒙古字学机构。这是因为元代的路、府、州是对等的行政机构或行政区划，在蒙古字学的设置方面不应该落伍。在军队里也有教授蒙古字学的机构，进一步扩大了其规模和效益。

### 三　畏兀字的传承

统治者一方面设置专门的施教机构，积极推广新制蒙古字；另一方面，以官方或民间的形式促进畏兀字的教学，使其内生了强大的生命力，与八思巴字形成抗衡的态势。综观元代蒙古族语言文字的发展，始终处于八思巴字和畏兀字并行的二元格局，并留下了很多有价值的资料。这一时期，对畏兀字的传承和发展贡献最大而载入史册的重量级文化名人为国师搠思吉斡节儿。② 有关他的传略从蒙汉文史料里能够

---

① （明）宋濂等：《元史》卷五十八《地理一》，中华书局 1976 年版，第 1346 页。

② 王风雷：《国师搠思吉斡节儿》，载梁家贵《皖北文化研究集刊——元后期政治与社会学术研讨会专辑》，时代出版传媒股份有限公司、黄山书社 2012 年版，第 182—190 页。

找到一些零散的记载，为我们深入了解其业绩提供了信息。除了政治活动，搠思吉斡节儿积极从事畏兀字的教学研究工作，写出绝代佳作《蒙文启蒙》（《心箍》）。遗憾的是，该书失传后，丹赞达格巴高僧在有关书中对它进行了引用或介绍，为人们展示了《蒙文启蒙》的概貌。尤其重要的是，第一，他在前人研究的基础上，对蒙古语中元音、辅音以及阴、阳、中性进行了归类。第二，在此基础上，提出半音字母的基本规则。第三，在强调正音的同时，指出了畏兀字的正字问题。第四，提出了名词的语格现象。所有这些，第一次较系统地构建了畏兀字的语法规则，使其更有效地贴近蒙古民众的文字使用的实际需求，取代八思巴字成为蒙古人的通用文字。此外，搠思吉斡节儿国师还从事佛经的翻译工作，有的是把藏文经卷译成畏兀字，有的则是将梵文佛经翻译成畏兀字。《入菩提行经》《入菩提行经释》《摩诃葛剌颂》《佛陀的十二中和谐》《实论呼图克图满珠习礼的太阳》等都是他的代表作。毫无疑问，搠思吉斡节儿国师私下一定也收了不少弟子，向他们传授畏兀字真经或秘诀，把自己未完成的工作交付给年轻人去攀登更为险峻的佛学高峰。高师出名徒，长江后浪推前浪，这种可能性都是存在的。遗憾的是，目前我们缺少相应的文字记载，相信在不久的将来会有一个全新的发现。

　　在国师搠思吉斡节儿的倡导和引领下，元代蒙古民众对畏兀字的关注达到一个前所未有的高度，使之持续升温，且与八思巴字形成鲜明的对比。如果说八思巴字的推广使用属于政府行为的话，那么畏兀字的学习应用纯属民间行为。前者具有命令的色彩、被动的意思，后者却有顺应和主动成分，形成两种打法和套路。八思巴字的应用范围只局限于各级政府层面，而畏兀字则反其道而行之，有了广泛的民众基础。这有一定的历史背景，人们对它的应用经历了一定的时段，经受住了各方面的考验。再往深了讲，它是在元太祖的授意下发展起来的文字，或多或少地带有祖制的意思，不能随意更改。这恐怕是蒙古民众内心深处的一种情怀，甚至是难以割舍的依恋。相比之下，八思巴字似乎缺少了应有的民众基础，它更像是一种空降的文字，代表的是皇权的意志，与民众还有一段距离。正因如此，政府在很大程度上摇摆于二者之间，在矛盾中一厢情愿地向前推进。后来，他们也逐步遵从民意，回归到畏兀字这一原点，为八思巴字画上一个圆满的句号。

　　到目前为止，我们所能看到的用畏兀字撰写或翻译的资料有：一是《孝经》。其中的价值观体系和相应的做法，被统治者和普通老百姓所接纳，它成为一部重要的蒙古文教科书。二是立于全宁路今翁牛特旗境内的"张氏先茔碑"。碑文中讲述的内容，基本上没有超越教育的范畴，通过人物故事给人们传递了满满的正能量。三是立于全宁路今内蒙古翁牛特旗境内的"竹温台墓碑"。该碑一方面保留了元代知名儒者嶬嶬、尚师简的书法和揭傒斯的文章，另一方面比较全面地反映了者秃的翻译水平，为我们留下一份珍贵的畏兀字史料。四是"云南王藏经碑"。它给人们展示了入滇蒙古人保护传承畏兀字方面所达到的水准，也勾勒出云南这个地方多种文化共存共荣的图景。五是河南登封少林寺出土的畏兀字（回鹘式蒙古文）和八思巴字圣旨碑。[①] 这里传递的信息更为稀奇，尤其对了解蒙古统治者与少林寺及其和尚间的关系，提供了可信的资料。六是"兴元阁碑"。该碑至正年间（1341—1368）立于哈剌和林，其汉文由许有壬撰写，另有几位蒙古官员参与了督工，并留下两块畏兀字残碑，但已经无法复原译者的信息。七是1362年立于甘肃武威永昌镇的"元敕赐西宁王忻都公神道碑"。为此，危素撰写了碑文、张璲（qi 或 ji）书丹、陈敬伯撰额，由也先不花译成畏兀字。笔者以为，这是一部非常珍贵的教科书，通过描述墓主人忻都的业绩，给人们指出如何构建良好的家风、促使子女发愤图强的有效路径。八是居庸关云台陀罗尼经及建塔功德碑记。对此，美国学者进行拍照，收藏于哈佛大学图书馆。笔者有幸看到这幅照片，深感美国学者所做的工作非常棒。其照片的清晰度让人称奇不已，也为后学的研读提供

---

　　① 道布·照部斯图：《河南登封少林寺出土的回鹘式蒙古文和八思巴字圣旨碑考释》，《民族语文》1993 年第 5 期，1993 年第 6 期，1994 年第 1 期。

方便。九是哈剌火州（今吐鲁番）和亦集乃路（今额济纳哈拉浩特）出土的畏兀字资料，给我们展示了那一时期畏兀字的应用状况。汉人学习蒙古语的情况与《至元译语》基本一致，也为后人音写或音译《蒙古秘史》积累了成熟的经验。根据笔者掌握的资料，对"孝经""张氏先茔碑""竹温台墓碑"等文献资料的解读，大多源自美国学者柯立夫（Francis Woodman Cleaves），还有法国汉学家伯希和及日本学者田村实造的相关研究成果。

# 第四节　元代蒙古族教育（二）

元代蒙古族教育的内容十分丰富，要对它进行深入研究，必须关注内地教育，否则很难厘清它的发展脉络。你中有我、我中有你、相互混杂，是元代蒙古族教育的一大特色。由于政府的政策导向，汉地的文化教育在原有的基础上产生一个新的飞跃，并在中国教育史上确立了独特的地位。因此，我们重点从蒙古族文化的宏观层面去考论元代儒学、书院、科举、科技、军事、音乐等教育发展的内在动因。

## 一　儒学①

统治者对儒学情有独钟，并给予了很多优惠政策，具体表现在：第一，在战乱及和平年代，对儒学的呵护超乎寻常地保证了它的发展。第二，通过加封和祭祀古圣贤，确立了儒家思想的正统地位。第三，对儒户采取的倾斜政策，为各地儒学的发展增添了活力。第四，高质量的师儒最大限度地夯实了元代地方儒学的软实力，为扫除愚昧、开启民智发挥了积极作用。第五，宽松的管理模式为儒学的发展扫清了很多人为设置的路障。第六，统治者用学田的形式，作为一种经济上

---

① 王凤雷：《蒙古族全史（教育卷）》（上），内蒙古大学出版社 2013 年版，第344—373 页。

的补偿，强化了儒学的造血功能。元代的儒学是从上都开始发展起来的，这与忽必烈起家有着密切的关系，同时颁布了很多相关的政策法规。忽必烈将政治中心南移以后，哈剌和林的地位有所降低，然而当地的儒学在汉官门的努力下得到较好的发展，形成良好的发展趋势。① 这一时期漠南地区的教育，以净州路（金四子王旗乌兰花镇西北城卜子村）、集宁路（今察右前旗巴彦塔拉乡土城子）、亦集乃路（今额济纳哈拉浩特）、应昌路（今克什克腾旗达里诺尔西）、全宁路（故址在赤峰翁牛特旗境内）的儒学，都得到了很好的发展。② 这一点在碑刻、出土文物中都有明确的记载，也给后人留下深刻的印象。蒙古高原的文化教育超乎人们想象，在某些方面可以与内地媲美。除了大漠南北地区的教育，元代西南边缘地区特别是云南的教育，也得到突飞猛进的发展，极大地彰显了地域特色。③ 云南教育的发展得益于当地蒙古、色目官员的努力。元代边远地区的教育都能够发展到这个程度，内地的教育还用说吗？正因如此，1286 年大司农司上诸路学校凡 20166所④、1288 年立学校 24400 余所⑤、1291 年司农司上诸路所设学校21300 余所⑥等统计数据是可信的，不存在虚假的问题。

## 二　书院⑦

元代书院得到突飞猛进的发展，成为学校教育的一面旗帜。当初蒙

---

① 王风雷：《元代的哈剌和林教育》，《内蒙古师范大学学报》（哲学社会科学版）2007 年第 4 期。

② 王风雷：《元代漠南地区教育考》，《内蒙古师范大学学报》（哲学社会科学版）2002 年第 4 期。

③ 王风雷：《元代云南教育考》，载内蒙古大学蒙古史研究室《蒙古史研究》（第八辑），内蒙古大学出版社 2005 年版。

④ （明）宋濂等：《元史》卷十四《世祖十一》，中华书局 1976 年版，第 294 页。

⑤ 同上书，第 318 页。

⑥ （明）宋濂等：《元史》卷十六《世祖十三》，中华书局 1976 年版，第 354 页。

⑦ 王风雷：《元代的书院考遗》，《内蒙古社会科学》1994 年第 4 期。

古人在战火中很好地接管了书院，并对它进行多方面的关照，给人们完好地保留了一个读书的场所。这种保留免去政府对书院的过度管理，顺应了读书人的意志让其自由发展。蒙古人的放羊式管理，为书院及其地方儒学的发展提供了广阔的空间。后来，元代书院多少有了一些官学的性质，但是也仅仅体现在师儒和山长的选拔、任用上，至于其他方面的管理都很淡，没有额外的检查、评估、考核、督导等。师儒们教什么、讲什么，没有统一要求，具有十足的个性。与之相适应，政府对儒者没有思想上的禁锢，与明清两朝形成鲜明的对比，进而促就了元杂剧等艺术奇葩的竞相绽放。综观元代书院的发展，从普通百姓到地方官员，办学热情达到了空前的程度。人们有钱出钱、有力出力，众人捧柴，共同描绘书院的发展蓝图。为此，蒙古官员付出巨大的努力，永远地刻入各地的修学或兴学碑文里，成为一个抹不去的记忆。元代的书院聚集了一批名圣大儒，使得八方英才同堂竞技，以其非凡的业绩书写那一时期教育的新篇章。师儒们的学术自由不仅仅局限于儒家经典，他们还涉猎天文历法以及农业、音乐等诸多领域，为生徒们的学习打开学术殿堂的大门。书院的藏书、师儒们灵活多样的教学方法以及严谨的学术风范，最大限度地激发了弟子们的激情，勇敢地向学术堡垒发起冲击。师儒们用其心血铸就的学术成果，在面向广大读者的时候，带动了刻书业发展的同时也促成印刷技术的更新换代，为后人留下很多传世佳作。所有这些都离不开学田收入的支撑，师儒、教学、科研、成果、印刷与管理构成良性互动，为元代书院带来全新的声誉。当然，书院山长们为保护田产，勇于同邪恶势力做斗争的精神，还需要我们进一步发扬光大。

### 三 科举考试①

1237 年后，元朝政府很长时间未实行科举考试，其中原因比较复

---

① 王风雷：《论元代科举考试中的几个问题》，《内蒙古师范大学学报》（哲学社会科学版）2001 年第 1 期。

杂，一言难尽。元廷平衡了各家利益以后，于1333年实行科举考试。当时政府对参加应试者进行了很多限定，有点类似于今天的政审，符合条件者方能报考。同时，要求每三年进行一次考试，并对乡试、会试、殿试或御试等各级别考试的时间做了明确的规定。考试内容以儒家经典为主，蒙古人、色目人为一个系列同台竞争；汉人、南人归为一类统一考试，两个系列间不得越级越位，各行其道。二者在考试的内容、范围、次数、难度等方面都有一定的差异，并向蒙古人、色目人采取了倾斜政策。汉文化是一个比较客观的尺度，但对蒙古、色目考生来讲，毕竟还有一段距离，且有相当的难度。因此，分榜考试是一个可行的方案，也照顾了各家利益。当然，绝对的公平是不存在的，脱离蒙古人、色目人的实际。除此之外，还有什么更妙的方法呢？实践证明，再没有第二种方法。相对而言，元代的科举考试确保了公平公正，达到了选仕的目的。到目前为止，人们还未发现有关作弊的记载。时人对它的评价众口一词，认可度极高，也经受住了时间的检验，达到一个完满的程度。能够做到这一点，是很不容易的。当时有人提出的"假蒙古"一说，或许是一个不良的记录。然而，这与清代的舞弊行为相比，是一种小巫见大巫，甚至不能同日而语。总的来讲，政府对考试各环节的把关都很到位，杜绝了作弊行为的发生。与唐、宋、辽、金相比，元代科举考试的覆盖面早已打破历史纪录，推广到边缘省份，其中岭北、云南、辽阳、征东、甘肃的考试都具有一定的代表性。另外，高丽人的登第更具有历史意义。更值得关注的是，策论把人们的思想从死板的教条中解放出来，侧重现实问题的解决，从而把能力摆到一个突出的位置。元朝政府通过科举考试选用了一大批高质量的人才，尤其他们的德行都达到了非常高的标准，为维护其封建统治发挥了先锋模范作用。从才能的标准来讲，政府选用的都是超一流治世之才。他们不仅影响了元代政治、经济、文化，也直接影响了明初的政治、经济、文化以及教育，有着鲜活的个性。

### 四 科技教育

对于元代蒙古族科技教育，此处只讲三个问题：一是阴阳学；二是医学教育；三是农业技术教育。

元代的阴阳学是一个比较特殊的教育，也属于科技的范畴，对此笔者在 20 世纪 90 年代初进行过考论。[1] 叶新民认为，该学主要涉及占卜、相宅、相墓、选日等内容。[2] 从表面上看，似乎有点迷信色彩，但其中隐含了很多的科技成分。我们的祖先都喜欢占卦，从成吉思汗到耶律楚材都长于推算未来的事情，有多个案例可供查考。忽必烈的重臣刘子聪是一个典型人物，他对元上都和元大都的选址惠及了子孙后代，还将持续福泽千秋万代。忽必烈建元后，搜访了江南地区的很多阴阳人，目的是为他提供资政。经过长期的准备，特别是有了人才后，政府于 1291 年夏始设阴阳学，从事教学科研，影响了一批后学。为此，元廷首先完善了相应的机构，并安顿了专业人员。其次，对专业人员进行定期考试考核，做到优胜劣汰。再次，教学内容体现了专业特点，重点教授《占才大义书》《周书秘奥》《入宅通真论》《地理新书》《茔元总论》《地理明真论》。诸路阴阳学的教学内容还有细微的差异，但总体内容都比较接近，差别不大。最后，元廷根据阴阳人的实际，对他们的言行进行了特殊管制，消除了其负面影响。

元代的医学是非常有特点的，在人才培养、科学研究以及对汉地、蒙地、中亚等医术的融合等方面做出了突出的贡献，进而在中国医学史上确立了自己独特的地位。[3] 在瘟疫和灾荒面前，医学表现出来的特殊价值早已引起蒙古统治者的注意，这样元廷于 1261 年便开始设立了

① 王风雷：《元代的阴阳学教育》（蒙古文），《蒙古学研究》1992 年第 2 期。

② 叶新民：《元代阴阳学初探》，载内蒙古大学蒙古史研究室《蒙古史研究》（第六辑），内蒙古大学出版社 2000 年版。

③ 王风雷：《元代的医学教育》，《内蒙古师范大学学报》（教育增刊）1989 年第 3 期。

医学及其相关机构。元代医学的发展得益于金人留下来的文化遗产，在发扬光大的同时把它推到了最高点。这是因为蒙古人的管理理念比较宽松，没有把自己的价值观体系强加于医学，更不存在瞎指挥的问题，完全是按医学特有的规律和专业人士的意志在运行，所以促就了其繁盛的局面。版图的扩大和各色人种文化的相互碰撞，为医学打开了全新的视野，开始吸纳其精华，使之获得前所未有的发展机遇。蒙古人东征西讨的过程中虏获了大批匠人，其中不乏医师人才为当政者服务，可谓各色人种的医学相辅相成、相互启发，并在交流的过程中找到感觉或灵感，实现更高层次的创新。当时与官办医学相对应，民间医生在行医的过程中也带了一些徒弟言传身教，培养了一些专业人才。众所周知，在元代的匠人体系中，医户是一个相对独立的专业户，子承父业代表了其教育的特点。这种教育更实用，也不存在秘不传授的问题。相反，通过几代人的努力去攻破疑难杂症，其优势远胜于正规的课堂教育。祖传秘方、医技、医书便是这一形式的产物，也是来源于千万次的临床实践。据说当今诺贝尔奖获得者凝聚了几代人的心血，其区别是在实验室里按着师傅带徒弟的模式延续下来的。医学人才的成长，一方面需要理论的支撑，另一方面是临床经验的积累过程，国家最高科技奖获得者吴孟超的成长过程就是一个力证。元代的医学教育，在教官、生徒、内容、方法、考试、规模、管理等方面，为明清乃至现代医学教育构建了一个成功的范例。

元代的农业技术教育，在相关政策的引领下取得重大进展，把中国农业文明推向一个新的发展阶段。[①] 起初蒙古人的畜牧业生产方式与农业是矛盾的，农牧争地的问题时有发生，经过调整有了 180 度大转弯，前后形成鲜明的对比。无论是畜牧业还是农业，归根结底都涉及吃饭问题，中原地区老百姓的谋生基础是农业，断了人家后路等于自取灭亡。这个事无论如何不能做，相反，顺其自然让当地百姓安业于

---

① 王风雷：《元代的农业技术教育》，《内蒙古社会科学》1998 年第 6 期。

农，实际上也就实现了治平，何乐而不为呢？元代的农业及其相关技术教育，就是在这种思路的影响下发展起来的，也为社会创造了财富，满足了各色人种的基本需求，达到天下太平的目的。元代的农业技术教育是其重农政策的产物，且与相关机构的设置有着密切的关系。大司农司、劝农使司等承担着农业技术推广的任务，其官员就是服务于广大农民的农师，他们定期或不定期地到田间地头进行技术指导，解决疑难问题。当时的劝农官或劝农使都是农业的行家里手，扮演着教官的角色。此外，还有一些土生土长的专家，对乡亲们传经送宝，帮助他们增产增收。为了实现农业技术的推广，元廷多次刊印《农桑辑要》，其不仅涵盖农业技术问题，也包括一些畜牧生产技术，缓解百姓对技术的需求。同时，还刊刻了《农桑衣食撮要》《栽桑图说》《救荒活民书》，为农民提供了生动的教材。元代的农业技术教育取得了较好的经济、社会效益，它的受众面广，从南到北、从东到西涵盖各色人种，有力地提高了人们抵御灾害的能力。该教育对岭北地区、沙漠深处的灌溉农业以及高丽人的种植，还有军队的屯田都产生了深远的影响，对今日之扶贫也有参考意义。

## 五 音乐和军事教育

蒙古人比较注重音乐，而且形成了一套独特的教育体系。[①] 有一个传说故事，讲的是蒙古人西征时用弦乐骚扰对方，形成一种强大的心理攻势。这种说法是否真实，有待进一步考证。元代音乐教育首先建立健全了相应的机构。诸如隶属礼部的仪凤司（云和署、安和署、常和署、天乐署、广乐库）、教坊司（兴和署、祥和署、广乐库），也设置了一定名额的管理人员。其次在编创治世之音上进行积极的探索。为此，他们做了以下工作：一是从全国各地搜罗大批的音乐人才；二是进一步加强对乐户的管理，落实他们的经济待遇，消除其后顾之忧；

---

① 王凤雷：《元代的音乐教育》，载南开大学历史学院纪念文集编辑组《杨志玖教授百年诞辰纪念文集》，天津出版传媒集团、天津古籍出版社2017年版，第393—404页。

三是重点搜集散落于民间的乐器，也包括一部分礼器和祭器；四是对乐谱的整理也取得一定的成效，为治世之音的产生做了资料上的准备；五是开展了相应的教学工作，培养了一批后学，其形式有乐户系统内的专业教育，官学里的乐教、民间的音乐传承，教学方法上强化了练习和乐理教学以及音乐创作。最后，人们对乐器的制作和乐舞的编创给予高度重视，最终推出很多治世之音。音乐教育离不开乐器，而乐器的制作又是一个高精尖的综合工艺，一般人很难完成。要制作精美的乐器，必须先有材料再有工匠，二者缺一不可。这里所说的材料是指石材、木材和金属，其音律的确定特别是金属乐器的定音都离不开特定的专业人才。经过反复的历练，元代涌现出一批制作乐器的匠人，这在金、石、土、革、丝、匏、竹、木部等乐器中都有所体现。元代乐工们编创作品亮相于各种祭祀，形成一套完备的体系，其中包括乐和舞，可谓"雄伟宏大，足以见兴王之盛焉"①。元代乐舞是按照史实来编创的，具有一定的史料价值。其节奏基本上按着战马奔腾的鼓点，向前挺进，向人们传递一种奋发向上的豪情，永远都势不可当。蒙古人的音乐舞蹈在诈马宴当中表现得淋漓尽致，给后人留下了难忘的印象。通过陶宗仪的记录，我们还能够领略一些音译的蒙古音乐曲目。然而，真正把它复原成蒙古语实在有点太难了。至于"白翎雀"和"倒剌赤"，从侧面反映了那一时期蒙古族音乐教育的发展水平。

　　与以往相比，元代的军事教育又有了新的进展，也增添了许多新内容。② 除了一般意义上的军事教育，在蒙古军中，架设浮桥的技术得到了推广、应用。马政成了一个独立的机构，培育了成千上万匹优良品种，为前线提供补给。培养神箭手也是军事教育的重要内容，包括对弩机的运用和制作工艺的掌握。征南宋、日本、爪哇，促使蒙古人

---

① （元）苏天爵：《元文类》卷四十一《杂著·经世大典序录·礼典总序·乐》，载王云五《万有文库》，商务印书馆1936年版，第547页。

② 王风雷：《元代水军训练及军事科技教育》，载内蒙古大学蒙古史研究室《蒙古史研究》（第11辑），科学出版社2013年版。

把战场转向江河湖海，逐步训练出水军或水师，有效提升了远洋作战
的能力。据载，蒙古水军的训练是从江河湖泊开始的，也经历了一个
渐进的过程。为此，元廷招募汉人充当水军教头，并结合实战操练，
结果是北方的旱鸭子很快变成劈波斩浪的混江龙。水军作战在一定程
度上为舰船的制造提出了更高的要求，刺激了相关产业的发展。蒙古
军在作战时一般都用地图和指南针，尤其为海上航行的需要，他们也
绘制了海域图。当时攻克城堡基本上都使用砲石技术，充分发挥它的
长项，达到克敌制胜的目的。回回砲在襄阳城发挥了神威，让宋军惊
恐万状，彻底打消抵抗的念头，走上投降的道路。后来，砲匠和砲手
以及回回砲手万户都成了专有名词，训练了众多砲手。除了军事实践，
蒙古人的军事理论教育得到全新的发展。主要表现：注重军事情报的
掌握、地形地貌的利用、战略战术的实施，如绕道借路、虚张声势、
声东击西等都达到了炉火纯青的程度。更值得一提的是，在蒙古人的
用兵策略中，秘而不传的东西许多，很难详述。元代有成功也有失败，
到了元末，军备松弛加速了亡国的进程。

# 第五节　明代蒙古族教育

1368 年，蒙古统治者在汉地失去政权后退守到蒙古高原，形成与
明朝并存的游牧政权。特殊的历史背景，造就了与之相适应的特殊
教育。

## 一　明朝蒙古族教育

1368 年元顺帝退回大漠时，率领一批蒙古人撤出汉地，然而仍有
一定数量的蒙古人没有办法随政府北迁，只能留在当地成为朱明王朝
的黎民百姓。改朝换代引发的政治打压乃至迫害，最终使这部分蒙古
人逐步失去母语而改用汉语。明王朝对这部分属民基本上顺其自然，

没给他们开办特殊的教育。如果说有教育，那都属于大同大化。与此同时，明朝和北元间的政治、经济、军事、文化方面的冲突，为明境内蒙古族教育的发展提供了外围环境。

明朝所属蒙古族教育主要表现为以下几方面。

一是明朝中央政府针对蒙古和瓦剌而设置的文化教育机构。在整个明代，北元对中原地带的侵扰是一个客观存在，应对他们成为一个很现实的问题。除了在战场上的武力对决，明、蒙双方还包括政治、经济、文化乃至宗教等方面的交流与碰撞。这就促使明政府设立集行政和教育为一体的四夷馆[①]机构，培养并造就专门的蒙古文翻译人才。双方交手互不了解，显然是不行的，也很难取得主动权。要获取对方政治、经济、军事方面的情报，必须懂得他们的语言文化，否则就会被动挨打。这些在客观上促进蒙古语授课教育得到发展，使它形成一套体系，在人才培养以及科学研究等方面发挥积极的作用。值得一提的是，在四夷馆聚集了一部分高层次的师儒，从事相应的蒙汉文翻译工作，推出一批高水平的译注，为后人留下宝贵的文化遗产。今天我们所能看到的蒙汉"译语"[②]，便是那一时期的代表作，也为人们深入了解四夷馆的蒙古语教学提供了窗口。除此之外，四夷馆的蒙古语教学及其研究，在客观上为《蒙古秘史》的传世带来绝佳机会，使之成为一部世界级的奇书。当时人们是拿它当蒙古语教科书，随着时间推移丢失了其原有的蒙古文，只留下音译、旁译和总译及汉人学蒙古语的影子。总之，明朝所设的四夷馆机构，既是一个行政机构，又是一个文化研究机构，也是一个蒙古语教学机构；其任职的官员都是顶尖的学者，他们在蒙汉文翻译以及带徒弟方面取得了可喜可贺的成绩，而且永远地载入史册。

二是卫蒙古学得到很好的发展。这里所说的卫，是指北部边境与

①　（清）张廷玉等：《明史》卷七十四《职官三·太常寺附提督四夷馆》，中华书局1974年版，第1797—1798页。

②　贾敬颜、朱风：《蒙古译语女真译语汇编》，天津古籍出版社1990年版。

蒙古和瓦剌接壤的地区，是一个前哨或前沿地带，其面对的形势同内地形成鲜明的对比。这里的汉人同蒙古人的接触包括军事冲突、易货贸易，都成为家常便饭。为了有效应对这一情况，明朝政府于洪武二十三年（1390）九月，在大宁卫（今赤峰喀喇沁境内）儒学①，并向官员子弟教授蒙古语。这是有关卫蒙古学的最早记载，反映了明初的情况，后来就没见到类似的记载。随之出现的一种疑惑为，明代的卫蒙古学是否为一个短期行为呢？对于这一点，不能一概而论，更不能只凭官方记载。除了官方，民间的力量也是很重要的。另外，语言的学习并非只靠学校这一途径，社会生活是一个大的课堂。事实上，明代的边堡地区基本上都是农牧交错的地带，过了边堡就成为蒙古人的游牧地。说得具体一点，过了杀胡（虎）口，就是蒙古人的地界，二者间的人员往来也是客观存在的。有了人员流动便有了语言交流，汉人学蒙古语也有一种特殊的方式。《卢龙塞略》的译语便是一个明证。

三是明境内蒙古人的教育。元王朝的灭亡，使进入汉地的蒙古人只能隐姓埋名走上与当地汉人趋同的道路，这是他们的唯一选择。时间长了，他们的后裔逐步失去母语，融入汉族文化的汪洋大海。然而，他们的族谱和先茔碑里比较清晰地记载了自己的来历和发展脉络，过了数百年，其后人寻根问祖确认了他们的蒙古族身份。这样的事例特别多，在此不再一一枚举。其中最典型的就是进入云贵川的蒙古人，他们历经沧桑保留了蒙古人的血脉，近几年经常有人来呼和浩特前往成吉思汗陵祭拜、寻根问祖，表达了一种强烈的民族认同感。如果仔细考察这些人的历史足迹，就可以发现这部分蒙古人教育发展的特殊规律。然而，在历史演进的长河中，教育对社会政治经济发挥的作用，表现得微乎其微甚至无可奈何，即便能够发挥作用，也只是一个小范围的事情。在这种情况下，留在汉地的蒙古人教育只能顺应社会的大环境和大背景，而且成为一个很现实的问题，来势凶猛，无法抗拒。

---

① 《明太祖实录》卷二百零四，洪武二十三年九月丁酉条。

　　四是在明蒙战争中，也有大量的蒙古人入明并得到安置。起初，这部分蒙古人的生活及其教育与留居内地的蒙古人还有一定的差异，但随着时间的推移也发生了实质性的变化，逐步走向趋同。然而，小流域的教育使得蒙古人的教育仍保留了自己的特点，特别是在语言、文化、习俗等方面彰显了个性。应该说，个别蒙古人在其家庭内部的教育中仍保留了古老的传统，而且持续了相当长的周期，这在其传宗接代上发挥了重要作用。

　　五是明朝也有许多蒙古官员，他们为明政权的巩固发挥了重要作用。这些人开始时在语言沟通上有一定的困难，但一来二往，他们也逐步适应了新的政治文化环境，在史书上留下自己的大名。总的来讲，这些人的教育或多或少带有过渡的性质，那就是由蒙古文化向汉文化过渡的性质。这也是一个非常痛苦的过程，他们所说的汉语很难避免浓重的蒙古调，用蒙古人的思维方式去讲汉语，诸如"饭吃了吗？""什么的干活？""纸笔的有？"等成为一种家常便饭。元白话文的表达方式，很能反映他们的汉语特点。俗话说，乡音难改，无论他们在主观上怎么努力，都很难抹去其先天的蒙古语烙印，说的都是不分四声的蒙古化汉语，真正达到地道的汉语水平还有一段距离。

### 二　北元的教育

　　与明朝相对应的大漠南北地区蒙古人的教育主要表现为以下几方面的特点。

　　第一，这一时期蒙古人的游牧生产方式进一步促使他们的尚武精神，男儿们的骑马、射箭、摔跤、打猎等技艺得到提升。明朝初年，蒙古人在战场上处处挨打显得十分被动。究其原因，这与他们长期处于和平环境形成的马放南山、刀枪入库的心态有着密切的关系。残酷的现实逼使他们重操旧业，逐步走上恢复元气的道路。所有这些在后来明蒙对峙的战场上表现得淋漓尽致，给人们留下深刻的印象。与之相适应，实战技能得到空前的提高，给明朝造成很大的威胁。在"土木之变"①中，也先率领的瓦剌铁骑给明军造成重创，在军事指挥艺术上也书写了一个新的辉煌。同样道理，俺答汗亲自导演的"庚戌之变"②，为蒙古军将士们的实战训练提供了一个绝佳的机会。这仅仅是两个典型的战例，而无数的征战使得蒙古军积累了攻城略地的实战经验。长城沿线各大边堡的断壁残垣真实地记录了惨烈的厮杀场景，需要我们去挖掘其真实的内涵，进而探寻蒙古族军事教育的踪迹。

第二，在明代或北元时期的蒙古族教育中，巴黑石（榜什或把失，即蒙古语 bagsi）发挥着重要的作用。蒙元时期的汉文典籍把蒙古语 bagsi 音写为八合识，在畏兀字和八思巴字文献中都出现过 bagsi 这一特殊名词。自古以来，蒙古人都有尊师的传统，这在忽必烈身上表现得尤为突出。到了明代，蒙古人尊师的优良传统得到进一步传承。"彼文无诗书，字非六体，乌有所谓师，然就其能书者，名曰榜什，此师也。学书者名曰捨毕，此弟也。捨毕之从榜什学也，初则持羊酒，行叩首礼，后虽日见，日叩其首，必至书写已成，然后谢以一白马，一白衣，衣或布或段，惟随贫富制之，无定数也。夷人能书，则随酋首往来，列于诸夷上一等，以故夷中最敬榜什。法有辱慢榜什者，罚白马以给之。"③ 1640 年颁布的《卫拉特法典》也有尊师条款。该法典明确规定："对那些殴打八合识和父母者，罚牲畜三九；中度殴打者，罚牲畜二九；轻度殴打者，罚牲畜九。"④

第三，早在大蒙古国时期，蒙古人就与佛教发生这样或那样的关系，到了忽必烈的时候，他确立了帝师制度，佛教成为国教。元室北

---

① 王风雷：《蒙古族全史（教育卷）》（下），内蒙古大学出版社 2013 年版，第 528—530 页。

② 同上。

③ （明）萧大亨：《北虏风俗·尊师》，载《内蒙古史志资料选编》（第三辑）1985 年，第 142 页。

④ 道润梯步校注：《卫拉特法典》（蒙古文），内蒙古人民出版社 1986 年版，第 59、41 页。

迁以后，佛教在蒙地仍有一定的影响。然而，佛教格鲁派（黄教）传入蒙古，那是俺答汗在位时期的事情。值得一提的是，黄教的传入对蒙古人的文化教育产生巨大的影响。由于喇嘛高僧的影响，在蒙古民众中精通佛学的人呈现了上升的趋势。学习藏文和梵文成为明代蒙古族教育的一大特色。正是蒙古人的这种双语、三语教育，为翻译108函的《甘珠尔经》奠定了人才基础。当时蒙古族学者为了准确地翻译梵藏经卷中涉及的人名、地名和神灵名，创制了阿里嘎里字，弥补了畏兀体蒙文转写外来语的不足。这种文字是喀喇沁的阿尤喜固什（有人说他是土默特人）创制的。据载，阿尤喜固什也创办了翻译经卷的学校，在实践中广泛运用阿里嘎里字，实现了这种文字的传承。

第四，黄教传入蒙古之前，萨满在蒙古民众中扮演着医师的角色。孛额（男萨满）、亦都干（女萨满）按照传统的方式在为患者解除病痛的过程中也实现了医术的传播。黄教传入蒙古以后，萨满的势力受到极大的遏制，甚至受到重创。然而，在这种情况下，孛额、亦都干们表现出强有力的生命力，仍然扮演了医师的角色。与中西部地区相比，这种情况在东部蒙古人中表现得尤为突出。除了孛额、亦都干，蒙古民间也用特殊的方式传承了许多医方和治疗术。所有这些，在蒙文典籍中都有明确的记载。在此基础上，蒙汉文化交流也在客观上促进了蒙医学的发展。蒙古统治者向明朝索取药物，明政府派去医师为高层人物看病的情况屡见不鲜。民间医师来蒙地看病的情况就更多了。另外，与喇嘛八合识们的业绩相联系，藏医药为蒙医学的发展注入了新的活力。喇嘛八合识们既是文化人，又是医师，也是一个教育者，在他们的弟子中精通医术的大有人在。

第五，明代蒙古人的音乐舞蹈也有了很好的发展，对此，岷峨山人在他的《译语》中做了明确的记载。当时蒙古人的音乐舞蹈具有广泛的群众基础，可谓人人都能歌舞作乐。蒙古人的乐器主要有胡笳、篦拨思儿、琵琶等，明政府也向蒙古赐过鞭鼓、喇叭、号笛、箜篌、二弦、花框鼓等乐器。此时的宫廷音乐更为独特，代表了那个时代的音乐发展水平。据载，林丹汗败亡以后，清朝统治者全盘地拿走了蒙古人的宫廷音乐，实现蒙古音乐的传承。音乐在蒙古民众中的普及与其生活习俗有着密切的联系。每当人们聚会的时候，肯定会有音乐，而且所有的人都能唱。这一形式对青少年具有潜移默化的作用，一方面训练了他们的听觉，实现了练耳；另一方面，他们也跟着唱，久而久之也就训练了他们的歌喉。蒙古人的音乐就是以这种形式发展起来的，并且通过这种教育造就了一批高层次的音乐人才，实现音乐文化的创新。

第六，北元蒙古人的习俗教育达到一个新的高点，发挥了承上启下的作用。当时，蒙古人的宴席也是按照一定的礼仪规范进行的。毡帐里的饮宴座次是，"宾坐于西北隅，主坐于东北隅。宾之从者即列于西北之下，主之从者即列于东北之下"①。所谓西北隅，是蒙古人放置佛龛的位置，因而普通人没有资格坐在那里，只有尊贵的客人才能享受这一礼遇。在今天的蒙古包里，蒙古人也是按照这种次序落座的，说明这一古老的习俗仍在发挥作用。在明人萧大亨的笔下，也专门记录了当时蒙古妇女生育及坐月子的问题，很有意思。他说："夷人产育男女，不似我中国护持。产时即裹以皮，或以毡，越三日方洗。洗毕，仍裹之如前……产母自初产时即饮食如常，不避风寒。即所产之孩，亦不避风寒，母亦不甚怀抱，儿饥则乳，乳饱则以摇车盛之，置于帐之内或帐之外。如曹错所称风雨罢劳，饥渴不困，中国之人弗与也，盖自孩提而然载。产时仍有妪收生，儿脐带以箭断之。"② 由此可知，当时蒙古人的生育是在天然状态下进行的，没有太多的讲究，一切都顺其自然。这在客观上实现了人口的优胜劣汰，而且有意识地提高婴幼儿对大自然的适应能力。③

---

① （明）萧大亨：《史料四编——北虏风俗·待宾》，广文书局1972年版，第10页。

② （明）萧大亨：《史料四编——北虏风俗·生育》，广文书局1972年版，第3页。

③ 王风雷：《蒙古族全史（教育卷）》（下），内蒙古大学出版社2013年版，第561—573页。

# 第六节　清代蒙古族教育

清代蒙古人的教育主要表现为以下几方面。

## 一　清政府的蒙古文教政策

对清王朝来说，蒙古民族具有特殊的意义。因此，他们在文化、教育方面，对蒙古采取了以下特殊政策。

封禁政策在客观上保护和发展了蒙古文化。蒙古族既是清朝统治者的依靠对象，也是他们的防范对象。这是因为，蒙古族在大清江山发展中发挥了主力军的作用，布尔尼、噶尔丹、阿睦尔撒纳、青衮杂布等人先后为大清统治造成很多麻烦。所有这些都不同程度地助长了清朝统治者对蒙古的一种戒备心理，他们要时时刻刻防范、监控蒙古人，使之不能有任何举动。从一定意义上讲，封禁政策便是清朝统治者防范蒙古人的产物。内容包括：人口的封禁、地域的封禁和资源的封禁。封禁的结果，使脆弱的蒙古草原生态得到有效的保护，蒙古族传统的游牧生产方式和生活方式得到传承，文化也得到一个发展的空间。与此相适应，蒙古人的社会教育、生产教育、家庭教育甚至是蒙地的学校教育，都形成了自身的特色。

清政府对蒙古文化、教育采取比较优惠的政策。众所周知，满、蒙在文化上有许多亲缘关系，满文的创制基本上源自蒙古文字。综观清史，大清帝国的最高统治者都有学习满文和蒙古文的经历，个别皇帝的蒙语也很不错。在整个清代，蒙古语同满语、汉语一样是法定的语言。清廷与蒙古王公的会盟、蒙古王公们的年班进京、处理蒙旗的案牍和奏议、皇帝向蒙旗颁发的诏书，基本上都用蒙文书写。即便在朝廷内，蒙文也是畅行无阻。值得一提的是，蒙古官吏在朝廷里占据很多要位，发挥了重要的作用。不仅如此，很多官衙中配备了许多满、蒙译史、笔帖式，用以翻译满、蒙文档。目前我们所能看到的蒙文《清实录》和汉文《清实录》中的满蒙汉三体，就是这种体制下的产物。清军入关以后，随着时间的推移，许多八旗满、蒙子弟开始淡忘清话和蒙话。为此，清政府专门下达过诏令，绝不能让他们丢弃清话和蒙话。总之，满族文化和蒙古文化相得益彰，有力地促进了蒙古族教育的发展。

清政府从蒙古民族的实际出发，开办了多种教育。自古以来，分散游牧是蒙古民族的一大特点。他们主要在大漠南北、甘肃、青海、新疆和阿尔泰地区（不包括俄境内的布里亚特和卡尔梅克）游牧，还有一大批进关的蒙古族。总的来讲，大漠南北以及大漠以西地区的蒙古族教育，一方面与蒙古人特有的文化传统有着密切的联系，另一方面与黄教发生了密切关系。清政府在蒙地兴建的寺庙成为一种教育场所。与此同时，清政府在蒙地设置的将军府开办了一些蒙古官学，为少数蒙古人子弟的学习提供了条件。清政府特别重视八旗教育，八旗蒙古人的教育得到很好的发展。在清代，有资格参加科举考试的蒙古人就是八旗蒙古子弟，这些人在科举考试中表现不俗。从语言的角度讲，清代的蒙古人有的以满、蒙文见长，有的以藏文和梵文见长，也有的以汉文见长，也有个别蒙古人接受过俄语教育，可谓五花八门。

## 二 八旗蒙古人的教育

天聪九年（1635）二月丁亥，清太宗皇太极把一部分归顺于后金的蒙古人编为八旗。其实，努尔哈赤早年创建八旗制度的时候，在满洲八旗里就有少量的蒙古人。它的民族构成不是单一的，在后来的发展过程中也没有改观。在清代，八旗蒙古人是一个特殊的群体，他们的教育也有一定的独特性。据史料记载，八旗蒙古人的学校教育主要设在京师和各驻防地。

八旗蒙古人的学校教育，早在清军入关之前就已经初具规模。起初，八旗蒙古人的学校教育主要与科举取士混杂在一起，表现为你中有我、我中有你，很难进行严格的划分。清军入关以后，形势发生巨大的变化，八旗蒙古人同满族人一样也从东北或漠南地区走向全国，其任务是防守军事重镇和战略要地。这样，清政府从当时的实际出发，为各驻防地的八旗蒙古官员子弟创办了相应的官学，把文明的种子撒遍全国各地。提起各驻防地八旗蒙古人的教育，盛京（今沈阳）、吉林、伯都讷（今吉林扶余）、宁古塔（今黑龙江宁安）、墨尔根城（今黑龙江嫩江县）、热河（今承德）、顺天府、伊犁、京畿地区的官学①都是很有名的。除了满、蒙、汉文等文化课的学习，骑射是各驻防地八旗蒙古官学重要的必修课。另外，各驻防地八旗满蒙官学基本上都混杂在一起，很难划清严格的界限。当时，对生徒的考核也是非常严格的，这在《卧碑文》中阐述得最为清楚。到了清末，各驻防地八旗满蒙官学都演变为新式学堂。许多有识之士为了抵御外敌入侵，在各驻防地创办了武备学堂，试图培养国家急需的军事人才。结果武备学堂形成强劲的发展势头，成为蒙古族教育的一大亮点。

清政府在京师为八旗满蒙子弟开办的官学有国子监、算学、八旗官学、八旗蒙古官学、景山官学、咸安宫蒙古官学、八旗蒙古义学、蒙古清文学、俄罗斯官学、托忒学、唐古特学、长房官学。②这些学校或者是满蒙双语授课，或者是满蒙汉三语授课，个别学校还学习俄文或藏文，政府对满蒙文的学习都非常重视，客观上造成良好的氛围。鸦片战争以后，清政府为了重振八旗雄风，在京师创办了满蒙文高等学堂、贵胄学堂、贵胄法政学堂、殖边学堂。从学习内容看，在京师官学里，八旗蒙古子弟主要学习文史类知识，包括"四书""五经"等儒家的经典著作，还要学习《圣谕广训》；在算学馆里以天文历法算为主。著名的蒙古族数学家明安图的成名，与国子监算学馆和钦天监有密切的联系。从授课语种上看，八旗蒙古子弟在京师官学里首先要学习满语，其次要学习蒙古语，最后要学习汉语，为此翻译教学占有重

① 王风雷：《蒙古文化研究丛书教育》（蒙古文），内蒙古教育出版社2003年版，第550—601页。

② 同上书，第489—549页。

要地位。在三种语言的学习问题上，蒙古正黄旗人富俊编撰的《蒙文指要》《清文指要》《三合便览》都是重要的教材。托忒学主要讲授1648年咱雅班第达创制的托忒字，新疆等地的西蒙古人通用这种文字。在这所学校里受教育的基本上都是八旗蒙古人的子弟，当然也不排除少量的满族后裔。唐古特学是专门研修藏文的一所中央官学，在这里受学的八旗蒙古人的子弟居多。一些学者认为，《恒河之流》的作者乌珠穆沁官布扎布曾在这所学校任过总管。唐古特学的教学特色在于，为弟子们提供进藏学习藏语的机会，对他们进行严格考核，合格者才有资格进入仕途。在语言学习方面，俄罗斯官学的创建为八旗蒙古子弟提供了学习俄语的机会。从教习的任职情况看，蒙古正白旗人梦麟、蒙古正黄旗人法式善、蒙古正黄旗人花纱纳等人先后在国子监里任过祭酒。清政府在京师设立的各类八旗蒙古官学，培养和造就了许多人才，为巩固清王朝的封建统治发挥了重要的作用。美中不足的是，内地的语言环境在客观上加速了八旗蒙古人的汉化进程，这样大部分人自然而然地放弃了本民族的语言文字，湮没在了汉民族的汪洋大海之中。

### 三　科举考试

八旗蒙古人的科举考试始于天聪三年（1629），一直延续到清末。入关前，八旗蒙古人通过参加科举考试而走上仕途成为名臣的也占一定的比例。总的来讲，清代八旗蒙古人的科举考试分为文科、翻译科和武科。

文科，三年大比，试诸生于直省，曰乡试，中式者为举人。次年试举人于京师，曰会试，中式者叫作贡士。天子亲策于廷，曰殿试，名次分一、二、三甲。一甲三人，曰状元、榜眼、探花，赐进士第。二甲若干人，赐进士出身。三甲若干人，赐同进士出身。乡试第一曰解元，会试第一曰会元，二甲第一曰传胪。1644年，定以子午卯酉年乡试，辰戌丑未年会试。乡试以八月，会试以二月。初九日首场，十二日二场，十五日三场，殿试以三月。按清代的科场条例，首场"四书"三题，"五经"各四题，士子各占一经。"四书"主朱子《集注》，

《易》主程《传》、朱子《本义》，《书》主蔡《传》，《诗》主朱子
《集传》，《春秋》主胡安国《传》，《礼记》主陈澔《集说》。其后
《春秋》不用胡《传》，以《左传》本事为文，参用《公羊》《穀梁》。
二场论一道，判五道，诏、诰、表内科一道，三场经史时务策五道。
乡、会试同。① 起初，八旗蒙古人不参加殿试，但到后来这种情况有所
改变。他们在科场上用汉语答卷时，理所当然地与汉人站在同一起跑
线上公平竞争，这样就有了殿试。同治四年（1865），蒙古崇绮以一甲
一名及第，大清立国二百数十年，满蒙人试汉文获授修撰者，止崇绮
一人，士论荣之。除了崇琦，还有许多八旗蒙古人通过科举考试成为
进士；也有的进士通过更高层次的考试成为庶吉士；更多的蒙古进士
则接受朝廷安排，逐步走上重要的岗位。总之，清政府通过科举考试，
录用了很多蒙古进士，为大清基业的巩固发挥了重要作用。

　　清代的翻译考试始于天聪八年（1634），在本次考试中习蒙古书者
鄂博特等三人，俱赐举人。之后，满汉翻译考试进行过多次，蒙古翻
译科于雍正九年（1731）诏试蒙古主考官一，同考倍之。初令乡、会
试题，俱以蒙字译清字《四书》章奏各一道。乾隆元年（1736），改译
清文《性理小学》，与满洲翻译同场考试，别为一榜。当时参加清文乡
试者五六百人，额中 33 名；蒙文乡试者五六十人，额中 6 名。乾隆四年
（1739），以乡试已历六科，八月始行会试。其中满洲 20 名，蒙古 2 名。
因人数不多，诏免殿试，俱赐进士出身，优者用六部主事。由于参加翻
译考试的人不多，所以这种考试时断时续，不可能像文科考试那样定期
进行。这在一定程度上向人们昭示了八旗蒙古子弟失去母语的一些基本
情况。据史料记载，那些走上工作岗位的翻译之文笔水平也很一般，因
而下达到蒙地的诏令让人费解，甚至不明其意。然而，高水平的满蒙翻
译还是有的，如富俊、明安图都是由翻译进士起家的。

---

　　① 赵尔巽等撰：《清史稿》卷一百八《选举三》，中华书局 1976 年版，第 3147—
3148 页。

武科，①自世祖初元下诏举行，子午卯酉年乡试，辰戌丑未年会试，与文科考试基本相同，乡试以十月，直隶、奉天于顺天府，各省于布政司，中式者武举人。次年九月会试于京师，中式者威武进士。凡乡、会试俱分试内、外三场。首场马射，二场步射、技勇，为外场。三场策二问、论一篇，为内场。首场马箭射毡毬，二场步箭射布侯，均发九矢。马射中二，步射中三为合式；再开弓、舞刀、掇石试技勇。顺治十七年（1660），停试技勇，康熙十三年（1674）复之。更定马射树的距三十五步，中三矢为合式，不合式不得试二场。步射距八十步，中二矢为合式。再试以八力、十力、十二力之弓，八十斤、百斤、百二十斤之刀，二百斤、二百五十斤、三百斤之石。开弓满，刀舞花，掇石去地尺，三项能一二者为合式，不合式不得试三场。康熙三十二年（1693），步射改树的距五十步中二矢为合式。乾隆间（1736—1795），复改三十步射六矢中二为合式，马射增地毬，而弓、刀、石三项技勇，必有一项系头号、二号者，方准合式，遂为永制。内场论题用《武经七书》，以后又增加了《论语》《孟子》。于是改论题二，首题用《论语》《孟子》，次题用《孙子》《吴子》《司马法》。总之，通过武科考试，有相当数量的八旗蒙古人考中了武进士。

### 四　蒙地官学②

清政府在蒙古地区特别是内蒙古地区也设立了一些规模不等的官学。雍正元年（1723），清政府创办了绥远城官学，主要培养满蒙汉翻译人才。这所官学一直延续到道光年间（1821—1850）。继绥远城官学，土默特官学也是很有名气的，该学建于雍正十三年（1735）。除此之外，个别蒙旗的印务处从本地的实际出发，让那些有文化的人招收

---

　　①　赵尔巽等撰：《清史稿》卷一百八《选举三》，中华书局 1976 年版，第 3171—3172 页。

　　②　王凤雷：《蒙古文化研究丛书教育》（蒙古文），内蒙古教育出版社 2003 年版，第 602—666 页。

一定数额的生徒，向他们传授满蒙文，培养了一部分人才。到了清末，喀喇沁右旗札萨克亲王贡桑诺尔布创办的三所新式学堂影响最大。他不仅在蒙古族教育史上开办了第一所女子学堂，而且在聘用日籍教师、派遣留日学生方面开了先河。从这个时候，漠南地区的蒙古族学校开设了日语课程，为学生了解外面的世界提供了一个窗口。值得一提的是，这一时期哲里木地区或曰嫩江流域，蒙旗教育也有了一定的发展。这些情况在程厚、郭文田以及叶大匡、春德等人撰写的调查报告中都有所反映。随着时间的推移，清朝末年一部分蒙古王公在京城买下宅院，常年住在那里，让其子女接受新式教育。

在清代蒙地创办的官学中，漠北地区和新疆阿尔泰地区的教育也是一个不容忽视的问题。具体来说，科布多、乌里雅苏台、库伦、塔尔巴哈台、伊犁都有过蒙古官学，而且一些官学的年代比较久远，持续时间比较长，一直延续到清末。乾隆五十六年（1791），伊犁蒙古官学向生徒开设了俄语课。到了清末，伊犁蒙古官学向阿拉木图派遣了少量的留学生，塔尔巴哈台也开设了俄语课。另外，清末在乌里雅苏台开办过师范学堂，培养了一部分师资。

## 五　其他形式的教育

喇嘛教对蒙古人的影响最大，尤其是到了清代，寺庙成为授徒讲学和翻译经卷进行文化创新的重要场所。在较大的喇嘛寺庙里按所学内容分为却伊拉拉桑（研究五部大伦）、卓德巴拉桑（研究密宗）、满巴拉桑（研究医学）、洞科尔拉桑（研究天文历法）、喇嘛日木拉桑（研究成佛之道）。各拉桑研修的内容繁多，还要进行严格的学术答辩，并向弟子授予不同的学位。喇嘛高僧们在文化教育方面所做的贡献是比较大的。他们一方面讲经授徒，另一方面积极从事研究工作，丰富了蒙古文化宝库。喇嘛巴格希们用蒙文翻译的《甘珠尔》《丹珠尔》，都是不朽的名作。不用说那些有名望的喇嘛高僧，就是那些普通的喇嘛巴格希在学术研究方面都有很深的造诣。他们的学术成果，有的用蒙文撰写，有的用藏文撰写，研究范围涉及佛教、哲学、文学、语言、历史、教育、经济、医学、天文、历法、算学、畜牧养殖等所有学科领域，很多作品成为传世佳作。除了喀喇沁的阿尤喜固什（有人说他是土默特人）创制的撰写印藏借词的一种特殊符号——阿里嘎里字母，1648年咱雅班第达创制的托忒字也在西蒙古民众当中得到广泛的应用，并为后人留下极为丰富的精神财富。一世哲布尊丹巴呼图克图"温都尔格根"创制了苏云布字，并在漠北地区的个别寺庙里盛行了一段时间。可以说，这种文字改革的尝试都是喇嘛高僧的研究成果，与教育有着密切的联系。另外，在喇嘛寺庙里还用特殊的方式实现了印刷技术、音乐舞蹈和视觉艺术的传承。当时蒙古民间医生基本上都是由喇嘛巴格希兼任的，这是一个历史事实。总之，喇嘛高僧们不仅在教书育人、学术研究方面有贡献，而且对发展具有蒙古特色的教育科学理论也做出巨大的贡献。具体地说，在喇嘛高僧们的教学中，直观教学、实验方法、因材施教、循序渐进、激发内因等思想都有不同程度的体现，得到进一步的发扬光大，具有浓厚的蒙古韵味。

在学校教育还未普及的年代，家庭教育是蒙古人受教育的一个重要途径。蒙古族家庭教育的内容极为丰富。概括起来主要有：首先是养成教育。蒙古人特别重视道德教育，而且把它贯穿在生活实践当中，从小事做起，重在做。其次是劳动技能教育。很多人担心孩子成为二流子，所以让他们早早地熟悉家务劳动和农牧业生产，为此男孩和女孩是有区别的。再次是习俗教育。风俗礼仪反映一个人的文明程度，所以他们比较重视这方面的教育。最后是艺术和体育。骑马、射箭、摔跤、打猎是重要的竞技内容，但他们更重视音乐舞蹈、视觉艺术和口头文学的讲授，以此启迪孩子们的心智。此外，在重大的集会上，长者对年轻人的祝福也是一种特殊形式的教育。

蒙古民间的私塾教育也是不容忽视的问题。在偏远的农村牧区，几家或多家共同请上一个有文化的先生，并腾出一间简陋房子让先生为孩子们教授基本的读写算等知识。在农村，这种教育大多在农闲的季节里进行，农忙时节孩子们则要跟着大人下地劳动，少则一年半载，多则两三年就算是毕业。在牧区比较常见的是马背形式的教育，时间、地点都不固定。过去蒙古以这种形式接受文化知识教育的人多一些，但其普及的程度却非常低，很多学龄儿童与这种教育无缘。

# 第七节 民国时期蒙古族教育

## 一 私塾

所谓私塾，就是在蒙古人聚集的村屯，个别家庭或有文化的人针对适龄儿童创办的一个施教场所。其实，私塾的历史可谓源远流长，然而它在民国时期在蒙地得到迅速发展。一般情况下，一些蒙古人聚居的村屯里，几户或十几户人家共同出资，并腾出一间屋聘请有学问的人向其子弟们教授读写算，这就具备了私塾的基本规模。有时候，村里有学问的人为了谋生，在家招上几个孩子教读写算，并收取一定费用。当然，还有一些有钱人或者贵族阶层为孩子聘请教师授课时，也捎带上一些孩子同堂学习，并象征性地收取学费，这也形成另一种形式的私塾。穷人的孩子因交不起学费而与私塾无缘。总之，蒙古私塾是面向基层的启蒙教育。蒙古民间私塾讲授的内容主要是蒙文、汉文、算术。在偏远地区，以蒙文和算术为主要课程，有条件的地方还要讲授满文。蒙汉杂居的地方在学习蒙文的基础上还要学习汉语文，主要学习《三字经》《百家姓》《千字文》。实际上，蒙古私塾讲授的内容，是由被聘请的教师水平决定的。从总体上讲，蒙古民间私塾很难请上高水平的教师。这表现在，私塾教师对儿童少年的心理缺乏应有的了解，教学方法也显得有点死板，死记硬背的东西多，并施之以棍棒教育。因而，对有些孩子学习成了一种畏途，中途放弃者居多，真正学成的还属于少数。另外，私塾先生的教学没人监管，随意性比较大。在农村，人们往往在农闲的冬季上课，在农忙季节还要放假，什么时候上课、什么时候放学都由教师决定。

## 二 小学

民国时期蒙地的教育，特别是小学教育呈现了较好的发展势头，其经费也有一定的着落。据史料记载，察哈尔八旗及四牧群的小学①，不仅在校舍、教职员工和生员上有定额，而且在经费和学田等方面都有相应的保障，因而为当地培养了一部分人才。这一时期，内蒙古的蒙旗王公们在其王府附近出资兴办了很多小学，目的在于开发民智，培养蒙地所需的知识分子。这里最具代表性的就是扎赉特旗王府创办的巴彦哈拉小学。他们的做法是，聘请外来的蒙古族知识分子，为当地的蒙古族儿童传授最基本的文化知识。当然，他们的教学重点在于讲授蒙文蒙语，并且在识字教学方面积累了很多有益的经验。总的来讲，民国时期蒙旗创办的小学教育，地区间也有一定的差异。放荒比较早的蒙旗小学，在蒙语文的基础上或多或少开设了汉语、算术等课程，而偏远闭塞的蒙旗还是按传统的方式向学龄儿童用蒙文讲授读写算等基础知识，其教学质量在很大程度上取决于师资质量。

## 三 中学

民国时期，蒙古人的中等学校有了一定的发展，然而大多不在内蒙古本土，而是在周边发达的省市开办的。1912 年，在蒙藏事务局总裁贡桑诺尔布与蒙籍议员们的倡议下设立了国立北平蒙藏学校②，租西皇城根孙家花园为校址，收容前理藩部所属咸安宫、唐古忒、托忒三区学生及部内蒙古职员。除了蒙藏文，北平蒙藏学校基本按民国教育部的要求开设了相关课程。在此基础上，教育部还为蒙藏学校颁布了章程，蒙藏委员会也为该校制定了组织大纲，保证了学校的正常教学活动。在有关人士的努力下，1917 年 2 月，黑龙江省立蒙旗中学校成

---

① 宋哲元等：《察哈尔省通志》卷二十四《执业篇之三》（出版年代不详）。

② 近年来有关北平蒙藏学校的研究文章比较多，在此不予以加注。

立，其校址在省城——齐齐哈尔（卜奎，蒙古语 bohai）市西南隅时报馆西胡同。除了藏文，黑龙江省立蒙旗中学校的教学、课程设置及其管理章程与北平蒙藏学校基本相近。后来，由于经费问题，该校于1924 年停办。1919 年，中央政治学校附设了蒙藏班，以后升格为国立南京蒙藏学校。在当时上述学校为蒙地培养了一批人才，然而它的普及率是很低的。另外，1939 年在蒙地创立的国立伊盟中学①，在人才培养方面发挥了其应有的作用。

#### 四　师范教育

民国时期，蒙旗的师资问题引起政府的重视，这为师范教育获取了一个良好的发展机遇。1919 年，马福祥在银川创办了蒙回师范学校，为阿拉善和鄂尔多斯地区培养了一部分师资。② 1929 年 7 月，郭道甫在奉天（今沈阳）创建了东北蒙旗师范学校，并且亲自担任校长。③ 据载，东北蒙旗师范学校的校址设在辽宁省城大南边门内路西艾家胡同。在当时，这所学校主要从哲里木、卓索图等地招生，同时也招收一部分女子入学，为开启蒙智开辟了新的路径。1929 年 10 月，在扎赉特王爷巴特玛喇布坦等人的倡议下，在齐齐哈尔创立了黑龙江蒙旗私立师范学校④，主要为扎赉特旗、杜尔伯特旗、郭尔罗斯后旗、郭尔罗斯前旗、伊克明安旗、东西布特哈等地培养师资。以后，该校迁到扎兰屯，为东蒙地区培养了不少合格的师资。除此之外，民国政府于 1936 年创办了国立绥远蒙旗师范学校，1942 年 2 月创办了国立绥宁师范学校（在银

---

① 《内蒙古教育史志资料》2，内蒙古大学出版社 1995 年版，第 438—440 页。

② 马福祥修，王之臣纂：《朔方道志》（二），民国 15 年铅印，载《中国方志丛书——塞北地方》（第二号），台北成文出版社 1968 年版。

③ 仁钦莫德格：《沈阳东北蒙旗师范学校》，载中国人民政治协商会议内蒙古自治区委员会文史资料研究委员会编《内蒙古文史资料》（第 23 辑），内蒙古人民出版社 1986 年版。

④ 谢岚等：《黑龙江省教育史资料汇编》（上册），黑龙江教育出版社 1988 年版，第1104—1105 页。

川)①，1946 年 9 月创办了国立察（哈尔）蒙师范学校②。总之，民国时期的师范教育辐射了不同的区域，有力地促进了蒙古族教育的发展。

### 五 沦陷区教育

日本占领东三省以后，大力推行奴化教育。当时内蒙古东部沦陷区的教育，主要有以下几种类型。

一是小学。日伪方面安排了许多管教育的蒙古族官员，他们在教育岗位上做了一些实事，这样兴安东、南、西、北省的小学初步形成规模。二是中等教育。最具代表性的是 1935—1941 年在王爷庙（今乌兰浩特）开办的兴安学院③、育成学院④、师范学校⑤和女子国民高等学校⑥。此外，日伪当局在王爷庙还设立了兴安医学院、兴安军官学校、兴安第一师范学校和兴安南省初等教育教师养成所，使得王爷庙成为东蒙地区的文化中心。三是出版教科书。从严格意义上讲，1927 年"东蒙书局"在奉天市小南关六合店奉天省农会原址挂牌，其创始人是克兴额。⑦ 1927—1931 年，"东蒙书局"出版了大量的蒙文图书。1934 年 10 月，克兴额开始在蒙政部民政司下设文教科及"蒙文教科书编审委员会"，出版了大量的教材。1940 年，他说服"蒙民厚生会"在长春创办了"蒙文编译馆"，为蒙古文化的传播做出了贡献。四是留学教育。出洋留学是沦陷区蒙古族教育的一项重要内容，也是日本人实施奴化教育不可或缺的步骤。因此，那个时候蒙古族青年东渡日本者非常多，在一定程度上为蒙古人了解世界提供了一个窗口。

---

① 阴瑞芬：《从档案资料看国立绥宁师范学校创办情况》，《学理论》2013 年第 27 期。

② 《内蒙古教育史志资料》2，内蒙古大学出版社 1995 年版，第 499—500 页。

③ 同上书，第 405—426 页。

④ 《育成学院》，辽宁民族出版社 2007 年版。

⑤ 《内蒙古教育史志资料》2，内蒙古大学出版社 1995 年版，第 485—496 页。

⑥ 索布多：《兴安女高》，内蒙古人民出版社 2005 年版。

⑦ 克·莫日根：《克兴额——一个科尔沁蒙古人》，内蒙古教育出版社 2001 年版，第 32 页。

### 六　教育人物

民国时期，在蒙古族当中涌现出很多知名的教育人物，他们对本土教育的发展以及人才培养方面做出了巨大的努力，也为后人留下丰厚的文化遗产。这一时期的蒙古族教育人物分为以下几类：一是开明的王公贵族，这是因为在当时的条件下，他们根据自身的能力水平并结合当地的实际情况，为蒙古族儿童开办了学堂，开发了他们的智慧，培育了一批英才。其中最具代表性的人物为喀喇沁右旗札萨克亲王贡桑诺尔布，后任蒙藏院总裁，组建了北平蒙藏学校，为后来的革命和建设造就了许多英才。除了贡王，巴特玛喇布坦、齐莫特散帔勒等人在创办各类学校方面做出了积极的贡献。为此，扎赉特王爷巴特玛喇布坦素有"巴校长"的美誉，这一称号足以证明他在教育上所付出的努力。他们仅仅是民国时期蒙古王公贵族的代表而已，还有更多的蒙古王公为本旗教育的发展呕心沥血、默默耕耘。二是知名学者和佛教人物，为蒙古族教育的发展进行了积极的探索，书写了辉煌的人生。其中，郭道甫是一位大教育家，他从基础教育和师范教育入手，影响了一大批后学，使他们砥砺前行，为内蒙古自治区人民政府的创建立下了汗马功劳。卜和克什克在开鲁创办了蒙文学会，并通过印刷书刊影响了一大批蒙古民众，其中《丙寅》杂志聚集了一大批学者，成为唤醒蒙古民众的一个文化阵地。他的印刷业抢救了一批经典之作，特别是对尹湛纳希大作的问世立下了汗马功劳。丹达是一位佛教人物，他通过著书立说表达了自己的哲学、政治、教育主张，成为民国时期著名的蒙古族教育家。三是普普通通的教师群体用自己无言的行动描绘了蒙古族教育的宏伟蓝图，为蒙古文化的传承和发展撑起一片蓝天。有些教师在历史的回音壁上留下了印记，而大部分人成了无名英雄，没有留下个人传记资料。值得庆幸的是，这段历史及其人物、事件，其时间并不那么遥远，一些老者还能够记忆犹新，具有抢救的机会。因此，蒙古族教育口述史的搜访和整理，变为十分迫切的任务。这就需要我们加倍地努力挖掘，实现更高层次的文化创新。

### 七　达斡尔、索伦、鄂伦春教育

民国时期讲的是"五族共和"，达斡尔、索伦、鄂伦春隶属蒙古族范畴，在国家尤其行政管辖方面属于蒙旗，没有特殊的区划。在语言文化上，达斡尔语同蒙古语没有实质性的差异，即便有，也只是蒙古语的方言土语而已。至于索伦和鄂伦春在语言文化上，同蒙古语也有密切的关系，都属于阿尔泰语系。一些学者认为，早在清代，达、索、鄂三个部落的教育以学习满语为主，但事实上，他们也无法逃避蒙古语。他们在地缘上被巴尔虎、扎赉特、郭尔罗斯、杜尔伯特、厄鲁特、科尔沁等蒙古部落包围，因而学习和掌握蒙古语成为一个必然现象。就呼伦贝尔地区而言，达斡尔、索伦人所学的语言文字，一是满语，二是蒙古语，族际间的交流都是蒙古语。另外，在那个年代，达斡尔人始终都称自己是达斡尔蒙古。与之相适应，清末民初乃至整个民国年间，在黑龙江所辖的各类学堂包括黑龙江满蒙师范学堂，还有后来的东北蒙旗师范学校、黑龙江省蒙旗私立师范学校里，招收了大量的达、索、鄂学生。同样，在其教师队伍当中，也包括了大批的达、索、鄂教师，共同提升了蒙古族教育的内在质量。后来，到了日伪时期，在兴安南省、兴安北省、兴安东省创办的各级各类蒙古族学校里，聚集了大批的达、索、鄂学生和教师，与蒙古族学生和教师同校竞技，谱写了蒙古族教育的时代乐章。当内蒙古自治区人民政府在王爷庙（今乌兰浩特）成立的时候，曾经接受日伪教育的蒙、达、索、鄂学生都调转航向投奔革命，为自治区的建设和发展贡献了聪明才智，实现了民族腾飞的梦想。

# 第八节　1947 年以来的蒙古族教育（一）

1947 年内蒙古自治区的成立，标志着民族教育即以蒙古族为代表的主体民族的教育进入一个新的历史发展时期。在 70 多年的奋斗历程中，自治区党委和政府积极贯彻落实党的民族政策，始终把民族教育的发展放在"优先、重点"的位置，并取得了辉煌的成就。

## 一　家庭教育

家庭是社会的细胞，它既是一个种族繁衍的生产单位，也是一个立德树人的教育单位。北方游牧民族的家庭也不例外，它在青少年的成长过程中发挥了重要的作用。就家庭规模而言，过去内蒙古地区的少数民族都以大家庭为主，祖孙三代兄弟妯娌间构成一个大家庭，形成和睦相处的家风。在这样的大家庭里，有一位主事的家长，由他来掌管家里的一切事务，协调方方面面的关系，达到"老者安之""少者怀之"[①] 的理想境界。让人称道的是，最棘手的婆媳关系、妯娌关系、姑嫂关系都达到相安无事的程度，维系了家业的发展。生长于这种环境的儿童少年，其安全感等心理素质都达到一个很高的水准，人际关系的协调性也得到很好的锻炼。毫无疑问，这是一个无声的教育，可谓"随风潜入夜，润物细无声"。当然，这种大家族维系到一定程度，兄弟间也是要分家另立门户的。有意思的是，他们分了家后相互之间都和睦相处，尤其是当某一个亲戚遇到困难的时候，大家都能够伸出援手予以帮助。过去未实行计划生育的时候，孩子多是少数民族家庭的一大特点，也形成了教育上的优势：做父母的把老大带好了，老二、老三、老四、老五、老六……也就顺理成章，老大能够管好弟妹。老大成功了，其弟妹们也就自然而然向他看齐。这就是榜样的力量。老大向其弟妹能够勇敢地喊出"向我看齐"，他就是一个教育者。可见老大的作用特别重要，许多家庭成功的秘诀就在于老大。反之，他也能把弟妹们带坏，这早已被实践所验证。相比之下，独生子女的教育没有这个优势，但是北方游牧民族的家长们都特别重视自身的形象，通

---

① 《论语·公冶长》。

过言行为孩子树立学习范式，影响他们的成长。

除此之外，北方游牧民族的家庭教育比较注重以下几方面。第一，游戏等体能训练项目占了相当大的比重。牧人家孩子第一个玩耍的对象就是羊羔、牛犊、马驹和驼羔，与它们撕扯其乐融融，久而久之便过渡到马背上。他们大了以后要与伙伴们角力，提升摔跤能力。与此同时，男孩的玩具是弓箭和布鲁，这是上山打猎必备的工具。至于踢毽子、田径、球类、滑冰、滑雪、游泳等项目，也成了少数民族孩子体能训练的内容，使他们具有强健的体魄。第二，音乐成为一个重要的教育内容。众所周知，北方游牧民族都能歌善舞，平常都是用音乐来训练孩子们的听觉，培养其乐感。事实上，对孩子进行音乐教育的成本最低，而且不受场地和时间的限制，就是在劳动的时候也可以哼唱。为此，摇篮曲是他们最早接触的音乐，之后逐步向深层次扩展，达到自娱自乐的目的。第三，北方游牧民族家长们特别善于给孩子讲故事，以此来开发孩子们的心智。在广播、电视还未普及的时候，长者给孩子们讲述的故事特有吸引力。每当夜幕降临的时候，孩子们围坐在油灯下聚精会神地倾听各种传说故事，为他们提供了精神食粮。一个不容忽视的事实是，孩子们故事听多了，其语言能力也会得到迅速发展。第四，生产劳动成为北方游牧民族家庭教育的重要内容。在牧区，孩子们从小要熟悉放羊、挤奶、饮畜、清理羊圈、剪羊毛、挑水、烧茶、做饭、打草等劳动；在农区，孩子们要跟着大人学习做家务，等到大了以后要下地干一些力所能及的农活，通过实践逐步成长为行家里手。家长最担心的是，孩子们什么都不会做，生怕他们成为二、八月庄稼人——二流子。因此，其训练方法就是从小事干起，循序渐进地影响他们成为合格的劳动者。至于对女孩针线活的训练，全靠其母亲的调教，日积月累使之成为心灵手巧的女工。第五，北方游牧民族家长比较注重对孩子进行习俗教育。所谓习俗，是那些约定俗成的东西，说白了就是行为习惯，如果顺应了就会得到人们的认可，反之将会受到指责。在北方游牧民族的习俗里，还有许多禁忌，哪些话可以说，哪些话不能说，哪些事可以做，哪些事不能做，都有一定的规矩。假如不注意，将会越礼而让人讨厌。因此，家长结合生活实践，向孩子们传授这些内容促进他们的社会化。第六，北方游牧民族家庭教育的最终归宿是道德——培养合格的社会成员。诚实、勇敢、勤劳、善良等属于这一范畴，目的是让孩子们成为敢于担当的男子汉大丈夫。总之，这方面的内容比较多，在此不一一赘述。

## 二 学前教育

内蒙古自治区成立之前，少数民族学前教育机构即幼儿园几乎等于零，没有很好地发展起来。这是因为，那个时候主体民族的城镇化程度比较低，相当一部分少数民族牧民在草原上游牧，他们没有定居，也不便于设立幼教机构。少数民族聚居的农村，由于条件所限，也不可能设立专门的幼儿园。这样，许多少数民族幼儿都在家庭环境中接受基本的教育，其身心得到发展。1947 年以后，由于工作的需要，一部分民族干部、知识分子进入城镇安家立业；另外，进城的少数民族妇女要和男同志一样工作、学习，她们的后顾之忧必须予以解决，所有这些在客观上为少数民族幼儿机构的创建提供了条件。据统计，1954 年，内蒙古自治区有蒙古族幼儿园 1 所，蒙汉合设幼儿园 5 所；1979 年，有蒙古族幼儿园 18 所，蒙汉合设幼儿园 24 所，其他少数民族幼儿园 2 所；1996 年，有蒙古族幼儿园 79 所，蒙汉合设幼儿园 19 所，其他少数民族幼儿园 11 所。[①] 1980 年，在幼教机构中，用民族语言文字授课的幼儿有 58 个班，加授蒙古语文字的幼儿有 14 个班；1994 年，分别发展为 339 个班和 15 个班，朝鲜语文字授课的幼儿有 19 个班。[②] 幼儿园是少数民族幼儿接受学前教育的主要途径，这在城镇居多。此外，大部分农村牧区或少量的城镇少数民族幼儿要在小学附设

---

[①] 段其贵：《内蒙古自治区教育成就（1947—1996 年统计资料）》，内蒙古教育出版社 1997 年版，第 280 页。

[②] 同上书，第 281 页。

的学前班接受教育。1983 年，小学附设蒙语文字授课学前班有 221 个，小学附设加授蒙语文字学前班有 4 个，朝鲜语文字授课班 5 个；1996 年分别发展为 1523 个班和 14 个班，朝鲜语文字授课班 35 个。[1] 1979 年，蒙古语文字授课的在园幼儿 651 人，加授蒙语文字授课的在园幼儿 507 人；1996 年分别为增加到 5340 人和 810 人，朝鲜语文字授课的在园幼儿 790 人；1983 年，小学附设蒙语文字授课学前班有 4322 人，小学附设加授蒙语文字学前班有 187 人，小学附设朝鲜语文字授课的学前班有 86 人；1996 年分别增加到 26622 人、417 人、557 人。[2] 这些数字充分说明，自治区成立以来，少数民族学前教育从无到有，从小到大，形成强劲的发展势头。值得一提的是，改革开放以后，在街道也出现了一批私立幼儿园，弥补了国办幼儿园之不足，为一部分家长提供了方便。总之，三者构成少数民族学前教育的框架体系。

由于计划生育政策的落实，少数民族人口的增长率有了明显的下降。再加上其他因素的影响，少数民族幼儿园或学前班的生源出现前所未有的困境，结果幼儿园的班容量下降、班级数减少，甚至个别民族幼儿园出现空巢现象。所有这些早已引起有关人士的注意，采取了一些应对措施，在可持续发展方面做了很多工作。近几年，这种情况发生了很大的改变，呈现了良好的发展态势，满足了少数民族幼儿接受学前教育的需求。据 2015 年的统计，全区有蒙古族幼儿园及学前班 202 所，蒙汉合校的幼儿园及学前班 141 所，其他民族的幼儿园及学前班 19 所。[3] 回顾自治区民族学前教育发展的 70 年历程，值得总结的东西非常多，概括起来主要有以下方面。首先，少数民族学前教育的发展，带出一批优秀的师资队伍。在这支队伍中，既包括管理人员，又包括保育人员和保教人员，他们在平凡的岗位上用自己辛勤的劳动为

---

① 段其贵：《内蒙古自治区教育成就（1947—1996 年统计资料）》，内蒙古教育出版社 1997 年版，第 281 页。

② 同上书，第 285 页。

③ 见 2015 年内蒙古自治区民族教育基本情况统计表。

祖国的人才培养奠定基础。其次，在教育教学方面取得辉煌的业绩，弥补了少数民族学前教育研究之不足。在具有民族特色的学前教育领域内，许多未知的领域有待开发。为此，广大教育工作者结合自身的教育教学实践，积极从事科学研究，极大地丰富和发展了少数民族学前教育理论，为教育科学的发展做出贡献。最后，在民族学前教育当中，涌现出一批"示范幼儿园""特色幼儿园""流动幼儿园"，以他们为标兵有力地促进了少数民族学前教育的快速发展。

### 三　小学教育

自治区成立以后，小学教育在原有的基础上有了突飞猛进的发展。据统计，1947 年，有蒙古族小学 282 所，蒙汉合校（小学）54 所，其他少数民族小学 41 所；1964 年，有蒙古族小学 2389 所，蒙汉合校（小学）469 所，其他少数民族小学 137 所；1979 年，有蒙古族小学 3167 所，蒙汉合校（小学）1045 所，其他少数民族小学 175 所；1996 年，有蒙古族小学 2235 所，蒙汉合校（小学）402 所，其他少数民族小学 148 所。[①] 1956 年，在全区蒙古语文字授课小学里有 2713 个班，加授蒙古语文字的有 55 个班，朝鲜语文字授课的有 45 个班；1965 年，在全区蒙古语文字授课小学里的班和教授蒙古语文字的班分别增长到 7238 个和 451 个；1979 年，分别增长到 12294 个班和 1189 个班，朝鲜语文字授课班增长到 71 个；1996 年，分别降为 11409 个班和 655 个班，朝鲜语文字授课班增长到 452 个。[②] 1956 年，蒙古语文字授课小学在校生数为 8.43 万人，加授蒙古语文字小学在校生数为 0.17 万人，朝鲜语文字授课在校生 0.1 万人；1965 年，分别增长为 16.85 万人、1.04 万人、0.17 万人；1979 年，前两项又分别增长为 24.58 万人和 2.92 万人，朝鲜语文字授课在校生下降为 0.1 万人；1996 年，前两项分别下

---

① 段其贵：《内蒙古自治区教育成就（1947—1996 年统计资料）》，内蒙古教育出版社 1997 年版，第 259 页。

② 同上书，第 260 页。

降为 22.27 万人和 1.4 万人，朝鲜语文字授课在校生增长为 0.75 万人。[①] 1947 年，蒙古语文字授课小学毕业生数为 293 人；1965 年，蒙古语文字授课小学毕业生数增长为 7152 人，朝鲜语文字授课小学毕业生 164 人；1979 年，蒙古语文字授课小学毕业生数增长为 31137 人，加授蒙古语文字小学毕业生数为 4552 人；1996 年，分别为 41602 人和 4241 人，朝鲜语文字授课小学毕业生 1528 人。[②] 1957 年，小学蒙古语文字授课专任教师数为 3246 人；1979 年为 15366 人；1987 年为 19526 人；1996 年为 20394 人。[③] 数字是比较枯燥的，但它在一定程度上比较客观地反映了自治区蒙古语文字授课小学发展的基本情况，这是毋庸置疑的事实。另外，蒙古语文字授课小学的软件和硬件条件也有了明显的改善，过去的土坯房已经不见了，取而代之的是砖瓦房或楼房。现代化教学手段和设备在不断改善，师资质量和教学水平逐年上升。普及率、入学率、巩固率、合格率等指标都达到了百分之百。

以上所引的数据只说明 1947—1996 年的蒙古语文字授课小学发展的事实，还不能代表近十年来的发展情况。据 2015 年的统计，全区有蒙古族小学 195 所，蒙汉合校小学 87 所，其他民族小学 3 所；其中蒙古语文字授课的在校生 98400 人，加授蒙古语文字授课的在校生 24002 人，专任教师 24373 人。[④] 从数量上讲，近十年来，自治区蒙古语文字授课小学呈现一种缩减的趋势，在偏远牧区苏木、嘎查不再设小学。其原因为：一是多年来的计划生育政策已经发挥了作用，农村牧区蒙古族学龄儿童的数量有了明显减少，过去的那种一户有七八个孩子、十几个孩子的情况已经一去不复返。二是相当数量的蒙古族儿童没有选择蒙古语文字授课的小学，而是选择了汉语授课的小学。三是农村牧区有条件的家长把孩

---

①　段其贵：《内蒙古自治区教育成就（1947—1996 年统计资料）》，内蒙古教育出版社 1997 年版，第 263 页。

②　同上书，第 262 页。

③　同上书，第 271 页。

④　见 2015 年内蒙古自治区民族教育基本情况统计表。

子送到城里上学，结果农村牧区蒙古语文字授课的儿童又流失了一部分。四是政府撤并了乡镇、苏木的学校，实施集中办学，也是蒙古语文字授课小学数量锐减的重要原因。五是在市场经济的影响下，蒙古语文字授课高校毕业生的就业遇到了暂时性困难。对此，有些家长对蒙古语文字授课的前景感到困惑，甚至表示怀疑。所有这些都不同程度地影响了蒙古语文字授课小学的学生来源。政府和有关部门对此给予高度重视，采取了相应的措施，保证蒙古语文字授课小学的正常发展。应该指出的是，"两主一公"、"两免一补"、寄宿制等措施的落实，为蒙古语文字授课小学教育的发展注入了新的活力。

#### 四　中等教育

内蒙古地区的蒙古语文字授课中等教育分为普通中等专业学校、普通中学和职业中学，普通中学又分为初中和高中两个阶段。

起初，内蒙古地区的蒙古语文字授课普通中等专业教育的发展还是比较缓慢的，专业门类也比较单一。由于学校少，个别学生只能就读于汉语文字授课的中等专业学校。据统计，1948 年就读于普通中等专业学校的蒙古族学生只有 1 人，其他少数民族学生 2 人；1965 年蒙古族学生发展为 2999 人，其他少数民族学生 753 人；1979 年蒙古族学生增长为 5891 人，其他少数民族学生增长为 900 人；1996 年蒙古族学生增长为 13222 人，其他少数民族学生增长为 1365 人。[①] 1963 年，普通中等专业学校的蒙古语文字授课的在校学生中级的为 657 人、初级的为 76 人，中级的毕业生 403 人、初级的毕业生 93 人；1979 年，普通中等专业学校的蒙古语文字授课的中级在校生发展为 3893 人，中级毕业生 975 人；1986 年，普通中等专业学校的蒙古语文字授课的中级在校生发展为 5228 人，中级毕业生 1658 人；1996 年，普通中等专业学

---

①　段其贵：《内蒙古自治区教育成就（1947—1996 年统计资料）》，内蒙古教育出版社 1997 年版，第 192 页。

校的蒙古语文字授课的中级在校生发展为 6044 人，中级毕业生 1960人。[1] 1953 年，普通中等专业学校的蒙古语文字授课的专任教师只有 5人，1965 年发展为 161 人，1979 年发展到 346 人，1986 年发展到 775人，1996 年发展到 935 人。[2] 随着自治区经济社会的发展，蒙古语文字授课的中等专业学校从无到有，从小到大，专业设置也趋向合理，为边疆地区输送了很多实用型人才。值得一提的是，在蒙古语文字授课的普通中等专业教育里，蒙古语文字授课的师范教育是一个很有特色的教育。据统计，1980 年，自治区有 18 所中等师范学校，1986 年发展为 20 所，1990 年为 21 所，1996 年为 22 所。[3] 它们或是蒙汉合校或是蒙汉分校，为农村牧区培养了大批的小学师资，也为蒙古族基础教育的发展写下了辉煌的一页。由于种种原因，1995—1996 年开始，蒙古语文字授课的普通中专学校出现了滑坡现象，主要表现为招生难、就业难。基于这种情况，政府采取措施，调整了一部分蒙古语文字授课的普通中专学校，遏制了这种现象的蔓延。近两年，由于职业技术教育的升温，蒙古语文字授课的普通中专学校的情况开始有所好转。

70 多年来，蒙古语文字授课的普通中学的发展速度还是比较快的，取得的成绩也比较突出。据统计，1947 年只有 1 所蒙古族初中，没有蒙古族高中，蒙汉合校的初中有 2 所、高中有 1 所；1965年，蒙古族初中发展为 23 所、高中发展为 12 所，蒙汉合校初中发展为 25 所、高中发展为 7 所，其他少数民族初中 3 所、高中 2 所；1981 年，蒙古族初中发展为 177 所、高中发展为 81 所，蒙汉合校初中发展为 115 所、高中发展为 31 所，其他少数民族初中 16 所、高中 8所；1996 年，蒙古族初中为 170 所、高中为 60 所，蒙汉合校初中为 87

①　段其贵：《内蒙古自治区教育成就（1947—1996 年统计资料）》，内蒙古教育出版社 1997 年版，第 193 页。

②　同上书，第 200 页。

③　同上书，第 204 页。

所、高中为 10 所，其他少数民族初中 17 所、高中 4 所。① 1956 年，蒙古语文字授课的在校初中生为 4824 人，加授蒙古语文字授课的在校初中生为 1658 人，朝鲜语文字授课的在校初中生 271 人；1979 年分别增长为 73594 人、25336 人、365 人；1996 年分别为 80731 人、7415 人、2393 人。② 1956 年，蒙古语文字授课的在校高中生为 388 人，加授蒙古语文字授课的在校高中生为 128 人；1979 年分别增长为 15322 人和 8415 人，朝鲜语文字授课的在交高中生为 121 人；1996 年分别为 18568 人、2747 人、1229 人。③ 1956 年，蒙古语文字授课的初中毕业生为 599 人，加授蒙古语文字授课的初中毕业生为 234 人，朝鲜语文字授课的初中毕业生为 19 人；1979 年，分别为 10199 人、4297 人、66 人；1996 年，分别为 20699 人、2043 人、764 人。④ 1956 年，蒙古语文字授课的高中毕业生为 27 人，加授蒙古语文字授课的高中毕业生为 4 人，朝鲜语文字授课的高中毕业生为 0；1979 年分别为 7188 人、3162 人、17 人；1996 年分别为 5241 人、760 人、383 人。⑤ 在蒙古语文字授课的初、高中学生数量增长的同时，教师的数量也有了明显的增长。1957 年，蒙古语文字授课的初、高中专任教师分别为 332 人和 24 人；1979 年，蒙古语文字授课的初、高中专任教师分别增长为 4167 人和 1048 人；1996 年，蒙古语文字授课的初、高中专任教师分别增长为 6984 人和 1943 人。⑥ 蒙古语文字授课的初高中专任教师不仅在数量上有所增加，而且在学历、职称、水平上也在不断提高。经过 70 多年的努力，自治区办出了一批质量较高的蒙古族中学，为区内外高一级学校输送了高质量的学生，其中内蒙古师大附中就是一所典型中学。

---

①　段其贵：《内蒙古自治区教育成就（1947—1996 年统计资料）》，内蒙古教育出版社 1997 年版，第 210 页。

②　同上书，第 219 页。

③　同上书，第 221 页。

④　同上书，第 213 页。

⑤　同上书，第 215 页。

⑥　同上书，第 231 页。

然而，近十年来生源萎缩等诸多问题直接影响了蒙古族普通中学的发展，其数量有了明显的下降。2015 年的统计数据能够证明这一点。如今，全区有蒙古族普通初中 70 所，蒙汉合校普通初中 36 所，其他少数民族普通初中 21 所，其中蒙古语文字授课的在校普通初中生有 44492 人，加授蒙古语授课的在校普通初中生为 8041 人，蒙古语授课的普通初中专任教师为 12768 人；全区有蒙古族普通高中 42 所，蒙汉合校普通高中 9 所，其他少数民族普通高中 5 所，其中蒙古语授课的在校普通高中生有 39011 人，加授蒙古语授课的在校普通高中生为 1229 人，蒙古语授课的普通高中专任教师 7810 人。① 目前，蒙古族中学基本上都集中在旗所在地，乡镇不再设立中学，对学生实行寄宿制，提供比较优越的教育条件。近几年，蒙古族私立中学也有了较好的发展，弥补了公立学校之不足。

为了更好地适应农村牧区经济的发展，自治区政府积极调整中等教育结构，特别是在职业教育发展方面做了大量的工作。这样蒙古族职业中学（包括初中和高中）得到了发展。据统计，1958 年，蒙古族职业中学有 15 所，蒙汉合校的职业中学有 12 所；1965 年分别增长为 58 所和 23 所；1988 年分别回落为 19 所和 17 所，其他少数民族职业中学 1 所；1996 年分别为 23 所、21 所、3 所。② 1981 年，在职业高中用蒙古语文字授课的学生有 131 人，加授蒙古语文字授课的学生有 41 人；1988 年分别增长为 3176 人和 393 人；1996 年为 2843 人和 176 人。1958 年在职业初中用蒙古语文字授课的学生有 1517 人；1965 年为 2315 人；1985 年在职业初中用蒙古语文字授课的学生有 630 人，加授蒙古语文字授课的学生为 173 人；1996 年分别为 5915 人和 65 人。③ 1959—1996 年，从职业初中毕业的蒙古语文字授课生和加授蒙古语文

---

① 见 2015 年内蒙古自治区民族教育基本情况统计表。

② 段其贵：《内蒙古自治区教育成就（1947—1996 年统计资料）》，内蒙古教育出版社 1997 年版，第 237 页。

③ 同上书，第 246 页。

字授课生分别为 10774 人和 380 人。[①] 1982—1996 年，从职业高中毕业的蒙古语文字授课生和加授蒙古语文字授课生分别为 11609 人和 1185 人。[②] 1958 年在职业中学（初中）里，蒙古语文字授课的专任教师有 52 人；1965 年增加到 122 人；1981 年在职业高中和初中里，蒙古语文字授课的专任教师分别为 9 人和 13 人；1989 年分别为 408 人和 249 人；1996 年分别增加到 526 人和 544 人。[③] 1996 年以来，由于各种原因，蒙古语文字授课的职业中学也出现了下滑的趋势，其状况与蒙古语文字授课的中小学教育基本相近。据 2015 年的统计数据，目前全区有蒙古族职业高中 10 所，蒙汉合校职业高中 10 所，其他少数民族职业高中 2 所，其中蒙古语授课的在校职业高中生 2196 人，加授蒙古语授课的在校职高生为 0，蒙古语授课的职高专任教师 1909 人。[④] 总之，蒙古语文字授课的职业中学基本上以波浪的形式向前推进，显示了强有力的生命力。

# 第九节　1947 年以来的蒙古族教育（二）

在前一节的基础上，本节将重点讨论蒙古族高等教育、留学教育、成人教育、蒙古文教材建设等诸多问题。

## 一　高等教育

70 多年来，在党的民族政策的光辉照耀下，蒙古族高等教育从无到有，从小到大，形成规模体系，既能培养本专科人才，又能培养硕

---

① 段其贵：《内蒙古自治区教育成就（1947—1996 年统计资料）》，内蒙古教育出版社 1997 年版，第 241 页。

② 同上书，第 240 页。

③ 同上书，第 252 页。

④ 见 2015 年内蒙古自治区民族教育基本情况统计表。

士、博士等高层次人才。1952 年，创建了内蒙古师范学院（即内蒙古师范大学）和内蒙古农牧学院；1956 年，创建了内蒙古医学院；1957年，创建了内蒙古大学，乌兰夫同志任校长；1958 年，创建了内蒙古工业大学；1960 年，创建了内蒙古财经学院。经过整合，目前自治区共有 22 所高等院校，多数高校先后设立蒙古语文字授课专业，而未开设蒙古语文字授课专业的高校也在不断地扩大招收蒙古族学生的规模，形成交叉培养的态势。起初，蒙古族高等教育只局限于蒙古语言文学专业或师范类专业培养本专科人才，后来逐步渗透到理、工、农、医等所有专业，构成多学科的网络体系。为此，有的院校或专业直接用蒙古语文字授课，有的院校或专业则直接用汉语授课，有的院校或专业采取预科形式培养。值得一提的是，区外高校（包括重点大学），也招收了许多的蒙古族学生，弥补了区内高校之不足。在研究生教育方面，自治区部分高校少数系科专业早在 1962 年就已经开始培养硕士研究生；到 1985 年，就已经开始培养博士研究生。如今，自治区高校在博士教育的基础上还增设了博士后流动站，为高精尖人才的成长创造了条件。另外，高校的博士授权点（单位）从内蒙古大学、内蒙古农业大学扩展到内蒙古师范大学和内蒙古工业大学，所有这些在很大程度上提升了自治区高校的办学规格和层次。改革开放以后，蒙古族学生中到国外留学深造的人越来越多，很多人拿到了硕士学位或博士学位，成为海归派，为祖国和家乡的建设发挥了生力军的作用。

仅仅用描述的方式谈蒙古族高等教育的发展是不够的，量化描述更能说明问题。据统计，普通高校在校蒙古族学生人数，1952 年为 146人，其他少数民族学生 17 人；1965 年为 1778 人，其他少数民族学生347 人；1979 年为 3332 人，其他少数民族学生 604 人；1996 年为 8489人，其他少数民族学生 1097 人。[1] 普通高校在校蒙古语文字授课学生人数，1952 年为 73 人，1965 年为 739 人，1979 年为 2084 人，1996 年

---

[1]　段其贵：《内蒙古自治区教育成就（1947—1996 年统计资料）》，内蒙古教育出版社 1997 年版，第 168 页。

为 3161 人。① 普通高校毕业的蒙古语文字授课学生人数，1953 年为 17
人，1965 年为 102 人，1979 年为 308 人，1996 年为 782 人；1953—
1996 年的 43 年间，共培养蒙古语文字授课大学生 16743 人。② 在校蒙
古族研究生人数，1962 年为 2 人，1979 年为 31 人，1986 年为 121 人，
1996 年为 216 人。③ 1965—1996 年的 31 年间，从普通高校共毕业蒙古
族研究生 375 人，其他少数民族毕业研究生 24 人。④ 从 1985 年开始，
自治区普通高校也培养了一部分蒙古语文字授课的博士生，对此笔者
未进行详细统计。随着高校的扩招，区内外普通高校招收蒙古族本科
生、专科生、研究生（硕士、博士）的数量都有显著增长，这说明蒙
古族高等教育的发展进入了快车道。另外，蒙古族高等教育在内涵发
展上也取得了令人瞩目的成绩。据统计，自治区普通高校蒙古语文字
授课的专任教师中，1979 年有教授 1 人、副教授 11 人，1986 年有教授
3 人、副教授 27 人，1996 年有教授 39 人、副教授 184 人。⑤ 据 2010 年
的统计，自治区普通高校在校蒙古语文字授课学生为 31871 人，蒙古语
授课专任教师为 715 人。⑥ 70 多年来，自治区普通高校也培养了一批国
内外知名的蒙古族学者，旭日干、清格尔泰、巴雅尔等人是蒙古族学
者的杰出代表。在老一辈学者的影响下，年轻的学者茁壮成长，他们
在科技、文化的创新上让人刮目相看，为自治区经济、文化建设发挥
着重要的作用。

## 二　留学生教育

内蒙古地区蒙古族的留学生教育始于清末，其首倡者是索图盟喀

---

① 段其贵：《内蒙古自治区教育成就（1947—1996 年统计资料）》，内蒙古教育出版
社 1997 年版，第 169 页。

② 同上书，第 158 页。

③ 同上书，第 151 页。

④ 同上书，第 149 页。

⑤ 同上书，第 175 页。

⑥ 见 2010 年内蒙古自治区民族教育基本情况统计表。

喇沁右旗扎萨克多罗杜棱郡王贡桑诺尔布。他向日本选送了讷们必勒格、恩和布林、（伊）德钦、特睦格图（汉名汪睿昌）、（于）保贞、（金）淑贞、（何）慧（惠）贞、吴恩和、金永昌、于恒山等学生，为蒙古族教育的振兴书写了辉煌的一页。后来，内蒙古地区少数民族的留学教育停顿了若干年。日本占领东北期间，蒙古族青年的留学地主要是日本，也包括达斡尔族、鄂温克族、鄂伦春族青年。这些人学成归来后，为内蒙古自治区的建设和发展做出了巨大的贡献。1947—1965年，内蒙古少数民族学生的留学地主要为苏联和蒙古人民共和国，内蒙古师范大学还请来一批蒙古人民共和国的资深学者培训了一批青年教师。1966—1976年，内蒙古少数民族学生的留学教育是一个空白。

改革开放为内蒙古地区少数民族学生的出国深造提供了广阔的前景。起初，蒙古族及达斡尔族、鄂温克族、鄂伦春族学生的留学以公派为主，并由政府承担所有的费用。出去的学生一般都是比较优秀的学生，有些人学成归来后，在他的学科领域内功勋卓著，成为国际知名的大家。当时自治区少数民族学生的留学主要有以下几种形式：一是那些考入区外重点大学的优秀学生，被校方选送到国外名校深造。二是区内高校自然科学专业特别是与国计民生密切相关的专业选拔了一批优秀的少数民族学生到发达国家学习。三是区内外高校的人文社科专业也选拔了一批少数民族学生到国外知名大学攻读学位。四是留学的国家也发生了变化。改革开放初期去日本留学的居多，后来留学地涵盖欧美等发达国家，也有不少亚洲和澳洲国家。五是随着人们生活水平的提高，自费留学的人数呈现出强劲的增长态势，而且在高中或大学阶段就出国留学的少数民族学生大有人在。六是少数民族在职工作人员的中短期留学深造，形成一个频繁化和常态化，为科技水平的提升增添活力。七是自治区高校教师参加国际学术会议，与国外专家交流的机会越来越多，使他们及时了解并把握了学科发展的最新动态。另外，从近几年自治区少数民族留学生的就业情况看，主要有两种情况：一是向国内回归就业或创业；二是留在国外找到合适的岗位。

不管哪种情况，他们的家乡情结都比较浓郁，立足本职工作，在平凡的岗位上建功立业是他们的主旋律，也是他们的志向。

### 三　成人教育

自治区刚成立的时候，在蒙古族当中，真正接受学校教育的文化人并不多，只有那些少数富人子弟才能进入学校学习，广大贫苦农牧民子弟基本上与学校教育无缘。由于历史的原因，在辽阔的草原上根本就谈不上教育的普及，少量的学校也只是杯水车薪，不可能满足蒙古族农牧民的文化需求。这种状况直接导致蒙古族人口中的文盲和半文盲比例上升，也制约了自治区经济文化的发展。为此，自治区党委和政府下大力气，经过几十年的奋战，到目前为止基本扫除了文盲和半文盲，大大提升了蒙古族的科学文化水准。忆往昔，我们在扫除青壮年文盲方面，主要做了以下工作。第一，在舆论宣传上下功夫，发动一场扫除文盲的人民战争。第二，在乡镇苏木专门安排了扫盲助理负责这项工作，取得了显著的效益。第三，在偏远地区就地取材，选择能人为农牧民开办识字班等业余学校，通过"官教兵，兵教兵"等形式强化训练，为他们的脱盲提供了方便。第四，近几年在扫除科盲方面也做了很多工作，最典型的就是科技、文化、医疗"三下乡"，使农牧民群众得到实惠。第五，政府结合扶贫开发，为偏远农村牧区派遣农牧业技术骨干，向当地群众推广种植和养殖技术，指点致富的迷津。

蒙古族成人学校教育始于1949年，它首先是侧重于培养干部。这样，在成人小学或中学（初中）里输送了一批蒙古族干部进行学习深造，提高他们的文化水平以适应新的形势。除此之外，当初有关部门也向成人中等专业学校选派了一部分蒙古族干部进行学习深造，有效地提高了民族干部的素质。面向各行各业的成人中等或高等学校，主要是在20世纪50年代发展起来的。这个时候，人们主要通过函授、夜大、进修、自学以及技术培训等形式，提高自身的业务水平。改革开放以后，成人教育迎来新的春天，有了突飞猛进的发展。这主要表现在，成人高等学校如雨后春笋，蓬勃向上。据1996—1997年度的统计，自治区有广播电视大学1所，职工大学7所，管理干部学院3所，教育学院11所。① 在此基础上，普通高校设立了函授部、夜大学、成人脱产班，后来演变为成人教育学院或继续教育学院。另外，各旗县先后设立了教师进修学校，这都成为成人教育的重要组成部分。1987年，开始了成人自学考试。毫无疑问，这为蒙古族成人教育的发展提供了新的机遇。30多年来，蒙古语言文字授课自学考试不断扩大专业领域，取得专科或本科学历的人逐年上升，在各自的工作岗位上发挥着越来越重要的作用。在成人教育中，劳动、人事以及党校系列的资格培训、继续教育和学历教育也是非常活跃的。这类教育为各行各业蒙古族人士的培训和提高搭建了平台。教师的教育培训异常活跃，教师资格证的考试促使一大批本专科毕业生或在职教师学习教育类课程。近年来，为适应形势发展，自治区部分高校开办了面向成人的工商硕士、教育硕士以及同等学力（相当于硕士研究生）等高层次的学历教育，一些蒙古族中青年拿到了学位。从一定意义上讲，博士或博士后教育也属于成人教育的范畴，自治区高校的部分蒙古族中青年教师基本上通过在职教育或继续教育的形式取得了博士学位。

## 四　教材建设

70多年来，自治区蒙古族教育在蒙古文教材建设方面取得了辉煌的成就，为蒙古族文化的传承写下新的一页。众所周知，教育要发展，教材建设不能滞后，它是一个基础工程，也是一个文化工程。因此，自治区成立后，党和政府对中小学蒙古文教材建设问题给予高度重视，并在机构、人员、经费、政策等方面保证了这项工程的顺利实施。自治区的蒙古文教材建设工作是从小小的编译室起家的，后来逐步发展

---

① 段其贵：《内蒙古自治区教育成就（1947—1996年统计资料）》，内蒙古教育出版社1997年版，第330页。

成为出版社。1952 年，内蒙古第一家出版社——内蒙古人民出版社成立，承担了编译、出版、发行蒙古文教材的任务。后来，经自治区党委和政府批准，1960 年成立了内蒙古教育出版社，主要编译、出版蒙古族中小学各科蒙古文教材。这样，在教材编译出版发行方面，内蒙古教育出版社逐渐成为重要的文化阵地。应该说，从 1947 年到 1966 年，在短短的十几年间，自治区蒙古文教材建设取得了长足的发展，有力地保证了中小学蒙古语言文字授课教育的顺利实施。"文化大革命"初期，自治区蒙古文教材的编写、出版、发行工作受到极大的冲击，但是等到"文化大革命"的中后期，特别是随着各类学校的复课，蒙古文教材的编写、出版、发行工作逐步得到恢复。

改革开放以后，自治区的蒙古文教材建设工作在原有的基础上有了更大的发展。表现在：第一，在经费方面，国家每年拿专项经费保证蒙古语言文字授课中小学教材在开学前按时到位。第二，成立蒙古语文字授课中小学教材审定委员会，保证蒙古文教材的质量。第三，从编译、出版单一的蒙古语文字授课中小学教材，发展为编译、出版大中专蒙古语言文字授课教材。第四，蒙古语文教材的使用量，由过去的内蒙古草原扩展到黑龙江、吉林、辽宁、河北、甘肃、青海、新疆八省区，甚至还辐射到蒙古国。第五，随着市场经济的发展，蒙古文教材的出版、发行由过去的一家出版社主营变为多家出版社兼营，并且在大中专蒙古语言文字教材的出版上形成竞争的态势。第六，与蒙古文教材建设有密切关系的出版社之数量，有了明显的增加。自治区成立之初，还没有正式的出版社，如今除了内蒙古人民出版社和内蒙古教育出版社外，还有内蒙古文化出版社、内蒙古少儿出版社、内蒙古科技出版社、内蒙古大学出版社、远方出版社。另外，区外的民族出版社（北京）、辽宁民族出版社也出版了不少大中专蒙古文教材。第七，近年来，大中专蒙古文教材建设得到有关部门的高度重视，内蒙古教育厅还专门设立了内蒙古自治区大中专蒙古文教材编审委员会，负责具体业务。另外，高校教师以及科研人员学术著作的出版，极大地丰富了人们的文化生活，也提升了自治区科研创新的品位。文化大区建设这一宏伟工程的实施，为自治区新闻出版事业提供了新的发展机遇，也为蒙古文教材建设以及学术著作的面世搭建了新的平台。实践证明，自治区成立以来，在蒙古文教材的编译、出版方面，措施得力，经费到位，有力地促进了蒙古族教育事业的发展。

# 第十节　1947 年以来的蒙古族教育（三）

内蒙古自治区成立以来，在蒙古族教师教育（师范教育）、社会教育、科学研究等方面，取得了重大突破。

## 一　教师教育

内蒙古自治区在发展民族教育方面，始终把教师教育放在十分重要的位置上，而且常抓不懈，取得了可喜可贺的成绩。从内蒙古自治区成立到 20 世纪 90 年代的漫长岁月里，面向农牧区民族小学的中等师范教育在师资培养方面发挥了主力军的作用。那个年代，从首府呼和浩特到各个盟市都有一所中等民族师范学校，其办学特点主要表现在以下几个方面。一是聚集了一批高质量的师资队伍，他们在各个学科领域基本上都占有了一席之地，是屈指可数的拔尖人才；他们的敬业爱岗精神深深地影响了学生，实现了民族文化的传承。二是吸引了一批又一批优秀学生，在民族师范这所熔炉里经受几年的锤炼后都走上偏远地区民族小学的教学岗位，并在那里生根、开花、结果，成为当地的永久性居民。三是党和政府在政策上向中等民族师范学校给予倾斜，贫困的学生来到学校后能够实现衣食无忧，吃住全免，品学兼优的学生还能够享受奖学金，充分调动了学生学习的积极性、主动性、创造性。四是当年的中等民族师范在教育教学上注重课堂教学的同时，还把学生的实习和实践放到突出的位置，极大地彰显了师范特色，为广大学生的入职创造了最优越的条件，使他们能够尽快进入角色，挑起大梁。五是中等民族师范学校也形成了自身的管理特色，无论是对人、财、物的管理，还是对教学以及校园文化等诸多软件的管理，都达到了全新的水准，为教师的教和学生的学进而为他们的成德达材创造了舒心的环境。六是除了教师，还有相当一部分中等民族师范毕业生经过努力走上基层领导岗位，为当地的经济、教育、科技、文化的发展做出了巨大的贡献，也为其母校争得了荣誉。值得一提的是，随着国家教育政策的调整，内蒙古地区的中等民族师范学校逐步淡出人们的视野。

在此基础上，以内蒙古师范大学为龙头的自治区高等师范院校，为八省区民族中学培养了大批的合格师资。从内蒙古师范大学的办学历程看，它是国内唯一一所不带"民族"二字的民族高等师范院校。在民族语言文字授课方面，它的专业门类最全，实现与基层民族中学的有效对接。长期以来，在办学方面，内蒙古地区师范类院校始终突出民族特色和师范特色，创下了一个又一个佳绩，赢得了良好的声誉。其办学经验是：一是对民族语言文字授课常抓不懈，进而有了很好的积累。二是紧紧抓住人才培养这个第一要务，从课内到课外逐步延伸，实现立体交叉与互动。三是以科学研究促进教学改革，开阔民族师范生的学术视野，为其以后的从教打下坚实的基础。四是民族高等师范院校的课程改革逐步加大了实践性或操作类课程的比重，在提高学生的动手能力方面下了功夫。五是通过对毕业生的跟踪调查以及用人单位的反馈信息，不断调整人才培养方案，提升师范生的适应性。六是加大对民族教育科学研究的力度，对民族教育的健康发展进行探索。七是民族中学乃至小学师资的培养实现了与时俱进，通过高层次办学提高了他们的学历层次，由学士提升到硕士。当年，内蒙古地区除了本科层次的民族高等师范院校外，还有很多专科层次的民族高等师范学院。在此基础上，从首府到各盟市都创办了教育学院，并且在一个相当长的时间里，通过招收全日制或脱产的少数民族学生，补充边远地区师资不足的短板。近几年国家实施的教师资格证考试制度，对民族师范教育形成巨大的冲击。各类高校毕业生只要通过教师资格证考试就有资格竞聘教师岗位，打破了民族高等师范院校固有的壁垒，淡化了师范类学生和非师范类学生的区别，实现了各类学生的同台竞争，加重了民族高等师范生的就业压力。

多年来，自治区民族中小学在职教师的培训基本上是按照以下形式进行的。一是充分发挥老教师的作用，对年轻教师进行传帮带，促进他们的成长。这是一个比较符合实际的做法，它早已超越时空范围具有普遍意义，就是在今天仍然发挥着巨大的作用。二是聘请专家进行短期培训，向年轻教师传递知识技能，提高教师的业务素质。需要说明的是，当年的专家大多是土生土长的，也是在教学实践中摔打出来的拔尖人才，其授课针对性比较强，也解决了年轻教师遇到的业务难题。三是通过教研组活动或公开课的形式，锻炼了一批又一批的年轻教师，使他们向着高精尖的目标挺进，为边远地区基础教育的振兴做出重要贡献。四是一些有条件的学校组织一批教师到外地考察学习，取人之长，补己之短，为推进民族地区中小学教育教学的改革干了一些实事。改革开放以后，类似的情况日益增多，特别是跨盟市、旗县甚至是八省区间的蒙古语授课中学教师的考察学习，为一线教师的进修、水平提高创造了条件。五是民族学校教师的离岗脱产学习，也为他们业务水平的提升搭建了全新的平台。在职教师的学历提高也属于这一范畴，从20世纪90年代起，民族中小学师资队伍的学历水平有了全面的提升，其学历合格率达到了百分之百。六是民族中小学在职教师的自我学习深造，为其教育教学质量的跃升提供了永久的动力。当然，这种学习既是有形的，也是无形的，它靠的是内在的驱动或曰个人的兴趣爱好，而非外在奖励。七是在特定的时期，旗县级的教师进修学校对一线教师的培训也发挥了重要的作用。但由于各方面的原因，它的作用有所弱化，甚至出现一些不景气的苗头。与民族中小学的教师教育相比，民族高等院校则更多地侧重对青年教师教学科研方面的训练，包括在职、脱产以及师傅带徒弟的形式，促使他们苦练内功向大师级的方向努力。

## 二　社会教育

少数民族的社会教育，是一个不以人们的意志为转移的客观实在，它始终以其特有的形式影响着青少年的发展，甚至发挥着重要的作用。当年民国政府开始注意了这一问题，也做了一些工作，积累了不少经验。遗憾的是，自治区成立以后，教育行政方面基本上没提社会教育，不同程度地忽略了这一问题。事实上，人是环境的产物，也是社会动物，其思想意识及其行为习惯的形成都与社会有着密切的联系。按照马克思主义的观点，超阶级、超社会的人是不存在的。因此，研究少数民族社会教育具有一定的现实意义，也具有积极的开拓价值。那么，内蒙古地区少数民族的社会教育包括哪些内容呢？概括起来，主要表现在以下几个方面。

首先，娱乐场所为少数民族群众搭建了受教的平台。就基层民众的文化生活而言，娱乐为他们带来了很多信息，也为儿童少年提供了观摩的机会。哲里木、昭乌达地区土生土长的说书艺人在民间文化传播方面，扮演了重要的角色。当年的说书艺人受到当地民众的追捧，在冬闲时节接受民众的邀请整夜整夜地讲述故事，以其真实感人的说唱艺术感动了听众，为他们留下了美好记忆。不仅如此，当年蒙东地区的旗所在地都有说书馆，而且办得非常红火，场场都爆满。蒙西地区的民间娱乐主要以婚宴的形式进行，真可谓歌的海洋、舞的故乡，让人流连忘返。这对身临其境的儿童少年是绝佳的视听教育机会。当年在农村牧区露天看电影、看乌兰牧骑演出，也是很好的娱乐教育，故事中的主人翁以及演职人员确确实实影响了好几代人。这一点在20世纪50、60年代出生的人身上表现得尤为突出。当然，还必须提到体育场馆的教育功能，它对青少年乃至成人的影响是显性的，而且仍在起着作用。

其次，绝不能低估劳动场所的教育功效，它对青少年来说是一个实实在在的教育。劳动至少在改革开放之前都属于生产队的集体劳动，少则几个人、多则几十个人在一起从事农牧业生产劳动。大家有说有笑，也有唱歌、讲故事的，气氛非常活跃。在田间地头，年轻人可以摔跤，自由自在地游戏，进行体力和智力的竞争，通过活动培养永不服输的内在品质，不服可以再来。在劳动中，长者手把手地教年轻人一些特殊技能，学不会还可以训他、骂他，甚至揍他。经过严酷的摔打，年轻人从半拉子逐步成长为行家里手，变成真正的庄户人家。当年知识青年的上山下乡，就是在生产实践中接受贫下中农或贫下中牧再教育，最后都被改造成合格的农牧民。铲地、割地、打草、剪羊毛、擀毡子、起羊圈等各种形式的劳动，让年轻人一方面体验了劳动的艰辛，另一方面有效地助推了他们思想品质的升华。当然，生产劳动也有很多要求，所有这些对年轻人都是一种约束，必须经得起酷暑严寒的磨炼，同时也是一种意志力的比拼。

再次，对少数民族群众来讲，社会的舆论宣传是重要的教育内容。自治区成立以后，党和政府重要的舆论工具——广播电台发挥了重要的作用，其中最重要的是蒙古语广播，在蒙古族群众中产生了重大影响。该教育从无到有，从小到大，从有线广播到无线收音机，辐射了内蒙古草原的每一个角落，收听率相当高。在现代传媒快速发展的今天，尤其是在发生自然灾害的时候，能够大显身手的仍然是广播电台。它的功能在于，把党和国家的大政方针和相关信息及时传达到偏远闭塞的农牧民当中，实现二者的无缝对接。另外，蒙古语广播的许多栏目以喜闻乐见、灵活多变的板块，活跃了蒙古族听众的业余文化生活，达到寓教于乐的目的。当然，还必须提到报纸，不过它的作用不能与广播同日而语。

最后，电视节目及网络的影响力越来越大，吸引了成千上万的观众和网民。在自治区，电视的普及只是改革开放以后的事情，然而其发展速度之快让人称奇。最初人们看电视十分受限，电视频道也十分有限，在旗县以上的城镇才有条件观看，在乡下则属于一种奢望。总之，技术设备欠发达，其宣传教育的功效不是十分理想。仅仅过了 40 年，有线电视已经进入千家万户，村村通工程使得那些偏远闭塞地区的农户、牧户都安装了专门的电视信号接收器，为他们带去欢乐。经过多年的摸索，蒙古语电视节目实现了卫星传播，收看起来没有任何障碍，真正实现了全覆盖。蒙古语卫视以其丰富多彩的内容内涵，吸引了广大观众的眼球，并向他们传递了正能量。与此同时，网络为少数民族群众带来了全新的视野，使他们能够用一台电脑或一部手机了解世界信息，进而为其致富指点迷津。

### 三　科学研究为自治区少数民族教育的发展注入新的活力

1947—1966 年，与自治区少数民族教育相关的科学研究取得了一定的进展。改革开放为自治区的科学研究带来了明媚的春天，主要表现在以下几个方面。

第一，学术人才的成长为科研水平的提升提供了强有力的支撑。"文化大革命"前，自治区蒙古语授课高校在人才培养方面积累了很多经验，也有了一定的基础。"文化大革命"期间，一些有远见的人也从未放弃对自己的要求，蓄积了多方面的能量。等到"文化大革命"一结束，他们便井喷式地推出很多精品力作，显示自己的实力。正是在这部分人的影响下，一批又一批年轻人在自治区的学术舞台上崭露头角，夯实自治区高校蒙古语授课专业的实力。应该说，这种势头保持了相当长的时间，然而近几年或多或少出现下滑的迹象。这主要表现在，随着一部分学术精英的退休，相关学科的可持续发展出现一些问题，解决起来甚至有一定的难度。这也引起人们的注意，人们采取了一些应对措施，但不可能取得立竿见影的效果。

第二，在自然科学研究方面，自治区民族高校的科研院所积极投身到自治区经济建设的主战场，取得了可喜可贺的战绩。具体而言，民族高校的科技人员在蒙医、蒙药、动物、植物、草原、畜牧、兽医、化工、环保、软件等诸多领域展示了自己的聪明才智，赢得了极高的声誉。试管山羊的培育、民族植物的分类、昆虫新物种的发现等研究成果走在世界前列。更值得一提的是，内蒙古师范大学的斯力更教授和斯仁道尔吉教授在数学领域的相关研究，在国内产生巨大的反响；内蒙古师范大学培养的乌兰哈斯教授，成了国内知名的数学才子。在蒙医蒙药领域，内蒙古培养出苏荣扎木苏和巴·吉格木德两名国医大师。如今，蒙医蒙药专业已经成为自治区经济发展中亮丽的品牌。另外，与农牧业生产相关的科学研究异军突起，显示了自己厚重的实力，助推了经济社会的发展。

第三，人文社科研究是自治区的长项，而且推出很多有影响力的大作。内蒙古师范大学的《蒙古秘史》研究，在国际蒙古学研究领域产生了巨大的影响，就是在今天它的影响力还在，而且影响了一批又一批的年轻人。蒙古语言文学研究取得了重大进展，推出许多有影响力的专著，引起中外学者的高度关注，进而赢得了极佳的口碑。以蒙古族为代表的北方游牧民族史研究取得了重大突破，公开出版了许多带有标志性的研究成果，极大地彰显了内蒙古民族学研究者所特有的实力。与之相应的北方民族哲学、政治、经济、文化、宗教研究，也出现了许多亮点，吸引人们的眼球。《甘珠尔》《丹珠尔》的影印出版以及满蒙古文史料的整理，也为内蒙古地区的民族文化乃至整个中华文化的建设，树立了一座丰碑。

第四，具有民族特色的教育科学研究，以其深厚的文化底蕴向世人展示了内蒙古民族教育特有的魅力。应该说，该领域的研究起步比较早，但由于各方面的原因发展比较缓慢，甚至在很多方面基本上属于原地踏步。改革开放40多年来，内蒙古地区的蒙古族、达斡尔族、鄂伦春族、鄂温克族等少数民族教育的研究，实现了一个超常规、跳跃式的发展，推出一系列的精品力作。为此，内蒙古师范大学综合各学科的实力，成为自治区民族教育科学研究的头号阵地，并以自己的业绩辐射与影响了国外的学界同人。民族儿童跨文化心理学研究、蒙古族教育史研究、民族教育课程与教学论研究都开辟了新的领地，也为民族教育学科的构建乃至对整个教育文化的创新做出积极的贡献。除此之外，研究成果在国外也产生了巨大的反响，蒙古国、日本、俄罗斯、德国、美国等学者的评价很能说明问题。

第五，民族艺术研究日新月异，为自治区民族教育争得了荣誉。众所周知，艺术的创新与传承有着密切的关系，前者是后者的基础，后者又是前者的接续。因此，内蒙古地区民族学校的艺术工作者在挖掘民族艺术资源上下了很大的功夫，也推出了很多新作，赢得了一席之地。就拿音乐创作来说，蒙古各部落的长调和短调，还有胡仁乌力格尔的搜集整理，成为一个浩大的工程。功夫不负有心人，教师们深入基层调研整理，抢救出很多绝代佳作。在此基础上，草原音乐和马头琴曲目的创作，如同当年的"马上横吹"横扫了大江南北，甚至萦绕于全球各色人种的耳边。与时俱进的蒙古舞创作也不甘落后，推出许多绝代佳作，丰富人们的业余文化生活。以内蒙古师范大学为代表的创作出的具有草原画风的美术作品，为神州大地带来了全新的视觉刺激，也步入了海外高雅艺术的殿堂，赢得收藏家们的青睐。

第六，学术团体及其活动、学术刊物，为民族学校教职员工的科学研究提供了广阔的舞台。据不完全统计，在自治区民政厅登记注册的各类学会、协会、研究会等学术团体发展迅速。民族学校的教师根据自己的兴趣爱好，自主选择某一学术团体参加活动，提高学养。改革开放以来，尤其是近几年，大型的国际国内学术会议特别多，有的教师走出国门参加国际学术会议，掌握了前沿信息，为其以后的深入研究打下坚实的基础。另外，内蒙古地区的各类学术刊物也为民族学校的教师们搭建了展示研究成果的平台，实现与外界的学术交流。自治区各高校基本上都有汉文、蒙古文自然或哲社版学报，办刊质量得到业界的肯定。

总之，内蒙古民族教育在70多年的发展历程中创造了辉煌的业绩，其成功的经验是：第一，党的领导以及政府出台的优惠政策，是民族教育发展的外在动力。第二，民族教育是一项治穷兼治愚的工程，也是北疆的安定工程。第三，教师的水平决定民族教育的质量，软实力的提高永远在路上。第四，民族教育的发展离不开民众的参与，这是它得以发展的内在动力。第五，民族教育最大限度地提高了少数民族的科学文化素质。

内蒙古在发展民族教育方面的教训是：第一，在撤并农村牧区学校的问题上，为农牧民子女的上学带来不便。第二，民族职业技术教育的发展缺少了应有的后劲，未给民众带来实惠。第三，蒙古语授课大学生的出路还有待于进一步探讨。

# 第 四 章

# 蒙古族医药的传承发展与"一带一路"

蒙医学是蒙古民族在游牧经济和游牧文化基础上产生与发展起来的传统民族医学，是东方医学和祖国医学的重要组成部分。蒙医学是内蒙古自治区医疗卫生事业的特色和优势、内蒙古自治区医药专业高等院校办学格局的重要组成内容，包括蒙医、蒙药两大学科。在党和政府各级领导的关怀下，它正在日益繁荣和发展。我国提出的"一带一路"倡议对世界经济、文化交流与发展具有深远意义，大力宣传和弘扬蒙医学是文化自信的具体表现，是将自治区建设成为文化强区的客观需要之一。现代蒙医药学在继承传统的同时，也不断吸纳现代科学发展的最新成果，朝着现代化蒙医药学的方向不断发展进步。面向"一带一路"沿线国家，尤其对蒙古国、布里亚特自治共和国、俄罗斯等祖国北疆邻近国家和地区推广蒙医药对其各国医疗卫生事业的发展、文化交流、惠民工程、医疗外交等多领域，都有举足轻重的作用。本章以蒙医学发展历史为背景，突出蒙元时期蒙医药学在教学、医疗服务、科技发展方面的作用和贡献，为制定加强中蒙俄医疗科技合作与交流对策提供一手建议资料。

## 第一节　蒙医药学文化内涵与基本属性

发掘蒙医药历史文化，要先从蒙医药学属于哪个民族文化范畴归类问题即民族属性入手，分析其文化根基。蒙医药学作为民族医学，具有民族属性，以蒙古族属性为主。在蒙古高原生活繁衍的蒙古族先民们在与疾病的漫长斗争与适应大自然的实践中积累和丰富了结合地区特色、蒙古族身体特点的医疗知识技术，并将其不断充实、系统化而形成蒙医学，所以蒙古族属性是不言而喻、十分明显的。诸如病症名称、选用药材和制剂、炮制用辅料等很多领域都凸显了蒙古族属性。蒙医学在发展过程中也受到婆罗多族、藏族、汉族等相关民族医药影响，或多或少有了其他民族属性，在某些理论名词术语、药物及方剂名称、诊断方法等方面能看出其他民族属性。

蒙医药学的学科属性与现代医学（现代生命科学）一样同属医学类学科，与现代医药学相比属于传统医学，具有自然科学属性和社会科学属性。这与该医疗体系的宏观整体观指导思想紧密相连。蒙医学的核心理论有三根理论、七素三秽理论、阴阳学说、五源五行学说、脏腑学说、六基证学说等。广义的蒙药是指在蒙医理论指导下应用的独特药物，是蒙医区别于其他医学的重要标志之一，包括蒙药材、蒙药炮制品（蒙药饮片）、蒙成药。蒙药学是研究蒙药的基本理论和各种蒙药来源、采集、性能、功效、临床应用等知识的一门学科。蒙药材主要来源于天然物种及其人工制品，包括植物、动物、矿物及部分化学、生物制品，是指在蒙医理论认可的特定自然条件、生态环境的地域内所产的药材。蒙药炮制品（蒙药饮片）是在蒙医药理论指导下，根据辨证施治及调剂、制剂的需要，对蒙药材进行特殊加工炮制的成品。2010 年颁布的《内蒙古自治区蒙中医药条例》中明确记载，蒙药炮制品相当于中药饮片，可以直接服用或在蒙成药基础上加用。蒙成药是以蒙药材（含蒙药炮制品）为原料，经制剂加工配制成不同剂型的蒙药制品，即临床反复使用、安全有效、剂型固定，并采取合理工艺制备成质量稳定、可控，经批准依法生产的成方蒙药制剂。

蒙药的治疗作用通常是指利用药物的 17 种效能，调节赫依、希拉、巴达干的 20 种秉性成分，调节人体赫依、希拉、巴达干的偏盛偏衰变化，恢复七素三秽、脏腑的生理功能。蒙医临床上具有蒙药二次配方特色。将多种蒙药材依据药味、功效、化味等方剂配伍规律而配制的蒙成药可谓一次配方。二次配方是指蒙医临床上根据诊断、病势、病人个体差异、病人生活习惯、饮食起居条件、患者所处环境等多种因素分析病因病缘，将一次配方的蒙成药再一次有机配伍，早晨、中午、晚上、睡前、饭前饭后等不同时间应用不同复方的用药方法。二次配方基于如下三点理论依据：一是根据病人机体特性；二是根据病程及病势；三是根据人体三体素随着季节、时间有规律变化的实际情况。其实，西医临床也有类似例子，如治疗结核病用"三联药"或"四联药"，治疗幽门螺旋杆菌感染的胃溃疡用"四联药"，降血压药联合应用等，这些都是二次配方。蒙药的二次配方特色是蒙医临床辨证施治的主要内容，是整体观念下实施个体化治疗的具体体现。在目前的蒙药实践研究中，这个特色一直被忽略。

　　蒙药功效的意义在于：一是蒙药的远期疗效更优于近期疗效。蒙医理论认为，疾病有积蓄期、发病期、缓解或痊愈期三个病理变化阶段，每个阶段所显示出的症状体征都不同，并且在疾病积蓄期预防或治疗对患者有很多好处，故强调防治积蓄期疾病，这一理论与现代人所讲的"亚健康""治未病"相符。二是蒙药的疗效重在整体调节。在2000多首蒙成药（复方方剂）中很少有一首是单味用药，绝大多数是由多味蒙药配伍组成的。这些蒙成药的组成成分各自发挥作用，扮演君药、臣药、辅（佐）药、使药角色。药物某些拮抗性成分互相制约抵消，减少毒副作用。蒙药在发挥医疗作用时，兼顾恢复脏腑功能，调节三体素间平衡以及三体素与七素间的平衡。而且，在实际临床上发挥蒙药的二次配方特色，以多成分、多靶点、多渠道来完成整体调节而产生治病生物效应。三是蒙药功效意义在于调和体素，极大限度地发挥人体自愈能力。蒙药传统功效中有"调和体素"这一功效，它是极大限度发挥人体自愈能力的代名词。蒙医学基础理论中有体素平衡的理论，该"体素"是指将天文历法五源学在人体上具体归类为赫依、希拉、巴达干三个体素，也叫"三根"。蒙医的三体素可简单理解为神经调节—热能转化—体液循环的统一体。蒙医药的疗效重在整体调节，远期疗效更优于近期疗效。蒙医临床上通过饮食、起居、药物、疗术等措施，进行整体调解，极大限度地发挥人体自愈能力。蒙医药学具有鲜明的基于寒热理论的宏观整体观、调解体素的价值观、敬畏生命的信仰观以及以患者机体为本的医德观。蒙医临床上使用多种传统疗术疗法，称为外治疗法，比如蒙医放血疗法，它的作用机理是：降低血黏度，改变血液流变学，促进血液循环；消炎、镇痛；提高免疫力；从体内带出有毒物质；实施疗法前服用三子汤，改变血液流体规律、抗凝血。

文化具有区域性特点。从蒙医药学地域性角度考虑，就内蒙古自治区现状，蒙医学在以呼—鄂—包地区为中心的区域、以锡林郭勒草原区域和哲里木为中心的科尔沁区域能够得到很好的发展。其中，呼—鄂—包地区以内蒙古医科大学蒙医药学院、内蒙古自治区国际蒙医医院、鄂尔多斯蒙医研究所（医院）、鄂尔多斯学院、成吉思汗陵、包头市蒙中医院、国医大师苏荣扎布、吉格木德为支撑点得以发展。锡林郭勒草原区域以锡林郭勒蒙医药研究所（蒙医医院）、锡林郭勒职业技术学院、元上都遗址、锡林郭勒大草原为支撑点得以发展。以哲里木为中心的科尔沁区域以内蒙古民族大学蒙医药学院及附属医院、哲里木蒙医药研究所、通辽市蒙医整骨医院、中国蒙医药之都、库伦蒙药厂、蒙王蒙药厂、占布拉道尔吉、国医大师包金山为支撑点得以发展。

# 第二节　蒙医药学是内蒙古自治区医疗卫生事业的优势和特色

## 一　蒙医药学发展历程长，积淀深厚

可将蒙医药学发展史归纳为古代传统蒙医药的产生与经验积累阶

段、蒙元时期蒙医药形成阶段、蒙医学全面系统化阶段、近代蒙医学的发展四个阶段。本部分重点介绍蒙元时期蒙医药发展历史。

（一）古代传统蒙医药的产生与经验积累阶段

该阶段主要指13世纪以前古代传统蒙医药史的全过程概貌。很早以前，蒙古人及与蒙古人祖先相邻的其他游牧部落民族，就居住在大漠南北广阔的蒙古高原上。生活在这种环境里的蒙古先民们，创造出适用于本民族地区自然环境和生活特点的多种疾病治疗方法，并积累了医药卫生方面的丰富知识。两千年前，蒙古人创造并使用了汉代史籍中记载的"穹庐""胡车"等有盖顶的毡房与篷车，改善了居住卫生条件；通过开展搏克、赛马、射箭蒙古民族三项竞技来增强体质；匈奴实行同族内严禁通婚的婚姻制度；蒙古人在石器时代就已经学会运用石针治疗疾病。在气候寒冷的环境中，过着游牧生活的蒙古人多发寒性疾病，于是他们很久以前便学会运用治疗寒性疾病的灸疗术，如灸疗法、放血疗法，配制"匈奴露宿丸"。蒙古文献中记载的"也速该巴特尔被酒毒杀"也能说明蒙古人当时已具有对药物方面较广泛深刻的知识。蒙古人及其祖先早在两千年前或更早的时期就有了医生和专门接生员，如匈奴医生、女巫（yitugan）。

（二）蒙元时期蒙医药学形成阶段

该阶段是指13世纪初到16世纪末的历史阶段。在这个时期，蒙古人在饮食疗法方面的知识更加丰富，如编撰我国最早的一部完整的饮食营养学专著《饮膳正要》；蒙古民族丰富的正骨、急救、治疗外伤的水平到十二三世纪便具备逐渐发展成为独立的临床学科的条件；元朝时期，在大都和上都建立了"回回药物院"，配制多种成方——《回回药方》；当时已经使用按摩疗法、色布苏疗法、皮疗法，也积累了很多种动植物、矿物质来源蒙药知识；当时的理论指导是寒热理论；蒙古民族积累的有关瘟疫和其他传染病方面的知识在当时处于领先地位，比如发现鼠疫、隔离、禁忌通告等。那时印度医学理论被传入蒙古地区，为蒙医药理论的发展创造了有利的条件，但当时的传统蒙医药理论尚未达到系统化。

12 世纪末 13 世纪初，成吉思汗统一了蒙古地区的各部落，于 1206 年建立蒙古帝国，从而使空前统一、强大的蒙古民族过渡到封建社会。在这个时期，同亚洲、欧洲各国民族的文化和贸易交流逐渐扩大，双方经济文化交流有了进一步发展。13 世纪蒙古人有了统一的文字，随着蒙古人社会、经济、文化的发展，蒙古民族的传统医药学有了进一步的发展。

在饮食疗法方面，蒙古人的饮食疗法知识更加丰富，并被载入饮食专著。我国最早的一部完整的饮食营养学专著《饮膳正要》，是元朝皇帝的饮膳太医——饮食营养专家忽思慧于 1330 年用汉文撰写出版的。作者在这部著作的开始对从元世祖忽必烈到文宗图帖睦尔时代元朝皇帝的日常膳谱做了详细记录，长期观察新膳谱营养效果才撰成此书。当时蒙古皇帝膳食中的蒙餐占有重要地位。厨师忽思慧以蒙餐为基础研究撰写的《饮膳正要》大量汇集蒙古民族饮食和滋养治疗的内容。如：分别详细阐明绵羊、山羊、牛、马、骆驼等家畜肉和肉汤的营养功能；野马、野骡、野骆驼、旱獭、獾、鹿、黄羊、盘羊、岩羊等野兽的肉和肉汤的营养功能；马、牛、绵羊、山羊的奶汁、酸奶、奶油等奶食品的性味、营养及药用功能等。这些都是以放牧、狩猎的蒙古人的饮食为基础，阐明这些饮食的性味、功能，使蒙古饮食知识趋于理论化。如：理论方面，阐明了马奶具有"性寒、味甘、止渴、治热"功效。当时，蒙古人用酸马奶治疗疾病的知识已经传入内地和欧洲。所以，欧洲旅行者在游记中记载："koumiss——酸马奶是蒙古人惯用的饮料，其味好、性滋养，可治疗慢性病"。

在正骨、治伤外科方面，蒙古民族的正骨、治伤、治骨折有着悠久的历史，有本民族的特点和丰富经验，在十二三世纪便逐渐发展成为一门独立的临床学科。对此，中医教材《中医史》中写道："在我国很早以前就产生了伤科，但唯独蒙古地区更加重视正骨。这与蒙古人骑马、射击的专长习惯有关，因为在这过程中，骨折、脱臼的可能性较多。所以，元朝时期骨伤科发展显著。"13 世纪初的一次战役中，窝阔台颈部受箭伤而流血不止的时候，成吉思汗下令笼火，用烙铁烙治伤口一事，在《蒙古秘史》中已有记载。这种烙法在成书于 18 世纪的《四部甘露》中这样记载："血脉受伤流血不止则用金烙铁或铁烙铁烙之。"《元史》记载："1263 年，蒙古军队同南宋军队的一次战役中，匣剌亦被三创，矢镞中左肩不得出。钦察惜其骁勇，取死囚二人剖其肩，视骨节浅深，知可出，凿创拔镞出之。"蒙古军队中把战地手术与临床局部解剖密切结合的做法，对当时治疗战伤的外科学的发展起到促进作用。在长期的治伤实践中，蒙古人不断发掘治伤药物，逐渐积累用药物治疗外伤的经验。对此，拉西朋斯克著的《蒙古国史》中记载："旺德尔头部受伤，铁木真亲自上药，叫他在家养伤。"意大利旅行家普兰·卡尔宾写的叶密立（Omvl）城南的《林中百姓》中有，"鞑靼人追逐他们（林中百姓）并且用箭将他们射伤，他们就拔几根草敷于伤口并在鞑靼人前面勇敢地逃走。"《元史》记载了"禧身中十八矢，一矢镞贯腹"，"忽必烈命取血竭疗之"等。元朝时期，大都和上都建立的"回回药物院"所使用的《回回药方》一书第三十四卷，比较详细地记载了对外伤、内伤、骨折、脱臼等的诊断和治疗方法。这部作品虽然讲的是回族医药，但适用于当时的蒙古军队和元朝的治伤外科。把重伤员放入牛腹，做热血浴疗急救是一种奇特疗法。如：成吉思汗西征时，大将军布智儿身中数矢，重伤而不省人事时，成吉思汗命做牛腹热血浴疗后，布智儿恢复知觉，苏醒过来。《元史》中关于以这种方法医治重伤员的记载很多，清朝文献中也记载了蒙医把重伤员放入骆驼腹腔内热血浴疗而苏醒过来的事实。此外，在历史文献中还有用蒸汽术使重伤员喉部堵塞的瘀血蒸化出来，给失血过多者饮服酸马奶恢复元气等记载。这些记载有力地证明了当时蒙古人的治伤外科已经成为一门独立的临床学科。

在疗术方面，根据历史文献记载，十三、十四世纪甚至更早就产生了按摩疗法、色布苏疗法、皮疗法。施术时使用牛奶、黄油、奶酒、白酒等喷泼或涂擦在患处而医治。关于这方面,《汉书》(苏武传)中记载了苏武受伤吸气困难时,匈奴医生蹈其背部使他苏醒;《水晶鬘》《珍宝史》中记载巴图孟克可汗用按摩疗法治愈疾病的事实:"因幼离去父母遂及痞症,特穆尔哈达克之妻赛海用九个白色(陶米)骆驼奶喂他,按摩刮穿了三只银碗底,搓掉了七块水藻似的病变而获痊愈。"这种银碗按摩疗法流传至今。现在内蒙古锡林郭勒盟东乌珠穆沁草原上仍流传着用打结绷带包扎伤口治病的方法,并将这种方法称为"打结绷带长期揉搓疗术"。蒙古人在 13 世纪已用此疗术。据《元朝新史》载,窝阔台可汗患腰痛病后,"孟克贴木尔又献宝石带,窝阔台可汗束之,腰疾顿愈"。色布苏疗法又称瘤胃浴疗法。据《珍宝史》记载,土默特阿拉坦汗在青海接见第三世达赖喇嘛索南嘉措时说:"我腿患痛风病,以前说痛风病发作时纳入马腹腔可治疗,所以宰马,而后将病腿纳入马腹腔时疼痛不已。"这一事实与色布苏疗法医治痛风病的传统相吻合。蒙古人发现和大量使用蒙古地区的动植物药物。因此,14 世纪历史文献中有关蒙药的记载很多。生活在鄂毕河流域的蒙古林中的兀剌速惕、帖良古惕和客思的迷等部落熟悉蒙药方剂、用蒙医方法治疗疾病已闻名于世。伊朗史学家拉施特在他的《史集》中把他们称为"林中百姓"。此外,还记载了用大黄治疗"胡图格泰皇后之病"和1226 年在蒙古军中发生的传染病。《本草纲目》中记载蒙古地区特产肉苁蓉,《饮膳正要》中把沙棘等药物的蒙古名称以拼音形式记载下来并系统地记载了其他药物的性味、功能等,这些都证明当时蒙古族在蒙药方面已臻于理论化。蒙古族在以畜牧、狩猎业为主的生活中积累了有关动物药材方面的丰富知识,很早就能辨认牛黄,并将其当作药材使用。例如,南宋彭大雅的《黑鞑事略》中解释蒙古人使用的"jada"时写道:"此石称 jada,乃走兽动物腹中之石。大者如鸡卵,大小不等,尤其马腹中者为贵,想必牛黄等物也。"后来,《本草纲目》把"jada"解释为牛黄。在《饮膳正要》中记载了蒙古地区的野兽、食肉动物、牲畜药材的性味和功能等丰富内容。13 世纪以来,随着蒙古人与内地、阿拉伯、欧洲各国交流的日益扩大，那些地区的药物也大量传入蒙古地区，使蒙药的品种更加丰富。元朝时，外商贡入"大量的香料以及药材"。马可波罗记载，他亲眼见到了忽必烈可汗收到的各国贡品中有不少贵重、稀有的药材，尤其是阿拉伯的药材大量流入蒙古地区后，于 1292 年在元上都建立了"回回药物院"。此药物院一直使用一本《回回药方》。本书共 36 卷，至今还保存其中的 19、20、30、34 卷与目录，其内容包括内科、外科、妇科、儿科、五官科等临床各科方剂，可见《回回药方》是一部较完整的方剂医著。很早以前，蒙医中就运用了皮疗术。文献记载，1267 年，忽必烈可汗患脚瞳疮时，遣使从朝鲜取回 17 个阿吉儿合蒙合鱼（Akirhomunho）皮做靴穿而病愈。皮疗术分几种，即使用绵羊、驴、艾虎等动物皮。

在理论指导方面，蒙医学在临床实践的基础上产生，随着临床治疗经验的丰富，理论性认识不断加强，从而逐渐形成系统的理论。虽然至今尚未发现当时有关蒙医理论方面的专著，但显然有一定的理论指导。首先，值得一提的是寒热理论。两千年前，中医经典《内经》记载了北方传入的"灸疗"、8 世纪在《根本医典》中记载的"蒙古灸"、1330 年在《饮膳正要》中记载的蒙古人的肉食上等品"绵羊肉性热、暖胃脾、治寒症"等治疗方法，是以热性药物治寒性疾病的理论为指导的。反之，是"性寒，治温病功能"的酸马奶疗法。

在瘟疫和传染病的知识方面，蒙古民族很早就积累了有关瘟疫和其他传染病的知识。随着时代发展，他们进一步认识到瘟疫的传染性和危害性，从而创造了更多的预防和治疗方法。蒙古民族首先认识到瘟疫和传染病的传染蔓延规律，把它比喻为"广告"，命名为"Zhar"（扎尔）。例如，1343 年刻写的《居庸关石刻文》第十四首结尾两行中记有"使瘟疫'扎尔'的名字永远消失，人口常乐安康"的文字。成吉思汗祭文《马奶醥奠经》也记有"使'扎尔'瘟疫、皮癣、恶疮永逝"的字句。这些文字说明，蒙古人很早以前就认识到瘟疫和称为"扎尔"的疾病具有传染性，证明至少在 14 世纪以前蒙古人就把传染病命名为"扎尔"。同时，在认识了传染性的基础上，有效使用各种预防传染的方法，即对有传染性的患者隔离、对外来可疑物隔离等。14世纪，蒙古人就有用火消毒的习俗。如欧洲旅行家维廉·鲁布鲁克写道："简单地说，他们相信万事万物是能被火所净化的。"普兰·卡尔宾在游记里记载道：外来的物品必须从"两堆火之间通过，以便加以净化，预防它们带来某种危害而发生灾难"。另外，火烧危害性大的瘟疫死亡者使用过的物品，甚至在一家人死于瘟疫时将房屋及物品全部火化。这些消毒方法已成为蒙古民间习俗。在14世纪或更早以前蒙古民族就运用对传染病患者隔离的方法。普兰·卡尔宾写道："当患者临终时，就在他的帐幕上插一支矛，并在其上缠绕黑毡，从此时起，任何外人不得进入帐幕的界线内。"维廉·鲁布鲁克写道："任何人患病躺在床上时，在他帐幕上做一项标记，表示内有病人。除了照料病人的专护人员以外，外人不得入内。"从历史记载中可以得知，蒙古各地区曾发生瘟疫蔓延的情况。《元史》记载，1226年在蒙古军中发生传染病时，曾使用大黄治疗。

在蒙药与方剂方面，蒙古人很早就能辨认和利用当地出产的药物，积累了以药物医治疾病的丰富经验。12—13世纪，蒙古民族社会已达到空前统一，随着各部落之间经济和文化交流的日益频繁，药物和药物知识也在相互交流，从《宇妥传》所记载的"蒙古地区的放血疗法"等是以以寒治热的理论为指导的。这种以寒治热、以热治寒的理论在临床中不断发展，成为指导古代蒙医药临床实践的系统性理论。此外，《饮膳正要》还记载了有关蒙古食品的性味、功能等，这些都证明当时确已产生蒙医理论。14世纪由希日布僧格蒙译印制的印度古代医学经典著作《金光经》第24章"养生八支吠陀Veda经"中，主要阐述了治疗赫依症和希拉症、巴达干症和聚症的聚合时间、发作时间、缓解时间与对症药物的性味。那时印度医学理论传入蒙古地区，为蒙医药理论的发展创造了有利的条件，但传统蒙医药的理论指导尚未达到系统化。

自元朝至明初，蒙古民族与阿拉伯、欧洲、印度等国家和汉族、藏族等民族之间的政治、贸易、商业、文化、宗教信仰等广泛交流，蒙古民族的卫生事业从使用维吾尔金蒙古文发展到创造并使用了回纥蒙古文。16 世纪，蒙古民族大量吸收古代印度、西藏医学优秀经验和理论。17 世纪中叶，咱雅班智达·那木海扎木苏将藏文《四部医典》译成蒙古文，清朝敏珠尔用蒙古文重译《四部医典》这部藏医学综合性著作，并将其以木刻版或手抄本形式广泛传播于蒙古地区。西藏黄教影响也随之在蒙古地区蔓延。蒙古地区建立了五明学科之一的学术机构——曼巴扎仓（医学经院）。在蒙古地区，医学教育的创始人是罗布桑丹僧扎拉仓、罗布桑佛仁来等医生，他们用藏文或藏译蒙文向弟子传授《四部医典》及其注释《蓝琉璃》《祖先口述》等医学经典，同时结合认药、制药及放血、灸法等疗术实践，向他们传授医学知识。当时人们一般都熟练掌握藏语，其中部分学者用藏文撰写了有关医药著作。

从蒙元时期开始，蒙医学、蒙药学两个学科的特色和内涵更加突出和明显，说明蒙药学单独成为学科的基本框架已经形成，如"回回药物院"的建立。该时期蒙医药学发展历史上的第二部"本草"问世，是 18 世纪罗布桑苏勒和木以藏文撰写的《识药学》（又称《认药学》）。全书分 4 卷，载药 798 种，按药物的属性和药用部位分为 11 类，较为系统地阐述了药物的生长环境、种类、品质优劣、形态、性味、功效、化味等内容。本著作在药物生长环境、形态、鉴别质量优劣方面填补了许多药材学的空白，并客观地反映了地方或民族风俗特点，对 18 世纪以后的药物鉴别、考证提供了珍贵的资料。该《本草》的内容、基本框架对现代蒙药学的发展打下了坚实的基础。

蒙药是蒙医用于预防、治疗疾病的药类，主要来源于天然物质及其加工品，其中包括植物、动物、矿物及部分化学、生物制品。蒙药的发明与应用虽已有两千多年的漫长历史，但当时蒙古地区所用的药物仅称为药，有关药物的专著则称为《本草》。蒙药这一称谓出现较晚。自 20 世纪以来，西方医学和其他传统医学传入蒙古地区，随着蒙古民族文化的繁荣，不同地区将蒙药分别称为民间医药和蒙医药。随着科学技术的发展，传统的《本草》学已发展成为蒙医学中的一门分支学科——蒙药学，又包括蒙药的炮制学、方剂学、鉴定学、蒙药制剂学等不同分支学科。蒙药学主要研究蒙药的来源、采制、性味、药力、功效、效能、药物化味的基本理论和应用等内容。

在蒙古民族的历史上有"药物之源是源水、疾病起源是不消化、医生鼻祖是梵天、首例患者是希德宝"的传说，这不仅反映了祖先在采集野生植物、狩猎等与自然和疾病做斗争的过程中发现药物、积累经验的艰苦历程，也是蒙古医药学起源于生产劳动的真实写照。随着社会的进步和生产的发展，人们对药物的需要不断增加，对药物认识的要求也与日俱增。药材由直接来自野生植物、动物逐步发展到部分来自人工栽培和饲养的动植物，药物品类中有植物、动物、矿物及人工制品。传播医药知识的方式不仅是口耳相传，也有了文字记载。《本草》这部药学典籍是先辈药学家们实践经验的结晶，对蒙古民族的健康、人口繁荣做出了巨大贡献，在传播药物知识中功不可没。现存最早的蒙古族医学家的专著《本草》是《认药白晶镜》，伊希巴拉召尔于1752—1787 年用藏文所著。书中载药 799 种，分三大部、十篇，较为系统而完整地注释了药物鉴别、考证、性味、功效等基本理论，为正确继承认药和药物临床使用提供了宝贵资料，为后来蒙药的发展奠定了基础。第二部《本草》是 18 世纪罗布桑苏勒和木以藏文撰写的《识药学》（前面已做介绍）。第三部《本草》是占巴拉道尔吉于 19 世纪以藏文撰写的《美丽目饰》。该专著将 879 种药物按属性和药用部位分为24 部，较为详细地注释了每味药物的蒙、藏、汉、满名称以及生长环境、形态、性味、功效、性能，并附以图谱诠注。本著作针对当时的蒙药混乱现象，纠正了药学界的某些错误观点和记载。该《本草》是学习研究蒙药学，尤其是认药、采集、加工、应用方面的重要文献，为蒙药学健康发展开辟了正确的途径。在蒙古民族本草学的发展过程中，还有药物炮制、加工、食疗等方面的专著或在综合性医学著作中编入有关药物的篇章，传播于社会，施教于读者。如元朝忽思慧的《饮膳正要》，整理了以蒙古民族为主的少数民族食疗经验，促进了各民族在医药方面的交流。18 世纪，伊希巴拉召尔的《甘露洁晶》以专题形式整理了制作盐药和药物炮制的手法。18 世纪，罗布桑苏勒和木撰写了题为《巴萨木油剂制法》的制药工艺专著。19 世纪末 20 世纪初，龙日格丹达尔的《诃子鬘》一书是《四部医典》名词术语注释，对《四部医典》所记载的药物结合蒙古地区实际状况进行了注解。

我国地域辽阔，地貌复杂，气候多样，形成了各种不同的生态环境，这为多种蒙药材的生长提供了有利条件。有关书籍所记载的蒙药目前有 2294 种，中国经营的蒙药，其品种之多、数量之大，居世界首位。由于不断开发新资源，引进加工优良品种，提高栽培技术，蒙药材的生产不断得到发展。蒙药材命名的依据多种多样，有以形态命名的，如好宁额布尔其其格（返顾马先蒿）、奥嘎尔占·陶高日爱（块根糙苏）、昭尔高达素（小茴香）、玛拉干札拉嘎额布苏（地锦草）、塔黑燕色其格其其格（鸡冠花）等；有以气味命名的，如乌莫黑浩若海（步行虫）、昂黑劳玛拉宝尔查格（胡芦巴）、吉嘎尔（麝香）、乌莫黑达巴尔海（阿魏）、乌莫黑达布苏（紫硇砂）等；有以味道命名的，如阿莫塔图哲格苏（杉叶藻）、希和尔额布素（甘草）、苏素额布素（山茹荬）、嘎希棍诺高（兆败酱）、赫乐朝尔给其达布苏（白硇砂）等；有以颜色命名的，如乌兰吉必朝鲁（代赭石）、洪高勒札高尔（漏芦花）、阿拉坦其其格（波棱瓜子或木鳖子）、阿拉坦花（金莲花）、恩斯格（紫草茸）、希拉嘎（姜草）等；有以功效命名的，如刚纳高尔额布苏（三七）、苏仁金（磁石）、巴勒嘎（关木通）、苟沙（广枣）等；有以药材使用部位命名的，如乌兰温都苏（丹参）、巴嘎巴盖茵苏素（熊胆）、毕力格图那布其（蒲公英）、呼西格图乌热（蛇床子）等；有以梵语来源命名的，如玛奴（土木香）、毕日阳古（香青兰）、阿茹拉（诃子）、嘎布尔（冰片）、嘎染萨（芡实）等；有以藏语词音译形式命名的,如嘎(姜)、塔拉嘎道尔吉(决明子)、别日木格(紫草)、占巴(冬葵果)、帮残布茹(扭连钱)等;有以汉语翻译而得名的,如给旺(牛黄)、竹岗(竺黄)、甚高尔吉米斯(芒果核)、当辊(当归)、陶楷榔(土茯苓)等;有从藏文翻译而得名的,如哈丹呼吉(石韦)、珠勒根呼吉(缬草)、哈丹哈格(石花)、玛塔润齐苏(血竭)、玛塔润黑毛苏(穿山甲)等;有从汉文直译而得名的,如阿拉坦博格热(金腰子)、巴尔森塔巴格(天南星)、嘎勒硝(火硝或硝石)等;有以蒙古民间惯用蒙语来源命名的,如哲尔根(麻黄)、阿给(小白蒿)、给亚古讷(大黄)、希拉毛都(黄檗)、巴勒高纳(水柏枝)等;有以波斯语来源命名的,如呼呼尔(硫黄)、陶高斯(孔雀)、陶狄(鹦鹉)、阿那尔(石榴)等;有从维吾尔语翻译而得名的,如苏宝尔干其其格(乌奴龙胆)、拉白(海螺)等;有以阿拉伯语来源命名的,如阿拉木斯(金刚石)、阿日黑(酒)等;有以裕固语来源命名的,如布苏行(扁蓿豆)等;有从土耳其语翻译而得名的,如海奴格(犏牛)等;有以产地命名的,如额讷特格适格达(印度獐牙菜)、尼泊尔迪格达(普兰獐牙菜)、卡车古尔古莫(西红花)等;有以首次发现者而命名的,如棍都桑布等;有以药物来源命名的,如象黄、蟾酥、獾油、水獭肉等。蒙医分类有多种方法,常用的是药物来源、自然属性分类方法和药物功效分类法。此外,还有按药用部位、化学成分、药味而定的分类法等。蒙成药多按功效或主治临床各科疾病分类,还有按剂型分类的等。

蒙药的采收是蒙药材生产加工的重要环节,历代医药学家十分重视采集加工原始材料。如《后序医典》一书中指出,"使用草药的七项注意",即草药适合生长的地方、按时采集、去除毒性、药物的晒干保存、草药的使用时限、调节药性使其温和、配伍禁忌。由于多数植物药在生长发育的不同阶段,其不同部位的有效成分含量不同,药物的功效优劣各异。如人参中的皂或在8月含量最高;照山白在3月总黄酮含量可达2.75%,有毒成分棂木毒素为0.03%,到8月则总黄酮含量降到 1.72%，檬木毒素上升到 0.6%。因此，适时采收草药，对保证药效、降低毒副作用都非常重要。一般来说，全草类药材多宜在枝叶茂盛、花朵初绽时采集，如蓦麦、荆芥、香青兰等；叶类药材通常宜在花蕾将绽或盛开时采收，如枇杷叶、大青叶、艾叶等；花类药材宜在花开时采摘，如玫瑰花、金莲花、蓝盆花等，某些花类在含苞未放时采摘花蕾，如山茶花、木棉花萼等；果实种子类药材，大多宜在果实成熟后采摘，如石榴、木瓜、小茴香、葶苈子等；根及根茎类药材，则为秋末或春初采收为佳，如草乌、黄精、苔参等；树皮类药材在春末夏初采剥为好，如黄檗、杜促等。动物药材要根据生长活动季节捕捉采集，猛兽、食草兽、家畜、啮齿类和禽类药材，一般在秋冬的凉爽寒冷季节采集为佳；采集动物便类药材，要以无风吹雨淋、无褪色损坏为好；采集鹿茸，应选择 3—6 岁健壮的梅花鹿，于清明节后 45—50 天锯茸，鹿角有两叉者质量最好；石决明、贝齿等类药材，在夏秋季捕采为佳，因此时石决明、贝齿等部位钙质充足，药效最好；蟾酥应在春秋两季收采，此时蟾蜍易捕捉，腺液充足，质量最佳；斑蝥、蝎子等虫类药材，大多宜在夏秋季节采收，并在早晨露珠消散之前捕捉为好。矿物类药材全年皆可采收，不拘时间，只对质地择优选采即可。药材采收后，须经炮制加工方可使用。炮制方法主要包括纯净处理、切片、泡、炒、煅、煨、煮、蒸、漂等。炮制后的药材使用于药方调剂及药厂制剂，有片、段、丝等不同形状，称为饮片。炮制后的药材，应根据其不同性质分别采取阴干、晒干、烘干等方法使之干燥，以利存储。有的还需要采取低温、避光密封及化学药熏等储存方法，以防止霉变、挥发、潮湿、融化、走油及虫蛀而使药物失效。要特别注意保管好砒石、水银、斑蝥、蟾蜍、草乌等剧毒药品。药材在使用前须认真鉴定，区别真伪，以确保用药的安全有效。蒙药在临床使用之前，还要根据预防、医疗、保健的不同需要，在蒙医基础理论七素三秽学说指导下选定药品，制成一定的剂型服用，才能充分发挥药效，减少其毒性和烈性。蒙药的传统剂型有汤、散、丸、搅合、油、灰、酒、膏、栓剂等。采用现代科学制剂技术，目前又研制出胶囊、微胶囊、片剂、针剂、浓缩丸、口服液、滴剂、浸膏、冲剂等各种新剂型。蒙成药，是各种剂型蒙药中的成品药，即按规定的处方（包括法定处方、协定处方、医生处方、传统方、经验方、新研究方）和方法，将原料加工成一定的剂型，写明剂量和服法、功效及适应症的药品。这种药品，患者服用及携带方便。

蒙药历史悠久，对蒙古民族的人口繁衍昌盛做出过巨大贡献，至今仍在蒙古民族的医疗保健中占有重地位。蒙药学理论及实践经验不仅反映了蒙古文化的特点，也是蒙古文化优秀遗产的重要组成部分。蒙药大多来源于动植物或矿物质等天然物，毒副作用小，且一味药物含多种成分，能广泛用于治疗多种疾病。蒙药的应用多采取复方的形式，通过合理的配合组方，既可适用于治疗复杂病情，又能提高药效，降低其毒性和烈性。

蒙药的临床使用具有独特的理论体系和应用形式。蒙药以赫依、希拉、巴达干学说和五源学说为理论基础，以药物作用于人体所产生的治疗效果为依据，在漫长的历史过程中逐步产生、发展。蒙药的治疗作用是指利用药物的 17 种效能，调节赫依、希拉、巴达干的 20 种秉性成分，调节人体赫依、希拉、巴达干的偏盛偏衰，恢复七素三秽、脏腑的生理功能。蒙药之所以能治病，由其自身的药味、药物功效、药力、药物效能、本性药力等所决定。蒙药分为六味（甘酸咸苦辛涩）、二力（寒热）、八功效（重腻寒钝轻糙热锐）、十七效能［柔重温腻固凉（淡）钝寒和稀燥淡热轻锐糙动］。一般甘、酸、咸、辛味可镇赫依；甘、苦、涩味可镇希拉，诱发巴达干；酸、咸、辛味可镇巴达干，诱发希拉；苦、涩味则诱发赫依。热力药可镇巴达干赫依；寒力药则清希拉，诱发巴达干赫依。在八功效中，轻、糙、寒功效可诱发赫依，重、腻功效则镇赫依；热、锐、腻功效可诱发希拉，寒、钝功效则镇希拉；重、腻、寒、钝功效可诱发巴达干，轻、糙、热、锐功效则镇巴达干。为了安全有效地使用蒙药，还必须掌握蒙药的配伍、禁忌、剂量、服法以及调剂等基本知识。配伍是根据病情的不同需要和药性的不同特点，有选择地将一种以上药物与所用主要药物合在一起使用。禁忌，主要包括配伍禁忌、饮食禁忌和基症禁忌。剂量指临床用药的分量，包括单味药及蒙成药成人一日量。剂量的大小由药物的性质、剂型、患者年龄、体质、秉性、病情和病情变化等多种因素来确定。

（三）蒙医学全面系统化阶段

它是指 16 世纪末至 20 世纪中叶的发展阶段。随着宗教的更换和传播，古代印度医学阿育吠陀和西藏医学传入蒙古地区，古代传统蒙医药在原有的基础上接受印、藏医学的五行、赫依、希拉、巴达干、七素、三秽、脏腑、白脉等理论，为蒙医学理论走向系统化创造了重要条件。几百年的实践中，藏医学的理论和经验与蒙古地区的医药相结合，逐渐发展成为具有本民族特点的近代蒙医学。

（四）近代蒙医学的发展

主要是指 20 世纪中叶以后的蒙医学发展阶段。我国蒙古民族生活地区越来越重视继承和发展蒙医学的工作，使蒙医医疗、教学、科学研究等方面都取得了成效和发展，推进蒙医科学研究工作的发展。从 20 世纪 50 年代初开始，内蒙古地区陆续建立联合诊疗所、医院和蒙医药专业高等院校，如 1958 年在内蒙古医学院设立蒙医专业，开始培养蒙医专业人才。此后又招收硕士、博士，编写使用国家教材。科学研究方面，从 1956 年后陆续成立中蒙医研究所、工程中心。总之，20 世纪下半叶，蒙医学全面被继承的同时，吸收了现代科学研究方法，使蒙医学临床、教学、科学研究都迈进了新的发展阶段。随着科学的发展，蒙医学势必为东方医学和世界医学的发展贡献力量。

## 二　蒙医药学教育教学扎实，培养层次齐全

蒙医教学历史悠久，源远流长。过去，主要是师傅带徒弟或在寺庙里接受医学教育，现在蒙医药教育已跨入高等教育行列。1958 年，

在呼和浩特市成立了内蒙古医学院中蒙医系，开始招收蒙医专业本科生，1977年获学士学位授予权，1992年开始招收硕士研究生。1978年，在呼和浩特成立内蒙古民族医学院，1980年该院迁至内蒙古通辽市，1987年改名为内蒙古蒙医学院。

　　早期具有规模的蒙医药教育在寺庙满巴札仓里进行。从16世纪开始，随着藏传黄教在蒙古地区传播，建黄教寺庙盛行，这一社会变革影响了蒙古地区的宗教信仰和文化教育。规模较大的寺庙中一般都设有4—5个札仓。满巴札仓不仅是培养蒙医人才的圣地，也是开展医疗活动的基地。满巴札仓徒弟不仅要掌握蒙医学基础知识，还要参加识药、采药、炮制及临床实践，通过严格考试考核后，及格的人方能得到医师资格。清朝之前，在蒙古地区没有满巴札仓，但蒙古民族很早就接触并研究过古印度和西藏医学经典。据报道，14世纪，蒙古语言学家却吉敖斯尔（搠思吉斡节尔）就翻译过《四部医典》。17世纪，卫拉特咱雅班智达·那木海扎木苏曾将《四部医典》翻译成蒙古文。林丹汗时期，有人整理了此稿。此后，绰尔济固什·敏珠尔道尔吉在此基础上将这部经典著作翻译成蒙古文，并以木刻版形式出版传播。蒙古地区最早开办满巴札仓、开展医学教育的人是被称为蒙古首位奥特奇的外蒙古大诺敏汗罗布桑丹僧扎拉仓和外蒙古咱雅班智达罗布桑佛仁来。这两位有识之士于1685年在今蒙古国巴彦红高尔省白音吉如赫苏木境内建立了蒙古地区第一所仿藏满巴札仓。从此之后，它在蒙古地区犹如雨后春笋般相继建立，包括蒙古国大库伦、东库伦、甘丹寺、咱雅库论、额尔敦召西库伦、孟根毛日图庙、赛音布拉格庙、蘑菇图庙、温都尔罕、乌音嘎苏木所在地。此外，布里亚特共和国雅布拉干寺、楚赫尔寺等的满巴札仓也培养了大批蒙医人才。

　　在中国有内蒙古阿拉善左旗延福寺、广宗寺（南寺）、北寺满巴札仓、伊克昭盟鄂托克旗拉桑庙满巴札仓、达拉特旗展旦召满巴札仓、乌审旗达尔汗喇嘛庙满巴札仓、乌兰察布盟四子王旗王府庙满巴札仓、达茂联合旗百灵庙（广福寺）、满都拉庙满巴札仓、察哈尔右翼前旗呼和乌顺庙满巴札仓、锡林郭勒盟东乌珠穆沁旗喇嘛库伦庙、新庙、却日吉庙、嘎哈勒庙、巴嘎喇嘛庙满巴札仓、西乌珠穆沁旗尹吉干庙、乌珠穆沁王爷庙、巴拉嘎尔庙满巴札仓、阿巴嘎旗汉贝庙、贝子庙满巴札仓、阿巴嘎旗尼图布庙、昌图庙满巴札仓、正镶蓝旗吉嘎斯台庙、哈丹胡硕庙满巴札仓、黄旗伊顺庙、慈庆庙（哈音嘎尔瓦庙）满巴札仓、原太仆寺左旗咸安寺（麻拉嘎庙）满巴札仓、苏尼特左旗福佑寺（查干敖宝庙）满巴札仓、赤峰市阿鲁科尔沁旗普济寺（拉什庙）满巴札仓、通辽市扎鲁特旗宝轮寺（敖他齐庙）满巴札仓、通辽县集宁寺（莫力庙）满巴札仓、科尔沁左翼后旗广福寺（敖特其庙）满巴札仓、库伦旗寿因寺（迈达里葛根庙）满巴札仓、呼伦贝尔盟阿尔善庙满巴札仓、兴安盟科尔沁右翼前旗梵通寺（陶赖图庙、葛根庙）、扎赉特旗阿尔善满巴札仓、辽宁省阜新县瑞应寺（葛根庙）满巴札仓、青海省乌兰县都兰寺（都兰噶力登桑俄雅佩林）佛教兴旺洲（阿拉坦德令哈寺）等。

这些满巴札仓先后培养出众多蒙医学徒。蒙古地区的满巴札仓虽然基本采用西藏满巴札仓的教学方法、规章制度、答辩、授予职衔等形式，但也不乏因地制宜的地方文化特色。第一，满巴札仓教学方法。师傅念经徒弟跟读背熟；《四部医典》树喻教法；《四部医典》的蒙译训练；分层背熟《四部医典》内容并做详释；师傅传授临床经验，理论结合临床，提高徒弟的修养和素质。第二，满巴札仓教学制度。蒙古地区，满巴札仓的教学体制基本大同小异，一般分为初、中、高三个级别，给初级班讲授《根本医典》《论说医典》，给中级班讲授《后续医典》《秘诀医典》，高级班要系统掌握《四部医典》，并学习其他医学注释之作，如《医经八支》《月光明经》《祖选口述》《蓝琉璃》《美丽目饰》《增补四部医典秘诀本集》《蒙医药选编》《四部甘露》等，每年4月答辩、考核，合格者将晋升到高一级班学习。有的满巴札仓每年4—5月和7—8月上山，进行两次认药实习。大多内蒙古满巴札仓只在秋季做一次认药实习。实习时，由一名较有经验的药师讲解蒙药形状、药理知识，让徒弟参加汤、散、丸、酊、油剂等制剂实验。满巴札仓徒弟们还利用"曼汤"或庙宇壁画，形象地学习《根本医典》《论说医典》中的人体解剖、胚胎发育、脉象、尿诊等望、问、切三诊内容和放血、灸疗、穿刺等知识。徒弟有了一定基础知识才后可以参加庙内外的诊疗活动。满巴札仓教学时间比较长，有的学期可达 15 年之长。第三，满巴札仓授予职衔制度。满巴札仓考试考核制度严而有序。有的满巴札仓以答辩形式考试考核。他们学习医学理论，15 年后经考试考核合格后才算正式毕业，3 年后再复试，成绩及格方能获得曼然巴职称（医师）。对较有成绩的医师，每隔 7 年要进行一次考试，成绩合格者授予奥特奇职称。著名的奥特奇被聘请到满巴札仓做医师或当王公活佛的随身保健医生，有的还招收徒弟传授医术。第四，满巴札仓经营管理。满巴札仓自有一套组织管理体系，以活佛为首，下有札仓首席喇嘛、掌堂师、领经师、庙仓经理、秘书等管理人员，主要管理佛事、教学、制度、律戒、采药等业务。第五，满巴札仓建筑。满巴札仓建筑雄伟壮观，一般由 2—3 层主殿和几十间侧殿组成。主殿是札仓徒弟们集中学习的殿堂，可容纳 100 余人。主殿中央挂着净琉璃药师佛。主殿上壁挂着药用植物、动物、矿物质、疗法工具、放血、针灸穴位、人体解剖、胚胎发育、饮食起居等挂图和《根本医典》《论说医典》树喻图。殿堂两侧书架上摆放着《四部医典》及其注释著作。总之，满巴札仓培养出众多的蒙古族医药人才，为蒙医学发展做出了巨大贡献。

古代另一种主要的蒙医药学教育方式是民间医学教习方式。古代蒙古族民间医学主要靠祖传家传、师授和带徒弟来传授教习。首先，祖先医方的传授是最初的教育方式，只是秘密传授于家族部落内部，禁止外传。该方式主要用于传统整骨、祈福师家族中，主要以言传身教形式传授骨伤、脱位的诊断、复位、固定、疗伤、推拿、做震荡疗法及其护理、脏腑震荡疗法、密宗修炼、祈福仪式等。该方式一直成为蒙古族民间医方的主要教习途径。其次，老师带徒弟的传授方法是蒙古族民间医方的另一重要教习方式。教师亲自传授临床经验和手法，如诊断、识药、方药、用药方法、穿刺、灸疗法、放血、冷热敷、矿泉浴、药浴疗法、震荡疗法、酸马奶疗法、外伤诊治、皮疗法、喷涂疗法、吸附疗法、瑟必素疗法、涂抹疗法、导尿法、脏腑疗法等。上述两种传授方式流传至今，逐渐形成蒙医药教学的特色。虽然这两种方式都存在一定的局限性，但也有其优点，既能直接面授经验，又能边学边纠正错误，便于学生直接观察和学习老师、长者独特的临床技巧，跟随老师在实践中努力学习，往往能掌握较高的临床技能。

到了近代，蒙医药教学主要采用满巴札仓方式，也采用祖先医方传授和老师带徒弟的传授方式。清朝时期，师传的教育形式曾受到国内重视，也引起国外学术界的关注，如包括绰尔吉莫日根、伊兴嘎等在内的蒙古族医师以整骨、治疗外伤、手术等医疗技术著称于世，这些人受清朝委派从事带徒传授手法的教育工作。据史料记载：1728年，在北京学习的俄罗斯学员曾热衷于学习蒙古族正骨法。当时的蒙古正骨师掌握了用冰块局部麻醉后做手术的技术。他们还采取纸包折断的笔杆、耳听断部的摩擦音、手摸复位等方法，练习正骨手法。

1947年，蒙医学教育逐步以学校教育为主，举办了各种蒙医师资培训进修班、研究班，强调提高各事业集体单位的蒙医药工作人员的业务水平。1948年，在内蒙古锡林郭勒盟和察哈尔盟举办了蒙医学习现代医学防治疾病知识培训班。1947年，内蒙古乌兰浩特医务工作培训处改名为蒙医药学校，通过办班提高蒙医药人员的理论水平和临床技能。自1949年以来，蒙医药教育事业有了前所未有的发展。1957年，内蒙古卫生厅在呼和浩特市乌素图召成立蒙医进修学校，举办了为期8个月的培训班，从中选出10名优秀学员读研究班，从研究班中再选出5名学员作为内蒙古医学院蒙医教学后备力量来培养。1958年，呼和浩特市内蒙古医学院开始招收五年制蒙医本科生。从此，蒙医药教学登上高等学府的讲台。1978年，成立了内蒙古民族医学院筹备处，1980年将内蒙古民族医学院筹备处与通辽市的哲里木医学院合并，组建了内蒙古民族医学院，校址迁至通辽市，1987 年更名为内蒙古蒙医学院。该学院先后招收蒙医专业五年制本科生、蒙药专业和骨伤专业三年制专科生。1958—1960 年，内蒙古卫生干部进修学院连续举办蒙医提高班。1982 年，内蒙古卫生干部进修学校举办西医学习蒙医班。1983 年，举办蒙医研究班。1992 年，内蒙古医学院获蒙医文献专业硕士学位授予权。1990 年，蒙古国乌兰巴托医科大学设立了蒙古传统医学厅，1993 年开始招收蒙医本科班，在培养蒙医药人才的同时，举办提高蒙医医师临床技能的短期培训班。自 1998 年以来，内蒙古医学院开始招收蒙古国蒙医本科留学生，开展蒙医学留学生教育工作；2006 年开始招收蒙药本科生，2007 年开始招收护理专业（蒙医方向）本科生，2005 年开始培养民族医学（蒙医学）博士生。2010 年，内蒙古民族大学被教育部获批服务国家特殊需求蒙药学博士人才培养项目，开始招收蒙药学专业博士研究生。

内蒙古自治区目前有以内蒙古医科大学、内蒙古民族大学为首的赤峰学院、锡林郭勒职业学院、呼伦贝尔职业技术学院、乌兰察布医学高等专科学校、内蒙古医科大学鄂尔多斯学院 7 所院校在招收蒙医医药专业本科生、专科生以及研究生。内蒙古自治区医药学专业院校目前拥有蒙医学、蒙药学、药物制剂学、护理学（蒙医方向）、运动康复5 个本科专业，培养层次包含本、硕、博完整的教学体系，主要生源地有内蒙古自治区、黑龙江、青海、辽宁等国内蒙古族居住八省区和蒙古国。锡盟职业技术学院、赤峰学院等高校也陆续招收蒙医专业本科生。在中国和蒙古国，蒙医学传授形式以师传教学和在校教学并存，但实践证明，在校教学在蒙医学现代教育中占主要地位。

蒙医药本科生教育短板的有力补充是蒙医中等专业教学，从 20 世纪 60 年代开始逐步形成规模。1960 年，内蒙古各地卫生专科学校开始招收蒙医班，如 1961 年的巴彦淖尔盟卫生学校、1961 年的哲里木盟朝鲁图卫生学校、1964 年的乌兰察布盟卫生学校、1973 年的哲里木盟卫生学校、1975 年的伊克昭盟卫生学校、1980 年的锡林郭勒盟卫生学校、

1980 年的兴安盟残疾人蒙医学校、1980 年的阿拉善盟卫生学校、1982 年的昭乌达盟卫生学校都先后招收了蒙医班学生。1973 年，辽宁省阜新蒙古族自治县建立了蒙医中等专科学校，共招收 10 期蒙医专业学生；1994 年，开始招收蒙医大专生。1980 年，中国内蒙古海拉尔市成立了呼伦贝尔蒙医学校，开始招收培养蒙医士、药剂士、蒙医护士、蒙西医结合医士、蒙西药药剂士等专业学生。

中国蒙医专业自从 1958 年登上高等院校教学讲台以来，经过历届各级教职工的努力，在几次编写油印版教材试用的基础上，1986 年开始，内蒙古医学院和内蒙古民族医学院联合编写高等院校蒙医专业统编教材（本科班使用）。由策·苏荣扎布任总编，罗布桑、巴·吉格木德、琪格其图任副总编，到 1997 年为止，先后编写出版 22 种蒙医教材。该批教材不仅成为中国和蒙古国通用的首批教材，而且对蒙医学术走向系统化做出贡献。由内蒙古蒙医学院策划编写的 14 种蒙医大专教材中，已有 11 种出版发行。此外，内蒙古呼伦贝尔蒙医学校与其他卫生学校合编出版了 5 种蒙医专业中等专科学校统编教材，目前在校蒙医本科班、专科班学生达 1500 余名，在校硕士研究生 7 名。目前，已有三版次全国医药学专业高等院校蒙古语统编教材投入使用。

### 三 党政领导重视，分管机构给力

成立内蒙古蒙医学院，内蒙古医科大学恢复招生蒙医本科生，申请蒙药专业、蒙医专业博士学位授权点，建设内蒙古自治区国际蒙医医院，全区旗县及以上医疗机构中设立蒙医科室，专门建设蒙中医院、蒙医医院等硬软件平台，足以证明党和政府各级领导在不断重视和支持蒙医药学发展。尤其 21 世纪以来，内蒙古自治区专门拨款，专项建设蒙医药标准化工程，对蒙药材质量标准、蒙成药标准、蒙药材炮制规范、蒙医药名词术语规范、蒙医临床诊疗标准、蒙医护理规范以及蒙医病症路径规范等多项课题进行宏观调控，大力推进，取得了显著成效，对国内其他少数民族医学起到模范带头作用。2010 年颁布的

《内蒙古自治区蒙中医药条例》也是具有里程碑意义的成果。该条例从法律角度保护了蒙医药学的合法权益，补充了蒙医药学发展过程中的多个薄弱政策环节，很大程度上体现了内蒙古自治区政府对蒙医药学的认可和支持意向。同时，大力支持学术交流、科学研究，发展内蒙古蒙医学会、蒙医药协会，新成立许多专业委员会，将通辽市命名为"中国蒙医药之都"。在内蒙古民族大学牵头下，通辽市成立了蒙药研究工程中心，内蒙古医科大学申请到蒙医药协同创新中心、蒙医药医疗器械研发中心。蒙医学、蒙药学被评为国家中医药管理局特色建设重点学科，蒙医学被评为内蒙古自治区品牌专业。同时，大力开展师徒传承教育，苏荣扎布、吉格木德、包金山等教授被评为国医大师。苏荣扎布教授培养了国内首批传承博士后。这些实例无一不是政府领导在关心、支持蒙医药学科及师资队伍建设。

#### 四　研究学习蒙医药学人员基数多，研究方向多元化

目前，内蒙古自治区蒙医药工作者总数约有 2 万人，在校生约4000 名。这些人的研究方向包括经典传统疗法作用机理研究、蒙医医疗设备的现代化、疗术对血液的影响、炮制减毒增效机理研究、蒙医治疗血液病的临床研究、常见病和多发病诊疗路径与诊疗标准的制定、心身互动疗法对牛皮癣的作用机理研究、蒙成药新药研究等，覆盖蒙医药学教学、临床、科研全方位的现代化研究正在突飞猛进地发展，充分展现了蒙医学的前瞻性。获得诺贝尔生理学或医学奖的中国中医科学院终身研究员屠呦呦，其提取青蒿素的技术环节受到东晋葛洪《肘后备急方》的启发。在大力提倡继承与弘扬中华优秀传统文化的今天，如何挖掘和发扬蒙医学的前瞻性成为我们值得思考的课题。

大规模的蒙医药科学研究是从 1950 年以后随着各地蒙医研究所、中蒙医院的兴建而开展起来的。1956 年 5 月，内蒙古中蒙医研究所在中国呼和浩特正式成立。1991 年，内蒙古医学院第一附属医院开设了蒙医病房，同年成立内蒙古医学院附属中蒙医院和研究所。到 1999 年，

内蒙古已建有 89 所旗县级中蒙医院、5 所盟级蒙医研究所、3 个高等和中等蒙医教育机构，现有蒙医药工作者已达 4770 余人。

内蒙古自治区蒙医药的发展对区外、国外蒙医药工作起到了很好的推动作用。1977 年，辽宁省阜新蒙古族自治县成立了蒙医药研究所，1989 年该所升格为辽宁省阜新市蒙医药研究所。1979 年，青海省海西蒙藏哈萨克族自治州成立了蒙藏医院。1984 年，新疆维吾尔自治区白音郭楞和博尔塔拉蒙古自治州分别建立了蒙医院。1959 年，蒙古国科学院建立药物化学、药理学实验研究室，1973 年该室更名为自然科学联合所，成为独立的科学研究所，1981 年再次更名为民族医医院，1996 年扩建成传统民族医温泉疗养院。1998 年，该院进一步扩大为传统医学、科学技术、生产集团。该集团由科研和教育中心、联合诊所、传统蒙药生产、药用植物栽培种植、矿物质研究等机构组成，还承担着蒙古国传统医学高等院校的教学工作。目前，该集团已成为蒙古国东方传统医学科研、医疗、生产的科学技术中心，在传统医学史、医学理论、诊断、临床、制药、新药研发等方面进行科学研究。蒙医药科学研究现已成为各个国家和地区医药科学技术事业的重要组成部分。自 1949 年以来，在新中国广泛开展蒙药的植物学、鉴定学、化学、药理学及临床医学等多方面的研究，为确立药物来源、鉴别药材真伪、说明药物作用机理、总结治疗作用等提供了科学依据。1973 年，在内蒙古、西藏、青海、辽宁、甘肃、新疆等省区，在药源普查的基础上，药学工作者编写了《内蒙古中草药》（汉文），1980 年编写出《蒙药志》（上）（蒙古文），对蒙药逐步进行科学整理。蒙古国在对全国范围内进行药源普查的基础上，分别用斯拉夫蒙文或俄文编写了《蒙古国部分药用植物》（1962 年）、《民间医用部分矿物药》（1975 年）、《民间医用动物药》（1977 年）、《蒙古国资源植物》（1989 年）、《蒙医药用植物》（1977 年）、《蒙医药用植物》（1981 年）、《蒙藏医用木本果实类药》（1996 年）等书。中华人民共和国卫生部于 1977 年编撰的《中华人民共和国药典》开始载入少数民族药物，收载了具有代表性的常用蒙药材和蒙成药，在一定程度上反映了当代蒙药学水平。1977 年，吉林省卫生局发布的《吉林省药品标准》中，载入哲里木盟蒙医用的部分蒙药材和蒙成药。1987 年，内蒙古卫生厅制定了《内蒙古蒙药材标准》（蒙汉文）。1998 年，中华人民共和国卫生部药典委员会出版发行了《中华人民共和国卫生部药品标准》，其中包括蒙药分卷；同时，在大量挖掘中国民间单方和验方基础上，于 1977 年出版了《蒙医药方汇编》。1990 年，蒙古国出版《蒙药方剂》等书。我国蒙药材生产、加工炮制及制剂技术不断提高，正朝着科学化、规范化、标准化方向发展。1986 年，编写出版的《中国医学百科全书·蒙医学》收入常用蒙药 400 余种。此外，各种蒙药工具书、蒙药专著及有关蒙药的教材、杂志相继出版，蒙医学科研、教学、生产机构的建立，标志着蒙药在中国的蓬勃发展。在中国，蒙成药生产基本形成工业化生产体系。目前，国家批准的蒙药厂共有 4 家。中国卫生部制定的 145 种蒙成药标准，已使蒙成药生产逐步走向正轨。蒙古国民间医术研究院利用计算机录入了蒙成药。1997 年，蒙古国成立了药品生产者联盟，吸收 20 余家医药厂和单位为联盟会员，掀起蒙药生产热潮。现在，除生产传统的蒙成药外，还开发研制新产品。如在中国研制出扁蕾冲剂、希拉汤冲剂、七味丹参片、八味清血胶囊、七珍片、保利尔等蒙成药；蒙古国研制了沙棘油、车前汁、山楂膏等蒙成药。今后蒙成药的发展方向是：在继承传统蒙成药制剂精华的同时，进一步深入研究验方、秘方、单方、经方，筛选出疗效确切的蒙成药及方剂；针对严重危害人民健康的心脑血管疾病以及癌症等开展新药研制工作，将临床研究、剂型改革、复方研究、有效药物筛选与理化研究等结合起来，注重对药物高效、长效和速效的研究，多生产毒副作用小、剂量小及服用、携带、贮藏方便的蒙成药。加强对生产设备、工艺的改进更新及车间净化、灭菌、包装等技术环节的研究，使蒙药制剂工业朝着科学化、规范化、现代化方向发展。蒙药鉴定的研究工作，在充分发挥蒙药来源、形状、显微、理化等鉴定方法作用的同时，为逐步采用薄层色谱、高效液相、气相层析法、核磁共振和质谱法、电子显微镜和电镜扫描、薄层扫描、细胞染色体组形等先进的鉴别技术和方法创造条件，使蒙药鉴定方法逐步达到对分子细胞的鉴定水平，以确保鉴定质量。自 1949 年以来，蒙药事业在中国得到迅速发展。在普查药源的基础上，随着北药南移、变野生为家种家养、引种驯化等的中药研究工作日益取得进步，蒙药材年产量有了大幅度提高，目前基本保证了蒙药材的稳定供应。如木香、黄连、土木香、枸杞子、当归、大黄、决明子等药材引种成功，鹿茸由野生砍茸到家养家放锯茸，人工驯化活麝取香，熊胆人工造漏引流生产，人工培养牛黄，淡水养珠，蝎子、蛤蚧、白花蛇、穿山甲等养殖成功，均使药材产量大大提高。越南的玉桂，印度、泰国的白豆蔻，西班牙的西红花等多种进口药材被中国引种并获成功，经多次普查过去认为中国不产的儿茶树、诃子树、胡黄连、荜拨、马钱子、安息香等被发现，人工牛黄、麝香酮的成功研制和生产，都极大地扩充了蒙药药源。今后，蒙药研究主要方向是：在药材生产方面，不仅要继承蒙药材的传统生产经验，而且要研究良种选育和紧缺野生植物的栽培技术；不仅要研究栽培品种的地理分布与生态环境的关系、生态环境和人工条件对栽培品种化学成分及药理作用的影响，还要加强对田间管理和病虫害防治的研究，努力引种栽培需求量大的野生药材及进口药材。在药材炮制技术方面，以传统方法与现代科学相结合为基础，进一步加强研究炮制的机理、炮制品规格的质量标准，逐步统一各地区同种炮制方法的辅料规格、用量标准及操作方法，从而制定出统一的蒙药炮制品的规格质量标准。还要利用现代技术、机械设备和手段，使炒药、烘干、包装、洗药、切药等加工技术逐步实现机械化、自动化。

在临床上，治疗常见病、多发病、疑难危重病症的疗效在不断提高，并总结出新的治疗方法和经验。以蒙药通拉嘎 601 治疗再生障碍性贫血，总有效率达 81.3%；治疗血小板减少性紫癜，有效率为 90%。这明显优于激素类药物的治疗效果（激素疗效为 40%—50%）。用蒙药治疗心脑血管病、慢性萎缩性胃炎、宫颈糜烂、关节炎、乳腺炎、癫痫、痔疮、肝炎等症都取得了较好的疗效。用手法复位和小夹板固定的方法治疗骨折，与西医方法相比，缩短了骨折痊愈时间。蒙药研究重点是运用现代科学技术，结合临床及药材生产开展工作。目前，在蒙药资源的普查、保护和开发蒙药炮制和制剂、蒙药药理学、药物化学研究等方面，均取得了一定的进展，已经鉴定且有学名的蒙药品种占全部蒙药（2294 种）种类的 90% 以上。在此基础上，编写出版了《中国医学百科全书·蒙医学》《内蒙古中草药》《蒙药志》《蒙古国部分药用植物》等著作。通过《本草》考证、分类学研究、化学和组织学鉴定等研究方法，澄清了 100 余种混乱的药物品种，全面系统地整理了 145 余种常用蒙药材的不同炮制技术和各地炮制经验。蒙药新剂型的研究已初见成效，在原有汤、散、丸、搅合剂、油剂、膏剂、药酒等剂型的基础上，又研制新增了胶囊、滴剂、片剂、栓剂、冲剂等新剂型。中国近年来的蒙药药理学、蒙药化学研究，从无到有，填补了空白。文冠木、广枣、蓝盆花、山沉香等蒙药材的化学成分研究，广枣、沙棘、蓝盆花等蒙药材的药理研究，也取得了一定成绩。在蒙古国，自 20 世纪 70 年代以来，民间医学研究院研制出 18 种新蒙药，达到蒙古国药品标准。中国近年来的蒙成药药效研究，正在有力地向前发展，有了显著进步，不仅研制出保力尔、葛根钦等新药，还对三味檀香汤、四味沙参汤、八味沉香散、十三味大鹏丸等蒙成药进行剂型改革和药理学、毒理学等现代新工艺新技术研究，研制出新的优质蒙药。目前，内蒙古、辽宁蒙药厂生产的 300 余种蒙成药正在走向国内及蒙古国的医药市场。

蒙医学文献研究在漫长的历史发展过程中积累了大量的经验。据中国、蒙古国和布里亚特自治共和国 15 家图书馆、资料室的统计，现馆存蒙医药古籍共有 300 余种，还收藏了许多出版发行的现代蒙医药学文献。每年刊载的蒙医药论文有 200 余篇。中国和蒙古国蒙医药文献的搜集、整理、贮存、研究、传播工作进展较为迅速。《四部医典》（蒙

古文版）获中国部级科技进步二等奖，《内科学》获省（区）级科研
成果二等奖；《四部医典注释塔教得》《医学本续诠释》《月王药诊》
《临床经验》《藏蒙医学辞典》《内蒙古蒙成药标准》《传统正骨学》
《名老蒙医经验选编》8 部著作分别获省（区）级科技进步三等奖；
《伤科简编》和《内蒙古中草药》获省（区）级科技进步四等奖；《中
华本草》民族药分卷等大型本草文献正在编撰中。中国已经出版了 100
余部传统医学书籍，当代名老蒙医医案共出版了 4 部。当代蒙医学实践
具有的特点，引起世界学者的关注，印度和俄罗斯等国分别用英文和
俄文翻译出版了《美丽目饰》。1971 年，印度文化研究国际学术部主任
劳克斯钦达拉在新德里将该书以《蒙古占巴拉道尔吉著藏蒙药用植物
和阿输吠陀图籍》为名，用英文出版。1985 年，苏联科学院西伯利亚
分院布里亚特部语文学学者博·班达拉耶夫任责任编辑，将该书以医
药学详图典、《色萨美格占》为书名译成俄文，由新西伯利亚市诺克出
版社出版发行。1977 年和 1981 年，策·海都布等人用俄文编写《蒙医
药用植物》和《蒙医用药用植物》两部著作，在乌兰巴托出版。1991
年，达·巴拉干苏荣将却扎木苏所著的《奇异庆宴宝藏》一书，从藏
文译成斯拉夫蒙古文，在乌兰巴托出版。同年，特·乌云其其格也将
却扎木苏所著的《奇异庆宴宝藏》一书从藏文译成斯拉夫蒙古文，在
额尔登特市出版。同年，舍·阿尔班敦都布以斯拉夫蒙古文编写出版
了《蒙医传统手法集》一书。1993 年，义·登布日勒将龙日格丹达尔
所著的《蒙古传统医学史》一书从藏文译成斯拉夫蒙古文，在乌兰巴
托出版。蒙医史研究从 1980 年以后有了迅速的发展，相继出版了一些
有关历史人物、历史文献等方面考证的专著和论文。《蒙医学简史》一
书，有蒙、汉、日文三种版本，其中日译本获日本翻译文化奖。维吾
尔真蒙古文、斯拉夫蒙古文本的《东方医学经典概述》《蒙医渊源》
《蒙古传统医学简史》《医史蓝宝石镜》《蒙医药史概述》已发行到中
国、蒙古国、俄罗斯、日本等国家和地区，引起多方学者的关注。
　　随着蒙医药学教学、科研、临床的全方位发展，蒙医药学学术交

流平台之一的蒙医药学术刊物应运而生。蒙医学术刊物，即以探讨研究蒙医学术为宗旨、定期或不定期发行的连续出版物。1974 年之前，我国没有蒙医药学术专刊。1974 年，中国才有了蒙医药学术方面的专门刊物。在此之前，1926 年，由布和贺希格在开鲁创办的蒙古学会综合性刊物《乌兰巴日期》（蒙古文版）上宣传医药卫生的重要性，还设立了"怎样预防疾病"的专栏。除了在本刊物的第 9 期第 11 页刊登过额尔德尼达来撰写的《医学教育的重要性》、第 4 页上有拉希德力格撰写的《如何预防传染病根源》等文章外，还刊登了有关宣传医药卫生知识、牛痘苗接种、传染病的防治、医学名词术语规范等学术论文。1939 年，在长春由丹金等主编创刊的《蒙古新杂志》（蒙古文版综合性刊物）曾以大量的篇幅宣传蒙医学。1940 年，在张家口创刊、由首席官员府出版处高尔召尔扎布主办的不定期出版物《新蒙古》（蒙古文版）综合性刊物设立了蒙医学专栏，刊登蒙医药方面的信息论文等。1974 年，内蒙古中蒙医研究所中蒙医院主办了《蒙医药》（蒙古文版）杂志，以不定期形式在内部发行，傲德·额尔敦负责编辑，共刊行 9 期。自 1986 年开始，《蒙医药》杂志公开发行，定为季刊。该刊由内蒙古蒙医药学会主办，并在中国蒙古族聚居的八省区及蒙古国、独联体、日本、韩国等国家和地区发行，当时编委会主任为白清云苏和毕力格，主编由苏达那木达日扎担任。本杂志除出版过几期的增刊（蒙古文）外，还出版过几期汉文版。2006 年，《蒙医药》杂志申请升格为国家级期刊，更名为《中国蒙医药》。自 1976 年开始，在呼和浩特不定期出版。《内蒙古医学院学报》（蒙古文版）共出版 3 期，内部发行。1983—1986 年，中国药学会内蒙古分会主办的《内蒙古药学》（蒙古文版）曾不定期内部发行过 4 期。1989—1999 年，通辽内蒙古蒙医学院主办的《内蒙古蒙医学院学报》（蒙古文版，双月刊）共内部发行过 10 卷 20 期，主编先后由策·苏荣扎布查干担任。中国内蒙古七盟市，都有不定期发行的蒙医学术刊物（蒙古文版），如 1979 年伊克昭盟东胜市的《鄂尔多斯蒙医药》、1980 年昭乌达盟赤峰的《昭乌达医药》、1982 年呼伦贝尔盟海拉尔的《呼伦贝尔蒙医药》、1982 年在巴彦淖尔盟临河市印行的《巴彦淖尔医药》、1984 年哲里木盟通辽市的《哲里木医药》（蒙文版，蒙医药专刊）、1986 年兴安盟乌兰浩特市的《兴安蒙医药》、1980 年锡林浩特盟锡林浩特市的《锡林郭勒医药》（蒙医药学）等。1969 年，蒙古国《蒙医药学》综合性学术季刊开始发行，专门刊载有关蒙古传统医药论文。由蒙古国健康部主办的《健康》杂志是用斯拉夫文发行的双月刊，专门刊登有关蒙古传统医学论文。与其他学科的专业期刊相比，蒙医学学术刊物的最大特点是，使用时效较长，多数刊物具有栏目丰富、题材灵活多样、语言文字编辑水平高等特点。这也是由蒙医学术本身的特殊性决定的。例如《蒙医药》杂志，目前所设栏目有理论研究、临床体会、临床实践、名老蒙医经验、方药研究、古籍医史文献研究、见解商榷、疗术研究、护理、蒙西医结合及短篇报道等。该刊物编写体例严谨，既有长篇幅的理论性文章，也有优秀的短篇报道、临床体会、专题讨论、问答、自由论坛等内容，满足不同层次读者的需求。蒙医学术刊物分为杂志和学报两类，其中大部分为杂志，如《蒙医药》杂志、《鄂尔多斯蒙医药》杂志、《科学》杂志等，学报数量相对较少，主要由蒙医学专业高等院校承办，主要刊登理论、科学研究及医学教育等内容，如《内蒙古民族大学学报》《内蒙古医科大学学报》等。在蒙医学术刊物上发表的大多数论文，是以临床实践、临床经验为内容的新文献资料。为了满足不同层次读者的需求，应不断提高学术水平，使蒙医学术刊物为学术交流、传播蒙医学信息、蒙医工作者更好地利用医学文献而服务。

　　蒙医药学术交流的另一个平台是蒙医药学术团体。它建立得比较晚。20 世纪末，为了繁荣发展传统蒙医药事业，中国和蒙古国先后建立了蒙医药学术团体。在中国，4 个省区范围内建立省区级 2 所、盟（地）级 14 所蒙医药学术团体。其中，内蒙古自治区于 1978 年 9 月首次在呼和浩特成立内蒙古自治区中蒙医联合会，该会于 1979 年更名为内蒙古自治区蒙医学会并宣告正式成立，金久斗被选为理事会会长。

同年，又成立该会的两个分会：内蒙古蒙医内科学会和蒙医骨伤科学会。1982 年，内蒙古药学会蒙药分会成立。1980 年，中国辽宁省阜新蒙古族自治县蒙医药学会成立，1994 年升格为阜新市蒙医药学会，2000 年再次升格为辽宁省蒙医药学会。1982 年，青海省海西州蒙藏医学会成立。1995 年，新疆博尔塔拉州和巴音郭楞蒙古族自治州先后成立蒙医学会。1980 年以后，内蒙古自治区锡林郭勒、呼伦贝尔、哲里木、昭乌达、伊克昭、阿拉善、巴彦淖尔、包头、兴安、乌兰察布、呼和浩特等盟市先后成立蒙医分会。1996 年，蒙医管理分会在呼和浩特成立。蒙古国于 1999 年在乌兰巴托成立了"蒙古传统医学医生研究人员学会"，医学博士、副教授巴·达格巴策仁任该学会会长，会员有200 名。该学会为蒙医医护人员和研究者提供技术帮助，以宣传蒙古传统医学为宗旨。这些国家和省区、盟级蒙医药学会会不定期地组织召开学术研讨会。内蒙古蒙医学会主办并出版了《蒙医药》专刊，并在中国民族医药学会的领导下肩负着促进学术交流、创造科技成果、普及蒙医学知识、培养蒙医人才等使命。该学会于 1990 年制定颁布了《内蒙古自治区蒙医学会章程》，并给学会会员颁发了会员证书。尤其从 2006 年内蒙古自治区第二届蒙中医药工作会议以及 2010 年修订颁布《内蒙古自治区蒙医药中医药条例》以来，蒙医药学术团体发展迅猛，在中国民族医药学会、中国民族医药协会的支持与带领下蒙医学各学科分会如雨后春笋般快速建立起来，如中国民族医药学会蒙医传统外治疗法分会、内蒙古蒙医学会脑病专业分会、内蒙古蒙医学会心脏病分会等。蒙医药学相关国家二级、三级学会和协会有 30 多个，发挥着学术交流、传递信息、规范标准的重要作用。

## 第三节　蒙医药学"一带一路"合作发展思路

中国古代的丝绸之路主要有四条通道，分别是"沙漠丝绸之路"

"草原丝绸之路""海上丝绸之路"和从西南地区通往印度的丝绸之路。其中,"草原丝绸之路"东端的中心地就在内蒙古地区,具有浓郁深厚的草原文化特征。草原丝绸之路在整个丝绸之路体系中是形成时间最早、延续时间最久、路程最远的人文通道,曾经为人类社会的进步和发展做出过卓越的贡献。当今,为顺应世界经济、政治、外交格局的新变化,中国着力推动共建连接欧亚非三大洲沿线 53 个国家 94 个城市的"一带一路"。在"一带一路"建设中,民族医药文化交流与合作具有重大意义。蒙医药科学研究取得的成果极大地丰富了蒙医药学的学术内容。近年来,蒙医药研究的国际学术交流日益活跃,中国、日本和布里亚特自治共和国之间主要以民间形式互派学者交流经验、考察、进行科学研究合作等。蒙医药学作为传统医学的组成部分,正逐渐发展成为世界医学的重要组成部分。

## 一　文化交流,实地调查

可与蒙古国、布里亚特自治共和国进行文化交流,互派代表团到实地调查,研究和交流蒙医药的文化背景、使用情况、疗效、民间受欢迎程度、民间医药知识等。

## 二　教育教学合作与交流

"一带一路"沿线国家的蒙医药及相关民族医药的国家高等教育机构可互派教师、留学生、访问学者、研究生,探讨研究蒙医药、民族医药的教学方法、教学理念、教学技艺,扬长避短,互补互助。

## 三　科研合作

科研合作的领域较广,根据国家与区域的可行性,在如下方面进行交流。

1. 临床各科的研究。即包括内、外、骨伤、妇、儿、五官、皮肤、瘟病及传染病等科疾病治疗规律的研究。

2. 名老蒙医临床经验及对民间疗法的继承、发掘和整理研究。

3. 基础理论的继承和发展研究。即机体和疾病、七素三秽、脏腑、五元、三邪、感能等方面的研究。

4. 治则和治法的原理及应用研究。

5. 饮食起居研究。

6. 药物基础理论及应用研究。如：蒙药药味、药性、药力、效能的理论，蒙药炮制理论，蒙药实验药理学，蒙药资源、栽培、鉴定的研究。

7. 方剂学的基础理论及应用研究。如：方剂配伍原理、剂型改革及制剂工艺的研究，药品质量控制检测原理研究，新药开发，等等。

8. 蒙西医结合防病治病的临床应用和基础理论研究。

9. 蒙医史研究。

10. 历代医学家学术思想的挖掘、整理、研究。

11. 医药文献和古籍的整理、翻译、数字化研究。

12. 期刊合作办刊、医药情报信息研究。

13. 养生及康复学研究。

14. 医疗器械应用与现代化研究。

15. 计划生育及优生优育的蒙医药研究。

16. 卫生事业管理研究。

17. 名词术语的翻译、统一、规范。

文化自信，是党的十八大以来以习近平同志为核心的党中央提出的，它是历史生活中的文化主体，对身处其中的文化客体，经由认知、理解、比较、反思、认同、践行等一系列自觉的心理和实践活动，形成对自身文化价值的充分肯定、对外来文化的理性对待以及对自身文化生命力坚信不疑的心理状态。文化自信在本质上具有民族性、时代性、实践性、指向性和包容性等特征。

蒙医药学是世界民族优秀传统文化中体现蒙医药学本质与特色的精神文明和物质文明的总和。蒙医药文化的核心理念是对蒙医药文化的基本内涵、基本精神和价值取向的高度概括与集中体现。因此，我们要讨论蒙医药文化的核心理念，其核心内容应该包括基于寒热理论的宏观整体观、调解体素的价值观、敬畏生命的信仰观以及以患者机体为本的医德观。

2014 年春节前夕，习近平总书记在考察内蒙古时说："蒙古马虽然没有国外名马那样的高大个头，但生命力强、耐力强、体魄健壮。我们干事创业就要像蒙古马那样，有一种吃苦耐劳、一往无前的精神。"①蒙古马，原产于蒙古高原，是草原牧民不可或缺的生产工具和生活伙伴，被农业部确定收入 138 个国家级畜禽遗传资源保护品种名录。在牧人心目中，蒙古马文化是一种技能体系、知识体系、审美体系、信仰体系，是草原民族物质生活和精神生活的有机组成部分。站在新的历史起点上，内蒙古各族干部群众牢记习近平总书记嘱托，大力弘扬"蒙古马精神"，守望相助，团结奋斗，一往无前，在建设现代化内蒙古的征途上阔步前进。

---

① 许晓岚、巴依斯古楞、高慧：《草原奔腾"蒙古马"》，《内蒙古日报》，2017 年 10 月 14 日第 1 版。

# 第 五 章

# 蒙古族传统工艺与"一带一路"

　　蒙古族传统的经济形式以畜牧业为主，兼有狩猎和极少数的农业经济，因此在历史上，他们有时被称为"住毡帐的百姓"或者"林木中的百姓"。其家畜以骆驼、牛、羊、马为主。近代以前，畜牧经济的生活方式必然不是定居的，因而蒙古族的早期建筑发展相较中原地区是原始的，但这是蒙古族人民生活对生产的迁就，是生活适应生产的结果。蒙元帝国以前，蒙古族人民的居住形式大多以毡帐建筑为主，连蒙古族的王公贵族都住毡帐，只是其规模远大于普通牧民的居所。蒙古汗国时期出现过由几十头牛拉载的大型车帐。元代以后，受中原文化的影响，王公府邸才发展为土木建筑，但一般民众仍以毡帐为居所。

　　古代蒙古族建筑艺术的发展演变，大体可划分为五个阶段：史前时期、蒙古汗国时期、元朝时期、清朝时期和近现代。从其社会功能来看，蒙古族建筑划分为不同的类型：宫廷建筑、寺庙建筑、民居建筑以及墓室建筑等。蒙古人信奉萨满教，其丧葬制度较为简朴。无论可汗、王公大臣还是平民百姓，均薄殓简葬，入土为安，不建造地上陵墓建筑。以蒙古可汗为例，从成吉思汗、忽必烈到历代蒙古可汗，按照萨满教习俗，均归葬蒙古高原肯特山"起辇谷"。由于缺少地表建筑物，至今没有被后人发现。1578年，阿勒坦汗皈依藏传佛教，藏传佛教传入蒙古地区，萨满教被禁止，蒙古人遂采取佛教丧葬制度，才有了陵墓建筑。① 蒙古汗国时代，蒙古族建筑受到中原汉族地区和西亚阿拉伯建筑风格的影响，也是"丝绸之路"建筑文化融合的必然结果。

# 第一节　蒙古包及其营造技艺

在几千年的历史中，蒙古族人民一直过着与自然和谐共处的游牧生活，他们为追逐丰美的水草而四处迁徙。蒙古族的先民为了适应自己的特殊生活方式，创造了适合搬迁、活动轻便的民居形式——毡帐建筑。在蒙古族发展的历程中，毡帐建筑是其民族文化艺术、风俗生活最强烈的表现形式之一。因此，从蒙古族的建筑艺术中，我们可以轻易地分辨出自然地域给予建筑的影响。毡帐建筑是蒙古族生活的选择，也最大限度地适应了蒙古人的生活。考古学家曾在距今 6500—5000 年的内蒙古赤峰原始文化遗址中发现了原始房基，系用土坯和石块堆砌而成，室内有灶火遗迹。这很可能是蒙古包最初的形态。在阴山岩画中，也可以找到这种古时游牧民族居住的帐幕建筑的形态，与后来蒙古人居住的毡帐大体一致。可见毡帐建筑是我国发展最早的建筑类型之一，足以与早期长江流域的干阑式建筑遗址以及黄河流域的木骨泥墙房屋遗址相媲美。成熟后的毡帐建筑至少已有两三千年的历史。

关于毡帐建筑的演变形成，可以追溯到几十万年以前的原始人时代。当时原始人仿天然洞穴，在地上挖洞，四壁夯实，再用石块、树枝垒至齐地的高度，在上面搭上木头、柴草封顶，这就是原始人的洞室。洞室顶部留出入口，兼可采光通风，这也许便演化为蒙古包的天窗，当这种洞室发展到地上以后便演化为窝棚。可以推论蒙古族的毡帐建筑来自窝棚。两万年前的印第安人西渡阿拉斯加，将其从中亚带

---

① 乌兰杰：《毡乡艺史长编》，民族出版社 2014 年版，第 452 页。

到美洲，但后来进化为蒙古包，而印第安人一直沿用窝棚的居住形式。关于毡帐建筑成熟的具体时间现在已很难考证。《周礼·天宫·掌皮》记载，在周朝，人们就已经掌握利用动物毛皮制造毛毡的技术。

同其他类型的建筑形式一样，其成熟的过程以人类生产经验的积累和劳动技术的发展为前提。最初的毡帐由一种蒙语称作"乌日扎"的建筑形式发展而成，它是牧民进山狩猎等活动中搭建的一种临时住所：用三根细长端直的木杆支架，在交叉的部分以草根藤蔓之类的东西绑扎，空隙间再用其他树枝草棍搭满，外面附上树皮、茅草就成了。可见此时的"乌日扎"还是窝棚的形式。随着"乌日扎"的继续发展，结构体系被细化为十几根一丈左右的细椽子，椽子一端削细、绑扎，粗端弄成圆形支于地上，上面再附以树皮和兽皮，这种形式被称为"德格垒"，它看起来更像是蒙古包的雏形。即便在蒙古包成熟后，"德格垒"也常被用于牧民转场过程的临时居所。由于生产力的发展，居住者不断改造居住环境，蒙古包逐渐成熟。同时，成熟后的毡帐技术也被蒙古族扩展到生活中的各个方面，如车帐、浴帐等。

毡帐在我国许多古籍中又称穹庐、旃帐。据《多桑蒙古史》记载："所居帐幕结枝为垣，形圆，高与人齐。上有椽，其端以木环承之。外覆以毡，用马尾绳紧束之。门亦用毡，户向南。帐顶开天窗，以通气吐炊烟，灶在其中，全家皆处此狭居之地。"可见，毡帐建筑不仅就地取材，而且在构造形式上因地制宜，适应了蒙古高原恶劣的自然环境。毡帐建筑发展至清朝在结构上出现了很大的变化，木结构的蒙古包开始出现，而且为了适应某些特殊情况的需要，开始扩大毡帐的规模，如库伦的阿巴岱毡帐可以容纳300多人。当时，因为"家""屋"在满语中称为"博"，故满语称毡帐为"蒙古博"，后汉译根据其音形写作"蒙古包"。

蒙古包起源于青铜时代，形成于公元七八世纪，兴盛于元代，并达到顶峰。伴随蒙古高原的先民走到现代，随着部分蒙古族进入固定式建筑，蒙古包的部分建筑元素逐渐影响了草原上的固定式建筑风格。

近现代蒙古包多为白毡圆顶，用数根长度相等的木棍和皮条连接起来做成构架，即所谓的哈那。哈那有一物二用的功效，拉开可作为圆形墙，需要搬迁时折叠起来又能当车的挡板。"穹庐毡帐图"与近代蒙古包样式略有不同，"它在毡帐圆顶上又另加上一个很高的天窗，哈那同现在的一样，都是由木棍和皮条连接而成的，只是在上面横拦了两根绳索，在一面开设一个高门，但没有门扇"。这两幅岩画足以证明蒙古族的建筑雏形帐篷就是"皮蓬"。在没有发明擀毡技术时，人们只能用兽皮搭在架木上阻挡风雨、取暖或遮阳。起源于青铜器时代，正式形成穹庐毡帐文化，应是在公元七八世纪。

## 一　蒙古包的起源

蒙古包是北方游牧民族多年游牧生活的发明创造，是集中反映蒙古诸部族长期以来游牧文化特点的象征。蒙古包在古代称作穹庐、毡包或毡帐。它拆卸容易，搭建方便，运载也十分省力。由于蒙古包与游牧民族的生产生活息息相关，故一直沿用至今。

蒙古包的起源时间很早，其前身至少可以追溯到匈奴、东胡等游牧部落居住的"穹庐""毡帐"或"百子帐"。这种居舍结构比较适宜于游牧民族逐水草迁徙的生活。据历史文字记载，早在春秋战国时期，北方民族就已开始使用"毡帐"和"穹庐"。张彤在《蒙古包溯源》一文中写道：《史记·天官书》记载了北方游牧民族有居住"穹间"的习惯，崛起于秦汉时期的匈奴也有"匈奴父子同穹庐而卧"的习俗。从穹庐字面上看，穹指中间隆起、四周下垂的空间，庐是指搭在原野上的庵棚一类的房舍。又据西汉桓宽著《盐铁论·论功》篇中言匈奴穹庐"织柳为室，毡席为盖"，得知匈奴穹庐由室与盖两部分组成，制作材料为红柳条和毛毡，制造所用的木架是匈奴木器业的重要部门。到了魏晋南北朝时期，对鲜卑拓跋的毡帐有着这样的描述："以绳相交络，纽木枝枨，覆以青缯，形制平圆，下容百人坐，谓之'缴'，一云

'百子帐'也。"① 随着历史的发展，南北方物质文化有了交流。程大昌在《演繁露》十三《百子帐》中记载："唐人在婚礼中，多用'百子帐'，盖其制本出塞外，特穹庐、拂庐之具体而微耳者。卷柳为圈，以相连锁，可张可阖。"② 可以看出，唐代汉人在文化交流中受到匈奴的影响，在婚礼这种大的场合也会用到"百子帐"。

　　另一个活跃于北方草原的游牧民族契丹也是"草居野次，靡有定所"，直到唐代仍然是"射猎居处无常"，保持着以毡帐为舍的传统居住方式。建立辽王朝后，他们大多来到中原，但在城内也搭设毡帐。③关于突厥人帐篷的记载也有很多，如《隋书·突厥传》中说，突厥人"穹庐毡帐，随水草迁徙，以畜牧射猎为务"。《太平广记》引《谈薮》也说，突厥"肉为酪，冰为浆，穹庐为帐，毡为墙"④。在南宋彭大雅撰写、徐霆注疏的《黑鞑事略》中对当时的蒙古包有这样的描述："穹庐有两样：燕京之制，用柳木为骨，正如南方，可以卷舒。面前开门，上如伞骨，顶开一窍，谓之天窗，皆以毡为衣，马上可载；草地之制，以柳木制成硬圈，经用毡挽定，不可卷舒，车上载行，水草尽则移，初无定日。"⑤ 可以看出，这个时期的穹庐种类不再单一，分为燕京制和草地制两种；在选材方面也有很大的提高，不是普通的木材，而是选用优良的柳木。穹庐的构造方面同样发生变化，和普通民居一样有了门和窗。

　　后起的蒙古人将这种"穹庐"进一步发展，形成如今广为人知的蒙古包。鲁不鲁乞在游记中记述了他亲眼所见 13 世纪时的宫帐蒙古包，他们"将帐幕做得如此之大，有时可达三十英尺宽。……有一辆车用二十二匹牛拉一座帐幕，十一匹牛排成一横列，共两排，在车前拉车。

---

①　张彤:《蒙古包溯源》,《文物世界》2001 年第 6 期。

②　同上。

③　同上。

④　赵迪:《蒙古包营造技艺》,安徽科学技术出版社 2013 年版,第 30—31 页。

⑤　同上书,第 34 页。

车轴之大，犹如一条船的桅杆。在车上，一个人站在帐幕门口，驱赶着这些牛"①。这时蒙古包不仅规模非常大，还可以移动。元朝以后，蒙古民族退居漠北，历经明代，不断地发展传统的居住形式。至清代时，出现了装卸、迁徙更加容易简便的联结式陶脑的蒙古包。② 它是如今大家所见到的蒙古包雏形。

唐戈从民族学的角度论述了蒙古包的发展历程，认为蒙古包是由一种"仙人柱"的简易居住场所发展而来的。"仙人柱"的具体搭法是，首先将五六尺长、顶端带杈的六七根（也有只用三根的）桦木杆（也有用柳木杆和松木杆的）相互咬合搭成底一角约为70度的圆锥体，再将其他约20根木杆依次搭在这六七根木杆之间，这样仙人柱的骨架就搭成了。有的地区则是先将两根主杆（阿杈）立起，再将六七根带杈的树干（托拉根）搭在主杆上，顶端套以柳条圈（乌鲁包腾），之后在这些已搭好的木杆之间再依次搭上20多根树杆（仙人）。为了使骨架牢固，有时也将这些木杆插入土中一寸许，再用土培上。仙人柱的遮盖物，有桦树皮、芦苇帘、草帘子、布围子、棉布围子等。③

此外，唐戈还提出，蒙古先民也是居住在森林中以狩猎为生的。当时属室韦的一支，叫蒙兀室韦。蒙古先民也以仙人柱为居，公元9世纪开始离开森林，逐渐占据西部草原地带。在与当地游牧的各突厥部落的征战中，蒙古民族不仅适应了逐水草而居的游牧生活，也从突厥人那里学到了他们后来一直以之为居并成为其传统文化最富特色部分的毡包。从仙人柱到蒙古包的演变不是突变，而是一个渐进的过程，其间必有许多过渡形态。虽然历史上由仙人柱到蒙古包的真实演变过程已无从查考，但我们能在世界许多民族的现实生活中找到种种过渡形态的遗存。

---

① 张彤：《蒙古包溯源》，《文物世界》2001 年第 6 期，第 54—55 页。

② 同上。

③ 唐戈：《从"仙人柱"到"蒙古包"》，《黑龙江民族丛刊》1994 年第 2 期。

### 二 传统移动式蒙古包的演变

蒙古包是便于迁徙的房子。这种迁徙与中国古代其他民族的选址不同，没有关于房屋的风水原则，而是根据季节、气候、草场、牲畜和人的情况有规律地迁徙，是游牧人适应自然和与自然和谐相处的绝妙体现，其建筑基础是在长期游牧生活中习得的关于草地生长知识或者自然观念。人与自然融为一体，使得他们较少受人之外的超自然观念的束缚，有助于形成豪放的性格和民族特性。

在公元7世纪之前，蒙古先民居住的并非完全意义上的蒙古包。由于当时蒙古人以狩猎为主，他们利用捕获动物的皮毛作为包覆材料，将其覆盖在十几根木头支起的木架上面，这就是最初蒙古人的住房。从严格意义上讲，这样的住房只能称为皮棚，皮棚的聚集形成"帐篷村落"。由于皮棚存在许多缺点，经过千百年的探索，直到公元8世纪前后，随着游牧规模的扩大和大量羊毛生产、制毡技术的发明等许多外在因素以及自身生活需要，蒙古族先民发展了早期穹庐毡帐文化，形成真正意义上的蒙古包——毡包。

早期的蒙古包（移动式蒙古包）的样式大致分为两种：一种是可以载于车上移动的蒙古包，这种蒙古包也有大小之分，大的需要用多头牲畜拖拉，小的一头牛就可以拉动行走；另一种蒙古包是直接搭建在草地上的，可以自由拆卸。蒙古包具有许多优点，如拆装简单方便，非常适合于蒙古族四季游牧搬迁；可以有效抵御北方高原寒冷气候；空间舒适性较以前的居住形式好了许多。"失勒帖速台格儿"或"斡鲁格台儿"出自《蒙古秘史》，翻译为汉语是有隔壁的房了和有天窗的房子，都是针对蒙古包来说的，在我国的古籍汉文中又称穹庐、毡帐，也叫帐幕。在现代蒙语中，"失勒帖速"被"哈那"一词代替。在蒙古语中，"斡鲁格"称为地穴，可以推断蒙古包可能由古代草原人居住的地穴或皮棚发展而来。由于历史上蒙古族和满族所处地理位置相邻，满族语中称蒙古包为"蒙古博"，这是由于满语中"家"被叫作"博"。后来人们用汉语书写时，取其音并结合蒙古包的样式写作"蒙古包"。蒙古包的形成和发展经历了一个漫长的演变过程，体现了我国北方游牧民族人民杰出的思维想象力和创造力，也可看作人与自然不断抗争、适应的产物。

元代之前所讲的蒙古族建筑特指移动式蒙古包，但随着蒙古族军事领地的扩张、经济的发展、生产方式的转变、农业经济在蒙古族地区的兴起，蒙古族人盖起了与蒙古包不同的民居。大约在 12 世纪，部分蒙古人就"筑室而居"，草原上出现了固定式建筑，特别是元代大型宫殿式建筑成为元代草原都城的主要建筑形式。从那时起，草原建筑师不断地进行将蒙古族建筑元素用于固定式建筑上的尝试，其中有代表性的蒙古族固定式建筑有元大都、元上都、梳妆楼、美岱召等。12世纪以后，蒙古草原社会情况发生很大的变化，经济迅速发展，在原有制造皮革、毡毯、弓箭、箭镞之类手工业的基础上又出现了锻冶业和木作业。大量专业的手工匠从世界各地聚集到蒙古高原，制造幌车、大车、帐幕木架、家具和枪矛、刀剑等武器。1260 年 3 月，忽必烈即汗位于开平（锡盟正蓝旗金莲川），后定都北京（元大都），实施"二都巡幸制"：冬天在元大都（今北京）办公，谓之"冬都"；夏天在元上都办公，谓之"夏都"。蒙古族牧民向来就有分夏营地和冬营地、逐水草而牧的习俗。

### 三　蒙古包的结构术语

蒙古包通常是由木制的骨架和毛毡两部分组成的。木制的骨架则是由哈那、陶脑、乌尼、哈拉嘎（也叫乌德）组成。

（1）哈那：支撑蒙古包的网状围墙。哈那的大小在一定程度上决定了蒙古包的大小。哈那的发明，是游牧民族发展史上的一场革命。如果说陶脑是蒙古包的脑袋，乌尼是蒙古包的胸腰，那么哈那就是蒙古包的腿或者下半身。哈那的出现，才使窝棚像人一样站立起来，由侏儒变成巨人，最后完成了自我改造。① 可见，哈那就像普通民居的围墙一样，是蒙古包的重要组成部分。

（2）陶脑：圆拱形天窗，外围的方形插口用以安装乌尼杆。陶脑的类型很多，主要有井字式陶脑、插孔式陶脑和串联式陶脑三种。陶脑就如同普通民居的天窗，可以起到使空气流通、防止漏水等作用。此外，陶脑还起到平衡各种木质骨架的作用，使得蒙古包更加坚固。陶脑的制作工艺较为繁杂，技术含量较高，会在下文中详细介绍。

（3）乌尼：乌尼是陶脑和哈那中间的部分，用于连接陶脑和哈那的辐射状细木杆。乌尼杆的下端打小孔，孔内穿绳圈，用以固定在哈那顶端。乌尼有直的和弯曲的两种，其长度决定了蒙古包的高矮。乌尼的伞骨状结构具有极强的向心性和韵律感，会在视觉上形成令人愉悦、轻灵的升腾感。②

（4）哈拉嘎（也叫乌德）：蒙古包的门。早期的"毡帐"没有专门的门，在后期的发展中才出现了这种木门。这样人们进出时更加方便，在寒冷的季节还会起到隔绝寒冷空气的作用。此外，整个蒙古包的装饰性也大大提高了。

（5）毡结构部分：德额布日（顶盖、顶棚）、呼勒特尔格（披饰、外罩）、图日嘎（围毡）。还有用以覆盖陶脑的方形盖毡——斡日赫（顶毡），拉开可通风采光，盖严可挡风遮雨。

（6）鬃绳：用马鬃马尾搓成的绳索，包括带子、围绳，用以围捆、加固哈那。压绳，用以固定顶毡。还有从天窗下垂在包内的坠绳，刮大风时将其拉紧，以防蒙古包被风掀起，对保持蒙古包的稳固坚定和延长寿命都有很大的作用。

---

①　郭雨桥：《细说蒙古包》，东方出版社 2010 年版，第 82 页。

②　赵迪：《蒙古包营造技艺》，安徽科学技术出版社 2013 年版，第 56 页。

## 四　巴林蒙古包制作技艺调查

### (一)　巴林蒙古包与传承人

蒙古包是蒙古族等游牧民族的传统居所，经过漫长年代的发展演变，其制作技术工艺至今已相当成熟。内蒙古赤峰市巴林蒙古包的骨架仍采用传统的木质结构，其制作工艺较好地保留了传统工艺的成分，是难能可贵的民族传统工艺瑰宝。蒙古包拆卸容易，搭建方便，运载省力，是游牧民族逐水草迁徙生产生活的产物。其外观为圆形，风雪中阻力小；木质结构具有抗风、抗震功能；外围的毛毡对包内的温度有自然调节作用，这充分体现了蒙古民族高超的技能和智慧。蒙古包的制作技艺，是蒙古族传统文化不可或缺的组成部分，具有丰富的文化内涵。

现在，赤峰市巴林地区的蒙古族几乎均已定居，巴林左旗只有三个牧业苏木，均属于半农半牧。所以，把蒙古包作为移动住所并出场放牧的现象几乎消失了。然而，有少数牧民将蒙古包作为蒙古族游牧生活的特征一直保留下来，当集体和牧民家有重要活动时随用随搭。在巴林左旗，能够制作传统巴林式蒙古包的人少之又少。据我们近些年对传统文化项目的普查和了解，仅存查干哈达苏木石房子嘎查汪永山一人。他不但熟练掌握传统的巴林式蒙古包制作技艺，而且虽年近古稀却一直在为保留和传承这项技艺不懈地努力着。

巴林蒙古包的营造技艺是蒙古族的一项传统技艺，其营造技艺在习俗和工艺、材料、纹饰上具有一定的地域特征，尤其是巴林蒙古包的围毡都是用鬃绳封边或装饰的，这是它的一个显著特征。这项技艺在汪永山家族已经传承了四代。汪永山的父亲松格扎布时期，巴林地区还没有完全定居，基本上还是以畜牧业为主。蒙古包及其相关产品也有一定的需求量。所以，他主要制作牧民用于游牧生产生活的蒙古包及相关用品。汪永山自幼爱好木工制作技艺，他现在是巴林左旗乃至赤峰市很有名的蒙古包制作民间艺人，也是巴林左旗现熟练掌握蒙古包传统制作技艺并仍从事这项制作技艺的唯一传承人。

（二）巴林蒙古包的制作流程

制作蒙古包的木质骨架前，选取优良的、自然生长的天然木料，主要以巴林草原上生长的柳木、榆木和桦木做架木，制作出来的蒙古包适宜于当地的气候条件，无论雨淋日晒不走样、不干裂，保持原状不变。但是天然的木材需要人工加工，矫正木材，才能制作好的蒙古包。

所有用到的木材都要提前准备好，放置一段时间等待木材中的水分完全蒸发后才进行木头的粗加工和矫正工作。

蒸熏木料：制作蒙古包的地方专门有搭建好的火灶，用于蒸熏木料。加工木料时，要先在上面放一层羊粪，将羊粪用水浇湿，然后开始烧火，看到羊粪上开始冒出热气就可以将木材放在羊粪上蒸熏了。如果需要的木材不多，也可以不加羊粪，直接将木材放进火灶，这样既省时又省力，只是加工出来的木材量较少。

矫正：木料经过蒸熏后就可以矫正了。矫正时用到一根横向放置的粗木头，木头的中间有一个凹槽，凹槽的两侧用其他木料垫高。将需要矫正的木料放进凹槽，一边旋转，一边用撬棍不断地挤压和撬动。在矫正的过程中，为了使整个蒙古包的骨架造型统一，还需要准备一个样板，在挤压和撬动的过程中有所比对。

（三）制作陶脑

陶脑是蒙古包木质骨架中一种复杂的工艺。下面对乌尼连接式陶脑和十字形陶脑的制作工艺进行介绍。

1. 乌尼连接式陶脑

制作主梁：根据所需陶脑的大小量出主梁的尺寸，将一根木料加工成弓形，在主梁的两个侧面分别开卯口，方便和其他构件连接；正中的一对方孔用来连接辐梁；从中心向左、右两侧的1/4处开方孔，用来连接小的木圈；最外侧做成搭掌榫，用来连接大的木圈。主梁上的所有卯口都需要打通，然后沿着长的方向将主梁分成两半。

制作辐梁：首先，按照制作主梁的方法将一根木料加工成弓形，这根木料的弧度、长度和厚度均需要和主梁相同，宽度略等于主梁的一半。其次，按照辐梁的样式和尺寸，在辐梁上开卯口，中间的方孔和圆孔则不用开。最后，将辐梁从正中锯开，在锯开的位置开一对大小一样的方形透榫。透榫的宽度要和辐梁的宽度相同，长度是主梁的一半。

制作小木圈：将一根方形的木头四等分，并矫正木头的弧形，然后将弧形的木料加工成方形的透榫，用于连接主梁和辐梁。最后，在弧形的正中开方卯，连接半梁。

制作半梁：依照主梁和辐梁的弧度，准备四根弓形木料，其长度略长于辐梁的一半；在半梁的一侧开方形透榫，方便固定小木圈；加固主梁和辐梁，在半梁的另一侧开两个圆孔，用来固定大木圈。

制作插闩：插闩是将两个半圆形的陶脑连接在一起的木榫。

制作大木圈：首先，将若干根拇指粗细的柳条蒸熏和矫正，将其弯曲成半圆形。其次，将这些柳条固定并晾干，等待柳条定型后刮去表皮。制作大木圈时，选取木料的长度必须比实际长度长，以免出现不够用的情况。

制作穿缀乌尼的木片：为了可以将乌尼穿到陶脑的上面，在上、下两层大木圈的中间需要固定一圈打了孔的木片，其造型像钥匙一般，只是侧面至少有两个孔，木片的窄侧横向还有一个孔，用来穿乌尼。这种木片所需数量多，需要注意的是每一片的大小和孔位要相同。

组装陶脑：首先，将辐梁的双榫砸入主梁，形成"丁"字形；其次，将小木圈插入主梁和辐梁的两侧，再将半梁斜向上插在小木圈上，用上面2根（或1根）、下面3根（或2根）的半圆形柳条将主梁、辐梁、半梁穿在一起，形成一个大的半圆；最后，穿缀木片，把木片宽的一端插进两层柳圈中间，用绳子将它们捆在上面。穿好木片后，半个陶脑就制作好了，用同样的工序制作另外一半的陶脑。

## 2. 十字形陶脑

又称井字形陶脑，采用的木材为红柳木。

制作十字形圆拱：准备长度一致、粗细均匀的柳条，排列好木材，趁木材有湿度时让木条弯曲成一定的弧度，然后用木橛子固定住，等待晾干。木料定型后，刮去表皮，并将它们下面剔成平面。接着，将两条柳木均匀地十字交叉，每个交点用木钉固定。

制作木圈：算出陶脑的半径，将一根与半径等长的木棍钉在一块木头上，制成一个简易的圆规。用圆规量出与陶脑弧度基本一致的木料，锯成 4—6 段备用。然后刮去木料表皮，重新用圆规准确地量出陶脑的弧度，用锛子将木头砍成四棱柱形。木料的横截面横向留出一定的宽度，再将四棱柱用刨子推平，使其截面成八边形。接下来，把每块木料的两端剔成搭掌榫，用胶固定，待胶完全晾干后，在所有的接合位置钉上木钉。然后在木圈的外侧下方均匀地打一圈圆孔，再将圆孔凿成方形，用来插接乌尼头。最后，比对做好的十字形圆拱，在木圈上打出所需要的圆孔。

组合：首先，把十字形圆拱插进木圈预留的孔中固定；然后，用湿的皮条把整个木圈横向缠一圈，待皮条自然晾干后，其牢固程度会更好。至此，十字形陶脑制作结束。

### （四）制作乌尼

乌尼有两种类型，一种是直乌尼，另一种是上直下弯的乌尼，所用木料以柳木、榆木和桦木居多。

准备材料：尽可能采集表皮质地光滑的木料，然后削去多余的树杈，刮去表皮，将木材的表面打磨平整。

（1）矫正木料：矫正木料弯曲的地方。

（2）锯料：将所有木杆根据实际所需锯成相同的长度。

（3）打孔：距离乌尼下部 2—3 指的地方用大钻打孔。

（4）穿绳环：在乌尼下部的打孔处穿绳环，巴林蒙古包用的是马鬃绳。

以上步骤是直杆乌尼的做法。上直下弯的乌尼做法和直乌尼相同，只是在矫正时需要调整乌尼的弯曲程度，具体弧度没有绝对的标准，以蒙古包的造型好看为标准。

（五）制作哈那

哈那是由两排长短不一的柳条组成的网状木质骨架。值得一提的是，连接网状的每个交点都可以转动，这样整个哈那就可以延展和伸缩了。

（1）准备材料：所用到的柳木粗细比乌尼略细。动工前需要对使用数量、排布间距和打孔位置进行估算，方可动手制作。

（2）矫正：将一根柳木蒸熏后矫正成"S"形作为标准，然后按照其标准将剩下的柳木全部加工出来。

（3）用刮刀削去柳木的表皮，并把它们加工成一样的粗细，将两层柳条的交点处铲平、刨光。

（4）打眼：将柳条排成"一"字形，上下固定；在最外侧的柳条上打眼，以其作为样本，横向画出水平线，其他柳条以水平线为标准打眼。由于哈那可以延伸，故而柳条上的眼儿不是平均分布的。

（5）穿皮条：用皮条穿过前后两排哈那，然后在穿进去的那头顺着拉一道豁口，把多余出来的皮条挽回来，插进豁口里并拉紧，这样就会形成牢固、性能好的绳结。用同样的方法在哈那的另一侧穿一个绳结，割断多余的皮条，等皮条干透后，前后两排的柳条就会紧紧捆绑在一起。

（六）制作哈拉嘎（木门）

木门作为蒙古包的出入口，自然是必不可少的，也是搭接乌尼、拴缀哈那的结构部件。蒙古包的木门普遍比较低矮，其高度主要由哈那决定。木门是由门框和门板两部分构成的。

门框的制作：组成部分有门楣、门槛、门梃、立柱。

估算和备料：根据制作好的哈那估算出门的高度，选取的材料以桦木和榆木为主。这类材料易于加工，不易变形，不易裂开。

门楣：根据所需尺寸锯出长条形的木头，然后在横宽方向上开出方形的卯口，卯口的数量由蒙古包的大小和乌尼的数量决定。在对面一侧，开出可以固定门桄和立柱的长方形卯口。

门槛：门槛的宽度和门楣相同，高度略高于门楣，由一两块木头制成。门槛做好后，也要在左、右分别开出长方形的卯口，用来连接门桄和立柱。

门桄：门框两边立着的竖框就是门桄，需要在锯好的木料上、下两端分别剔出方形榫头，然后顺着木料的方向凿出绑系围绳的圆孔。

制作立柱：立柱是用于系哈那的，高度与门桄一致，平行安装在门桄的外侧。要求所用到的木料质地较硬，锯成细柱，两边留出榫子。

组装门框：门框即一个四方形的木框。组装时，对接好留出的榫卯即可。

门板的制作：蒙古包的门板和普通门板的制作方法差不多，即将木板对缝拼接、胶合在一起，用刨子推平，然后把木板镶嵌到由窄木条组成的门板框架里即可。

门框和门板做好后，就可以进行整体的组装了。

（七）组装蒙古包

以上所有木质骨架制作好后，就可以搭建蒙古包了。

（八）制作毛毡

蒙古包的毡子分为盖毡、顶毡、围毡、毡门和顶饰。制作各种毡子的工艺差不多，基本分为裁剪、锁边、缝带子，制作顶毡时的工艺稍稍复杂一些。根据需要裁剪出相应的毡子，接着用马鬃绳压着折过来的两层毡子锁一道边，这样毡子不仅外表好看，而且具有实用性，保证毛毡在使用过程中不易起毛、不易变形。最后，在毛毡的底部用绳子缝好，起到一定的牢固作用。

顶饰是盖在顶毡上的一层装饰毡，其造型丰富多样，有圆形、多边形等。由于顶毡的外观漂亮，富有轮廓感，所以制作起来稍稍复杂一些。以八角星形顶饰为例，它有四个平角、四个尖角：平角略长，分别指向东南西北四个正方向；尖角略短，分别指向东南、东北、西南、西北四个方向。制作时，需要以做好的顶毡大小为标准。

蒙古包经历了漫长的历史岁月，是蒙古族先民们的智慧结晶。蒙古族的诸多习俗礼仪都与蒙古包有着千丝万缕的联系，它承载了丰富的历史和文化内涵。例如，蒙古包搭建落成后，要举行相应的仪式和庆祝活动；蒙古包的门一般朝向南方或东南方；包内正中央放置火撑；蒙古包内的佛龛、成吉思汗像的供放有特定的位置；在包内就座有严格的讲究；包内摆放家具和物品有固定的位置和规矩，从正北开始，西北、西、西南摆放男性用的东西，正东开始摆放女性用的东西。

蒙古包文化是蒙古族传统文化的重要组成部分。从这个意义上讲，蒙古包制作技艺的保护和传承，就是对蒙古包文化的保护和传承。所以，对蒙古包制作技艺的保护和传承具有深远的历史意义和重要的现实意义。巴林左旗的蒙古包带有鲜明的地域文化特征，对研究本地域的历史变迁、文化传承等具有独特的价值，在文化价值、艺术价值和可传承价值等诸多方面具有代表性。近年来，随着牧民开始定居生活，使用蒙古包的越来越少，仅少数牧民在夏天出场时才用到，蒙古包的数量大为减少。这对蒙古包传统制作工艺的传承来说是一个巨大的冲击，随之造成能制作蒙古包的艺人亦越来越少，蒙古包传统制作技艺已濒临失传。

蒙古包是内蒙古草原文化极具象征性的代表元素，可是随着城市化发展越来越快，自治区内的很多地方已经看不到蒙古包了，只有在偏远的牧区才能看到具有民族特色的蒙古包。这对于保护和发展民族文化是不利的。如今，巴林蒙古包的制造技艺在习俗和工艺、材料、纹饰上具有一定的地域特征。在巴林左旗，目前掌握巴林蒙古包传统制作技艺的除汪永山一人外，并不多见。

## 第二节　蒙古族传统弓箭技术与文化

蒙古族的射箭传统由来已久。然而自 20 世纪 50 年代后期，内蒙古的传统射箭活动渐失，虽然富有民族特色的运动大会那达慕里仍有射箭比赛，但取而代之的都是纯竞技体育中的现代弓箭和西方射术。2000 年前后，笔者有幸对中国传统角弓制作及使用进行了深度研究和宣传推广，并以内蒙古师范大学传统射艺文化研究发展中心为传播基地、以组织参加世界传统射箭联盟大会为平台，向蒙古草原人民特别是那些积极参加那达慕大会的蒙古族射手们进行了推广和传播。在国家近年来不断重视和保护传统文化的环境下，历经十多年的发展，如今蒙古族的传统射箭活动已经恢复了往日的生机。相比之下，蒙古国的传统射箭习俗一直没有间断地被传承了下来。同样的技艺在两个不同地域经历了不同的传承和发展历程。

## 一 历史发展

### （一）内蒙古的射箭传统

经过漫长的历史变迁，弓箭始终没有离开过蒙古民族生产、生活、文化、娱乐等各个领域。从枪炮的发明开始弓箭逐渐从战场上退役以后变成蒙古民族的传统体育项目，以那达慕形式保存至今。蒙古民族丝毫没有改变对这种古老传统文化的崇尚之情。新中国成立初期，在内蒙古地区有关弓箭文化习俗保存最好并有一定传承的地区当属内蒙古赤峰市巴林右旗。一直到 1965 年在巴林右旗查干穆仁和古日古乐太两河流域活跃着身背祖世相传的弓箭手。小孩在童年时期也乐于学射。他们踊跃参与各地举办的各种射箭比赛，他们都是世代射手，各怀祖传绝技。尤其是查干诺尔苏木和巴音汗苏木牧民经常使用祖辈传下来的角弓在自家附近练习射击萨仁靶。这些弓箭手每年组织举办各种不同形式的射箭比赛，他们所使用的老角弓其结构与蒙古国制作的传统角弓大体一样，只不过所使用的有些原材料有所不同，如弓背使用的是藤树木片和马筋，而蒙古国现用竹片和牛筋，弓弦用狼筋，箭杆儿用干透的红桦树。从 30 弓远处射萨仁靶。1 弓是指张上弓弦的两端弓梢的长度，一般为 1.4—1.5 米，30 弓的距离相当于 45 米左右。萨仁靶的靶片由五种颜色绘成，靶心是活的，射中后即脱落图。靶的总直径为1.7寸（56厘米），0.67寸厚（2厘米），在两层生牛皮中间夹有毡片，用骆驼皮绳缝制而成。萨仁靶共有四环一心，四环的颜色是固定的，从外环起分别为白、天蓝、黄、绿色。靶心用红色布包起，叫央眼，射中央眼得5分，其他分别得4、3、2、1分，射中最外边的白环时，如果其他环不脱落时不得分，脱落后得1分。居住在东北地区的布里亚特蒙古族们通常把这样的靶子叫作通克。

　　当地牧民十分在意射央眼的机会，如果谁能射中央眼，在不同规模的那达慕上都有不同形式的庆贺或奖赏方法。这种习俗一直延续到今天。另外当地的牧民中还存在一种像赌博性质的活动。射手们在比赛前每人发5枚硬币，先射中的射手即吃掉后面的5枚硬币，以此类推，最后定胜负。

　　20世纪五六十年代在巴林右旗先后出现过布和敖其尔、淖木拉西等全国有名射手。1951年布和敖其尔在巴林右旗和赤峰市举办的那达慕大会上均获射箭第一名，并在当年庆祝内蒙古自治区成立举办的首届那达慕大会上获得个人第二名，淖木拉西获得第一名。从此以后，他们留在了内蒙古的首府呼和浩特，并参加筹建内蒙古自治区射箭队工作。吸收一批少年男女组成专业队，当时训练比赛使用的弓箭是仿古牛角包蛇皮弓和自制仿古箭。

　　射箭运动在中国有着悠久的历史，也是一项传统的体育项目。但由于新中国成立后不久，部分传统文化保护不到位。很多地区已经完全忘记或丢掉传统弓箭比赛，只有边远少数民族地区还保留着此项运动。内蒙古传统弓箭虽然当时也并不普及，但在全国还是名列前茅。1953年10月国家体委和中央民委在天津举办的全国民族形式体育表演及竞赛大会上设立过射箭表演项目，共有四支代表队的5名运动员参加了表演。内蒙古自治区虽然第一次派射箭运动员参加全国性运动会，但布和敖其尔、李青、淖木拉西分别获前三名，一举成名。从1956年内蒙古自治区成立专业射箭队到1959年的三年时间内，内蒙古自治区运动员使用仿古弓箭在全国射箭比赛中有 4 人次获第一名，5 人次获第二名，2 人次获第三名。当时在全国处于领先地位。巴林右旗牧民出身的内蒙古自治区射箭名将布和敖其尔、淖木拉西等人多次受到过毛泽东、贺龙、乌兰夫等党和国家领导同志的接见。从 1958 年 5 月全国射箭锦标赛开始，中国射箭比赛逐渐告别传统弓箭与国际接轨，使用国际标准弓箭和射程，从此以后全国很多省市也先后开展起了专业射箭队。1959 年为庆祝新中国成立十周年在北京举办的全国第一届全运会中，完全按国际射箭规则进行了射箭比赛。从此以后内蒙古射箭专业队彻底告别了筋角弓和木制箭，虽然内蒙古民间那达慕对筋角弓和响箭情有独钟，但终因制作技术的渐渐失传，很多比赛逐步被现代弓箭和西方射术所取代。这也是近几年我们在那达慕的射箭比赛中还能看到很多选手采用三指拉弦的所谓地中海式射法。

2008 年内蒙古师范大学成立了中华传统弓箭文化研究发展中心，此后逐步向社会推广筋角弓制作技术和蒙古族传统射法，2012 年开始在内蒙古师范大学开设"中国传统弓箭"选修课，2013 年创立的学生传统射箭社团，在社会上产生了广泛的影响。呼和浩特市民族弓箭协会、赤峰市民族弓箭协会、巴林右旗民族弓箭协会等各地方的传统射箭协会创办的越来越多，他们先后组织了各种类型的国内或国际比赛。应该说，经过这几年的发展，内蒙古地区蒙古族传统射箭活动已经恢复到曾经辉煌的时代。

（二）蒙古国的射箭传统

与中国内蒙古传统射艺发展道路不同的是，蒙古国传统弓箭开展十分普及，国家法律规定，每年各苏木、盟和国家三级至少开展一次那达慕大会。大会上必有骑马、摔跤和传统弓箭比赛以及沙嘎（汉译羊拐儿）比赛，尤其每年 9 月 9—11 日三天举行的蒙古国国家那达慕大会上全国放三天假，那达慕举行得十分隆重，总统有时也会亲自来参加射箭。

三级比赛优胜者每级都有政府颁发的证书和职称，而在国家那达慕大会上则由国家总统亲手颁发奖状，场面十分壮观。每当比赛之前都会对观众宣布该运动员曾经取得过的成绩和现有的职称，所以那些弓箭手在社会上也有很高的地位，十分受大家的尊敬。由于政府的重视和民众的喜欢，在蒙古国几乎每家都有几把传统弓箭，悬挂在客厅正墙或蒙古包正面哈那。每当春暖花开，那些射手开车到视野广阔的野外练习射箭。目前，蒙古国开展的射箭比赛有布里亚特、喀尔喀、乌力洋海三种。其是蒙古族古代三种不同部落的玩法，都是静射。主要区别在于射程和所使用的箭杆盾头大小，以及服饰和所进行的仪式、地靶。蒙古国不射内蒙古所惯用的毡片靶，而改用由生牛皮编制成的两倍拳头大小的空心圆球或空心柱，比赛时把这些圆球摆放在地上从不同的距离进行射击，不同比赛摆放的圆球个数和距离有所不同，每击中一次从球堆中拿出一个，最后全部击完为止。分组轮换射击，不参加射击的队员站在地靶两侧，呐喊助威，但不是瞎喊，指导射手下次应往哪个方位射击，均有专业术语和唱调，十分好听。根据男女老幼参赛者细分为很多参赛队，在国家那达慕射箭开始之前，必有总统亲自光临现场放射第一支箭，以表助兴，比赛时间一般进行一周或更长时间。另外，射手在比赛间隙都十分保护自己的弓，赛后会把自己的弓挂在树上的背阴面。

蒙古国的一些有关射箭或使用弓箭的习俗历来受到重视。如新生儿出生后通常会被家人或朋友送给一把小的弓箭作为第一个玩具；新郎在得到女方家人认可的时候会被赠予弓箭作为信物；新郎在求婚时一定要佩戴弓箭作为男人的象征；新年伊始，家族的长辈通常会安排一场射箭比赛来迎接新年、驱逐晦气；弓和箭是不允许被跨过去的，那样会不吉利，这也是比赛或平时弓和箭通常会被挂在高处的原因；人们通常会根据比赛时射手的竞技状态来观察参赛射手的身体健康情况；等等。比赛期间，大家还要遵守一些默认的规则：年长的优秀射手会被赐予特殊的座位以表大家的尊敬和爱戴；不能在箭靶附近吸烟、争吵与诅咒别人；不能对射箭的结果造假或有意识地打出错误的手势等。

## 二　传统筋角弓制作技术

一般人都会认为蒙古角弓与满族的清弓不一样，从这几年的研究成果来看，可以说清代以后，内蒙古、青海省等多地角弓制作与清弓的弓形很接近，这种相似性从另一个层面反映出了清代满族在全国实施统一集权化的结果。蒙古角弓、青海角弓只是为在使用上的方便才把独具特色的清弓长弓弰截短所致。清弓长弓弰可以在同等条件下增大拉距，但因角弓本身具有不稳定性，因此在使用过程中需要及时地调整两弓弰的直线性，弓弰越长越不容易保持好弓体的直线性。截短弓弰可以有效缓解不熟悉调理角弓操作的弊端，但也同时削弱了弓体的大拉距特性。

蒙古角弓与清代角弓的制作方法基本相同。根据内蒙古现存的传统弓以及蒙古国现在制作和使用的传统弓箭得知：蒙古族传统使用弓的原材料主要由 60 厘米以上长的岩羊角或水牛角、竹片、牛筋、桦树以及桦树皮、鱼胶等纯天然原材料组成。尤其使用晾干后再熬制的鱼鳔胶比现代化学原料制成的胶有较好的弹性和长久性。制作流程大体上把 60 厘米长的两段牛角与竹片以及牛筋用鱼胶粘贴在一起，外用桦树皮等美化包装制作出弓的主体部分。弓的两端使用硬质的桦树等制作大约 16 厘米长短的弓弰以备挂弦使用。根据使用者年龄不同以及力气大小可制作出不同拉力的软硬弓。一把新弓制成后需要经过合理的训弓过程后效果才稳定。

20 世纪 50 年代后期，内蒙古制作传统角弓的技术渐失。唯有内蒙古杂技团的一位叫李玉祥的老师傅尚保留了这份技艺。李玉祥的制弓技术依然延续了北京清弓的制作方法。内蒙古杂技团经常有拉硬弓等射箭项目的杂技表演，经常需要购买品质精良的角弓。李玉祥是杂技团的木工，曾被派到北京等地做角弓。在他 40 多岁时，因工作需要他不得不给北京的制弓师傅李玉春做小帮工，干了三个月，这期间他边观察边学习，动了学习制作角弓的念头。后来他第二次再到北京时，李玉春师傅认真考虑后教他制作角弓技术。学成回来后，李玉祥先按师傅所教做了几批，每次做成后都要送到北京去检验。后来做熟后，他依据内蒙古的豪放风格，又做了改进，把原来的弓弰增大增宽。

接下来李玉祥师傅也很快学会了做射箭弓，如女子射箭演员们用的猴头弓。猴头弓本是射弹丸的弹弓，但弹弓的打法难于掌握，后期近几失传。但亦可上单弦成为普通的射箭弓。虽然制作硬弓和射箭弓的材料和程序都是相同的，但是使用竹胎的方法却不一样。制作硬弓时竹胎靠皮面向里，而做射箭弓时刚好向外。如材料充足，每次可以同时做出十张左右，在备好材料的情况下可两个月完成。通常要在春、秋两季动工，否则成品弹性不好。

李玉祥师傅做硬弓时，可以按杂技演员的需求来做。如做 10 或 12 个劲儿的弓，他会很好地掌握材料的配比分量，使做成弓的弓力上下差不了 1—2 斤。可用杆称测试弓力，先用手拉满弦，此时用一根木杆比较出满弦时弓张开的长度。然后用称钩住弦，用脚踏住弓把，把弓张开到满弦时（即张开比较木杆的长度）看称的刻度。当弓力太大时，要两三个人同时操作，用一根实木横压弓把在地面上，两人分别踏住。并再用另一根实木横穿杆称的旋钮，两人分别用力高抬，直至满弦，量出弓力。如果所做弓的弓力过大，使用者拉不开，仍可做相应的处理使弓力减小，达到合适的程度。但李师傅凭多年的制作经验，很少来具体测试弓力，每次做的都能很好地适应演员们的演出需要。后来还为外省杂技团做过弓。

2009 年笔者招收了一名蒙古族研究生，想让他专门从事蒙古族角弓制作的调查研究，除了结合我现有的对北京聚元号、韩国角弓制作等材料外，我们又从蒙古国把当时最好的角弓师傅阿侧温和巴特呼雅格教授请了过来，在我们准备好牛角片、牛筋、鳔胶、竹片后，专门让蒙古国老师傅把各种材料粘贴在一起。通过演示，我们发现蒙古国的传统筋角弓技术仅是简单地承袭了清代满族的制弓技术。近年来，新一代蒙古国筋角弓制作技术不断改良，也诞生出不少像巴特孟和师傅一样的大师。

蒙古族射手们为了使两弓弰在使用过程中能更好地呈直线性，特意减小了弓弰的长度；为了防止放箭后弓弦跑偏，又粘贴了一组更宽的弦垫；为了防止弓片开胶，整个弓体均用钓鱼线横缠加固，这就是现在国内弓友们常说的早就应该被淘汰的"鱼线弓"。就操作技术而言，蒙古国老师傅不用走绳、压马等传统工具，取而代之的是橡皮筋，方便之处是容易操作，弊端是由此造成弓弰的直线性不好，粘贴牛角不牢固。此后几年，笔者又陆续接触了很多蒙古国的角弓师傅，他们的制作技术大体相当。整体而言，蒙古国的制作技术较为粗犷，弓体质量较大，弓弦拉距较小，并不适合中原地区非力量型选手。2009年前后，笔者曾帮助他们在国内开发一些市场，初期还有一点销路，后来因为国内造弓技术日趋成熟、工匠成长迅速，蒙古国的角弓很快在国内就失去了一席之地。2015年秋，五位蒙古国弓匠前来笔者位于呼和浩特市大胜魁的角弓制作工作室学习并探索改进他们的传统工艺。

2007年笔者的《中国传统弓箭技术与文化》一书出版后，得到了很多对传统文化情有独钟的人的喜爱。此后几年间，这本书的销量一度不减。因为书中较为详细地介绍了清代角弓的制作技术，笔者也一度成了可以讲解如何制作一把角弓的咨询专家，但每每接到各种各样的咨询电话时笔者还是心有顾忌，因为这可能使国家级非物质文化遗产手工技艺类传承人北京聚元号师傅的技术保护受到威胁。但后来发现，越是想保密、越是想受到国家保护的技术更容易受到民众们的积极追求和不断探索。市场是决定一项传统手工技艺能否继续存活的双刃剑。有市场，传统技术才能生存，生存得好就根本不需要国家来保护；没有市场，传统技术将会面临枯竭，国家硬性保护的难度很大。自2007年世界传统弓箭大会在韩国成功举办以来，笔者一直负责组织中国代表队积极参会，在2014年世界传统弓箭大赛上，中国代表队一举获得了团体赛冠军（宝力格、秦宗俊、丁旦亮、满都拉）、青少年队亚军（田宇泽）、团队最佳表演奖（20 名全体参赛队员）、165 米远射第四名（仪德刚）的丰硕成果。受此影响，中国的传统弓箭运动越来越受到很多具有民族传统如内蒙古、青海等地选手们的追捧。

目前，已经能够很好地掌握并制作蒙古传统角弓的师傅除笔者及合作伙伴台湾的张育华，还有内蒙古赤峰巴林右旗查干嘎日迪、斯钦孟和巴林左旗苏振山等数十位民间弓匠，他们都在乐此不疲地努力着，这些角弓师傅的作品也是在近几年传统弓箭国内外比赛中最常见的优秀成品。他们为中国传统弓箭事业的复兴做出了不可磨灭的贡献。

蒙古族制作箭杆所使用的木材多用松木或桦树等不易变形的硬质木材。蒙古民族举办那达慕所进行的传统弓箭比赛其箭头都套用大小不同的空心盾头，用牛角制成，根据不同比赛类别盾头大小有所不同，大则有鸡蛋大小，小则有鹌鹑蛋大小。蒙古国的乌力洋海射箭比赛（以蒙古民族古代部落名称命名的一种传统射箭比赛）中所使用的箭头为最大。通常把盾头削成八面棱角形的鸣箭。蒙古民族传统弓箭上所使用的箭羽是用食肉鸟的羽毛。如秃鹫、鹰等，此类鸟羽不同于家禽羽毛，不易损坏。在蒙古国制作传统弓箭相对较为普遍，很多年长射手都有一些制作经验。

### 三　蒙古族的弓箭文化

蒙古族和满族在中国历史上均以精骑善射而闻名于世，弓箭在这两个民族历史舞台上有着举足轻重的地位。早在 11 至 12 世纪时期，蒙古族狩猎获取生活资料的主要工具就是弓箭。据《蒙古游记》记载："男人除了制作箭和放牧以外不做任何其他事情。他们通过射鸟来练习骑射和静射。他们不分老幼都是好射手。他们的孩子从两三岁就开始练习骑马。根据孩子不同年龄发给大小不同的弓箭进行射箭练习。"① 另据《蒙古习俗》记载:"随着孩子年龄增大,以后主要工作就是狩猎,通过狩猎来维持生活。他们早去晚归,把猎物的肉当食物吃,皮做成垫子,蒙古人通常十分敬重那些射法精湛、力大勇敢的人。"② 由此可见,神射手和大力士是他们的精神领袖。他们的狩猎严格按部队规则进行,所以年轻人积极参与,他们没有专业军师可言。《蒙古秘史》记载:"包旦其尔当没有食物时,慢慢靠近被狼追赶到洞穴里的鹿群,并射死鹿后开始吃鹿肉。"③ 上述历史文献充分说明,早在11—12世纪,制作弓箭和练习射箭是蒙古族男人的主要生活内容之一,用弓箭狩猎来维持生活,可想而知弓箭在当时的蒙古人日常生活中是不可或缺的。

弓箭也是蒙古士兵作战的重要武器之一,乃至一个部落的强弱以其控弦之士的多寡来衡量。据《蒙古游记》记载:"每位蒙古族士兵必带三四张弓,其中至少有一张好弓,三个装满箭的箭筒,一把斧头,锁镰和绳索等工具。""遇到敌人后他们迎面而上,每人射出三四支箭,如果料到不能战胜对方时,他们立即撤退。这种撤退是伪装的。""他们使用射程有两千伍佰步远的迦曼·亦·格甫(kaman-i-yav)射击那些盲目攻击者。那些魔鬼般异教徒的很多士兵被流星般飞来的箭杆所烫伤。"④《征服世界者史》记载:"他们个个都是神箭手,白天用弓箭能射中天上飞的老鹰,晚上用斧头能砍中海底里的鱼。他们把作战之夜视为新婚之夜,把箭伤视为女人的亲吻。"《蒙古风俗鉴》记载:"当他们的战刀士兵爬山时,侧面的士兵拉满弓箭来护卫。我方如果想用石头砸那些爬城墙的士兵时,那些拉满弓的士兵如同瞄准墙头燕鸟一样射击我们。所以我们伤不着那些士兵。""他们作战时有长矛手。前

① 鲁布鲁兑:《蒙古游记》,葛尔乐朝克图译,内蒙古教育出版社2001年版,第68页。

② 转引自《蒙古族民俗百科全书·精神卷》(蒙文版),内蒙古科学技术出版社1999年版。

③ 官布扎布:《蒙古秘史》(现代汉语版),阿斯钢译,新华出版社2006年版。

④ 转引自《蒙古族民俗百科全书·精神卷》(蒙文版),内蒙古科学技术出版社1999年版。

进则刺伤，后退则做绊，右侧拉弓，左侧拿刀，三人一组，长短武器搭配使用。"①《蒙古风俗鉴》记载："蒙古族练兵法是从十三岁开始练习拉弓射箭。平时各自在家练，年长者是他们的教练，每年规定正月、七月、十月三次聚集在一起，主要考核士兵们的射击能力，主要射击毡片靶。蒙古人根据弓的拉力大小不同分为十级弓、十六级弓和二十四级弓。每一级拉力约有八斤重。如果有人能拉动二十四级弓（约有192斤重）堪称英雄。多数人能拉动十六级弓。他们用不同拉力的弓来考核士兵力气。聚会的组织者或年长者是他们的教练，教给年轻人握弓技术和瞄准靶的技巧动作。"②

在蒙古族历史舞台上出现过很多神箭手。成吉思汗的军师木华黎就是一位著名的射箭手。成吉思汗的弟弟哈撒尔是一名神箭手，百发百中。哈撒尔的儿子也松格也是一位英勇善射的名将。自13世纪开始射箭成为蒙古民族那达慕的一项重要内容之一。每当春暖花开、牛羊肥壮或重大节日喜庆之时蒙古人都要举行那达慕，必有博克、骑马、射箭比赛。蒙古人把这三项比赛尊称男儿三艺，意思是每位蒙古族男人必须掌握的技艺之一，并把射箭视为那达慕之首，重赏射箭冠军。通过射箭比赛练就人的敏捷、稳重、持久耐劳的健康体魄。1225年，成吉思汗为了庆贺统领中亚众国，在布哈素赤海（现蒙古国境内）举办了全蒙古盛大的那达慕大会。成吉思汗弟弟、神箭手哈撒尔之子也松格将军远射三百三十五弓中之（接近500米），为了纪念此项射箭纪录，成吉思汗特令立石碑，史称成吉思汗碑。

古代蒙古人把弓箭视为护身符，每位男人身不离弓箭，故蒙古人生活习俗上出现了很多与弓箭相关的文化。如：蒙古人走访亲友时必须把弓箭放在蒙古包外面，以表尊敬对方；平时自己的弓箭不会乱放，悬挂在自家蒙古包正面哈那（蒙古包正对门的墙）；不随便使用他人的弓箭和把弓箭借给他人；不随便对准人与狗拉弓；在弓箭上面不能随

①　罗布桑却丹：《蒙古风俗鉴》（蒙文版），内蒙古人民出版社1981年版，第218页。
②　同上。

便走动，潮湿处不放弓箭；等等。当男孩出生以后，家门上方悬挂一张用柳条等编制的弓箭模型或在摇篮上悬挂一张弓箭模型，并且父亲首先给孩儿做一把弓箭，以备长大使用，而在幼小时用柳枝制作简单弓箭射击燕鸟，练习姿势和握力。据《蒙古秘史》记载："阿伦高娃母亲……把五个孩子叫到身边，首先每人发给一支箭让他们折断，五个孩子立马完成。然后分别发给五根箭，让他们一起折断时，他们无人完成。阿伦高娃母亲教育道：你们五子出生于我，如果以后互不团结、自私自利就像刚才那一支箭一样容易败给他人。如果你们兄弟五人犹如五支箭，精诚团结，就不易败给敌人。"[1] 有一次成吉思汗兄弟因为抢鱼互相争执，成吉思汗母亲诃额伦引用阿伦高娃母亲教育五子的典故训斥了他们。后来蒙古人把五箭教子典故编入小学教课书，教育后代做人之道、成功之术。

## 第三节　蒙古族马头琴制作工艺的传承与创新

马头琴是蒙古族特有的一种传统弓弦乐器，从 20 世纪 50 年代色拉西老人在中南海为国家领导人成功演奏，到 2006 年"蒙古族马头琴音乐"被列入第一批国家级非物质文化遗产项目，再到如今马头琴成为蒙古族音乐文化的代表性符号被国内外熟知，其发展和繁荣的历史过程一直被学术界所关注。在以往对蒙古族马头琴的研究成果中，往往将焦点聚焦于马头琴的历史源流，如柯沁夫的《马头琴源流考》[2]、苏赫巴鲁的《火不思——马头琴的始祖》[3]，以及马头琴演奏家个人及其

---

① 官布扎布：《蒙古秘史（现代汉语版）》，阿斯钢译，新华出版社 2006 年版。

② 柯沁夫：《马头琴源流考》，《内蒙古大学学报》（人文社会科学版）2001 年第 1 期，第 69—76 页。

③ 苏赫巴鲁：《火不思——马头琴的始祖》，《乐器》1983 年第 5—6 期。

曲目的介绍①、马头琴音乐的分析②。随着非物质文化遗产研究的兴起，一些学者开始关注马头琴的制作工艺，学者们对张纯华③、段廷俊④、布和⑤等制琴师做了专门介绍，也开始研究马头琴制作工艺本身⑥以及马头琴的改革⑦等方面的内容。相关研究成果虽丰，但都较少将蒙古族马头琴制作工艺作为一种人类行为，对作为个体的马头琴制琴师与马头琴演奏者之间的互动进行综合性的微观考察。

迈克尔·欧文·琼斯认为在对物质民俗中民间艺术的研究中有四种视角：将其看作历史手工艺品、可描述可传承的实体、文化的体现，以及将物品的制作和使用看作人类行为。他还强调将"制造者与使用者同物品构思、制作和使用的过程一起列为调查对象"的第四种视角很重要，认为"这种方法聚焦于个人、行为、行为的结果以及在特定场景下个人与他人的互动。其目的不仅旨在探讨物品本身——包括它们的本质、它们的创造、它们的用途——还旨在探讨创造这些物品的人，以及从物品和行为中体现出来的意义"⑧。以此视角为借鉴，朱霞从精英知识分子群体与民间工匠群体的物质行为出发，对云南紫陶装

————————

① 乌云毕力格：《简析马头琴独奏曲〈遥远的敖特尔〉》，《艺术评鉴》2016 年第 13 期，第 59—60、38 页。

② 阿尔宾·达来：《蒙古族马头琴音乐的美学探究》，《西北民族大学学报》（哲学社会科学版）2013 年第 3 期，第 173—177 页。

③ 晓梦、乐声：《一生情系马头琴——访马头琴研制大师张纯华》，《乐器》2008 年第 2 期，第 27—29 页。

④ 郭世荣、关晓武、任玉凤：《内蒙古传统技艺研究与传承》，安徽科学技术出版社 2017 年版，第 112 页。

⑤ 李樱桃：《传承发展马头琴是不变的追求——访马头琴制作名家布和》，《乐器》2015 年第 9 期，第 20—22 页。

⑥ 赛吉拉胡：《"传统马头琴"制作技艺的田野调查——以齐·却云敦的马头琴制作技艺为例》，《乐器》，2017 年第 11 期至 2018 年第 5 期。

⑦ 周润林：《马头琴的改革》，《乐器科技简讯》1976 年第 3 期，第 17—19 页。

⑧ 迈克尔·欧文·琼斯、游自荧：《手工艺·历史·文化·行为：我们应该怎样研究民间艺术和技术》，《民间文化论坛》2005 年第 5 期，第 78—89 页。

饰工艺的形成及其思想意识做了分析，透过制作者对物品的构思和制作的过程、制作者和消费者的互动，探究其形成乃至兴盛背后的原因①。王均霞认为，剥离了对非物质文化遗产传承人及其与非物质文化遗产的互动过程的考察来谈非物质文化遗产保护，其实是忽视了非物质文化遗产所赖以生存的语境及其在该语境中因与周围环境所发生的错综复杂的互动而发生的复杂的意义生成过程，这使得非物质文化遗产被从其富有生命力的生存土壤中剥离了出来。② 王明月结合布依族蜡染的田野调查材料，从身份建构、身份协商和行动、身份再生产三个层面探讨了手工艺人的身份与手工艺生产活动的关系，阐释传统手工艺生产机制，进而对传统手工艺的理论与保护实践的相关问题展开探讨。③

作为乐器的马头琴，它的制作和使用是琴弦两端连接着的两个群体：一端是工艺匠心的制琴师群体，另一端是慧眼识琴的演奏者群体，任何一方的缺失都不可能成就马头琴今天成为蒙古族代表性乐器的历史地位。忽视制琴师与演奏者的互动与联系，也就忽视了作为个体的制琴师赋予该传统工艺的个性化特征，忽视了作为个体的演奏者及其实践赋予该手工艺制品的艺术内涵。本章将从民俗学的角度，将20世纪60年代以来马头琴改革变迁的历程作为场景事件，把关注点放在蒙古族马头琴制作工艺中传承手工艺的人的身上，结合对亲历改革事件的多位制琴师、演奏家的访谈内容对田野调查的第一手资料进行分析梳理，揭示该历史事件中"工匠"即制琴师与"琴师"即演奏者的有机互动，展现这一人类行为对该项手工艺传承和创新的深刻影响。

---

① 朱霞：《精英与民间文化互动：建水紫陶装饰工艺形成探析》，《广西民族大学学报》（哲学社会科学版）2015年第37卷第1期，第52—55页。

② 王均霞：《非物质文化遗产的实践过程与社会性别角色再生产——对一次春节面食制作过程的微观分析》，《民族艺术》2016年第6期，第55—61页。

③ 王明月：《身份与手工艺生产：传统手工艺的生产机制研究》，《民族艺术》2017年第3期，第157—164页。

## 一　现代马头琴的改革

从人类文化角度来看，马头琴是蒙古族传统文化中重要的音乐符号，它与长调牧歌共生同存，如同"车之两辙、鹰之两翼"，在蒙古族中流传已有上千年历史，其源头最早可追溯至唐代的"胡琴"，在近代包括科尔沁潮尔、察哈尔黑力、奚那干潮尔、卫拉特叶克勒等"马尾胡琴类乐器"。蒙古族传统乐器众多，马头琴原来只是其中普通的一件，它之所以在现代能够成为蒙古族音乐的标志，一方面是由于马头琴的形制、曲目、音韵、风格、演奏特色等具有浓烈的游牧文化特性；另一方面是由于马头琴迎合了蒙古族在草原游牧生产生活方式逐渐式微的现代生活中，需要其鲜明的符号特征来表征和传承其民族文化的心理需求。传统马头琴泛指现代马头琴之前的所有"马尾胡琴类乐器"，20 世纪 60 年代开始，马头琴经过一系列的改革逐渐从"个性化"的自娱乐器演变成具有"现代品格"的专业乐器。现代马头琴的改革成功，使马头琴的用料选材、制作工艺、形制结构趋于固定统一，稳定的乐器品质为马头琴演奏手法的创新和音乐的发展提供了重要的物质基础。

回顾现代马头琴近 60 年的发展历程，可以发现其改革实践者主要由马头琴制琴师与演奏者两个群体构成，改革过程中演奏者即琴师对马头琴的音色标准、功能性、适用性提出专业要求，反映了使用群体对乐器改革的主导意义；制琴师即工匠，依照个人或群体的制作经验对马头琴的选材用料、制作手法、改良范围进行工艺实践，体现了手艺人精益求精、开拓创新的本质追求，二者的结合缩短了研发时间，降低了研发成本，同时保证了改革方向的正确和高效。总的来看，现代马头琴的改革主要经历了四个阶段，改革内容涉及马头琴制作工艺的原材料革新、制作工艺革新，马头琴形制结构的改革，马头琴演奏方法的创新以及作为"非遗"项目的马头琴在"生产性保护"道路下的新发展。

## （一）马头琴从传统皮面向现代皮面的改革

传统马头琴一般由演奏者自制，他们既是创造者又是使用者，就现存清末民国时期的马头琴来看，其制作工艺无统一风格，多根据使用者自己的喜好来决定琴的形状、颜色、装饰。其形制结构为：正梯形、倒梯形或六边形琴箱，琴杆竖直贯穿琴箱，琴头雕刻马、龙、螭或无装饰，琴弦为两股马尾丝，琴弓为弯曲的柳条或竹子穿孔系一股马尾。传统马头琴最早被人们关注源于马头琴演奏大师色拉西在 1950 年庆祝新中国成立一周年的文艺庆典上用马头琴（潮尔）演奏了一段蒙古族传统民歌《朱色烈》，但由于传统马头琴（潮尔）琴箱小、声音小的限制，后排的听众无法听到琴声。20 世纪五六十年代，为解决传统马头琴声音小的问题，色拉西老人的学生桑都仍与制琴师张纯华在全面分析传统琴优缺点的基础上，借鉴西方提琴制作工艺，开始对传统马头琴进行改革。

上世纪 60 年代初期，以桑都仍老师和张纯华师傅为主导在呼市民族乐器厂改革马头琴，桑都仍老师是色拉西的亲传弟子，在当时已经是小有名气的马头琴演奏员了，张纯华师傅是内蒙古修乐器、做乐器的第一人，他们俩是非常好的搭档。我当时就跟桑都仍学拉马头琴，自己也是很想看看这乐器咋样才能更好，于是常去看他们做琴，帮着试音。针对传统马头琴声音小的问题，他们从羊皮、牛皮、马皮改成蟒皮，后来成功研制成木面（白松板面），不但解决了皮面马头琴受潮走音、音量小的问题，也为后来马头琴的形制、选材、工艺奠定了非常好的基础。[①]

我的师傅张纯华接触乐器很早，1949 年以前他就有了自己的乐器铺子，公私合营之后他成了工业生产联社民族乐器部主任，

_____

① 该段文字整理于 2019 年 1 月 16 日对国际级非物质文化遗产"马头琴音乐"代表性传承人、马头琴演奏家布林的采访。

后又担任呼和浩特市民族乐器厂技术副厂长。1960 年前后，桑都仍老师受布赫委托改革传统马头琴，第一个想到能帮他的人就是我师傅。正式改革传统马头琴是在 1961 年，当时我们厂（呼和浩特市民族乐器厂）以他俩为主导成立了马头琴小组，在全面分析传统马头琴的优缺点的基础上，他们决定借鉴外国弓弦类乐器的形制和制作，希望将马头琴改得更加有现代品格。于是从共鸣箱入手，师傅用榆木、云杉、梧桐等木材试制琴箱框和背板，再用羊皮、牛皮、驴皮、马皮、蟒皮、薄木板各种材料给琴箱蒙上面，还试着把琴弦换成公马的马尾丝、细尼龙丝线，还有小提琴用的金属丝，再把小提琴拆开看里面的结构，学着给琴箱内部增加音梁和音柱，把过去的木琴轴换成金属的机械轴，最后做了十几把琴给桑都仍试。桑都仍老师每天都泡在试制车间的小平房里，他俩边做边商量着怎么改，有时候也把他的一些学生带着来演奏，看看哪个效果最满意。①

1962 年，第一代具有现代元素的马头琴研制成功，新式马头琴用枫木做琴箱框、牛皮蒙面，琴箱体积扩大并在内部增设音梁和音柱，琴弦用多股细尼龙丝缕成，琴轴用金属机械轴，琴弓用弹性木料。改革后的马头琴声音洪亮，音质纯度大幅提高，既保持了传统马头琴原有的柔和、深厚的音色，又增加了清晰、明亮的发声特色，声音穿透力强，音域更加宽阔，听觉效果较之传统马头琴有了大幅度的提升。至此，马头琴不再仅仅是蒙古族的一件传统乐器，而是成为与现代化潮流相适应的新式乐器。

（二）皮面马头琴的改革

20 世纪六七十年代，内蒙古乌兰牧骑和区内文工团的演员们常常深入牧区进行演出，由于当时演出使用的马头琴多是演员自己制作的

---

① 该段文字整理于 2018 年 1 月 13 日对原呼和浩特市民族乐器厂制琴师周印的采访。

马皮、羊皮、牛皮面马头琴，上了舞台皮面被汽油灯一照就受热鼓起，根本无法正常演奏。为解决这一实际问题，张纯华在多次实地调研后结合以往的改革经验，借鉴民族乐器二胡的改革成果，与齐·宝力高一起用蟒皮做试验制作了蟒皮面马头琴。20 世纪 80 年代，马头琴的改革进入高潮时期，制琴师与演奏者合作共同研发主导马头琴改革的模式进一步扩展深化，二者主导、国营乐器厂全方位配合，以呼和浩特市民族乐器厂为依托，制定出国内第一份马头琴制作的行业标准。

> 1980 年前后，马头琴小组从琴箱蒙皮的皮料、用的胶、琴弦品质的差别、各种木料做出来的琴声效果等等方面不断地改，改完之后请拉马头琴的师傅过来试音，再调试；还到北京请专家来试听，给出意见后我们再改进，当时真是热火朝天，每个人都在厂子里做各种调试。到了 1981 年 12 月，厂技术科总结了从 1961 年开始的马头琴的改革成果，起草制定并颁布了"蒙 QHH29 - 81 中音马头琴企业标准"。这是当时国内第一个行业标准，凝结了马头琴制琴师和演奏者以及区内乐器行业、北京乐器厂的一些专家等许多人的智慧，从我师傅开始所有参与马头琴改革事业的人的共同努力终于有了成果。[1]

### （三）木面马头琴的发展与改革

作为皮面马头琴，不可回避地会遇到阴雨天演奏时"塌皮落调"的问题。1984 年前后，达日玛想起 1963 年桑都仁在改革马头琴时曾试验过白松板面，他与齐·宝力高分析认为前人失败的原因是由于过分追求提琴板面的弧度而忽视了马头琴本身构造，受此启发，他找来张纯华的徒弟——呼和浩特市民族乐器厂技师李福明和周印，开始了新一轮的马头琴改革。

---

[1] 该段文字整理于 2018 年 1 月 13 日对原呼和浩特市民族乐器厂制琴师周印的采访。

上世纪 70 年代我在乌兰牧骑的时候，马头琴已经是很有名气的蒙古族乐器了，那时去中南海给毛主席、周总理演出，给外宾表演，到全国巡演，马头琴都是重头戏；但是牛皮面或蟒皮面马头琴由于皮面面积很大，对不同气候的适应性非常差，演出时有时候是在舞台上，有时候到户外，拿着琴在下面刚调好上台就走调了，一到阴雨天、潮湿环境里，皮面就会受潮松弛，严重影响马头琴发音。后来我跟宝力高就想起来桑都仍和张纯华以前做过木面琴，然后就找到李福明和周印一起研究把蟒皮换木板，经过几种材料的试制最后我们决定用白松板做琴箱。在制作时，李师傅和周师傅建议将背板和面板刨成厚度不同、有一定弧度的凹凸形板，并将琴杆以插杆方式与琴箱结合，以保证最大限度不破坏琴箱共振，增大琴的音量。制成后的白松面板马头琴不但保持了马头琴的传统音色特点，而且有效克服了皮面马头琴所存在的受潮时音质变坏的问题，被全国乐器标准化质量检测中心认证是"材质优良、工艺精湛、造型美观、反应灵敏"，同时它还获得了1987 年内蒙古科技成果三等奖、呼市科技成果一等奖。我拿着改革后的琴到牧区演出，牧民们听了觉得好听，演奏员们用起来也方便，逐渐地大家也都认可了它。①

白松板面中音马头琴的问世具有划时代的意义：首先，继承了第一代改革马头琴的优点，继续采用枫木做琴箱、尼龙丝做琴弦、加长琴杆、增大共鸣箱，琴箱内部依旧放置音柱和音梁；其次，解决了传统马头琴在舞台演出时音量小、受潮走音跑弦的问题；最后，在保留传统马头琴特殊音色的原则上使声音更加稳定，发音效果"低音区浑厚、中音区纯净柔和、高音区清脆结实"。同时，这一改革的成功基本奠定了现代马头琴的基本形制和制作工艺标准，其改革带来的影响，

---

① 该文字整理于 2018 年 1 月 25 日对内蒙古直属乌兰牧骑马头琴演奏家达日玛的采访。

直至今天仍在继续。

### (四) 现代马头琴的多元化发展

20世纪八九十年代以后，一些人还提出马头琴应增设指板、改两根弦为三根弦、模仿大提琴的演奏方法，随之产生了金属弦马头琴、三弦马头琴，以及与大提琴形制相仿的大马头琴、低音马头琴等形制各异的木面马头琴；一些新兴材料的出现如佘太玉、亚克力等，也被用于马头琴的制作上，但论普及程度和认可程度都不及木面中音马头琴。

> 金属丝弦马头琴的改革是非常有意义的一次尝试。马头琴马尾弦换成尼龙弦之后演奏员发现多股尼龙弦在台上演出时候被灯光一照就变热出杂音，一边拉琴还得一边紧弦，在与李福明、周印仔细研究木面马头琴的有效弦长及张力之后，我们把大提琴的琴弦多加了一些高碳钢丝，把它们多股合成一股，外面再缠上薄的合金铝丝，研制出了一种新型的金属琴弦。木面马头琴配上这种金属琴弦，演奏效果既能体现浑厚的传统音色又提高了声音纯度，很好地解决了多股尼龙丝受潮走调和杂音较多的问题。1989年3月，这项改革在内蒙古科委组织的专家学者评议会上得到了认可，还获得了该年度中华人民共和国文化部颁发的科技进步三等奖。[1]

21世纪初，随着马头琴知名度的攀升，一些年轻的演奏者开始希望马头琴也能像电二胡、电吉他、电提琴一样适应多场合的演出需求，为此，制琴师借鉴西方电音乐器的原理，在木面马头琴琴箱内部增加了一个类似于无线话筒的拾音器，制作了电马头琴。同时，一些马头

---

[1] 该文字整理于2018年1月25日对内蒙古直属乌兰牧骑马头琴演奏家达日玛的采访。

琴在其制作中融入了美术、雕刻、设计和蒙镶蒙嵌工艺，以个性化的审美情趣为作品增添人文内涵，把马头琴制成了具有蒙古族文化特质的高级艺术品。

> 2004 年，我带着自己做的马头琴到日本、德国去巡演，当地人对马头琴非常感兴趣，在一次户外音乐节上表演四胡的几个年轻人用的都是电四胡，边拉琴边表演，演出效果特别好，回到呼和浩特我开始琢磨能不能做个电马头琴，几经研制最后借鉴电吉他的制作方法，在木面马头琴的琴箱里面增加了一个无线拾音器，这样在台上不管是单独演奏还是即兴表演，都能自由发挥，不必担心马头琴的声音效果受影响，还可以根据不同的表演需求调节拾音器控制盒上的按钮，配合歌舞演奏调高或降低琴音，十分方便。①

纵观马头琴改革这一历史事件，其核心问题是解决传统皮面马头琴受潮、走调、声音小的弊端，解决途径是通过改革其制作工艺，将新的原材料、乐器理念、发声原理运用到制作的实践中来实现改革目的。该事件的参与者：制琴师与演奏者，在不同历史阶段发挥了不同的作用，二者在改革过程中长期充分地从思想、行为上进行互动，成为这一改革事件得以成功的内在动因。

## 二　物质行为：工匠与琴师的互动

琼斯指出，叙事作为社会经历，"在每一个叙事事件中，参与者遵照一套特定的身份和关系"。叙事者和听众各自的地位都带有一定的权利和义务。叙事者有责任讲述故事并遵从社会约定的惯例，叙事者可以期望听众根据惯常的行为模式承担起"对信息接收、理解和反馈"

---

① 该文字整理于 2018 年 9 月 17 日对呼和浩特市非物质文化遗产"蒙古族拉弦乐器制作"项目传承人，马头琴制琴师、演奏师莫德乐图的采访。

的职责。① 在现代马头琴改革的第一阶段即"马头琴从传统皮面向现代皮面的改革"中，演奏者作为的"叙事者"，负责讲述"马头琴改革"的故事，即传统马头琴在演出时遇到的问题、希望解决的问题、预想的解决思路；制琴师作为"听众"，以自己的专业知识对问题进行分析、理解，并与演奏者商定以何种方式进行合作来解决问题、履行职责。这一阶段演奏者处于事件的主导地位，由他提出马头琴的改革要求和验收标准，当"将马头琴改革成具有现代品格的拉弦乐器"成为原则，制作者就必须在这一限制条件下选择改革原料和实施改革方案，否则他的工作就有被否定的风险。正是由于制琴师在选材用料、制作工艺、外观审美等方面都遵从了演奏者的要求，他的制作才能够继续下去，也使得"马头琴改革"这一历史事件将演奏者与制琴师两个群体凝聚起来，打破了传统马头琴作为牧民"自制自娱"个性化乐器的格局。

到了"皮面马头琴"的改革阶段，制琴师从单纯的"听众"向有主导作用的"叙事者"靠拢，出于对个人产品马头琴的使用信息收集的需求，制琴师与演奏者群体保持长期的亲密沟通与合作，在此期间制琴师能第一时间得到演奏者对其改革产品的信息反馈，并在第一时间做出新的改良。这一过程中，工匠的职业身份被使用者做了进一步的补充，接着工匠对制琴的原料、制作工艺进行改进，以便持续吸引或帮助琴师顺利地进行演出实践；同时，行业标准的顺利出台，在一定程度上反映了当时演奏群体对改革成果的期待与认可。这也符合乔治斯的第二种假设：每一个叙事场景都是一种社会经历，叙事者和听众在其中配对出现。② 在"木面马头琴的发展与改革"时期，制琴师以其特有的专业优势，在前人改革的经验之上实现了"保留传统皮面马头琴音色前提下解决其音小、跑音、走调问题"的目标，也使得马头

---

① 迈克尔·欧文·琼斯、游自荧：《手工艺·历史·文化·行为：我们应该怎样研究民间艺术和技术》，《民间文化论坛》2005 年第 5 期，第 83 页。

② 同上书，第 82 页。

琴的制作工艺彻底实现了从"传统"到"现代"的转变。

现代马头琴的多元化发展为马头琴的制作工艺带来了许多新思路，但也给制琴师带来了许多新的挑战。如金属弦马头琴的改革成果虽然获得了 1989 年中华人民共和国文化部科技进步三等奖，但由于马头琴演奏使用"顶指法"，演奏员在实践过程中用手指按金属弦稍一用力便被割破流血，在实际演奏中很难被演奏者认可；大马头琴在琴头上雕刻了马头，但实际形制结构与大提琴更加接近而不像马头琴；佘太玉马头琴音质清脆高亮，并不符合传统马头琴低沉悠扬的音色，其成品多数是被收藏而缺乏实用价值；电音马头琴虽在一定程度上符合年轻演奏者的演出需求，但其核心制作工艺仍与木面马头琴相差无几，很难说是真正的"电子乐器"。一些制琴师在掌握马头琴制作行业大量的"共享性知识"之后自己开设工厂制作和销售马头琴，其生产出来的产品可以通过实体店、网络、培训机构或熟人推荐有很好的销路，对改革马头琴的兴趣锐减；演奏者群体数量急剧增多，多数青年演奏师的马头琴学习经历是：培训机构—私人教课—马头琴专业培训，这一经历能保证其具有相对规范的演出模式和较为专业的演奏水平，需要马头琴时只需按自己喜欢的方式进行购买，不必与制作者有过多交流。在市场化的马头琴生产中，其制作流程多数是重复的流水线作业，一些传统的工艺被新材料代替，如传统马头琴制作中琴箱的黏结用到的是生物胶，即鱼肚胶、鱼胶。鱼胶的原材料价格昂贵且质量参差不齐，加工过程中要掌握鱼肚与水的比例、熬胶的温度、湿度和熬制时长，没有丰富的经验熬出来的胶或太硬易干，或太湿不黏，其制作和使用难度远远超过使用化学白乳胶；而且白乳胶价格低廉，干燥耗时短，使用方便，绝大多数制作者都会用它来代替传统鱼胶。在当代，作为马头琴制作工艺的制琴师，一方面是传统工艺的继承者和持有者，另一方面又是马头琴乐器的经营者和管理者，身份内涵体现出职业化的实用性与功利性；工作场所由从事马头琴制作和改革的车间转换到展示马头琴商品的店铺或柜台，并积极通过自己所掌握的制作手艺创造一种产品来获取较高的经济回报，与传统国营体制中乐器厂的技术工人所面对的工作场景完全不同。

多元化发展现状的背后，是制琴师群体与演奏者群体的分割与疏离。当马头琴的制作工艺不再是秘不可宣的"绝技"，借助现代化的机械工具，许多有木工基础的工人也可以轻松地制作出一把外观亮丽的琴，传统制琴师的地位受到了一定冲击，其制作激情与产品收入都受到影响。在多数演奏者都能以相同途径获得马头琴的演奏知识与技巧的背后，是演奏者演奏风格趋同、演奏水平无法突破的平庸和乏味。如何在共享性知识被行业内手艺人广泛掌握和应用的基础上提升制作水平、创新制作工艺，如何在行业整体演奏水平趋同的情况下形成、保留、发扬自己的独特艺术风格，成为制琴工匠和演奏者面临的新问题。

### 三 新身份与旧传统：角色的转换

2006 年"蒙古族马头琴音乐"被列入首批国家级非物质文化遗产项目名目，马头琴在传承方式、演奏群体、专业要求、演出效果上都有了全新的变化，马头琴演奏者的专业化和演出市场的标准化对其制作工艺提出了更高的要求，作为对应，一些制琴师开始探索新的马头琴制作工艺。

蒙古族"马尾胡琴类乐器"包含了马头琴在内的四五种乐器，传统马头琴的成功改革带动了其他乐器的改革。2006 年开始，内蒙古自治区区级非物质文化遗产项目"蒙古族乐器制作技艺"潮尔琴制作的传承人巴特尔师傅在演奏家布林的指导下开始学习科尔沁潮尔的演奏，同时开始对传统皮面潮尔进行改革，经过十几年的反复试制，第三代木面潮尔基本可以达到传统皮面潮尔的音质效果。巴特尔还对史料中的"奚琴"即西纳干胡尔进行了复原，在充分参考历史文献和图片资料的基础上以"保持原始琴样"为原则，结合自身掌握的传统制琴技艺调整尺寸，设计新的图纸，采用传统的挖木和蒙皮的制作工艺，成功试制做出令演奏者和蒙古族传统民族工艺学者满意的作品。2016年年底，青年马头琴制琴师德格吉日呼在蒙古国乌兰巴托攻读硕士期间，根据演奏家布林的要求制作了一把卫拉特叶克勒，该琴的制作工艺遵循了最传统的制作工艺：整个琴箱由整块枫木挖制，琴箱蒙皮选用夭折的驼羔皮，处理皮子过程中不用任何化学制剂，清水泡制数日，使驼毛自然脱落，蒙皮时用鱼胶黏接，棉线捆绑固定成型。制琴师莫德乐图开发了涵盖所有木面马头琴的形制结构和核心工艺的DIY文创产品"马头琴制作包"，并根据年龄对潜在客户进行区分，开发适合不同人群的制作视频和音频，该产品成为传承传统"马头琴制作工艺"的创新之作。

作为"新兴"或者"复古"的木面潮尔琴、奚琴、卫拉特叶克勒、马头琴制作包，都是马头琴制作工艺的物质表征，"理解物品的本质和意义，是关于手工艺人本身的"①，新物质产生的根本原因是制琴师身份的新变化。如巴特尔是机械厂铸模技师出身，在制作潮尔的同时学习潮尔的演奏；德格吉日乎和莫德乐图成为制琴师的初衷是源于对马头琴音乐的热爱，制作的最终目标是渴望能制作出令自己满意的琴；德格吉日呼为了实现做一把好琴的梦想，专门攻读了美术雕刻专业的本科和硕士学位。这些集制作、演奏、艺术设计于一身的全能工匠，他们凭借自身出众的演奏水平和自身的艺术审美来控制其成品的质量标准，打破了马头琴制作行业中单纯掌握加工和制作技术，产品是"能出声的木头"的乱象，实现了"会拉琴才能做好琴"的目标，创造出新的制作事件和传承场景。

在这一事件中，制琴师因为拥有制作者和演奏者的"新身份"，其制作过程摆脱了单纯追求利益、盲目重复加工制作的格局，渴望其作品拥有更高的艺术价值；同时，在与行业精英演奏者和大师们的交流中因为自身掌握了一定专业知识，能够得到更加有效的沟通，制作出

---

① 迈克尔·欧文·琼斯、游自荧：《手工艺·历史·文化·行为：我们应该怎样研究民间艺术和技术》，《民间文化论坛》2005年第5期，第84页。

来的作品也更加容易拥有较高的专业水准。"每一个叙事事件都是一次交流事件"①，演奏者在制琴师构建"新身份"的场景中充分发挥了交流作用，使用者渴望制作者在现代马头琴制作工艺的基础上赋予这项手工技艺新的意义，即寻找和复原马头琴（马尾胡琴类乐器）最传统的形制和制作工艺。而这种"交流"，又复归了前一阶段马头琴改革历史过程中制琴师与演奏者充分交流互动的"旧传统"。

## 四　小结

作为传统工艺的"蒙古族马头琴制作"，其制作工艺一直随着时代的变化而变化，但变中有常，不变的是工匠对其核心技艺的坚守，是演奏者对其传统音质的守护与传承。当传统制琴工艺因费时耗料、产量低、工时长、价格高的制约，无法在市场中得到消费者的认可，其社会认可程度也随之下降，纯粹坚守传统制琴工艺的匠人失去了创作新产品的激情，制作工艺也将后继无人。当一个演奏者手上的乐器无法满足听众新的演奏需求，一味守旧不变，演奏者的技术会逐渐退化，长久下去该乐器只会在民间的世俗生活中彻底消失。一件乐器若是丧失了赖以生存的民间群众源头，又谈何传承和发展？

对于马头琴的制作工艺而言，其得以保留和传承的根源是蒙古族群众对民族文化的崇尚与热爱，其传承和创新的未来则需要由工匠和琴师共同构建。在传统皮面马头琴向现代木面马头琴改革的历史过程中，我们惊喜地看到"工匠"和"琴师"两个群体在同一事件中广泛而充分的交流，两者发挥各自的专业知识和能动性，在相互协作中完成了共同的改革目标。同时，为这一传统工艺的改革奠定了"制琴师和演奏者合作"的模式。当遇到"多元化发展"困境时，兼具制琴师和演奏者双重内涵的"新身份"，工匠在身份优势的基础上不断地向精英琴师学习，希望以此提升整个制作工艺的艺术价值和审美情趣。目

---

① 迈克尔·欧文·琼斯、游自荧：《手工艺·历史·文化·行为：我们应该怎样研究民间艺术和技术》，《民间文化论坛》2005 年第 5 期，第 84 页。

前，在对传统工艺的研究中把更多关注点集中在工艺本身和工艺背后的历史文化内涵上，但却忽视了完整拥有制作工艺和不断开展制作实践的人的本身，无论是对传统的传承还是革新，都是工匠在特殊事件中创造的特殊结果，研究这一互动过程如何在承接历史价值中构建新的时代内涵，将帮助我们更好地理解传统工艺为何在当代能够传承，帮助我们实现传统工艺在当代的创新。

# 第 六 章

## 蒙古族传统饮食文化与"一带一路"

2013 年，国家主席习近平在对世界形势进行认真观察和思考后，郑重提出"一带一路"倡议。内蒙古作为"草原丝路"对"一带一路"的发展与建设发挥着重要作用。"草原丝路"的影响范围十分广泛，其主要以内蒙古、燕山为沿线，途经蒙古草原、南俄草原，直至中亚、西亚及地中海沿岸。当前，这些沿线地区（如新疆、俄罗斯及哈萨克斯坦），不仅有蒙古族在居住，其饮食文化亦与蒙古族不尽相同。也就是说，蒙餐不但是蒙古族的民族产物，更是"草原丝路"沿线地区多民族相互交流、相互融合的共同产物。其实，成书于 13 世纪、由忽思慧撰写的《饮膳正要》就清楚地指出，蒙古族的饮食不仅包括本民族的固有特点，还吸收了诸如回族、汉族与藏族等民族的饮食与文化。概言之，蒙餐具有的多民族性，既是历史的传承，又是当前现实的集中体现。因此，为了更好地让人们对蒙古族饮食有清晰的了解和认识，下文着重从历史的角度系统梳理蒙古族各类饮食以及相关制作技艺的流传情况，并结合调查资料深入阐述蒙餐在当前"草原丝路"沿线地区的流传现状。

## 第一节　元代蒙古族酒的制作技艺考

古代蒙古族饮用酒的种类较为多见，如虎骨酒、枸杞酒、地黄酒、松节酒、茯苓酒、松根酒、羊羔酒、五加皮酒、腽肭脐酒、小黄米酒、葡萄酒、阿剌吉酒、速儿麻酒等。① 不过，时至今日，在牧区只有米酒、阿剌吉酒与马奶酒得以有效保留和传承。从现存中国史籍文献中均能对这几种酒及其相关制作技艺有一些初步了解和认识，然欲将这些认识由感性认识转为知性认识进而做到真正意义上的理解和掌握，毫无疑问，对现存这些酒的实地调查是最直接和有效的办法。本章主要研究蒸馏酒制作技艺和米酒制作技艺，这在一定程度上与二者在现今牧区已较为稀见或者说其制作技艺已接近濒临消亡的危险境地有着直接关系。通过对这些资料的分析与研究，不仅有助于人们对这两种酒及其相关制作技艺的历史与现状有更深入的认识，而且对保护这些传统技术以及与之相关的传统文化均有着重要意义。

## 一　元代蒸馏酒制作技艺

元代，蒸馏酒已成为宫廷宴会的主要用酒，成书于 14 世纪 30 年代初期的《饮膳正要》就对其有过记载。② 从现有研究成果看，学术界多以蒸馏酒在中国的起源年代③以及不同历史时期蒸馏器的设计原理④作为主要阐述内容，从技术史角度专门对元代蒸馏酒制作技艺进行探讨的成果并不常见。基于此，本章在现存史籍文献的基础上，结合前贤的已有研究成果，对元代蒸馏酒制作技艺进行探究，希冀为后续学者

　　① （元）忽思慧：《饮膳正要·注释》，尚衍斌、孙立慧、林欢注释，中央民族大学出版社 2009 年版，第 1 页。

　　② 同上。

　　③ 参见曹元宇：《中国作酒化学史料》，《学艺杂志》1927 年第 8 卷第 6 期，第 99 页；篠田统：《中世之酒》，载薮内清编《中国中世科学及技术史研究》，角川书店 1963 年版，第 104 页；袁翰青：《酿酒在我国的起源和发展》，《新建设》1955 年第 9 期，第 40 页；崔利：《从元代朱德润〈扎剌机酒赋〉看中国蒸馏酒起源》，《酿酒》2011 年第 38 卷第 1 期，第 96—97 页。

　　④ 参见陈剑：《古代蒸馏器与白酒蒸馏技术》，《四川文物》2013 年第 6 期，第 63—66 页；祝亚平：《从滴淋法到钓藤酒——蒸馏酒始于唐宋新探》，《中国科技史料》1995 年第 16 卷第 1 期，第 19—23 页。

的研究提供一些参考。

## (一) 元代蒸馏酒的命名

元代蒸馏酒有多种名称,如阿剌吉、哈喇吉和轧剌机。[①] 还有学者认为:"阿剌吉或轧剌机等名称是东南亚 Arrack 一语的音译,是一种用椰汁做原料,经发酵、蒸馏所得的蒸馏酒,但也可能是从阿拉伯语 Arag(汗)衍化而来的。"[②] 还有学者认为,"阿剌吉是东南亚 Arrack 一语的音译这种说法并不确切,在东南亚,马来语称烧酒为 araq,其实也来自阿拉伯语"[③]。由此可知,虽然学术界对 Arrack 一语的音译存在分歧,但对阿剌吉来源于阿拉伯语的这一说法则较为统一。"从元代起,阿剌吉这个源自阿拉伯语的词汇,不仅有多种汉语的音译,而且进入了蒙古语、维吾尔语、藏语和满语。"[④] 如"阿剌吉,维吾尔读如 raki,满洲语读如 arcan,蒙古语读如 araca"[⑤]。也就是说,阿剌吉这一词汇在元代各民族中较为流行。黄时鉴在《中西关系史年表》中亦对此做过描述,言:"阿剌吉酒在元代中土各民族中广泛流行,对人们的饮食文化产生一定影响。而'阿剌吉'这一源于阿拉伯语的词汇也因此成为蒙古语、藏语、维吾尔语、满语的词汇,成为这些民族'烧酒'的名称。"[⑥] 由此可知,阿剌吉虽然在元代存有多种音译,但是其本意均指烧酒,或者说已作为当时一切烧酒的代名词。正因阿剌吉在元代存在多种音译,我们可以清楚地认识到它在元代已有较为广泛的流传,且诸多民族对其已有所接触和认识。阿剌吉在元代的广泛流传,一定

---

① (元)忽思慧:《饮膳正要·注释》,尚衍斌、孙立慧、林欢注释,中央民族大学出版社 2009 年版,第 208 页。

② 曹元宇:《烧酒史料的收集和分析》,《化学通报》1979 年第 2 期,第 68 页。

③ 黄时鉴:《阿剌吉与中国烧酒的起始》,载黄时鉴《东西交流史论稿》,上海古籍出版社 1998 年版,第 89 页。

④ 同上书,第 93 页。

⑤ Berthold Laufer, "Loan-Words in Tibetan", *T'oung Pao*, Vol. 17, Issue 4/5, 1916, pp. 403 – 552.

⑥ 黄时鉴:《中西关系史年表》,浙江人民出版社 1994 年版,第 298 页。

程度上对促进阿剌吉制作技艺的多元化形成有着很大帮助。

（二）元代蒸馏酒制作技艺

从现存文献资料看，蒸馏酒制作技艺在元代已有较为广泛的流传。蒸馏酒的种类与具体蒸馏技艺亦因使用蒸馏器具和原材料的不同，呈现多元化特点。据《居家必用事类全集》记载："南番烧酒法（番名'阿里乞'）右件不拘酸甜淡薄，一切味不正之酒，装八分一瓶，上斜放一空瓶，二口相对。先于空瓶边穴一窍，安以竹管作嘴，下再安一空瓶，其口盛住上竹嘴子。向二瓶口边，以白磁碟片遮掩令密，或瓦片亦可。以纸筋捣石灰厚封四指。入新大缸内坐定，以纸灰实满，灰内埋烧熟硬木炭火二三斤许，下于瓶边，令瓶内酒沸。其汗腾上空瓶中，就空瓶中竹管却溜下所盛空瓶内。其色甚白，与清水无异。酸者味辛甜，淡者味甘。可得三分之一好酒。此法腊煮等酒皆可烧。"① 可知，这是关于元代南番烧酒制作方法的介绍，"阿里乞"是南番烧酒的音译。通过此法中使用的容器以及对蒸馏酒性味的描述，可见蒸馏酒的产量并不大，酒精度亦不会太高。另外，"上斜放一空瓶"，主要起冷却的作用，便于蒸汽形成液体；连接的竹管主要用于引流，也有冷却的作用；以白磁碟片遮掩令密，并以纸筋捣石灰厚封四指，有效地避免酒精或蒸汽通过缝隙而散发。由这些器具的组合及其所发挥的作用可推测，此时人们对蒸馏酒的制作原理已有一定认识，虽然制酒量有限且设备较为简单，但为后期的大规模生产奠定了基础。同时，因《居家必用事类全集》属元代一部家庭日用大全式的"通书"，可推测蒸馏酒技术在元代民间已非常普及，这在一定程度上对元代制酒业的发展有着重要意义。还需说明的一点是，阿剌吉及其制作技艺不仅在元代民间有着一定流传，宫廷中的匠人亦对其有所了解和认识。正如《饮膳正要》记载："阿剌吉，酒味甘辣，大热有大毒，主消冷坚积，

---

① （元）佚名：《居家必用事类全集》，邱庞同注释，中国商业出版社1986年版，第47页。

去寒气。用好酒蒸熬，取露成阿剌吉。"① 通过将元代宫廷与南番烧酒制作方法进行比较，发现二者均为蒸熬，且皆采用液态原材料。由此可见，此法已在元代较为流行。

朱德润所著《轧剌机酒赋·序》亦对元代蒸馏酒的制作过程进行过介绍。文中曰："法酒人之佳制，造重酿之良方。名曰轧剌机，而色如酎。贮以轧索麻，而气微香。卑洞庭之黄柑，陋列肆之瓜姜。笑灰滓之采石，薄泥封之东阳。观其酿器扃钥之机，酒候温凉之殊，甑一器而两圈，铛外环而中洼。中实以酒，仍械合之无余。少焉火炽既盛，鼎沸为汤。包混沌于郁蒸，鼓元气于中央。熏陶渐渍，凝结为炀。瀁渤若云蒸而雨滴，霏微如雾融而露瀼。中涵既竭于连燧，顶溜咸濡于四旁。乃泻之千金盘，盛之以瑶樽，开醴筵而命友，醉山颓之玉人。但见酡颜炫耀，余嗽淋漓，乱我笾豆，屡舞傞傞。最后，朱德润感叹道：噫！当今之盛礼，莫盛于札剌机。"② 通过将此赋中介绍的制酒法与《居家必用事类全集》描述的制酒方法相比较，二者均属蒸馏制酒法，但在所用器具、器具的材质以及结构设计方面均存在一定差异。例如，此赋中用到的器具主要为甑、鼎，材质为铁制，设计结构上下连体便于操作；《居家必用事类全集》描述的制作器具为玻璃材质，不但容积小，而且不便于长时间烧制，使用寿命亦远逊色于后者。这些差异的存在，不仅充分显示出官酿和民酿的区别，还有效证明了元代蒸馏酒制作技艺已趋于多元化发展。通过《轧剌机酒赋·序》中的"而色如酎"，可知此法制作的蒸馏酒属于多重蒸馏，含有的酒精成分较高。正如《广东新语》所言："按烧酒之法自元始，有暹罗人以烧酒复烧如异香至三二年，人饮数盏即醉，谓之阿剌吉酒，元盖得法于番夷云。"③ 有关元代阿剌吉的酒精度以及色味，元代黄玠在《弁山小隐吟录》中有更具体的记述："阿剌吉，酒之英，清如井泉花，白于寒露

---

① （元）忽思慧：《饮膳正要》卷三，明景泰七年内府刊刻，46。

② （元）朱德润：《轧剌机酒赋》，《古今图书集成·食货典》第698册，1343。

③ （清）屈大均：《广东新语》卷十四《食语》，清康熙水天阁刻本，210。

浆。一酌咙胡生刺芒。再酌肝肾犹沃汤。三酌颠倒相扶将。身如瓠壶水中央。天地日月为奔忙。经宿不解大苍黄。阿刺吉，何可当。"① 由此可见，元代阿刺吉的酒精度数已相当高，多饮会对人体健康带来诸多伤害。还需提及的一点是，此法制作的蒸馏酒较为稀见，很大程度上只在达官贵族中流行，否则朱德润不会如此惊叹并将其视为"当今之盛礼"。

李时珍著《本草纲目》亦对元代蒸馏酒制作方法进行过描述，言："烧酒，非古法也，自元时始创其法，用浓酒和糟入甑，蒸令气上，用器承取滴露。凡酸坏之酒，皆可蒸烧。近时惟以糯米或粳米或黍或秫或大麦蒸熟，和麹酿瓮中七日，以甑蒸取。其清如水，味极浓烈，盖酒露也。"② 通过这段记载，可知元代制作蒸馏酒的原材料已由单一的液态原料逐渐包含诸如糯米、粳米、黍、秫或大麦等固态粮食作物。正如《物理小识》载："元时始创其法名阿刺吉，稻黍杂粮等皆可烧。"③ 也就是说，利用蒸馏的方法，元代人已可以制作出多种性味的蒸馏酒，一定程度上满足了当时人们的不同口味需求。

（三）蒸馏酒及其制作技艺的调查研究

从现存史籍文献中可以对古代蒙古族蒸馏酒制作技艺有初步的了解和认识。但要清楚地了解和掌握此项技艺，对现存蒸馏酒传统制作工艺进行实地调查是最客观和有效的方法。当前，内蒙古锡林浩特市阿巴嘎旗仍有部分牧民保留着这项制作技艺。通过对这项传统蒸馏技艺的调查与资料整理，一定程度上对认识和保护中国古代流传下来的这项传统蒸馏酒技术具有重要的理论意义和现实意义。

现今蒸馏酒制作工艺主要由以下工序组成：添加原材料—铁锅—安放外桶—外桶内吊铝锅—外桶上方放置冷却铁锅—冷却锅加凉水—密封铁锅与外桶下处边缘—密封外桶—密封外桶与冷却锅边缘—加火。

① （元）黄玠：《弁山小隐吟录》卷二，清文澜阁四库全书本，46。
② 北京图书馆善本组辑：《析津志辑佚》，北京古籍出版社 1983 年版，第 239 页。
③ （清）方以智：《物理小识》卷六，清光绪宁静堂刻本，1884 年。

这与帕拉斯《内陆亚洲厄鲁特历史资料》① 描述的蒙古蒸馏酒制作工艺并无二致，证明古今蒙古族蒸馏酒制作技艺存在较大程度的传承关系。

现今制作工具，一是铁锅：主要发挥两种作用，即熬奶和冷却；二是外桶：防止沸腾液体产生的蒸汽及其所含酒精向外扩散；三是铝锅：主要用于收集蒸馏酒；四是布带：主要用于密封铁锅与外桶的连接处；五是木材：用于加热。

牧民制作蒸馏酒的具体工艺如下。通过对笔者实地考察记录的蒸馏酒制作技艺视频资料与文字资料的整理和分析，蒙古族蒸馏酒的具体制作技艺大体可归纳为以下步骤。

首先，牧民将发酵好的马奶倒入准备加热的铁锅，而后将木质外桶置于铁锅上方，并将用于收集蒸馏酒的铝锅悬空吊置于外桶内的1/3处，铝锅面要水平。

其次，将用于冷却的铁锅水平放置在外桶上方，加入凉水，水量加至铁锅的2/3处，过满容易煮沸溢出。接着，为了防止沸腾液体产生的蒸汽或酒精从外桶的缝隙扩散，加热前必须密封外桶与上下铁锅的连接处。

一切准备就绪后开始加热。加热过程中，为充分发挥冷却效果，增加蒸馏酒的酒精度，还须更换加热的水（一般情况下，水温达到40℃左右），整个过程须更换两次，即蒸馏两次，酒精度为五六十度。如果蒸馏四次，酒精成分可以高达70度以上，味淡而力猛。也就是说，人们可以根据自己的口味以及饮酒习惯，通过控制蒸馏次数，决定蒸馏酒的酒精度数。当铁锅内无蒸汽产生时，应立即停止加热，随即取出收集好的蒸馏酒。

蒸馏酒取出后，须静至一段时间，待酒的温度降为可以直接饮用时盛入瓷碗内，按照蒙古族的敬酒习俗，由主人亲自倒酒并敬给在场的每一位长辈或客人。例如，"通常主人是将美酒斟在银碗、金杯或牛

---

① 帕拉斯：《内陆亚洲厄鲁特历史资料》，邵建东译，云南人民出版社2002年版，第134—135页。

角杯中，托在长长的哈达之上，唱起动人的蒙古族传统敬酒歌。宾客应随即接住酒，接酒后用无名指蘸酒向天、地、火炉方向点一下，以示敬奉天、地、火神；主人会用诗一般的语言劝酒：远方的客人请你喝一杯草原佳酿，这是我们民族传统食品的精华，也是我们草原人民的厚意深情"①。敬酒这一礼俗是蒙古族各类宴会中最讲究的礼节，也形成诸多与之相关的禁忌事宜或讲究，如"敬酒时禁忌左手拿酒盅，应用左手拿酒壶右手拿酒盅斟满后，敬给客人，并张开双手掌少许哈腰或伸出右手大拇指做出蹲踞式动作示意客人饮酒。忌讳把酒盅直接放客人面前，否则视为不礼貌；接酒杯时禁忌手过酒杯上面，必须从酒杯底部接纳；禁忌站立着喝酒，敬酒时无论大小有站着递坐着饮的习俗。有些地区敬酒的人是长辈，接酒的晚辈尊敬地立身行礼后才接酒；禁忌喝或尝完酒后表现出厌酒或不高兴等难看现象；禁忌在长辈、父母、老者面前饮酒以及在敬重的人面前饮敬重的饮品，否则视为失礼或不识上下等"②。宴席结束后，喝剩的蒸馏酒也可装入器皿，经密封可长时间储藏。此外，笔者在实地调查中还发现，牧民们在敬酒过程中仍然保留着蒙古族传统的换盏习俗，借此进行相互间礼节性的交流和问候。据史籍文献记载，早在蒙古族统一草原前，其换盏习俗就得以形成，如"其饮，食马乳与牛羊酪，凡初酌，甲必自饮，然后饮乙。乙将饮，则先与甲、丙、丁呷，谓之口到。甲不饮，则转以饮丙。丙饮讫，酌而饮乙，乙又未饮，而饮丁。如丙礼，乙才饮讫，酌而酬甲，甲又序酌以饮丙丁，谓之换盏。本以防毒，后习以为常，其味盐一而已"。③ 也就是说，当前牧民们在沿袭这一传统制酒技艺的同时，亦对其呈现出的相关习俗和文化传统给以有效传承和保留。

综上所述，虽然对蒸馏酒起源这一问题，学术界至今仍未做出确

---

① 李守华：《蒙古族的饮食文化》，《锡林郭勒职业学院学报》2013 年第 2 期，第 4—5 页。

② 曹纳木：《蒙古族禁忌汇编》，内蒙古人民出版社 2011 年版，第 12—22 页。

③ （宋）澎大雅：《黑鞑事略》，明嘉靖二十一年抄本，3。

切说明，但是通过忽思慧《饮膳正要》的记载，可知蒸馏酒在元代就已作为宫廷宴会的主要用酒，这是当前学术界不争的史实。就制作技艺而言，元代蒸馏酒因地区、官酿和民酿的不同，在制作工具的材质和设计结构方面呈现出一定的差异。如元代南番的蒸馏器具由玻璃材质制成，且在盛液器外部增加了有助于收集蒸馏液的侧管，或称为引管；蒙古蒸馏器具的材质以铜或铁为主，盛液器外部既可安装引流管，亦可不安装，直接将蒸馏液收集至中央。正是因为这些差异的存在，才得以有效证明元代蒸馏酒的制作方法已趋于多元化发展，这些差异亦为当前学者厘清蒸馏酒制作技艺在元代的演进脉络提供了重要的参考素材。还需说明的一点是，在当前市场经济的冲击以及现代化制酒技术的影响下，蒙古族这一传统蒸馏酒制作技艺正在接近濒临消亡的危险境地。如通过笔者的实地考察，发现在现今牧区仅有极少数年长者能够从事这项技术，而且他们并不经常利用此法制作和饮用蒸馏酒。也就是说，本研究不仅可以让我们对蒙古族蒸馏酒制作技艺的历史与现状有更为深入的认识，而且对有效保护和传承这一传统技艺亦有一定帮助。不仅如此，该研究对补充和丰富蒙古族非物质文化遗产中传统手工技艺的内容同样发挥着重要作用。希望在后续研究中能有更多学者加入对蒙古族传统手工制作技艺的研究和保护工作中，为促进蒙古族传统手工制作技艺的发展贡献力量。

## 二　蒙古族米酒的悠久历史及其制作技艺的调查研究

长期以来，因蒙古族以畜牧业为主要生产方式，所以大多数人认为蒙古族除马奶酒之外，其他的酒品并不多见。但是通过翻检现存文献发现，早在成吉思汗时期，米酒、葡萄酒等就已在蒙古族地区有着一定流传，忽必烈时期蒙古族饮用的酒品则更为丰富。时至今日，随着蒙古族与周边民族的广泛交流以及商品经济的快速发展，蒙古族饮用的酒品较古代则更为多样。

### （一）蒙古族米酒的悠久历史

蒙古族饮用发酵型米酒的历史最早可追溯到蒙哥汗时期。1254 年，蒙哥汗在接见法国传教士鲁布鲁乞的宴会中就为其准备了米酒，鲁布鲁乞将其称为"Terra-cina"。[1] 忽必烈时期，蒙古族皇帝和宫廷贵族们饮用米酒的这一习俗得以延续，这在忽思慧撰的《饮膳正要》中就有过记载。如蒙古皇帝和贵族们主要以"虎骨酒、枸杞酒、地黄酒、松节酒、茯苓酒、松根酒、羊羔酒、五加皮酒、腽肭脐酒、小黄米酒、葡萄酒、阿剌吉酒、速儿麻酒"[2] 作为宫廷宴会的用酒。元代酿造米酒的原材料有多种，如"酿黍米酒则皆用秫黍，也有用穄米与黍米，相似而粒殊大食不宜，人言发宿病"[3]。由这些粮食作物酿造的米酒，其酒精含量不高，正如元人贾仲名所言："米酒饮数百盅尚然不醉。"[4] 还需值得一提的是，虽然从现有史籍文献中很难找到有关古代蒙古族酿造米酒的相关信息，但是通过元人蒲道源在《闲居丛稿·新曲米酒歌》中所载米酒的酿造方法可知，米酒酿造技术在元代已有一定发展和传播，人们对米酒的酿造流程以及蕴藏的发酵知识已有深刻的理解和认识。如文中记载："骄阳行空四方烈，刘麦农夫宁惮热，天旋雷动飞玉尘，雾渤云蒸成曲蘗，麦秋方罢还插秧，穤稌西风千顷黄，腰镰肩檐行相逐，共趁晴色催登场，碓舂糠粃光如雪，汲泉淅米令清洁，炊糜糁曲同糅和，元气絪缊未分裂，甍中小沸微有声，鱼沫吐尽秋江清，脱巾且漉仍且饮，陶然自觉春风生"。[5] 从这段引文中提及的"曲蘗""碓舂""清洁""炊糜""甍中小沸微有声""脱巾且漉"等词句，可清楚地认识到米酒酿造技术及其具体工艺流程在元代已经形成，其酿造法属酒曲发酵法。

---

① ［英］道森：《出使蒙古记》，鲁布鲁乞东游记部分，中国社会科学出版社 1983 年版，第 172—181 页。

② （元）忽思慧：《饮膳正要注释》，尚衍斌、孙立慧、林欢注释，中央民族大学出版社 2009 年版，第 11 页。

③ （元）胡古愚：《树艺篇·穀部》卷一，明纯白齐抄本，第 3 页。

④ （元）贾仲名：《昇仙梦》，民国孤本元明杂剧本，第 2 页。

⑤ （元）蒲道源：《闲居丛稿·新曲米酒歌》，《顺齐先生闲居丛稿》，元至正刻本，第 15 页。

目前，蒙古族把通过传统手工发酵技术酿造而成的米酒称为包吉，主要以小米、糜米、大米、麦子为原材料，"其性热，不益多饮，昏人五脏，烦热多睡"①。但是，随着近些年商品经济、现代工业化生产的快速发展以及人们生产、生活环境的改变，多年前曾保留饮用和制作米酒这一传统习惯的蒙古族牧民，除了在重大节庆日或将其作为当地一项具有代表性的传统手工技艺向客人展示外，一般不再通过发酵的方式酿制米酒。为了省时省力，人们常以现代工业化生产的酒品作为消费对象，进而使得这一传统手工酿造技艺逐渐走出人们的视野，远离了现实生活。因此，以文字和图片的形式对阿巴嘎旗这一传统酿造工艺的有效记录，不仅有助于引起人们对米酒本身更多的关注和认识，而且在保护与其相关的饮食习俗和呈现民族文化上亦有重要意义。

（二）蒙古族米酒制作技艺的调查研究

从现有文献资料中很难找到蒙古族传统手工米酒酿造工艺的相关信息，这可能与人们缺少对其关注和重视，或因其在蒙古族地区的传播范围和普及群体较为局限等因素有着直接关系。通过整理和挖掘前人录制的相关视频，结合访谈记录的文献素材，下文主要对锡林浩特阿巴嘎旗牧民们在物质生活交流匮乏的年代掌握的酿造米酒的方法和过程进行系统的阐述。

蒙古族酿造米酒时使用的器具较为简单，基本上属于日常生活器具。例如，铁盆主要用于清洗和浸泡糜米；勺子（不锈钢）起搅拌作用，防止糜米粘锅或煮糊；铁锅用于煮糜米；陶坛做发酵用；铁杵和铁臼用于捣碎部分物料；擀面杖起搅拌及促进物料降温的作用；瓷盘、塑料袋、绳子和棉衣等，主要起密封和保温作用。除陶坛外，上述器具可以用其他用具代替，如不锈钢勺子可以用木质或铁制勺子代替，浸泡糜米的铁盆也可由铝盆、塑料盆替换等。

---

① （元）忽思慧：《饮膳正要注释》，尚衍斌、孙立慧、林欢注释，中央民族大学出版社 2009 年版，第 207 页。

　　蒙古族传统发酵型米酒酿造工艺主要由以下工序组成：原材料选取—洗米—浸米—煮熟—冷却—加入小麦粉—发酵—过滤米酒。

　　第一步：原材料的选取。蒙古族主要以糜米作为发酵型米酒酿造的原材料。糜米主要种植于内蒙古中西部地区，如包头市、鄂尔多斯市、巴彦淖尔市等。糜米又称稷米，不黏的黍类，属五谷之一，形似小米，米粒比小米略大。小米、大米、黄米、麦子均可用来酿造米酒，黄米酿造的米酒口味最佳。

　　第二步：洗米。将糜米倒入铁盆清洗，反复三四次，洗到水无白浊为佳。清洗主要是为去除附着于糜米上的糠秕、夹杂物和尘土。

　　第三步：浸米。糜米清洗干净后重新加入凉水，浸泡约30分钟。浸泡可使糜米充分吸水，达到疏松状态而软化，便于煮烂。

　　第四步：煮熟。煮熟是原材料处理的重要工序之一，主要是使物料膨胀、疏松均匀，使其发酵得更加彻底。浸泡结束后，将糜米倒入开水锅，全程不加锅盖，用文火慢煮，适时从锅的底部上下或画圆搅拌，防止粘锅底。同时，将浮在开水表面的沫子舀出去。待糜米煮至熟而不糊、疏松均匀、透而不烂的时候，将其从锅中舀出。判断糜米是否煮好，完全依靠经验，其实就是一种感官标准，有较强的主观性。

　　第五步：冷却。将煮好的糜米盛入锅内，分两次倒入无油渍或盐渍的陶坛内。首先，将一半糜米倒入陶坛内，放置在阴凉处降温，温度冷却到5—6℃为宜。为防止灰尘落入陶坛，可对其封盖。随后，将剩余的一半糜米倒入陶坛内，用擀面杖不停地搅拌，目的是调节发酵缸内的温度（不超过10℃为宜），使微生物生长繁殖或发酵达到适合的温度，以减少杂菌污染的机会，使发酵微生物很好地生长，进入正常发酵阶段。需要强调的一点是，不可使用金属器皿发酵，通常以木质器皿和陶坛最为适当。

　　第六步：加入小麦粉。将洗净且去掉皮的小麦（0.25千克左右）捣碎加入坛内，并用勺子搅匀。添加小麦粉是为了产生能够分解糜米中淀粉、蛋白质、纤维素等大分子营养物质的水解酶。这些酶类可以代替酒曲中的微生物对糜米中的营养物质进行分解，进而生成米酒特有的风味氨基酸与人体必需的氨基酸，使得发酵酒香味浓厚，营养物质丰富。接着，盖封陶缸，用塑料袋裹住陶缸口，并用绳子扎住塑料袋。最后，为了更好地进行密封和保温，再用棉衣服将整个陶缸包裹起来，用绳子扎紧。随着温度的升高，陶缸内的物料很快开始发酵，缩短整个酿造过程的时间，如在盛夏的7月，最快一夜即可发酵完成。

第七步：发酵。三天后，揭开陶坛盖检查是否开始发酵，有经验的师傅在不用打开盖子的情况下亦可通过听陶坛口冒泡声音的大小来判断其发酵程度。如果开始冒泡，随即再加入一些捣碎的小麦，重新密封后继续发酵。

第八步：过滤。共计六七天后，米酒即可酿好，随后用细纱布过滤发酵物，主要是为滤去物料剩余杂质，以便提高酒的质量和产酒率。这一过程后，得到的便是清酒。酿造好的米酒，应将其放置在阴凉处，阻止其继续发酵或变质。沥出的米渣可用于喂食牲畜，如猪、牛、羊，一次不可多食，否则会醉。可见，米渣也含有一定的酒精成分。

在牧区，牧民们除平日自己饮用米酒外，还经常用其招待客人。因米酒的口味较酸，人们在饮用前可以根据自己的口味需求适量加入一些白糖缓解米酒的酸味，并将果条（一种面食）泡入米酒一起食用。草原人民一般认为单纯发酵的米酒为凉性，体寒者可根据需求在酿好的米酒内加入红枣等补品，或将牛羊骨洗净，熬成骨汤加入米酒饮用。长期以来，由于发酵型米酒酿造技艺复杂，对技术要求较高，因此在蒙古族的日常生活中，人们并不经常制作和饮用米酒。但是随着牧民生活水平的提高以及国家和地方政府对传统手工技艺类非物质文化遗产保护的重视，相信牧民们会逐渐对这种传统米酒酿造技艺产生兴趣。现代实验结果表明："米酒是一种低度饮料酒，含有丰富的营养成分，具有滋肝养肾、健脾暖肝、开胃消食等功效，是人们养身健体的一种较佳饮品。"①"米酒的制作过程实质是一个多种微生物共同作用的复杂发酵反应，微生物的代谢不仅使米酒具有了丰富营养成分和特殊食疗功效，更赋予了其独特的风味和口感。"② 也就是说，米酒是一种既具有丰富营养物质又具有微生物发酵酒特有的醇厚风味的上佳饮品。但是在现代牧民的饮食起居中，饮用和制作米酒的风俗并未普遍形成，饮用群体亦非常有限。造成这种现象的原因，主要是工业化发展导致诸多成品酒生产快捷且流通方便，进而代替了草原牧民自己酿造的传统酒品。这在一定程度上也是很多草原民间传统手工技艺没有传承下来的原因之一。因此，对这一即将消亡的蒙古族传统米酒酿造工艺的实地调查与分析，不仅提高了牧民对于酒类发酵技术的认识与利用，更对这一传统工艺的延续和发展提供了较为全面的理论和实践素材。通过人们对这些素材的整理和研究，又可对蒙古族饮食技艺类非物质文化遗产的生产性保护工作的开展提供一定的参考与借鉴。

# 第二节　元代蒙古族乳食品制作技艺考

蒙古族最早开始食用和制作乳食品的历史时期，是现今学者很难考证的问题，至今学术界对此尚未做出统一定论。究其原因，一定程度上与其相关史籍文献的缺落或散佚以及考古出土文物的不足有着直接关系。尽管如此，通过对现存史籍文献的翻阅，发现最晚至成吉思汗时期或蒙古族统一草原前，乳食品就已成为蒙古族饮食结构的主要组成部分。这一说法，在现存诸多史籍文献中均能得以证实。

---

① 吴海霞：《发酵型黄米酒酿制工艺的研究》，《农产品加工》2009 年第 4 期，第 44 页。

② 陈欲云、边名鸿、杨跃寰：《米酒对小鼠免疫功能的影响》，《中国酿造》2013 年第 32 卷第 7 期，第 53—55 页。

### 一 成吉思汗时期蒙古族乳食品制作技艺考

成吉思汗时期，蒙古族就已开始食用和制作一些乳食品。如《蒙鞑备录》言："鞑人地饶水草，宜羊马。其为生涯止是饮马乳以塞饥渴。凡一牝马之乳，可饱三人，出入止饮马乳，或宰羊为粮。"[1] 又据《萨天锡诗集》记载："牛羊散漫落日下，野草生香乳酪甜，卷地朔风沙似雪，家家行帐下毡帘。"[2] 由这二则文献可知，蒙古族统一草原前，其乳食品就可分为液态和固态两种，液态乳汁向固态乳食品的转变，说明此时蒙古族已掌握一定的发酵技术。成吉思汗时期，乳食品更是成为蒙古族日常饮食的常见食物。据《滦京杂咏》记载："不须白粲备晨炊，乳酪羊酥塞北奇，泥土炕床银瓮酒，佳人椎髻语侏离。"[3] 又据《长春真人西游记》记载："过往经年，时有马回环，地无木植惟荒草，天产邱陵没大山，五谷不成资乳酪，皮裘毡帐亦开颜。又行六七日，忽入大沙陀。"[4] 由"羊酥"可见，成吉思汗时期的乳食品种类及其制作技艺较先前更为多元。随着乳食品在古代蒙古族地区的广泛流传，有关乳食品的饮食习俗或禁忌亦逐渐形成。如《黑鞑事略》言："责其心系鞑主之颈，骑而相向者，其左而过，则谓之相顺；食人以肉，而接以左手，则谓之相逆；酌乳酪而倾器者，谓之断后；遭雷与火者，尽弃其资畜而逃，必期年而后返。"[5] 也就是说，成吉思汗时期，乳食品不仅作为一种食物而存在，更是构成此时蒙古族精神文明生活的重要内容之一。不仅如此，此时蒙古族的乳食品制作技艺亦得以较好发展。据《鲁布鲁克东行记》记载："用奶制造的食品，主要有奶油、奶豆腐和酸奶汁等。奶油是奶的脂肪，含有人体所必需的重要营养成分，

---

① （宋）孟珙：《蒙鞑备录》卷一，古今说海明嘉靖陆等辑刊本，第565页。

② （元）萨都拉：《萨天锡诗集》，四部丛刊景明弘治本，第18页。

③ （元）杨允孚：《滦京杂咏》卷下，清知不足斋丛书本，第6页。

④ （元）李志常：《长春真人西游记》卷上，明正统道藏本，第5页。

⑤ （宋）澎大雅：《黑鞑事略》，明嘉靖二十一年抄本，第6页。

颇为珍贵，系招待宾客的佳品。将提取奶油后的奶汁变酸，加热后，其一部分凝固成奶块，这叫奶豆腐；一部分变成酸奶汁，这叫'艾里格'。对鲜奶加工后，也能提炼出奶油和奶豆腐。将艾里格倒入水中搅拌，直至融化于水中，即可饮用。"① 又据《马可波罗行纪》记载："鞑靼人取牛乳先制酪，已而留余乳使酸，煮之使其凝结，复于日中曝之，遂硬如铁滓，然后以囊盛之，以备冬日缺乳时之用。欲饮时，置凝结之酸乳于囊中，浇以热水，搅之使溶，然后饮之。尽等常不饮清水，而以此代鲜乳也。"② 由此可见，成吉思汗时期，蒙古族的乳食品种类已较为丰富，如有奶油、奶酪、奶豆腐以及酸奶汁、马奶酒等，进而说明蒙古族的乳食品制作技艺已较为多元化，蒙古族已十分通晓乳食品的制作技艺。除此之外，此时蒙古族对乳食品的食疗功效已有一些认识。据《湛然居士文集》记载："肉食从容饮酪浆，差酸滑腻更甘香。革囊旋造逡巡酒，桦器频倾潋滟觞。顿解老饥能饱满，偏消烦渴变清凉。"③

## 二 忽必烈时期蒙古族乳食品制作技艺考

忽必烈时期，蒙古族的乳食品种类不仅较先前更为丰富，制作技艺亦更为精湛和讲究。《居家必用事类全集》记载："造酪法：牛乳不拘多少，取于锅釜中，缓火煎之。紧则底焦，煿牛马粪火为止。常以杓扬，勿令溢出。时复彻底纵横直勾，勿圆搅。若断，亦勿口吹，吹则解。候四五沸便止，泻入盆中。勿扬动。待小冷，掠去浮皮，著别器中，即真酥也。余者生绢袋滤熟乳干净，磁罐中卧之，酪罐必须火炙干，候冷，则无润气，亦不断。其熟乳待冷至温如人体为候。若适

① ［法］威廉·鲁布鲁克：《鲁布鲁克东行记》，耿昇、何高济译，中华书局1985年版，第215—216页。

② ［法］沙海昂：《马可波罗行纪》，冯承钧译，中华书局2004年版，第396—397页。

③ （元）耶律楚材：《湛然居士文集》卷四，四部丛刊本，38。

热卧则酸，若冷则难成。滤讫，先以甜酪为酵。大率熟乳一升，用甜酪半匙著杓中，以匙痛搅开，散入熟乳中。仍以杓搅匀。与毡絮之属覆罐，令暖。良久，换单生布盖之。明旦酪熟。或无旧酪浆，水一合代之，亦不可多。六七月造者，令如人体，只置于冷地，勿盖烋。冬月造者，令热于人体。晒干酪：七八月间造之。烈日炙酪，酪上皮成，掠取；更炙，又掠；肥尽无皮，乃止。得斗许，锅中炒少时即出，盘盛曝干，涅涅时作团，如梨大，又曝极干收。经年不坏，以供远行。作粥作酱细削，以水煮沸，便有酪味。造乳饼：取牛乳一斗，绢滤入锅。煎三五沸，水解，醋点入乳内，渐渐结成。滤出，绢布之类裹，以石压之。就乳团：用酪五升，下锅烧滚，入冷浆水半升，自然捏成块。如未成块，更用浆水一盏，决成块。滤滓，以布包，团搦如饼样。春秋时，酪滚，提下锅再浆就之；夏月滚，倾入盘就。"[1] 又据《饮膳正要》记载："酥油：牛乳中取浮凝，熬而为酥。醍醐油：取上等酥油，约重千斤之上者。煎熬过滤净。用大磁瓮贮之。冬月取瓮中心不冻者，谓之醍醐。马思哥油：取净牛奶子，不住手用阿赤（系打油木器也）打取浮凝者，为马思哥油；今亦云白酥油。"[2] 元代鲁明善所著《农桑衣食撮要》亦记载了一种制造酥油和造酪的方法，即"造酥油：以酪盛于桶内或瓮中，安置近屋柱边，可将竹篾或桑条作二小圈，或用二小木板各凿一孔亦得。于木柱或树旁上下，以绳拴定二小圈，或二木板别作一木钻，下钉圆板，一半放置桶中，一半套于上下圈内，却于两圈中间木钻上，以皮条或绳子缠两遭，两手牵拽钻之，令转生沫。倾于凉水中凝定，候聚得多，却于慢火炼过，去浮上焦沫，即成好酥"[3]。通过这些史籍文献记载，可知忽必烈时期，蒙古族不仅掌握

---

① （元）佚名：《居家必用事类全集》明刻本，205。

② （元）忽思慧：《饮膳正要》，尚衍斌、孙立慧、林欢注释，中央民族大学出版社2009年版，第123—124页。

③ （元）鲁明善：《农桑衣食撮要》，王云五主编，丛书集成初编，商务印书馆1936年版，第18—19页。

了多种乳食品制作技艺，而且对乳食品制作过程中火候的控制技术以及不同季节乳食品的制作方法均有深刻的认识和理解。现存史籍文献记载的乳食品种类及其制作技艺，不仅为当前学者研究古代蒙古族乳食品制作技艺提供了较为难得的第一手资料，更对厘清古代蒙古族乳食品制作技艺的演变脉络以及探究古今蒙古族乳食品及其制作技艺的异同或者沿袭关系有着很大帮助。

### 三　兴安盟蒙古族乳食品制作技艺调查

蒙古族有着悠久的食用和制作乳食品的历史，这在上述蒙古族乳食品历史考中已有叙述。时至今日，经历代传承和发展，史载的蒙古族传统乳食品及其具体制作技艺仍被广大牧民们较好保留，位于兴安盟科右中旗代钦塔拉苏木芒来嘎查的巴图查干奶制品有限公司制作的乳食品就是最好的实证。该公司生产的巴图查干奶制品采用图什业图王府传统奶制品制作工艺加工而成，奶制品的种类有奶豆腐、奶皮子、黄油、奶干等。下文通过对该公司实地考察所得资料的整理和研究，分别对上述奶食品的制作技艺进行翔实阐述，希冀更多人对当前蒙古族保留的乳食品制作技艺有更清晰的认识。

#### （一）奶豆腐的制作技艺

制作奶豆腐的工艺流程大体可归纳为以下几点：鲜奶发酵—加热—搅拌—分离奶清—炒乳蛋白—装入模具—晾干—成品。在这一工艺流程中，搅拌和炒乳蛋白是决定奶豆腐质量好坏的关键所在。

奶豆腐的具体制作技艺如下：首先，将鲜牛奶发酵。夏季鲜奶的发酵时间为 24 小时，冬季的发酵时间为 48 小时。除受季节影响，发酵时间还与牛奶的浓度有着直接关系，浓度越大，发酵时间相对较短。一般情况下，6—7 千克鲜奶可制成 0.5 千克奶豆腐，因此鲜奶发酵的量主要取决于制成奶豆腐的量。其次，将发酵奶倒入铁锅，用牛粪或木材做燃料加热，边熬边快速搅拌，防止粘锅，熬制时间为 40 分钟到1 小时。熬制的目的主要是分离发酵奶中的乳清和乳蛋白，促进乳蛋白的凝固。当乳蛋白开始凝固时，用勺子将乳清舀出去，置于其他铁锅中。用铁锅熬奶主要是因铁锅中含有人体需要的铁元素，有利于人体健康。用牛粪和木材作为燃料，目的是便于控制火候，熬发酵奶须用慢火，熬制时间越长，乳蛋白的凝固越好；相反，火候快、时间短，乳蛋白不易凝固。待乳蛋白中无明显乳清时，用急火对凝固的乳蛋白进行翻炒，须快速翻炒以防粘锅，炒至浓糊状时，将其盛到提前准备好的模具中，趁热将其压平，凉了就很难成型。大约1小时后，待模具中的奶豆腐晾凉后，便可将其从模具中取出，随后放置阴凉处阴干，无须日晒。还需强调的一点是，盛放奶豆腐的模具一定要选用木质器具，装入奶豆腐前必须用先前舀出的乳清浸泡和洗刷，目的是保证奶豆腐味道的纯正，提高模具的润滑度。另据当地人介绍，制作奶豆腐时产生的乳清具有清热解毒、排肠毒、治便秘及降血脂等功效，当地人称其为"西日苏"。

### （二）黄油和奶干的制作技艺

黄油的具体制作技艺大体可分为以下几个步骤：第一，将鲜奶发酵，发酵时间与上述制作奶豆腐所需时间一致。发酵完成后，将酸奶上层的奶油装入特制的纱布兜内沥水，时间为3—4天。第二，沥水后将纱布兜内的奶油倒回盆内搅拌，使奶油中的水分充分分离出来。第三，将脱水后的奶油放入铁锅反复熬，最大限度地脱离奶油中的水分，提高黄油的纯度。第四，将奶油再次慢火熬制，2—3小时后，即可撇出黄油。剩余的黄油渣可放入羊肉汤或玉米汤中食用。

奶干的具体制作技艺如下：将制作奶豆腐舀出去的奶清置于铁锅内，用慢火烧开。为防止奶清溢出，须不时地搅拌，无须撇去表面产生的奶沫。反复烧开两三次后停止加热，然后将晾凉的乳清倒入纱布兜内沥水，待水分沥干后，取出纱布兜内剩余的黏稠状奶团，用手捏成不同形状的奶干，或用刀切成条状、块状等。最后，将其阴干即可食用。此时沥出的乳清便不再继续作为加工奶食品之用，多数用于猪饲料。由此可见，在一系列制作奶食品的过程中，是不存在任何浪费的。

## （三）奶皮子的制作技艺

奶皮子的制作技艺主要有以下几个步骤：第一，将牛马粪烧成无烟的燃料，即取牛马粪置于大铁锅内让其充分燃烧，直至通红无烟。为延长牛马粪的燃烧时间，还须将牛马粪上面覆盖一层牛马粪燃烧后的灰。第二，将盛有鲜奶的铝盆置于充分燃烧好的牛马粪上面，并盖上盖子。第三，待鲜奶烧开后，应立即关好门窗，防止风将鲜奶表面的泡沫吹散，并用勺子上下多次扬动，扬的次数越多，表面的泡沫越多，制成的奶皮子越厚，味道口感越好。有时候，为使奶皮子变厚，甜味更足，在熬奶皮子的时候亦可在鲜奶中加入一些面粉和少许白糖。第四，熬制9—10小时后，即可揭锅取出奶皮子。

取奶皮子的具体方式为，用一根长于奶皮子直径的木棍，视中间位置从其下方提起，此时的奶皮子就会折叠成一个对称的半圆。然后将其置于阴凉处晾干，切忌不能放在太阳下暴晒，否则会因温度较高难以成形，对其味道也会产生一定影响。如果是在夏季，制作好的奶皮子一定要注意保存，这主要是因为夏季草料的水分较大，鲜奶质量不高（含有水分多），制成的奶皮子较冬季要湿得多，不宜久存。这也是当前牧民大多数情况下只在秋末才制作奶皮子的主要原因。还需一提的是，通常情况下，牧民们制作奶皮子的产量并不高，如果只用鲜奶不再添加任何原料，四五千克鲜奶才能产出一张奶皮子。

除上述兴安盟实地调查记录的奶豆腐、黄油、奶皮子与奶干这几种固态或半固态的乳食品以外，因居住地区不同，蒙古族还有诸多名目的乳食品。如鄂尔多斯地区的初乳、卷肯、嘎查（酸奶）、白油、酸酪蛋和甜酪蛋。初乳又称"胶奶子"，是五畜刚生完仔畜后所产的黏稠乳汁。卷肯是一种既好吃又耐饿的半固态乳食品，其制作方法十分简单，即将盛于瓷缸内的鲜奶放在阴凉处，待七八个小时后，上面便会凝结一层较薄的黄色油皮，人们将这层油皮称为卷肯。嘎查，汉族习惯称其为酸奶，制作方法不一而足，"一是将制作奶豆腐时所分离出的酸水再次烧开变稠，加入一些曲种使其变酸即可制成；二是从酸奶中捣酥油时，把酥油撇出去，剩下的酸奶烧开汽化，所剩的东西也叫嘎查；三是将揭奶皮子剩下的奶子，倒进缸里，用木杵搅动，使其发酵变酸，这就是嘎查"①。白油的提取方法主要有两种："一是在五六十斤容量的大缸内，倒入三分之二的酸奶，用木塞塞紧。塞有孔，可使木杵穿出。捣酥油人站在缸前，手持杵柄，上下倒动。数至三四千到一万不等。从塞孔中加入对奶温水五六斤，再捣几百下，将塞子取掉，间或猛捣几下，加入对奶温水，使奶油从酸奶分离（上漂一层白油），将白油撇出。此法为西部蒙古族的制作方法。二是将积攒的卷肯装入布袋，控出黄水，放在器皿中搅动使其从水中分离出来，这就是白油。此法为东部蒙古族制作方法。白油酸甜可口，在里面放上白糖或红糖，与炒米、炒面拌起来吃，也是牧区一绝。"② 酸酪蛋和甜酪蛋的制作方法与奶豆腐制作技艺较为相似，具体不同主要表现在，奶豆腐是由模具压制而成，酪蛋是从指缝中挤出。

此外，通过对中国烹饪大师张清教授提供的记录当前蒙古国牧民传统手工制作乳食品影像资料的整理和研究，发现当前蒙古国与内蒙古牧民们保留的乳食品种类基本一致，但是二者在具体操作方法以及乳食品的样式上却存有一定差异。以奶豆腐的制作为例，蒙古国的牧民们除采用木制的模具使其成型以外，通常情况下还会采取"大石压制法"制作奶豆腐，这种方法较模具成型法更省时省力。不仅如此，在奶豆腐的样式上，蒙古国也较当前内蒙古地区更为多元化，如有片状、块状、椭圆状和条状，每一种样式又有大小之别。由此可见，当前蒙古族掌握的固态和半固态的乳食品种类较为丰富，具体制作技艺因流传地区的不同呈现多元化的特点。

还需提及的一点是，蒙古族在长期食用和制作乳食品的过程中，还形成了诸多有关奶食品的文化习俗。虽然目前大多数年轻人对这些文化习俗已不是非常了解，甚至根本不知道这些习俗的存在，但部分

---

① 郭雨桥：《蒙古通》，内蒙古科学技术出版社 2007 年版，第 243—244 页。

② 同上书，第 245—246 页。

年长者对这些传统习俗是十分在意和讲究的。如"乳汁般洁白的心，比喻人心的纯洁和善良；亲人或客人起程时，老阿妈将鲜奶洒向天空祈祷旅途平安；婚宴上，母亲给两位新人斟碗鲜奶祝福新生活的美满、幸福；一年一度的传统祭火仪式上，每家每户将黄油、奶酪、奶酒，以及羊胸叉放入火中，全家人对着火焰向火神祈祷；祭祀敖包仪式中，人们通常把鲜奶、奶油、奶酒等奶食品崇奉于敖包，表示对大自然的崇拜，报答天地之恩，祈求人间风调雨顺，牛羊兴旺，国泰民安。"①除此之外，在蒙古族的日常生活中，还形成了许多有关乳食品的禁忌习俗，如"忌讳火上烤奶豆腐，烤了认为牛犊会得皮肤病；挤奶或动一切奶制品时必须洗手，因为奶制品是圣洁食物；禁忌从奶制品上面跨过、飘过衣襟、鞋袜裤子等物，否则视为污染奶食；必须把奶食品摆放在一切食物之上，禁忌摆放在下面；品尝奶子或敬扬奶子时忌讳用无名指以外的手指；置放奶食品时禁忌与肉类食物同屋一起置放，认为血会弄脏奶子的洁白，奶子会淡化血的浓红，并会使奶食品变质；食用奶食品时禁忌用筷子，用筷子视为驱失口福，棍驱畜福；禁忌奶子撒地上，不小心撒了的话，用中指沾一下后涂抹在额头上，破戒；禁忌挤完奶进屋前向牵绳和牛圈方向洒鲜奶，否则被视为衰落畜群福分"②等。上述有关奶食品的忌讳习俗主要源于内蒙古西部地区的蒙古族，因其具有明显的地域性特点，个别忌讳或许与东部区蒙古族奶食品的禁忌习俗存在相互交错和混杂的现象，但是这在一定程度上却更能反映出东西部蒙古族在饮食文化方面存在的不同特点。

## 第三节　元代蒙古族肉食品制作技艺考

蒙古族统一草原前就已作为蒙古族饮食结构主要组成部分的肉类

---

① 宝音朝克图：《草原乳文化与清代皇室》，《北京档案》2007 年第 4 期，第 51—52 页。
② 曹纳木：《蒙古族禁忌汇编》，内蒙古人民出版社 2011 年版，第 11—12 页。

食品及其相关制作技艺，在当前牧区有着较为完整的保留和传承。这在一定程度上为现今研究者厘清蒙古族肉类食品制作技艺的形成、发展和演进脉络有着很大帮助。基于此，本节以史籍文献为基础，梳理蒙元时期蒙古族传统肉食品（手把肉和烤全羊）制作技艺的历史演变及其烹饪知识，希冀探寻其所蕴藏的古代蒙古族肉食品制作经验和相关知识演进的文化传统。

### 一　蒙古族手把肉制作技艺的历史沿革

手把肉，"蒙古人称作'乌兰伊得根'，也可称作'布合勒'或'秀斯'，汉语译为'红食'"①。手把肉在蒙古族地区有着悠久的制作和食用历史，直至当前仍是蒙古族经常制作和食用的最具特色的肉食品之一，亦是蒙古族饮食文化的重要组成部分。

关于蒙古族食用手把肉的具体时间，从现有史籍文献已无从考证，但是通过对成书于13世纪由蒙古人写成的《蒙古秘史》以及中原汉族人士、西方旅行家所著的历史史籍的翻检，可以推测早在公元10世纪，蒙古族先世的日常饮食中就已有手把肉的出现，元朝时手把肉及其制作技艺更是广泛流行于蒙古族民间和宫廷。据《蒙古秘史》记载，公元10世纪时，蒙古族第十二世祖朵奔·篾儿干的妻子阿阑豁阿在教育孩子的食物中就已经有了手把肉，其名曰"腊羊"。②虽然文中记载的腊羊并非鲜羊肉一说，只是一种备于冬季食用而阴干的干羊肉，但是可以看出，此时手把肉及其制作技艺已初步形成，为后期手把肉及其制作技艺的发展和形成奠定了基础。该著又提到，锁儿罕·失剌为了给铁木真准备回家的食物，"煮熟了一只吃两个母羊奶的肥羊羔肉作干粮"③。由此可见，蒙古族统一草原前，手把肉就已成为蒙古族饮食结构中的一部分。

---

① 包银图：《黑龙江蒙古族的手把肉和烤全羊》，《黑龙江民族丛刊》2012年第5期，第151页。

② 阿尔达扎布：《蒙古秘史》，新译集注，内蒙古大学出版社2015年版，第46页。

③ 同上。

成吉思汗时期，手把肉已成为蒙古族宫廷宴会和民间百姓日常饮食中的主要食物。据《黑鞑事略》记载："其食，肉而不粒。猎而得者，曰兔、曰鹿、曰野彘、曰黄鼠、曰顽羊、曰黄羊、曰野马、曰河源之鱼。牧而庖者，以羊为常，牛次之，非大宴会不刑马，火燎者十九，鼎烹者十二三，脔而先食，然后食人。霆住草地一月余，不曾见鞑人杀牛以食。"[①] 通过这段文字记载的"鼎烹者十二三"，可知成吉思汗时期，"煮"这一烹饪方式已成为蒙古族制作肉食品的主要方式。还需说明的一点是，虽然此时蒙古族食用的肉食品种类较多，但以羊肉为主。蒙古族在长期的饮食制作过程中，不仅掌握了多种肉食品制作技艺及其相关烹饪知识，还形成了一套独特的制作和食用方法："在蒙古族的日常生活中，他们通常将一只羊煮熟，可供给五十个人或一百个人吃。他们把羊肉切成小块，放在盛放着盐和水的盘子里，然后用一把小刀的刀尖或为此目的而特制的叉的叉尖取肉，根据客人的多少，请站在周围的人各吃一口或两口。在开始吃羊肉以前，主人首先把喜欢的那部分羊肉吃了。如果主人给任何人一份特殊的羊肉，那么按照他们的风俗，这个人必须亲自把这份肉吃掉，而不能把它给别人。但是，如果他不能把它全部吃完，他可以带走，或交给他的仆人替他保管；否则，他可以把它放在随身带着的袋子里。他们也把暂时来不及细啃的骨头放在袋里，以便以后可以啃它们，不致浪费食物。"[②] 由上述记载可知，成吉思汗时期，手把肉已普遍流行于蒙古族地区，成为蒙古族皇帝、贵族以及民间百姓共同嗜爱的肉食品。不仅如此，经历代的传承和发展，其食用习俗也有了进一步的规范和统一，这对手把肉的传播和发展及蒙古族饮食文化内涵的丰富发挥着重要作用。

忽必烈时期，在继承先前肉食品制作技艺的基础上，蒙古族对多种肉食品的煮制方法有了更加深入的认识和理解。据《居家必用事类

---

① （元）彭大雅撰：《徐霆疏证·黑鞑事略》，中华书局1985年版，第12页。

② ［英］道森：《出使蒙古记》，吕浦译，周良霄注，中国社会科学出版社1983年版，第116页。

全集》记载:"羊肉滚汤下,盖定,慢火养。牛肉亦然,不盖。马肉冷水下,不盖。獐肉冷水下,煮七八分熟。鹿肉亦然。煮过则干燥无味。驼峰驼蹄腌一宿,滚烫下一二沸,慢火养。其肉衔油,火紧易化。加地椒。熊掌用石灰沸汤撏净,布缠煮熟。或糟尤佳。熊白批小段,焯微熟,同蜜食。多食破腹。鹿舌、尾冷水下,慢火煮。水少慢不损味。做肉丝用。鹓、老雁滚汤下,慢火养八分熟。虎肉、獾肉土内埋一宿,盐腌半日。下冷水煮半熟,换水,加葱、椒、酒、盐煮熟。煮硬肉,用硇砂、桑白皮、楮实同下锅立软。败肉入阿魏间煮。如无,用胡桃三个。每个钻十数窍,臭气皆入胡桃中。煮驴马肠无秽气。候半熟漉出,用香油、葱、椒、麸盘肉,入胡桃三个,换水煮软。煮肥肉先用芝麻花、茄花同物料调稀湖涂上,火炙干。下锅煮熟。"① 又据《饮食须知》记载:"煮羊肉用杏仁或瓦片则易烂,同胡桃及菜菔不腢,同竹馏煮助味,以铜器煮食男子损阳,女子暴下。"② 通过这段记载,可知元朝时蒙古族就已对不同肉食品制作过程中使用的火候技术、原材料的加工技术以及调味品的选取和用量,有着较为深刻的理解和认识。这些实践经验的积累和总结,对当前蒙古族手把肉制作技艺的形成有着不可忽视的作用。

## 二 元代蒙古族烤全羊制作技艺考

蒙古族烤肉技术经历了一个较为漫长的发展过程。据《蒙古秘史》记载:"朵奔·篾儿干上脱豁察黑—温都儿山打猎。猎得三岁的鹿,用火烧烤着鹿的肋骨肉和直肠"③,"札木合在倪鲁山上猎得盘羊,烧烤着吃"④。由此可见,蒙古族统一草原前,"烤"这一烹饪技艺就已成为他

---

① (元)佚名:《居家必用事类全集》,邱庞同注释,中国商业出版社1986年版,第91页。

② (元)贾铭:《饮食须知》卷一,清学海类编本,第33页。

③ 阿尔达扎布:《蒙古秘史》,内蒙古大学出版社2005年版,第35—36页。

④ 同上书,第378—379页。

们烹制猎物的方法之一。又据《黑鞑事略》记载:"其食,肉而不粒。猎而得者,曰兔、曰鹿、曰野彘、曰黄鼠、曰顽羊、曰黄羊、曰野马、曰河源之鱼。牧而庖者,以羊为常,牛次之,非大宴会不刑马,火燎者十九,鼎烹者十二三,胾而先食,然后食人。霆住草地一月余,不曾见鞑人杀牛以食。"① 由"火燎者十九"可知,成吉思汗时期,"烤"这一烹饪技艺更是成为蒙古族烹饪肉食品的主要手段和常见烹饪方法。同时,由此时蒙古族猎获野生动物的种类可见,蒙古族烤肉食品的种类已较为多样。这些烤肉食品制作技艺的形成及其相关烹饪知识的积累,一定程度上对元代蒙古族烤全羊制作技艺的形成发挥着重要作用。元以前的烤肉技术主要为"火燎法",即直接用明火烤炙。忽必烈时期,随着蒙古族对"烤"这种传统烹饪技艺经验的不断积累和总结,对其已有更为深刻的认识和理解。如元代蒙古族认为,"燔,燔附袁切,燔犹焚也,燎肉于燹,因谓之燔。诗云炮之,燔之燔之,炙之传曰,与执燔焉。别作膰燹"②。这段引文中的"燔"与"烤"同义。元顺帝和群臣巡幸上都时亦"于毡帐中炙羊肉"③,可见烤羊肉已成为蒙元蒙古族饮食结构的重要组成部分。

烤全羊是蒙古族烤肉技术中的巅峰代表。在元代,烤全羊是宫廷宴会中不可或缺的一道传统民族菜肴。有关烤全羊制作技艺的记载,最早见于《元史》卷七十七。文中言:"蒙古巫觋掘地为坎以燎肉,仍以酒醴马潼杂烧之,巫觋以国语呼累朝御名而祭焉。"④ 由此可见,元代蒙古族烤全羊制作技艺在很大程度上产生于祭祀活动的需要,实际操作主要由巫觋完成。祭祀结束后,蒙古族会将这些食物按照祭祀者身份的不同分配给人们。早在蒙古族统一草原前,这一习俗就已初步

---

① (宋)彭大雅撰,徐霆疏证:《黑鞑事略》,中华书局1985年版,第12页。
② (元)戴侗:《六书故》卷三,清文澜阁四库全书本,第17页。
③ (元)刘佶:《北巡私记》,民国三年云窗丛刻,第1页。
④ (明)宋濂:《元史》卷七十七《志第二十七下·祭祀六》,清乾隆武英殿刻本,第906页。

形成。据《蒙古秘史》记载："诃额仑·兀真便向斡儿伯、莎合台二人说：你们以为也速该·把阿秃儿已经故去，我的孩子们还幼小，就不分给我们应得的祭祀祖先的份子、胙肉、供酒。为什么不等我，让我落空呢？你们吃着，为什么连吃喝也不请让？"① 另外，成书于元文宗天历三年的《饮膳正要》亦对元代蒙古族烤全羊的具体制作技艺有过描述，曰："柳蒸羊。羊一口，带毛。右件，于地上作炉，三尺深，周回以石，烧令通赤，用铁芭盛羊上，用柳子盖覆，土封，以熟为度。"② 张秉伦等注解如下："用现今语言可描述为：羊一口，杀死后去净内脏，但不去毛，放在铁制的篦子上备用。在地上挖一个三尺深的坑作为炉灶，用石块把灶膛的内壁码砌好，然后在这个炉灶内点火，待炉膛内石块被烧得通红时，撤掉明火，把羊连同铁制的篦子一同放入炉内，在羊身上盖满柳树枝后，再用土覆盖在柳枝上封严，待羊肉烤熟后，开封，取出坑内的羊，吃的时候用刀将羊肉一条条割下，蘸着调料吃。"③ 由上述可知，元代蒙古族烤全羊制作技艺分为两种方法，即明火烤制法和暗火烤制法。通过比较，暗火烤制法较前者更为讲究和精湛，其温度以"烧令通赤"的石块为主。地炉的发明不仅有助于羊肉通体受热均匀，还可有效预防羊肉水分的过度蒸发，使其口感更为鲜嫩。

　　还需提及的一点是，忽必烈时期除烤全羊以外，以羊内脏作为原材料的烤肉食品亦成为宫廷饮食消费的一种。如"炙羊心。治心气惊悸，郁结不乐。羊心一个，带系桶；咱夫兰三钱。右件用玫瑰水一盏，浸取汁，入盐少许。签子签羊心，于火上炙。将咱夫兰汁徐徐涂之，汁尽为度。食之，安宁心气，令人多喜。"④ "炙羊腰。治卒患腰眼疼痛者。羊腰一对，咱夫兰一钱。右件，用玫瑰水一杓，浸取汁，入盐少

---

① 阿尔达扎布：《蒙古秘史》，内蒙古大学出版社 2005 年版，第 118—119 页。

② （元）忽思慧：《饮膳正要》，张秉伦、方晓阳译注，上海古籍出版社 2014 年版，第 101—102 页。

③ 同上。

④ （元）忽思慧：《饮膳正要》，尚衍斌、孙立慧等注释，中央民族大学出版社 2009 年版，第 99—100 页。

许，签子签腰子上火上炙，将咱夫兰汁徐徐涂之，汁尽为度。食之，甚有效验。"① 可见，元代宫廷的烤肉食品不仅种类丰富，具体制作技艺亦更为讲究。更重要的是，为提升烤肉食品的食疗功效，蒙古族对原材料与调味品的配伍关系亦有一定认识。以炙羊心为例：因羊心具有"补养人的心肺"② 这一功效，所以选取的调味品一定要与之相匹配。据《食物本草》记载："咱夫兰。味甘平，无毒。治心忧郁积，气闷不散，活血久服，令人心喜。又治惊悸。"③ 又据《维吾尔药志》记载："玫瑰花具有理气解郁、镇静安神、和血、养血、调经等功能。"④ 也就是说，随着蒙古族对烤肉制作技艺认识的不断深入，他们在追求烤肉风味的同时，对主辅料与调味品在食疗功效上的配伍关系亦有一定的认识和理解。此时的烤全羊及其相关制作技艺，在很大程度上只是作为当时蒙古族烤肉技艺发展水平的典型代表，或许与其具有的祭祀功能和隆重的仪式感有着紧密关系。

### 三　蒙古族传统烤全羊制作技艺调查

蒙古族传统烤全羊因其制作工艺讲究以及口味独特，深受当前人们的喜爱。但是由于传统烤全羊制作过程耗时较长以及烤制工具不宜操作等，人们并不经常制作和食用，对烤全羊制作技艺及其蕴藏的烹饪知识缺乏足够的了解和认识。鉴于此，通过对包头市希拉穆仁草原牧民琪琪格保留的传统烤全羊制作技艺（2016 年中蒙俄国际烹饪大赛中荣获草原精英奖称号，被授予特金奖）的实地调查，本节系统阐述包头市草原牧民所掌握的烤全羊制作技艺。

琪琪格掌握的烤全羊方法有"焖炉法"（分为半封闭式或全封闭

---

① （元）忽思慧：《饮膳正要》，姚伟钧、李亮宇、崔磊等注评，中州古籍出版社 2015 年版，第 60—61 页。

② （唐）孟诜：《食疗本草》，郑金生、张同君译注，上海古籍出版社 2008 年版，第 64 页。

③ （明）佚名：《食物本草》，北京图书馆出版社 2007 年版，第 475 页。

④ 刘勇明：《维吾尔药志》，新疆科技出版社 1999 年版，第 291 页。

式)、"明炉法"和"现代烤炉法",其命名主要依据烤制工具。从具体制作技术角度来说,这几种烤制方法的制作工艺流程及制作技艺并无较大区别。结合笔者调查实际,下文只以半封闭式的"焖炉法"烤全羊制作技艺为例阐述,以概其观。

蒙古族传统烤全羊的制作工艺流程大体可概括为以下几个步骤:选料—宰羊(清洗整理)—腌制—烘烤—上色—出炉—刷油—再次上色,其中腌制与烘烤是整个制作过程的关键所在。

第一步:选料。主料是达尔罕茂明安联合旗希拉穆仁草原所产的本地羔羊,以净重 10 千克左右的羯羊为宜。若羊的年岁较大或羊体过重,则会因肉质老韧影响烤肉的鲜嫩度。

第二步:宰羊。"在羊的腹部划开 10cm 左右的口,一只手伸进胸腔中的右心房,将动脉血管掐断,这样羊就会因失血过多而死亡。"[1]现今这种方法被牧民们称为"攥心羊",成吉思汗时期蒙古人称其为"剖胸羊"。[2] 而后,去其皮毛,取出内脏,清洗羊体内外。

第三步:腌制。利用葱、姜、花椒、大蒜、茴香、盐等调味品配置好的料水对整羊进行腌制,通常腌制 8—12 小时。腌制的过程中不可以改花刀,改过花刀的羊肉在烤制的过程中极易变形和松散。腌制后上火烤制时要将腌制用的调料去除干净,保证羊身的洁净。腌制的主要目的是使羊肉充分入味,其间为了入味均匀须多翻动几次。

第四步:烘烤。入炉前,将大葱、茴香、大蒜、香油、胡麻油等调味品塞进羊的腹腔,用铁丝或他物将腹腔缝合以防止调味品散落,然后以卧式的姿势将羊放入烤炉即可。炉内温度控制在 220—280℃ 为宜,低于 220℃ 脆皮不鼓起来,高于 280℃ 容易糊。这与明火烤全羊对温度的控制有着明显的不同,即明火烤全羊在烤制的初期所用的温度不能低于 120℃,否则羊肉的肉质会变柴,干涩难以咀嚼;但也不能太高,如果初期温度过高,超过 260℃,羊肉表皮会立刻焦化,内部还未

---

① 周宇:《制作烤全羊的两个关键点》,《中国烹饪》2006 年第 4 期,第 60—62 页。
② (元)佚名:《元典章·刑部》卷十九《典章五十七》,元刻本,第 929 页。

烤熟，外部已经炭化失去食用价值。由此可见，不同烤制方法对温度的要求不尽相同。

第五步：上色。烤制 1 小时左右时，将秘制的调味品（行业语称为脆皮水）刷在羊身上。因"脆皮水"含有较高糖分，黏度较好，故通过高温烤制可将其较好地附着于羊体表面，有着较强的焦化着色作用。另外，脆皮水的刷抹还在一定程度上有效减少了羊肉在烤制过程中的水分流失，避免羊肉水分流失过多导致老韧。还需值得一提的是：脆皮水刷抹时间必须保持在烤制 1 小时左右，太早会因刚烤制的羊肉渗出水分较多使其流失，起不到应有的作用，只有等羊肉烤得较为干硬时才可发挥最大效果；反之，如果刷抹时间较晚，羊肉容易发生焦糊现象。

第六步：出炉。羊肉烤制 3 小时左右即可出炉。判断羊肉是否烤熟，通过观察羊肉的颜色而定，即随着温度的升高和时间的延长，羊肉会出现由浅黄到红黄再到酱红的颜色变化。当羊肉呈现酱红颜色时，羊肉正好烤熟。

第七步：刷油。待羊肉准备出炉前，还须在羊肉的表面刷一层植物油，然后转小火再烤 10 分钟左右。"植物油可使羊体的外皮呈亮枣红色。涂抹它烤制出的食品色泽金黄，香气浓，并且放置较长时间而不易回软。"①

第八步：再次上色。羊肉出炉后将塞入的调味品取出即可食用。食用前为了美观，还须给羊的全身上色，上色用的原料主要是红油辣椒水，一般须涂 2—3 遍。

比较上述烤全羊制作技艺与元代烤全羊制作技艺发现，二者无论是制作方法还是烤前对胴体的处理与腌制，均存在一定差异。就制作方法而言，元代采用的是暗火烤制法，当前牧民使用的为半封闭式的"焖炉法"。而且，元代烤全羊是带皮烤，仅去其毛即可，烤前亦不需

---

① 周宇：《制作烤全羊的两个关键点》，《中国烹饪》2006 年第 4 期，第 60—61 页。

要腌制；上述制法属剥皮烤制，烤前须长时间腌制。还需一提的是，元代烤全羊制作技艺在当前内蒙古阿拉善地区仍被人们较完整地保留下来，并被列入国家级非物质文化遗产名录。阿拉善烤全羊的具体制作技艺如下："在地面建一土炉，一人多高，全系泥土结构。上面敞圆口，下面旁地有个Π形灶门，如农村的'地钵子灶火'。全羊不剥皮，胸口上割开七八寸的口子，把调料、食盐撒进去。将红糖和酱油搅在一起，滚开以后，浇在褪洗干净的羊皮上。待其稍干，再遍涂一层植物油，用铁链子从胸腔、腹腔、耧斗骨中穿出来，挂在铁棒的另一头上。吊入炉中，上面扣口大锅，将敞口盖严，周边用泥巴抹住。两头各露一条铁棒。最好的燃料就是那种梭梭木炭火，热力强劲而持久，还能把一种奇异的香味熏进肉里，远不是一般的电烤炉所能比拟的。如果有风，还要把里面的羊体转动一下，使其受火均匀。大约烤四个小时，就可以出炉。"① 这一传统烤全羊制作技艺的保留，不仅为我们探究古今蒙古族烤全羊制作技艺存在的承袭关系有着重要作用，更为厘清蒙古族烤全羊制作技艺的演变脉络提供了重要的实证素材。因蒙古族制作和食用烤羊肉的历史较为悠久，人们对烤羊肉的加工过程有着深刻的认识，总结出一些并不常注意的烤制细节。如"一是羊肉不能烤太久。烤得太熟太老，第一是不可口，其次是不易消化。最好，放在上边略烤一烤，到刚变成白色，还带着粉红色时，便吃。烤时，不要烤得太多，可以烤一点，吃一点。这样也可口，也易消化。有些人烤一大堆，完全熟透以后，慢慢去吃。这样便有两种弊端：如果放在火上便越烤越老，以至于老得像草根树皮。再如夹到布碟里，慢慢吃到后来，也就凉了，没法吃了。二是烤羊肉，往往吃而过量，乃至于几天不吃饭。这种情形便是不易消化的证据。最好吃完烤羊肉喝一两碗加白糖的小米粥，可以助消化。这事可从经验中去验证。"② 由此可见，蒙古族在长期食用和制作烤羊肉的过程中，不仅极为通晓其制

---

① 郭雨桥：《蒙古通》，内蒙古科学技术出版社2007年版，第252页。
② 王柱宇：《烤羊肉须知》，《三六九画报》1940年第2卷第7期，第18页。

作技艺，而且对烤制过程中应注意的具体细节（如烤制时间、烤制数量以及如何有助于消化等）亦有清楚的认识。

除上述烤全羊制作技艺以外，经历代传承，蒙古族还逐渐形成诸多与其相关的食用方法与仪式。内蒙古各地区的烤全羊食用方法较为相似，大体如下：将烤制好的全羊放置大盘或专门盛放烤全羊用的手推车上，然后按照由外及里的方法将肉和骨分割开来，"现场用刀先把皮层肉切长条，盛入大盘上桌；随后再把贴骨肉全部切好上桌"①。大多情况下，人们并不蘸任何调味品，以保持烤全羊原汁原味的口感。只有阿拉善等少数地方还配给小葱、薄饼和面酱等辅料，供客人卷饼而食。另外，在烤全羊上桌前，还要举行一些仪式，烘托现场的气氛。如在食用前，主人会亲自端着酒杯向在场的客人敬酒，还会伴有歌声与舞蹈。在特别隆重的场合下，主人还会安排专门的歌舞表演和献哈达仪式，以此表达对来访者的尊敬之情。对蒙古族隆重的烤全羊仪式，笔者不仅早有耳闻，更对其深有体会。2016 年，笔者以内蒙古餐饮与饭店行业协会专家委员会副主任的身份，参加了在包头市举办的第五届中俄蒙国际美食文化节。在开幕式上，包头市政府不仅举行了隆重的烤全羊仪式，还依次安排了烤全牛和烤全驼仪式。在为期三天的展示和表演中，慕名前来参观的人数就有近 20 万人。由此可见，隆重和独具蒙古族特色的烤全羊仪式，不仅对烤全羊制作技艺的传播及其品牌的建立发挥着重要作用，而且对当前人们了解和认识蒙古族及其传统饮食文化亦有着重要作用。

可见，古代蒙古族在制作肉食品的过程中，已经总结出诸多与现代烹饪理论相符的经验知识，如烹饪火候知识、食物的配伍知识、原材料的加工知识以及调味品的选用知识等。然而，古代蒙古族并未对这些经验知识的合理性以及使用效果做出更为深入的解释和说明。也就是说，我们很难将史籍文献记载的这些感性认识提升为理性认识，

---

① 陈永考：《内蒙古阿拉善烤全羊》，《烹调知识》1996 年第 7 期，第 38—39 页。

整理出一套完整的古代蒙古族烹饪理论体系。但是无论如何，这些经验知识的保留，确实为我们研究古代蒙古族烹饪理论的发生和发展有着很大帮助，值得我们做更为深入和系统的研究。此外，仍有必要说明的是，当前蒙古族的肉类食品，无论是在种类还是具体制作技艺方面，均远逊色于古代。如元朝的肉食品种类有"炙羊腰、攒鸡儿、炒鹌鹑、盘兔、河西肺、黄姜腱子、鼓儿签子、带花羊头、鱼弹儿、芙蓉鸡、肉饼儿、盐肠、脑瓦剌、姜黄鱼、攒雁、猪头姜豉、攒羊头、攒牛蹄、细乞思哥、肝生、马肚盘、熬蹄儿、熬羊胸子、鱼脍、红丝、烧雁、烧水札与柳蒸羊等"①，其制作技艺包括炙、炒、炸、煮、烤、熬与蒸等。当前蒙古族的常见肉食品除上述两种外，还有一些烤羊腰、烤羊腿、烤羊背与血肉肠等，制作技艺亦主要有烤、炙和煮等方式。也就是说，古代蒙古族的肉食品种类及其相关制作技艺在当前牧区只有部分被有效地传承和保留下来。这在一定程度上不仅与古代蒙古族肉食品杂糅了诸多不同民族的肉食品种类及其相关制作技艺有着很大关系，而且古今蒙古族在饮食方式及其生产与生活模式方面存在的显著差异亦对这一现象的出现有着很大影响。

## 第四节　元代蒙古族传统奶茶制作工艺考

奶茶是蒙古族日常饮食和招待客人经常用到的一种饮品，在蒙古族地区有着悠久历史。因其历史久远以及在蒙古族饮食中的重要性，一向为学者们所重视，研究成果颇为丰富。然而，对现存文献资料的整理和研究发现，一是学术界对蒙古族饮茶的起源时间尚未达成一致，存在多种说法。例如，蔡志纯认为："蒙古人的饮茶历史从 13 世纪开

---

① （元）忽思慧：《饮膳正要》，姚伟钧、李亮宇、崔磊等评注，中州古籍出版社2015 年版，第 60—67 页。

始，比较确切的应该说起源于成吉思汗时代。"① 黄时鉴则认为："13
世纪末以前还未发现有蒙古人饮茶的明确记载。"② 二是学者们对蒙古
族传统奶茶制作工艺流程以及在实际操作中使用的具体制作技术的研
究，至今因其制作技艺流传地区的广泛性和饮用人群的多元化未形成
统一规范。鉴于此，为更好地还原历史实际以及弥补现存文献资料对
蒙古族饮茶历史记载的缺漏，梳理和研究蒙古族饮茶纪事的若干事宜，
是十分必要的。

## 一 蒙古族统一草原前的茶文化

任何一个民族的饮食文化都与其经济类型和生活方式存有紧密关
系。如蒙古族统一草原前（1206 年前），蒙古族经济以畜牧业和狩猎业
为主，过着逐水草而迁的游牧生活。他们的日常食物以乳、肉为主，
并兼有少量粮食和野生植物等。关于这一说法，札奇斯钦已对成书于
13 世纪、由蒙古人写成的《蒙古秘史》中涵括的早期蒙古族食物及其
种类进行过归纳，共计14 项。文中言："（一）猎人吃烤鹿肉和他的内
脏。（二）春季煮腊羊肉吃。（三）春天到来，猎野鸭以为食物。（四）
吃酸马奶。（五）成吉思可汗的母亲在极恶劣的环境中，从野地捡杜
梨、山丁、红蒿、野葱、野蒜、野韭菜，抚育了她的儿子们。（六）少
年成吉思可汗和弟兄们在斡难河上钓鱼，作为食物。（七）煮肥羊羔做
了行粮。（八）穷困的成吉思可汗之家，捕土拨鼠为食粮。（九）以羯
羊做汤，并吃羊的内脏。（十）牛乳做的酪。（十一）在山上吃羱羊。
（十二）每日早晨吃肉汤。（十三）供可汗御膳的汤羊。（十四）斡歌
歹可汗责难自己喝葡萄酒太多，是他的过错之一。"③ 通过这段文献的
记载，可知蒙古族统一草原前，受经济类型、物产资源以及饮食方式

① 蔡志纯：《漫谈蒙古族的饮茶文化》，《北方文物》1994 年第 1 期，第 60 页。

② 黄时鉴：《关于茶在北亚和西域的早期传播——兼说马可波罗未有记茶》，《历史研究》1993 年第 1 期。

③ 札奇斯钦：《蒙古文化与社会》，台湾商务印书馆 1981 年版，第 45 页。

的影响和制约，蒙古族地区很难创造出适合于茶文化发展和生存的文化背景与土壤。换言之，在蒙古族生活水平极端落后以及生活物资极为匮乏的这一历史时期，有理由相信蒙古族制茶和饮茶这一习俗是根本不可能形成的。

## 二　成吉思汗时期蒙古族的茶文化

关于成吉思汗时期蒙古族是否开始饮茶一事，学界仍多存疑点，尚未形成统一定论。如前文所言，蔡志纯在《漫谈蒙古族的饮茶文化》中对这一问题持肯定的态度。与之相反，黄时鉴在《关于茶在北亚和西域的早期传播——兼说马可波罗未有记茶》一文中则持否定态度。对于这一争论，笔者更赞同黄时鉴的观点，究其原因可归纳为以下几点。一是对蔡志纯引用文献中部分用语的解释存有疑问。以文中记载的"南宋赵珙出使蒙古，辞别之日，木华黎说：凡好城子多住几日，有好酒与吃，好茶饭与吃"一例来讲。蔡志纯认为引文中的"茶饭"就是指"饮茶"一说，笔者认为"茶饭"应泛指日常"饮食"。为什么这么讲？主要原因为：如果"茶饭"是指"饮茶"，那么此著的作者就可直接写成"有好酒与吃，好茶与吃"即可，为什么要写作"茶饭"呢？可见，该著作者所说的"茶饭"其本意在很大程度上是指"饮食"一说，并无"饮茶"之意。关于"茶饭"与"饮茶"的区别，舒义顺指出："茶饭与茶饮却有其特色，并非一事。"[①] 再有，以穆斯林的传统食品"茶汤"为例，虽然从文字表述中涉及了"茶"，但是"茶汤"与"茶"毫无关系。二是这则引文并没有明确指出蒙古族也开始饮茶，即便"茶饭"就是指"饮茶"，这也不足为据。究其原因有：赵珙为汉地使者，为照顾或满足他的饮食习惯，接待者极有可能会根据中原汉地的饮食习惯设宴招待。换言之，"饮茶"很有可能只是用来招待来访的中原汉地使臣，蒙古族可能并不饮用。这与当前蒙古族招待异地客

---

① 舒义顺：《关中的茶食与茶饮》，《农业考古》2009 年第 2 期，第 132 页。

人时，为了满足客人口味或饮食习惯的需求，除本民族食物外，还会准备一些适合客人饮食需求的食物的方式较为相似。还需值得一提的是，现今学术界提及的"馉馇茶"，其亦起源于元代。如《滦京杂咏》记载："紫菊花开香满衣，地椒生处乳羊肥，毡房纳石茶添火，有女褰裳拾粪归。"① 这段引文中的"纳石"是茶名，指"馉馇茶"。这与清人陈衍的《元诗纪事》和清人曾燠的《江西诗徵》中所指"馉馇茶"实属一致。也就是说，"馉馇茶"亦属元代蒙古族所饮之茶，并非元代之前。

### 三　忽必烈时期蒙古族的茶文化

忽必烈时期，随着蒙古族与各民族饮食文化的广泛交流和融合以及与具有浓郁茶文化民族的交错杂居，饮茶这一习俗逐渐融入蒙古族的日常饮食生活，在蒙古族的不同社会阶层中流行起来。正如《元代茶文化的传播与创新》一文所言，"茶的文化功能得到了元代从上到下各阶层、各民族、各地区的广泛认同，茶文化深入当时社会生活的各个方面，具有丰富的文化内涵"②。这不仅促使蒙古族饮用茶的种类呈现多元化发展的特点，而且对独具蒙古族特色的茶文化和茶品种类的形成有重要的作用。据忽思慧撰《饮膳正要》记载，蒙古族饮茶的种类有"枸杞茶、玉磨茶、金字茶、范殿帅茶、紫笋雀舌茶、女须儿、西番茶、川茶、藤茶、夸茶、燕尾茶、孩儿茶、温桑茶、清茶、炒茶、香茶等"③。《居家必用事类全集》记载的茶的种类有"蒙顶新茶、脑麝香茶、百花香茶、枸杞茶、擂茶、兰膏茶、酥签茶、合足味茶法、制孩儿香茶法等"④。可见，虽然在成吉思汗时期蒙古族对茶这一饮品

① （元）杨允孚：《滦京杂咏》卷上，清知不足齐业书本，8。
② 王立霞：《元代茶文化的传播与创新》，《农业考古》2012 年第 5 期，第 14 页。
③ （元）忽思慧：《饮膳正要》，尚衍斌、孙立慧、林欢注释，中央民族大学出版社2009 年版，第 123—131 页。
④ （元）佚名：《居家必用事类全集》，中国商业出版社 1986 年版，第 4—8 页。

就已有一些接触，但蒙古族并未开始饮茶。直至元代，饮茶这一习俗才得以在蒙古族不同社会阶级中流行起来。饮茶习惯的形成，不仅丰富了蒙古族的饮食结构，更为蒙古族多元饮食文化的形成发挥了重要作用。此外，翻检现存史籍文献发现，当前流行于蒙古族地区的奶茶，在元代就已成为蒙古族日常的主要饮品。如《竹叶亭杂记》言："元之按蒙古语奶茶当为酥台差，差即茶也，台训有言茶中有酥也。"[①] 由这段记载可知，奶茶由茶和酥油混合熬制而成。这种熬制奶茶的方法与《饮膳正要》记载的元代宫廷皇帝和贵族们饮用的"炒茶"这一饮品其实是一脉相承的，即"炒茶，用铁锅烧赤，以马思哥油、牛奶子、茶芽同炒成"[②]。其中的马思哥油指奶油，也就是说，元代宫廷的"炒茶"很可能是当前蒙古族奶茶的前身，通过将古今奶茶相比较，二者无论在熬制方法还是原材料的选取上都基本保持一致。基于此，可以清楚地认识到蒙古族真正意义上开始饮茶的具体时间应为有元一代，而非当前部分学者提出的早于元代之前。这一结论不仅明确指出蒙古族开始饮茶的具体历史时期，更对当前蒙古族奶茶的具体起源时间进行考证，在一定程度上有助于人们对蒙古族饮茶的历史渊源有更为深入的认识和探究。

### 四　兴安盟蒙古族传统奶茶制作工艺调查

目前，蒙古族在内蒙古地区的分布较为广泛，因其生活环境、物产资源、饮食习俗等的差异，不同地区蒙古族熬制奶茶的具体制作技艺也存在明显区别。下文主要以内蒙古兴安盟科尔沁右翼中旗牧民熬制奶茶的方法作为考察对象，利用现代化影像手段并配合提问的方式对牧民们掌握的传统奶茶制作技术进行完整记录，希冀人们能够对这一地区蒙古族掌握的传统奶茶制作技艺有更深刻的认识和理解。

---

① （清）姚元之：《竹叶亭杂记》卷六，清光绪十九年，第81页。

② （元）忽思慧：《饮膳正要》，姚伟钧、李亮宇、崔磊等注评，中州古籍出版社2015年版，第101页。

通常情况下，蒙古族熬制奶茶的工艺流程主要有以下几个步骤：原材料准备—煮茶—添加辅料—继续煮茶—加入牛奶—煮沸即可饮用。这与《五原厅志稿》记载的古代蒙古族奶茶制作工艺流程基本一致。文中言："蒙古族亦然砖茶之用法，先以小刀削之，后研碎末以锅中之沸汤，以盐和之，若欲其极美，则更加黄油。"[①] 由此可见，当前蒙古族掌握的奶茶制作工艺流程很大程度上是对古代蒙古族奶茶制作工艺流程的继承和延续。或者说，现存之法是对古代奶茶熬制方法的改进和创新。

熬制奶茶的具体制作技艺可归纳为以下几个步骤。第一步：将砖茶用刀切割成小块，而后装入纱布袋。装入纱布袋的目的是避免茶梗及其他附着于砖茶的杂质混合在奶茶中，影响人们的饮用。这里使用的砖茶为青砖茶，主要产于鄂南和鄂西南，"其含有丰富维生素 C、单宁、蛋白质、酸、芳香油等人体必需的营养成分"[②]。元明时期通过茶马贸易的途径大批销往蒙古族等居住地区，时至今日仍在蒙古族居住地区被广泛使用。第二步：将纱布袋放入开水锅，然后小火煮，大约 10 分钟。第三步：煮沸后，将纱布袋取出并沥干水分，然后将炒熟的炒米、黄油放入茶水锅中并加入少量的盐。炒米、黄油和盐的放入量并无特别规定，主要依据熬制奶茶的多少以及人们的口味需求。第四步：继续煮，直至炒米膨胀及黄油溶化。炒米的软硬度完全依靠实际经验，或者根据不同食用群体的口感需求而定。第五步：加入牛奶，继续熬煮，且须上下多次翻扬。视炒米、黄油和牛奶与茶水均匀混合时，即可关掉火源将奶茶快速倒入盛器，如有耽搁，茶的颜色就会变青。

除上述方法外，内蒙古地区还有另一种熬制奶茶的方法，人们习惯将其称为"擎茶"。即"待素茶熬好以后，把茶叶皮捞出去，倒在一

① 姚学镜：《五原厅志稿》下，《风俗志》，江苏广陵古籍刻印社 1982 年版，第 10 页。

② 李丹、曹潘荣、马红彦：《奶茶风味品质形成的研究进展》，《广东茶叶》2014 年第 6 期，第 8 页。

个特制的有木杵的桶里，里面放进酥油、奶子、奶皮子，用木杵擎到跟奶皮等物融为一体的时候，停止擎茶，倒在茶壶里饮用。这种茶一般敬给老年人喝"①。这两种熬制奶茶的方法多数是在夏季进行，这与夏季奶和奶食品较为充足有着直接关系。冬季牧民们以素茶（不加奶或奶食品）为主。另外，因内蒙古不同地区蒙古族饮食习惯、生活方式等存在的差异，各地区蒙古族熬制奶茶的具体制作技艺、食用方法以及使用的茶的种类也不尽相同。例如，内蒙古东部区牧民以熬制红茶为主，西部区牧民以砖茶为主；东部区牧民习惯于将奶食品与茶混合熬制，西部区牧民主要是将奶食品泡在熬制好的奶茶中食用。还需值得一提的是，"布里亚特蒙古人的奶茶与其他地区不同。用壶将砖茶沏成浓浆，开水装在另一暖瓶中，牛奶单放容器内。喝茶时，将茶浆、开水、牛奶以每个人的习惯兑成不同成色的奶茶，一般不加盐"②。通常情况下，诸如炒米、黄油、奶油、奶皮子等均可择其一两种作为奶茶风味形成的作料；添加的鲜奶也可分为牛奶、马奶、羊奶等，亦可用现代化工业生产的液态奶代替。这些作料的添加量并无特别规定，主要依靠牧民们长期的实践经验和口味需求而定。蒙古族对奶茶的嗜爱亦与其具有一定的功能价值有着直接关系。"蒙古族熬制奶茶用的茶叶是青砖茶，其含有丰富的维生素C、咖啡碱、单宁、儿茶素、蛋白质、氨基酸、芳香油等人体必需的营养成分。这些营养成分与牛奶中的蛋白质和脂肪混合，再加上食盐，能够补充人体因长期食肉而导致的维生素和无机盐的不足，使人体内营养失调、消化不良等问题得到缓解。尤其是茶中的挥发油，还能解膻去腥，清内热。同时，奶茶还具有降低胆固醇、加强血管壁的韧性进而防止动脉硬化的功能。"③ 概言之，奶茶不仅是蒙古族日常饮食结构的重要组成部分，亦是构成其

---

① 郭雨桥：《蒙古通》，内蒙古科学技术出版社 2007 年版，第 239 页。

② 郎立兴：《蒙古族饮食图鉴》，内蒙古人民出版社 2010 年版，第 28 页。

③ 贺艳荣：《新疆游牧民族的奶茶文化——哈萨克族与蒙古族奶茶文化比较研究》，《兰州教育学院学报》2013 年第 29 卷第 11 期，第 13—14 页。

饮食习俗和精神文化的主要内容。通过对当前不同地区蒙古族奶茶制作技艺的比较，不仅有助于我们了解蒙古族奶茶呈现出的独特性和民族性，更为我们感知蒙古族饮食文化的多样性有着一定帮助。

### 五　蒙古族的茶文化探析

有元一代，蒙古族的茶文化就已初步形成，经历代传承和演进，时至今日，茶文化不仅成为蒙古族饮食文化的重要组成部分，更是渗透于蒙古族日常生活的诸多方面，促使蒙古族形成一整套适合于自身饮食文化需求和特点的饮茶习俗。

蒙古族是一个十分好客的民族。日常生活中凡来访之客，一般情况下，蒙古族都会为其准备奶茶，用以表达对客人的欢迎和尊敬。如"客人来家以后，一定要给端茶，这是欢迎客人的一种礼仪。客人坐好以后，主人要站起来，用双手捧着茶碗，向客人敬献。客人也要坐起来，用右手把茶碗接过去，放在桌上"[1]。与之相反，"如果主人不以茶招待客人，或用一只手递茶，或客人不接茶，或不喝主人敬的茶，均被视为失礼的行为"[2]。由此可见，蒙古族在敬茶和接茶这两个方面是十分注意和讲究的。如果来访客人或家庭成员中有长辈、老人或有较高威望的人在场，"献茶一定要遵照长辈老人为先的传统习惯，同时为了表示对客人的尊敬必须先客后主。不仅如此，在客人辞行时，主人还要送上欢送茶，祝福客人一路平安"[3]。蒙古族对如何倒茶也有着严格要求。通常情况下，"往碗里倒茶的时候，一定要把铜壶或勺子拿在右手里，从里首倒在茶碗里。茶不可倒得太满，也不能只倒一半。用手献茶的时候，手指不能蘸进茶里。可以多少晃动一下，但不能把茶洒出来。倒茶的时候，壶嘴或勺头要向北向里，不能向南（朝门）向

---

①　郎立兴：《蒙古族饮食图鉴》，内蒙古人民出版社 2010 年版，第 237 页。
②　张华明：《浅谈蒙古族的茶文化》，《茶叶通讯》2012 年第 3 期，第 51 页。
③　赵潜恋：《中国少数民族茶文化研究》，中央民族大学出版社 2010 年版，第 35 页。

外，因为向里福从里来，向外福朝外流"①。倒茶完毕之后，"在客人喝茶的过程中，有时主人还端上奶皮子、奶豆腐，劝客人食用"②。此外，蒙古族在长期的饮茶过程中还形成了诸多的饮茶禁忌事宜，如"给长者倒茶时忌讳直接往面前的碗里倒茶，必须把碗接过来后用右手恭敬地递过去；碗里的茶忌讳从门泼出去，必须出去后找个地方倒掉；盛茶时忌讳盛满，但也有少数地方正相反；碗里剩下的茶根忌讳直接倒扔，倒在手掌上才能扔，否则败落福气；碗里留茶根视为不祥，用有豁口的碗倒茶敬客人就视为不敬不吉祥；碗里倒茶时忌讳碗里的茶水反转，否则不祥，正转视为吉祥；碗里倒茶时忌讳外溢，否则口福溢出；盛给你的饭和茶忌讳不品尝就放下，否则认为鬼抢尝食；无论男女忙到什么程度也忌讳站着喝茶，否则会子女夭折或牛将站着生牛犊；新熬好的茶忌讳马上盛碗饮用，无论什么时候也要先分别敬长生天和佛尊、山水神灵、灶神等后才能盛碗里饮用；盛茶的人给人盛茶时禁忌单手接碗单手递过，必须双手接双手递；盛茶时禁忌手指触茶水，禁忌大拇指朝上翘，这是卫生和尊敬的双重礼节；盛茶时禁忌衣着不整齐，禁忌马虎和散漫；盛茶时禁忌用左手盛茶，碗握在右手里，碗里的茶水也逆时针方向转；禁忌扣放茶臼，否则会失去口福；用过的茶根禁忌扔在风向下方，必须向西北方向扔；喝新熬的茶时禁忌先给客人敬，必须先敬天佛神等后再敬家主，然后才敬客人，否则视为败落该家族的福气；茶里放盐时忌讳断断续续多次，否则视为吝啬或缺少茶盐等；熬茶时忌讳使用怪味的柴火；忌讳用盘子形状的茶具盛茶饮用，否则视为去口福；忌讳只喝一碗茶，喝开了就必须两碗，这和忌讳奇数的习俗有关；忌讳客人把茶喝完了都不反应，喝完前再给倒茶，要不视为吝啬茶水；给客人禁忌敬剩茶，必须敬新茶"。③ 由此可

---

① 姚学镜：《五原厅志稿》下，《风俗志》，江苏广陵古籍刻印社 1982 年版，第 238 页。

② 蔡志纯：《漫谈蒙古族的饮茶文化》，《北方文物》1994 年第 1 期，第 64 页。

③ 曹纳木：《蒙古族禁忌汇编》，莫·呼和乎译，内蒙古人民出版社 2011 年版，第 34—36 页。

见，蒙古族在漫长的饮茶、制茶过程中，逐渐形成了诸多被人们接受和认同的茶俗与茶仪。这些茶文化发挥的作用及其所蕴含的文化内涵远远超出物质属性，成为蒙古族社交礼仪和日常饮食生活中不可缺少的组成因素。

通过上文分析可见，在没有新的或更直接的史籍资料以及考古实物被整理和发掘前，当前学术界部分学者仅依零星或片段性资料得出的早在成吉思汗时期蒙古族就已开始饮茶的结论，并不足为信。这在很大程度上与其只是一种假设或推测性论述有着直接关系，即缺乏翔实史料的支撑。与之相比，由上文做出的阐述表明，蒙古族饮茶习俗起源于元代的说法更为可靠和合理。对当前蒙古族奶茶制作技艺的研究而言，因蒙古族分布地区较广且多与其他民族杂居，蒙古族奶茶制作技艺存在多种方法，饮茶习俗亦不尽相同，二者至今尚未形成统一规范。毫无疑问，内蒙古自治区标准化院和内蒙古自治区餐饮与饭店行业协会，对内蒙古蒙古族传统奶茶制作工艺流程和制作技艺的标准化制定以及当前内蒙古地区奶茶制作技艺的统一和规范均发挥着重要作用。目前，在市场经济的冲击下，蒙古族传统手工制作奶茶的方法逐渐被现代化工业生产所代替。由于原材料以及制作技术的改变，蒙古族奶茶的传统风味及营养价值发生了较大变化，失去蒙古族传统奶茶手工制作技术、风味和营养价值的原真性与完整性。这就要求在现代化工业生产奶茶的过程中，生产者一定要注重对部分传统奶茶制作技术的保留，遵循其自然演进的规律，既要追求经济价值，又要保护其历史价值。

这里还需提及的一点是，蒙古族传统饮食制作技艺作为蒙餐文化的组成部分，不仅对蒙餐文化的弘扬发挥着重要作用，而且对蒙餐的可持续发展亦发挥着很大的支撑作用。蒙古族传统饮食制作技艺不仅是蒙古族饮食文化的承载体之一，亦是体现蒙古族物质文明与精神文明得以延续与传播的文化符号。蒙古族传统饮食制作技艺是指历代蒙古族在长期烹饪实践过程中积累和总结出的与其日常饮食制作密切相关的烹饪知识和技术。近些年，在非物质文化遗产大潮中，蒙古族传统饮食制作技艺日渐受到社会各界的关注和重视，不仅产生诸多学术型研究成果，亦有一些蒙古族传统饮食技艺被列入国家级和地方级非物质文化遗产保护名录。虽然从目前来看，当前蒙古族传统饮食制作技艺已得到较好的发展和弘扬，但是由于蒙古族饮食制作技艺流传广泛且制作技艺存在多元化等特点，以及究其本质是历史文化的沿袭还是现代商品的产物等因素，现今学者们对蒙古族饮食制作技艺的演变脉络及其相关文化意蕴缺乏系统梳理和考察。再有，蒙古族饮食制作技艺成为少数民族科技史领域的组成部分亦是一个客观现象和必然趋势，然而时至今日，将蒙古族饮食制作技艺视为一种科学技术并给予一定研究的学术成果并不多见。季鸿崑所著的《中国饮食科学技术史稿》可视为当下唯一一部从科学技术角度研究饮食制作技艺的大作，为饮食制作技艺走向科学技术的神坛开创了历史性的先河，也对我们拓展饮食制作技艺研究的视野、思维方式和研究方法有着重要的作用和意义。简言之，将饮食制作技艺作为一项科学技术引入中国科学技术史研究领域，是很有必要的。

　　蒙餐，不仅是指蒙古族的传统红食与白食，还应包括吸收国内外和周边各地风味的特色菜系，也就是说，我们不能简单地视蒙餐为一种民族菜或地区菜，因为蒙餐的形成融合了诸多民族的饮食元素，也正因如此进而使得蒙餐在当前不仅能够广泛地流传，而且还能被周边民族和"一带一路"沿线地区的人们所接受和认可。近些年，随着"一带一路"的不断深入，不仅为蒙餐的发展带来了前所未有的发展机遇，而且根据当前蒙餐的发展情况亦发现了蒙餐即将面临的挑战。所谓机遇主要表现在以下几个方面：一是蒙餐文化得以更好地弘扬；二是蒙餐菜肴的种类将会更加丰富；三是蒙餐的烹饪技艺将会趋于精细化和标准化。所谓挑战主要有：一是如何将"一带一路"的文化内涵融入蒙餐文化中，让更多的人通过饮食文化的交流去认识"一带一路"的重要意义；二是如何将沿线国家的历史与文化融入蒙餐中，进而丰富蒙餐的文化内涵；三是如何将蒙餐品牌形象提升到国际层面。概言之，"一带一路"倡议背景下的蒙餐及其文化定会得以更好地弘扬和发展，但是如欲将蒙餐置身于国际品牌的层面，仍需要加大与"一带一路"沿线国家的交流，进而凸显蒙餐的历史性、传承性和国际性。

# 第 七 章

## 蒙古族杰出科技成就及其服务
## 现代社会的价值

蒙古族是一个充满智慧的伟大民族，更是一个具有创造性的民族。在历史长河中，涌现了许多杰出的科技人才，他们为我国的物质文明和精神文明的创造贡献了智慧和力量。马克思曾说过："科学绝不是一种自私自利的享乐，有幸运能够致力于科学研究的人，应该首先拿他们的学识为人类服务。"以下整理部分蒙古族杰出的科技成就，其中包括数学、天文学、地学、医学、生物学等，梳理他们的科学研究过程、研究成果及其对现代社会的服务价值。

## 第一节　古代科学巨星——明安图

明安图，字静庵，蒙古正白旗人，生于清康熙三十一年（1692），卒于清乾隆三十年（1765）。明安图是我国 18 世纪著名的科学家、数学家，与祖冲之、梅文鼎等数学家齐名。他学识渊博，研究领域广泛，不仅在数学研究中有重大突破，同时在天文历法、地图测绘等方面都做出了巨大贡献。

清代，政府在北京设有钦天监，这是掌管天文和历法的中央官署。明安图在年轻时就以官学生（即官府选送的学生）的名义进入钦天监，一边学习，一边在钦天监专家们的指导下进行实际工作。在此期间，他参加了天文算法巨著《律历渊源》的编撰工作。这部书由一大批专业学者参加编撰，包括历法、数学和律吕三部分，共有100多卷，前后花了近10年时间才完成。编撰这部科学巨著，不仅培养了明安图对科学的浓厚兴之趣，更让他获得了丰富的天文和数学知识。

明安图在钦天监的学习和工作中取得了优异的成绩，表现出过人的才能，雍正元年（1723），他被任命为钦天监时宪科五官正，这是一个负责推算日月五星运行和编撰历书的重要官职。他在这一职位上工作的时间达30余年。至乾隆二十四年（1759），明安图升任钦天监监正，全面负责钦天监的工作。乾隆三十年（1765），明安图在北京逝世。

17世纪，欧洲的一些数学家提出了用解析方法计算圆周率的问题，给出了用无穷级数表示圆周率和三角函数的表达式。康熙末年，法国传教士杜德美来到我国，把西方数学家求圆周率、求正弦、求正矢的3个级数展开式传入中国，但是杜德美对这些公式没有具体证明。明安图见到这些公式后，怀疑杜德美是有意保留了最主要的东西，说他是"惜仅有其法而未详其意，恐人有金针不度之疑"。于是他下决心亲自来揭示这些公式的"立法之源"。明安图开始致力于求圆周率以及割圆术的研究，历时30余年，于乾隆二十八年（1763）写出《割圆密率捷法》初稿。可惜他未能完成全书就去世了。他的儿子和他的学生陈际新遵照他的遗嘱，对初稿进行整理、续写，于乾隆三十九年（1774）续成此书，共4卷。

从此，明安图走上了一条艰辛的探求之路。他在完成钦天监其他各项工作之余，以科学家的严谨态度进行刻苦研究，日复一日，年复一年，孜孜以求，乐此不疲，整整用了30多年的光阴，终于写出了他的《割圆密率捷法》初稿。在这部著作中，明安图不仅揭示、证明了杜德美的3个公式，而且又创造性地给出了6个新公式，合并起来就是当时有名的"9术"。这"9术"包括杜德美传进的3个西法（即求圆径密率捷法、求正弦捷法、求弧背求正矢法），以及明安图独创的6法

（即弧背求通弦法、通弦求弧背法、正弦求弧背法、正矢求弧背法、弧背求矢法、矢求弧背法）。

明安图除参加上述大型天文历法书的编写之外，他还奉命参加了康、乾时期的三次测量地貌、绘制地图的工作。在地理测绘学方面，也做出了巨大的贡献。

明安图在研究工作中运用了严密的逻辑推理，思路之清晰，方法之严谨，在我国数学史上是罕见的。他的这一研究成果在我国数学史上占有重要的位置，被清朝学者称为"明氏新法"。他在数学上的贡献对我国近代数学的发展产生了深远的影响，特别是他在继承和发展中国传统数学的同时，大胆吸收外国数学的优点，以毕生精力从事数学研究的精神，实在是难能可贵。

近 100 年来，国内外对明安图，特别是对《割圆密率捷法》的研究取得了相当多的成果。除中国外，在日本、法国、蒙古国、英国等国都有人研究，或有专门论著或在著作中包括这方面的内容。法国的詹嘉玲以《割圆密率捷法》的研究为题完成博士学士论文，获得学位。英国的彼得·拉坎布博士在明安图数学工作的基础上，以现代组合数学思想进行研究和推广，获得一批成果。最近，国际天文学组织把编号为 28242 的小行星命名为"明安图星"，这首先是蒙古民族的大喜事，也同样是全中国各族人民十分高兴的事。

通过从各方面了解明安图，学习明安图，读者可以提高学习科学、研究科学的热情，积极投身到科教兴区、科教兴国的伟大活动中，发挥每个人的聪明才智和创造力量。

## 第二节　蒙古族的伟大科学家——乌鲁别克

乌鲁别克是 15 世纪蒙古族伟大的科学家，他对天文历法及数学方面有着重要的贡献。乌鲁别克生于 1394 年，是不赛因的后代，不赛因是成吉思汗的驸马，元初受封于中亚阿姆河以北地区，建都于寻儿干城（即今乌兹别克斯坦共和国首都撒马尔干）为撒马尔干国王。1447年继承父亲沙哈鲁王位为撒马尔干国王。

乌鲁别克不仅是一位伟大的科学家，同时还是卓越的科学组织者与领导者。他在继承王位之前，就在撒马尔干建立了一座天文台和一个科学研究院。在天文台里有当时最好的天文仪器，其中叫作"法赫尔六分仪"的就是天文台里最大的一架仪器。这是一架巨型的象限仪，它的直径有 60 米，能用来观测黄道面与赤道面的交角、行星的运动规律和恒星的位置等。

在乌鲁别克的天文台和科学院里有一大批优秀的科学工作者，他们在乌鲁别克的领导下进行科学研究工作。因此，撒马尔干便成为当时中亚最大的科学文化中心。

乌鲁别克利用这些有利条件，在他自己的天文台里进行了长期的天文观测。根据观测的记录，和其他科学工作者的协助，完成了他的有名的著作《乌鲁别克表》四卷。这是乌鲁别克在科学上的最主要成就。

《乌鲁别克表》里包括太阳和行星的运行表，其中最重要的一部分是恒星表。恒星表是继托勒密以后第一部根据实际观测编成的，在表中包括几千颗恒星的精确位置。因此，《乌鲁别克表》有重大的科学价值。

《乌鲁别克表》在世界科学史上的地位，可以从以下事实表明：欧洲各国天文学家曾长期根据《乌鲁别克表》制订立法和进行其他天文研究；《乌鲁别克表》原文是塔吉克文，后来翻译成阿拉伯文，欧洲印刷术刚开始的时候，英国的牛津大学就在 1665 年加以翻印，以后欧洲和美洲曾多次印刷；欧洲人第谷（1546—1601）在 16 世纪末根据实测编制成一份位置精确的恒星表，它比《乌鲁别克表》约晚一个半世纪。可见乌鲁别克在天文学方面是有着巨大贡献的。

乌鲁别克不仅在天文学上有这样的成就，而且和其他科学家一起在数学方面也有重要贡献。他为了配合天文学计算上的需要，曾编制了几种三角函数表。乌鲁别克在正弦表和正切表中的数值正确到小数点后第八位，他编制正弦表时用到了相当于公式 $\sin^3\theta = \dfrac{1}{4}$ （$3\sin\theta -$ $\sin3\theta$）。这是一个三次方程。这个公式在当时还很少有人在计算中用到它，乌鲁别克在制定正弦表时用到了它。由此可知，乌鲁别克在古代和中亚已有的三角知识的基础上又把三角学的发展向前推进了一步。

# 第三节　蒙古族的"李时珍"——占布拉道尔吉

占布拉道尔吉是我国著名的蒙医药学家，精通蒙、汉、藏三种文字，在中国民族医药学界有"蒙古民族李时珍"之誉。

内蒙古大学额尔敦白音博士赴西藏搜寻藏文资料时，发现了用藏文撰写的关于占布拉道尔吉的传记，以及占布拉道尔吉所著的《具德四续部之坛城仪轨·摩尼鬘》等珍贵著作。这些资料，不仅揭开了他的身世之谜，而且为研究这位蒙医药学家提供了许多鲜为人知的极具参考价值的第一手资料。

额尔敦白音博士发现的占布拉道尔吉传记名为《我主金刚持叶喜东日布丹毕贾拉赞自行注疏·唤醒今世长梦之如意摩尼》（即《占布拉道尔吉传》），是由占布拉道尔吉本人以韵文体口述给其弟子，其弟子札木央普日来于1871年在今拉萨以北的一个小佛洞内加注散文体详细阐述并刻写而成的。传记长53厘米、宽9厘米，共25张、50页。札木央普日来，是生活于今辽宁省阜新蒙古族自治县的一位高僧。

占布拉道尔吉，又名"奈曼托音"（高僧），是成吉思汗嫡系后裔，生于第十三热穷水鼠年（藏历纪年，即1792年）。父亲是清代奈曼旗第九代札萨克诺颜巴拉楚克，母亲名为巴拉姆。占布拉道尔吉在弟兄中排行老二。7岁时，占布拉道尔吉开始学习蒙古文、藏文和汉文。16岁时，因在围猎中表现突出，被清朝嘉庆皇帝看中，加戴花翎帽，封为内臣，做了皇帝的随从。19 岁时，娶喀喇沁王的女儿为妻，生有两个儿子。23 岁时，在泽当堪布阿旺希日布尊前接受《菩提道次第广论》的演讲，思想起了变化，开始萌生出家的念头。占布拉道尔吉从未对世俗社会及官场表现出兴趣，他曾多次要求出家。25 岁时，他放弃富裕的宫廷生活，毅然走出家门剃发为僧，投奔自在成就者罗布桑森丕乐和高僧果芒堪布图德布尼玛足下，开始学《甘珠尔》《丹珠尔》等佛经，接受灌顶、教导、经教传承等教说。27 岁时，他只身一人赴藏，拜泽拉孜巴·叶喜丹曾为师，受沙弥戒，老师为之起法名为"叶喜东日布丹毕贾拉赞"。自 31 岁始，他先后拜了 150 多位名师，其中，贡堂丹毕若莫、乌力楚喇嘛旺楚洛却曾、次日康仁巴·罗布桑丹曾等对他的影响颇大，为其深造佛经起了重要作用。33 岁时，他回到家乡修法斋，数年后赴五台山修满畏武。返回西藏之后，拜巴拉芒贡其格扎拉森等喇嘛为师，先后朝拜诸多寺庙，深造噶举派教义，并用藏文撰写了上下两卷全集的《具德四续部之坛城仪轨·摩尼鬘》（以下简称《摩尼鬘》）等珍贵著作。55—61 岁，他开始广收门徒，讲经传教，为哲蚌寺甘丹颇章培养了上百名弟子。62 岁时，他赴青海为嘉木样图布丹尼玛讲授《摩尼鬘》三遍。从青海返回家乡的途中，因发生战乱不得不绕道重返拉萨。63 岁时，他开始修订《摩尼鬘》，同时为哲蚌寺的诸多僧人讲授佛经佛典。从此，他的著作流传于世，其声望越来越高。这位著名的佛学家于木兔年（即 1855 年）圆寂。他为蒙藏文化的交流与发展做出了突出贡献，尤其在搜集、整理噶举派箴言方面贡献最大。

占布拉道尔吉精通蒙、汉、藏三种文字，是一位杰出的蒙医药学家，他为后人留下了宝贵的医药学专著。其中，藏文《蒙药正典》（又称《蒙医本草从新》），是蒙医药学方面最完整的经典巨著，在蒙古族医药史上占有重要地位，可称得上是蒙医药学的《本草纲目》。

19 世纪，由于蒙医常用药物的种类增多，有关藏药和中药的著作在蒙古族民众中流传开来，有些已被译成蒙古文。此时，蒙药学的研究进入了一个新阶段，迫切需要对药物进行系统的整理。另外，由于藏、汉药物的进入和蒙医界各种应用药物的增多，引起了蒙古医药史上藏、汉、蒙药名混淆的现象。《蒙药正典》正是在这种情况下产生的。占布拉道尔吉在该书的序言中写道："当世的医学家们坚持各自的认药经验，对药物谬误解释，随意起名，混淆药物汉名，把药物误称'Manu'，黄芪误称'Lider'等等，这些差错，是没有搞清药物名称的缘故。其大多数系坚持宫布扎布公《药名》一书错误观点的缘故，以致以讹传讹。"为了纠正这些错误，占布拉道尔吉编纂了这部书。

书中共载入879种药物，对每种药物的产地、形状、药味、药性、功效、药用部位、采摘时间、炮制方法等均有详细记述；书中对每味药物名称进行蒙、汉、藏三种文字对照书写，并附有576幅药物插图，方便标识辨认；还对外科器械的形状和用途，放血、针灸等疗法，人体各部位的划分等进行了详细记述；同时记载了300多个穴位，并对重要穴位进行详细图解。

《蒙药正典》问世之后被译成蒙、俄、英等多种文字，成为后人学习蒙药学的指南和范本，具有很高的学术价值和使用价值。

## 第四节　特睦格图和蒙文铅印术的发明

特睦格图（1887—1939），是我国近代著名的蒙古族出版家，他创造了蒙文铅印术，极大地促进了蒙古民族文化的发展，为发展我国蒙古民族文化教育事业做出了卓越的贡献，是蒙古族印刷史上划时代的改革。

特睦格图，为满语，意为"痣"，他右眼眉上有痣，由此得名。汉名汪睿昌，字印侯，在日本时期叫古松。1887年旧历十二月七日生于原内蒙古卓索图盟喀喇沁右旗王爷府大西沟（今内蒙古赤峰市喀喇沁旗）的一个平民家庭。他八岁开始学习蒙汉文，后因家业破产，不得不在十一岁时中途辍学，参加工作。由于他从小聪明伶俐，勤奋好学，受到喀喇沁右旗亲王、蒙藏事务局首任总裁贡王的赏识，收为义子，并举荐到贡王在本旗创建的蒙古民族第一所"洋"学堂——"崇正学堂"学习。1903 年，由于他的学习成绩突出，遣赴北京东省铁路俄文学堂专攻俄文，拟送俄国留学。不久，帝国主义列强——八国联军侵入北京，到处烧杀抢掠，激起了爱国知识分子的强烈不满。一向不满清政府的特睦格图中途辍学，返国家乡喀喇沁右旗。

1906 年冬，贡王从本旗"洋"学堂毕业生中选拔留日学生。特睦格图入选，和伊德饮、诺门必力格、恩和卜林、恒山等人赴日留学，先入东京振武学堂陆军士官科，后转入东京慈惠医科学校学习。这是蒙古族近代第一批留日生。在六年的学习期间，特睦格图接触到了先进的文化知识，开阔了眼界，1912 年怀着振兴蒙古民族文化事业的决心，回到了自己的祖国。

特睦格图回国以后，曾在内蒙古喀喇沁旗王府、赤峰行医。看到老百姓愚昧无知的状况，心里十分难过，经常想通过什么办法，才能提高人民群众的文化知识。1914 年贡王在北京任蒙藏院总裁时，把他任命为翻译官、首席翻译官兼庶务科科长、典礼员兼蒙藏学校教授。当时，特睦格图曾多次陪同贡王参加重要会议和外事活动。当 1919 年"五四"爱国运动爆发时，他同情和积极地支持了北平蒙藏学校的学生运动。

特睦格图热爱蒙古民族的文化，专心致志地从事蒙、汉、藏、满文的古典书籍翻译与整理工作。他借助职务之便，在北京组织了许多蒙古族和其他民族的社会名流和学者，同他们畅谈国事，共议救国救民的道路。他认为，蒙古民族要摆脱落后，迈入先进民族的行列，必须要普及教育，别无他路。此时，特睦格图已是深通蒙、汉、满、藏等四种语言文字，以及通晓日、俄文的杰出学者。

然而，当时蒙文印刷术只有少量木刻印和石印，却没有出现铅印。特睦格图在著书和翻译过程中深深感到出版蒙文书籍的困难。印刷术的水平关系到一个民族的文化发展程度。之前国内外许多学者，尤其是蒙古族的技术人才，曾多次努力创制蒙文铅字印刷，但都未获得成功。如，顾盖侯著的《蒙文铅字感言》中说：清朝光绪宣统年间有"蒙人扎拉丰阿君，纠合同志在北京设蒙藏编辑局，铸造蒙文铅字，翻印书籍。旋以事阻，未果，此有志未成也"。后来 1913 年汉人黄序东（通晓蒙文蒙语）"铸成蒙文错字……适库伦都护使征术边才，黄君为罗致而去，印刷事业亦未果"。1913 年俄国人在哈埠出版过蒙文铅印杂志，1920 年日本人在东北出版过蒙文铅印日报，但对我国技术保密，都没有传入我国。而国外制成的蒙文铅字，字形难辨，工料毛粗，印刷体上下衔接不合缝，所以国外也是制而少用。特睦格图怀着强烈的民族感，开始研究创制中国的蒙文铅字。

特睦格图为了筹集经费，在北京家中开办"漠南景新社"照相馆，专为旅京蒙、藏人士服务。并以"漠南景新社"名义，石印蒙、汉合璧教科书。

1915 年前后，特睦格图充分研究了中外铅印工艺后，首先将蒙文、满文上、中、下三体 400 余字（蒙文 324 字，外加满文特需字头）书写成工整的正楷字，然后分类排队，选其美观大方的字形加以精刻，反复实践。第一次用牛角刻了 85 个字形，"用解剖之方，成聚珍之板，以一字之剖用，能作数字之运用"①。但应用时上下深浅不一，粗细不匀，未获成功。

1919 年，他多次去天津参考了日本人的有关技术，仔细研究，初步制成蒙文铅字，并做出铜模，铸出了字。以后他又经过反复试用、改进，终于在 1922 年冬最先在我国成功实现了蒙文铅字印刷术，为我国蒙文印刷事业奠定了基础。

蒙文铅字创制成功后，特睦格图游说于热衷蒙古族文化事业的蒙古族社会贤达，征集了部分资金，并于 1922 年写成"蒙文铅字说明书"呈请立案。随后，特睦格图又创制成功了满文铅字，我国满文铅

---

① 汪睿昌：《蒙文铅字说明书》未刊，南京顾盖侯捐献本，第 1 页。

印术由此诞生。

自特睦格图创制蒙文铅字近 60 年来，在出版的蒙文印刷品中，已使用过十余种形体、类型各不相同的蒙文铅字。但特睦格图创办的蒙文书社用由他创制的铅字，印刷的蒙文译本《辽史》《金史》等书，书内二、三号蒙文备字的印刷效果，仍可与现今使用的蒙文铅字体媲美。一些老铸字工艺家们说："蒙文书社的蒙文铅字连接处结构相称，衔接合缝……形式不同的字头，稍微有点区别处，明显了然，制造精细，因而印成品清秀美观，阅读时不费目力。"这在蒙古族印刷史上是划时代的改革。

1923 年春，特睦格图在北京创办了蒙古族有史以来的第一家出版社——蒙文书社，自任总经理，聚集了当时在京蒙古族学界人士，如伊德钦、金永、恩和卜林等，决心启蒙蒙古民族。同时兴办了书社的蒙文印刷厂，铅印的第一部蒙文书是特睦格图所译的《西汉演义》，一套 8 册，印了 500 套，计 4000 本。特睦格图成为我国近代蒙文铅印术的创始人。特睦格图创制蒙文铅字以后，不少西欧人士前来蒙文书社学习，从而使这一技术流传于西欧。

我国各地开办的蒙文印刷厂，大多是在北京蒙文书社技术传播下兴办起来的。诸如内蒙古东部影响最大的东蒙书局（在今沈阳），即是 1923 年由主持人郭道甫派两名蒙古族职工到蒙文书社学习后，于 1924 年创办的。1925 年，商务印书馆聘请蒙文书社技工师乡亭赴上海，在馆内开始印刷蒙文书刊。内蒙古西部于 1926 年创办的察哈尔盟（在今商都）蒙文印刷厂，也是先在蒙文书社培养了技术人员后开办的。特睦格图及蒙文书社培养出来的第一代蒙古族印刷工人，不仅成为新中国成立前蒙文印刷业的先驱，为我国蒙、满、藏文铅印术的发展做出了重要贡献，而且也是新中国成立后蒙文印刷业的技术骨干和工艺家，继续为新中国做出贡献。

1925 年，特睦格图又创造了藏文铅字，在蒙文书社内铅印藏文典籍。第九世班禅到京后，特睦格图在北京曾兼任班禅照料处处长和班禅印经处处长。

1922—1929 年，是蒙文书社印书较多的几年，仅印刷出版的由特睦格图翻译、编著的书籍就有：《元朝历代帝后像》、《成吉思汗传》、《成吉思汗箴言》、《辽史纪事本末》、《金史纪事本末》、《元史》、《三国演义》、《西汉演义》、《聊斋志异》、《进士缘》、《公文呈式》、《蒙汉合璧四书》、《蒙文分类辞典》、《蒙汉分类辞典》、《蒙文教科书》、《内外蒙古地图》、《内外蒙古各盟旗系统一览表》、《蒙日语会话》（当时在日本畅销），还有蒙藏文字典和藏经多种。并且他译完了《红楼梦》全书，只是因资金困难未能刊印。特睦格图是我国第一部《中国教育年鉴》的编审委员之一，他撰写了有关蒙藏教育部分的内容。

1930 年秋，蒙文书社迁到南京。从此，蒙文书社改为专门承印蒙藏委员会等机关的蒙、藏、汉文书报、公牍。到 1932 年 1 月，日本军舰炮轰南京，蒙文书社被迫关闭，后来只印刷教育部规定的少量蒙文教材。

1934 年 5 月，特睦格图在钱家店（今内蒙古通辽市）、王爷庙兴安军官学校任蒙文教授。这一时期，他同那顺孟和一起把英文打字机改革成蒙文打字机。1936 年，他欲在兴安军机官学校印刷蒙文教材，从北京、南京把蒙文铜模、排字架、铸字机、印刷机等运回王爷庙，但筹备近一年终因资金不足未能如愿。后来，恩和卜林到王爷庙同他接洽，将这批印刷设备交给蒙文书社技工玛希巴雅尔，于 1937 年 4 月运到呼和浩特，为《蒙疆日报》社开印《蒙古周报》。1939 年，又将这套设备运到张家口《蒙疆新闻》社，继续刊印《蒙古周报》。直到新中国成立后，这套印刷设备还在发挥作用。

特睦格图和伊德钦编著的 8 册《蒙文教科书》，不仅是我国第一部蒙文教材，而且成为日本人学习蒙文蒙语的入门书。当时国内外评论说他"在蒙古早有圣人之目"，"此书成功，既为蒙文中之新发明，其裨益学术界者正无涯止也"。

# 第五节　金世琳：填补民族乳品工业的空白

内蒙古是奶食品的故乡。草原上的人民自古以来就有吃奶食品的习惯。每当喜庆之日，他们将洁白的奶喷洒在草原上，衷心祝愿自己的家乡繁荣昌盛。但遗憾的是，20世纪50年代之前，奶食品的家乡却没有乳品工业，直到金世琳的出现。他是我国著名的乳品专家，在国内外享有很大的声誉。多年来致力于乳品研究，为我国乳品工业的发展做出了重要贡献。

金世琳，1919年3月出生于北京，原籍为内蒙古哲里木盟科左后旗。早年在日本京都帝国大学留学，回国后先是在北京大学农学院教农业化学，后调到兴安医学院教生物化学、营养化学，在育成学院教普通化学。

新中国成立后先后在内蒙古工业处、工商部、工业部、工业厅、轻工化工局、轻工业厅任工程师、副总工程师，工业试验所副所长，轻化工研究设计院副院长，轻工科学研究所副所长、所长等职务。现任内蒙古乳品科学研究所名誉所长、高级工程师。

早在1946年解放战争时刚刚从日本回国的蒙古族青年金世琳，放弃了在北京一所大学教书的机会，毅然回到了哺育自己的家乡内蒙古草原。并暗暗下决心要填补国家和民族乳品工业这个空白，振兴家乡的乳品工业。

内蒙古自治区的乳品工业的起步和发展，在科学技术上是同金世琳所在的乳品科学研究所分不开的。从20世纪50年代到80年代，在兴建现代化乳品业基地和咨询服务中做出了重要贡献，提供了重要的技术资料和设计依据。

20世纪50年代初期，金世琳奔波于扎赉诺尔、海拉尔、牙克石、扎兰屯一带，忙碌于建设民族乳品厂。1957—1958年建成两座现代化设备的乳品厂，生产奶粉、黄油、乳糖及其他乳制品，开始满足区内外市场的需要。金世琳乘胜前进，决心将自治区的乳品工业，在技术、质量和数量方面赶上和超过世界先进水平。根据上级的要求，在内蒙古自治区工业试验所内建立了乳品研究室，开展了研究工作。首先研究了微生物、生物化学、营养学、生物学等方面的基础科学。他精通日、英、德、俄四种文字，经常注意研究世界乳品工业的新动向，及时掌握了乳品信息。他在积极开展研究工作的同时，尽可能地配套国内的先进设备。由于他的努力，该研究室日益完善，成为国内乳品科研方面的重要基地，完成了中央轻工业部重要的科研项目。

自20世纪50年代以来，金世琳主持的乳品科学研究所开发了许多新产品。其中奶油粉、维生素强化奶粉、母乳化奶粉、调制奶粉、干酪粉、速溶奶粉、冰激凌粉、嗜酸菌奶粉等八种新产品是国内首创。分别通过了自治区级和轻工部级的鉴定，大部分已投入生产，深受广大消费者的欢迎。有些产品，如奶油粉，在当时世界乳品工业中也是罕见的，乳品工业相当发达的国家直到1964年才正式生产。奶油粉，营养丰富，味道鲜美，也是备战的特殊食品。在国庆十周年时，周总理曾品尝过。后来受到了内蒙古自治区科学大会的奖励。到60年代金世琳受轻工业部委托，负责组织全国有关单位解决了出口甜炼乳的钙盐沉淀问题，为我国的甜炼乳打开了出口销路。现在这一科研成果，已向全国推广，获内蒙古自治区科学大会优秀成果奖。

奶是一种复杂的化合物，由蛋白质、脂肪、碳氢化合物、维生素及其他上百种成分组成。因此，没有广泛知识的人，是不能从事乳品加工技术科研工作的。金世琳早年在日本留学时学过化学，但从事乳品研究后深感知识不够用，便利用一切机会学习其他多种基础学科。1977年秋，针对牧区、农村发展小型乳品工业的需要，他和同志们一起奔赴锡林郭勒草原，进行了调查研究，并根据农村牧区奶源分散的特点，研制了小型奶粉成套现代化设备和工艺。经过自治区级鉴定，由国家科委召开了全国二十几个省、市、自治区有关单位参加的现场会，予以肯定和推广。这一成果获内蒙古自治区科技进步二等奖。目前已通过技术转让，向全国推广。1980 年一位新西兰的乳品专家来内蒙古，参观了金世琳的乳品科学研究室后信服地说，没想到内蒙古还有这样一位高水平的乳品专家。

1985 年完成的"母乳化奶粉"项目，经过鉴定各项指标均达到了要求指数，为婴儿提供了理想的配方奶粉。现已向全国推广，投入生产后取得了一定的经济效益和社会效益，被列为国家"六·五"科技攻关项目。

"山羊奶加工工艺的研究"，是 70 年代轻工业部下达的科研项目。经过探索研究，设计了脱膻工艺和设备，解决了山羊奶的脱膻问题，同时也为豆浆除腥提供了较理想的设备。目前，已通过技术转让向全国推广。此成果获内蒙古自治区科技进步二等奖，轻工业部科技成果三等奖。

自 1958 年以来，金世琳总结研究成果，撰写了不少著作和论文。1958 年编著《酸性奶油的生产》一书，由轻工业出版社出版；1960 年编写《乳品新产品的制造》一书，由轻工业出版社出版；1964 年编写《乳品科学专题讲座》一书，由天津轻工学院出版，1983 年由东北农学院再版；1965 年编著《乳品工艺学讲义》，由无锡轻工业学院出版；1972 年、1983 年分别编著《乳与乳制品生产》、《乳品生物化学》（上下册），由轻工业出版社出版。另外，他先后发表了《关于奶粉溶解度、受潮性、沉淀性、分散性、稳定性》、《降膜式蒸发器在饮食工业中的应用》、《喷雾干燥及其在食品工业中的应用》及《超高温灭菌乳》等综合性论文。

乳品专家金世琳 1979 年赴新西兰考察乳品工业。1981 年赴日本考察食品卫生标准，带回"再制奶"工艺技术和小型成套设备，为全国六大城市生产再制奶提供了技术参考。1982 年应日本东京农业大学邀请赴日本东京大学、冈山大学、北海道大学、酪农学园大学、仙台东北福祉大学及东京农业大学等六个大学作有关乳品的学术讲学及技术交流。1982 年赴丹麦、瑞典、法国考察食品工业。1986 年出席在荷兰海牙召开的第 22 届国际乳品联合会大会，宣读 3 篇论文进行学术交流。

金世琳先后在河北轻工业学院、东北农学院、无锡轻工业学院讲学，并开展了奶油粉的试制、牧区小乳品厂生产工艺的研究、内蒙古少数民族传统奶食品——奶皮子的研制、山羊奶脱膻试验、超滤反渗透新技术在乳品工艺中的应用以及世界的粮食生产与乳品工业、从调整农业结构和食物构成谈我国乳品工业的发展等技术讲座，为培养大批乳品工业的技术专家做出了贡献。

金世琳为中国食品科学技术学会常务理事、中国畜产品加工协会顾问、内蒙古轻工协会名誉顾问、内蒙古自治区轻工业厅技术顾问、内蒙古自治区奶牛协会顾问。他认为，乳品工业在内蒙古自治区有着广阔的发展前景，乳品科学技术在内蒙古也大有可为，我们的目标应当是积极组织科技攻关，消化吸收国外新技术。积极采用新技术、新工艺、新设备，加速对现有乳品厂的技术改造。大力提高经济效益，缩小与国外差距，力争到本世纪末有选择、有步骤地在自治区乳品工艺中，把发达国家在 80 年代普遍采用的适合我国需要的先进技术在自治区基本普及。同时大力发展新产品，提高质量和花色品种，为适应城乡人民消费结构增加中高档产品和民族乳制品。他还提出要提高自治区乳品行业职工队伍的知识结构、企业素质，提倡开展各类培训班、讲习班，选派科技人员出国进修深造。

## 第六节　巴玉藻与飞机制造技术

我国早期的蒙古族飞机制造家巴玉藻（1892—1928），字蕴华，1892 年出生于江苏省镇江市一个蒙古族家庭，14 岁考入江宁（今南京）江南水师学堂轮机班学习管轮。因成绩优异，由三班越升一班。17 岁时因品学兼优被选派留学英国，攻读机械工程专业，这时他对航空机械发生兴趣，开始钻研飞机制造技术。

1915年，他结束了在英国的学习，又考入美国麻省理工学院航空工程系。由于学习勤奋，9个月便修完全部课程，获得航空工程学硕士学位。美国一家飞机厂聘请他为设计工程师，另一家飞机厂则聘请他为总工程师。为了发展祖国的航空事业，1917年冬，巴玉藻毅然辞去两家飞机厂的高级职务，回国开创自己的飞机制造业。

当时中国海军部拨款在福建马尾创办了一个小型飞机制造厂，巴玉藻任主任职务，负责飞机工程处工作，制造飞机。每当飞机组装时，他便和工人一起干活。从设计、选料到实际制造，不到一年，于1918年8月就造出了我国第一架飞机。这年冬天，航空局长、孙中山先生的侍从武官杨仙逸驾驶这架飞机做了飞行表演。到1928年夏天，该厂共制造11架飞机，飞机的质量相当好，达到当时的国际标准。巴玉藻说："我们飞机各部分，在这十年中经过了不少次的改良，我们从不肯使我们的出品在制造上落在西洋出品之后。这一点我自信、勉强地做到了……我敢说，在质的方面是成功的。"1927年4月，巴玉藻发起成立海军制造研究社，在发起会上，他说："人类竞争的工具是现代的科学和知识，是那上了科学轨道的制造能力。各种科学战斗的能力是和学术团体及设备有密切的关系的。我们海军要想将来能够在国内、在世界上立足，除非赶紧走上科学的轨道，没有别法。"巴玉藻勇于接受新生事物和先进思想，对孙中山先生的民主革命活动非常崇仰，曾随杨仙逸拜见过孙中山，亲聆教诲，备受鼓舞。他与一些进步人士来往密切，还在家中秘密接待过共产党著名人士谢觉哉。

巴玉藻一生为我国设计了6种形制的飞机。自1919年2月至1929年6月，他主持制造了12架飞机。后来按照他的遗愿及生前设计图纸又添造了2架。这些飞机大部分为海军供教练飞行使用，并参加了北伐的部分战斗。经他设计制造的飞机虽然数量不多，但质量精良。凡参观过他们以极其简陋的设备造出像欧美一样质量上乘的飞机的，无不赞叹称奇。试飞过这些飞机的外国飞行员均认为，这些飞机操纵方便灵活，飞行性能良好。1929 年 6 月，他们的水上飞机曾飞往杭州参加西湖博览会。这架水上飞机与买来的外国水上飞机同时停泊在西湖水面上达两个月之久。当外国的飞机木桴出现油漆剥落、桴舱渗水、木片可用手撕下等质量问题时，国产飞机却完好如新。后来巴玉藻和他的同学王助共同设计了世界上第一个供水上飞机用的浮站。

巴玉藻不仅在飞机制造业上做出了卓越的贡献，还为我国培养了第一批航空工程专业人才。1918 年 4 月，巴玉藻兼任福州海军飞潜学校甲班（飞机制造专班）教官，有关数理和飞机专业各学科，如特别动力学、飞机制造学、飞机工程学、飞机实地图算、飞机稳度算法等10 门课程都由他亲自教授。专业教材也是他亲自编写的。这个班是我国历史上自己培养高级航空工程人才的第一个专业班。1923 年，有 17名学生毕业，除 2 名后来又转学飞行外，其余 15 名都被海军飞机工程处聘用，在巴玉藻的手下从事飞机制造工作，这些人后来在飞机制造、飞机修理、培养航空机械专业人才方面成为骨干力量。

1928 年夏天，海军部委派他去德国柏林参加万国航空展览会，会后去英、法等国考察。乘这次机会，他尽量多地汲取别国制造飞机的先进经验，草绘了各种新式单翼飞机的图纸，以备回国研究制造。不料遭到别国间谍暗算，途经埃及、伊朗、印度、中国香港、日本回到上海时，已中慢性药物之毒，面部浮肿，继而口吐白沫，到家后已全身酸痛，经中外名医诊断为脑部中毒。终因医治无效而去世，年仅37 岁。

巴玉藻去世后，他的同事、学生和工人无比悲痛，以"长才未竟"的挽幛悼念这位早逝的蒙古族飞机制造家。中国海军当局和飞机处拟为他铸立铜像，永志纪念，但被其夫人谢绝。

巴玉藻领导和亲自参加了我国第一批 11 架飞机的制造，还为国家培养了飞机制造的专业工程师 17 人、技工约 500 人，不愧为我国早年杰出的少数民族飞机制造家和教育家。

# 第七节　蒙古族火箭技术专家乌可力

　　火箭技术专家乌可力，蒙古族，内蒙古自治区土默特左旗人，1954 年乌可力高中毕业后考入哈尔滨军事工程学院航空兵器专业。1958 年中国科学技术大学创办时，他又被选送到科技大学空气动力学系深造。

　　为了帮助农业的发展，学校开始制造人工降雨火箭。当时，国外还处于研制阶段或尚未起步。乌可力担任了技术组组长，负责设计发动机和研发高温隔热涂料，他们遇到的种种困难是可想而知的。在兼任系主任的我国著名火箭专家钱学森教授的领导下，乌可力等人研制的人工降雨火箭终于试验成功，火箭射程达到 8 千米以上，远远超过了一般人工降雨所需的火箭射程。他们在甘肃、宁夏、四川、辽宁等地进行的人工降雨试验，也都获得成功。

　　1963 年，乌可力大学毕业后被分配到沈阳国防科委一设计所工作。他参加了某型战斗机的技术论证，不久就担任了工程组组长。继之而来的十年浩劫中，他横遭迫害。1969 年 5 月乌可力出狱后，回到设计所从事涂料防火研制工作。由于当时所内已无法开展试验，他自费到内蒙古呼和浩特与同志们进行这一项试验。经过千百次试验、优选，改进了数百种配方，终于得到最佳方案，研制出高温无机防火涂料。

　　1974 年 2 月，内蒙古科委对这种涂料进行了技术鉴定，证明涂料性能是优良的。乌可力在会上作了技术报告，进行了答辩。随着推广应用工作的开展，防火涂料的用途越来越广。人民大会堂、毛主席纪念堂、天安门等建筑和修葺工程，都应用了涂料。其他民用防火、物资储运、国防装备也用上了它。在导弹靶机上、火箭发动机上，也都采用了这种涂料。乌可力在这项研究上的突出成就，被授予全国科学大会发明奖。1979 年，乌可力调到北京工作，继续为发展我国的尖端技术做出自己的贡献。

## 第八节　著名蒙古族地质学家李四光

李四光，是我国科学史上的一位不朽的科学巨匠，是当代蒙古族中最有贡献、最卓越的科学家之一。他在国际上享有很高的声誉，深受中国人民和世界人民的无比敬仰。生前任中国科学院学部委员，中国科学院副院长，中华人民共和国地质部部长等职务。

李四光（1889—1971），原名李仲揆，湖北省黄冈县回龙镇人，蒙古族。其祖父姓厍，蒙龙镇人，早年为生活所迫带着李四光的父亲离开老家（具体地址不详）沿路行乞，最后流落到湖北。李四光的父亲名康爵，号卓侯，当时既姓厍又姓李。后来修家谱时，即名为"厍李家谱"。李卓侯为清末秀才，曾在家乡教私塾。1895 年，李四光转到父亲执教的私塾念书。他从小爱动脑筋，凡是他遇到的不能理解的事物，总要追根到底，对于一块石头，李四光曾经产生疑问：为什么周围没有这种石头，它是从哪里来的呢？他一直没有得到满意的解释，直到30 多年后的 1933 年，他在《扬子江流域之第四纪冰期》一文中还提到这件事，认为它可能是一块冰川漂砾，即在冰川流动时从远方运来的巨大砾石。李四光后因学习成绩优秀，被派往日本留学。到日本后先入弘文学院学习日语，后进大阪高等工业学校学造船。

李四光青年时期就有着强烈的爱国心，反对腐朽的封建统治。1905 年 8 月 13 日，他在日本会见了孙中山先生。8 月 20 日，孙中山组织的中国革命同盟会在日本正式成立，李四光成为第一批会员中年龄最小的一个。李四光在日本留学 6 年，回国后在武昌一所工业学校任教员。1911 年 10 月 10 日武昌起义后，李四光曾任南京临时政府特派汉口建筑筹备委员，湖北军政府实业部长（后称司长）。由于旧势力的阻挠，工作计划难以实现，他不久即向黎元洪辞去职务。1912 年，李四光被派赴英国官费留学，入伯明翰大学学习，学了一年采矿，又改学地质。在科学研究工作中，李四光严肃认真，实事求是，百折不挠，一丝不苟，并自觉运用辩证唯物主义指导科研工作，创立了地质力学理论，并使这一理论在实践中开花结果，为祖国找到了大量的石油。在晚年，他还抱病对地震预报、地热开发等做了精心研究，取得了丰硕成果。

1923 年，李四光提出了蜓科鉴定方法，创立了十项标准，将蜓科主要特性用若干曲线表示出来，使之既有定性概念，也有定量概念，并可以减少文字描述的烦琐，从而提高了鉴定的标准性、科学性。这十条标准，一直被中国及其他国家蜓科学者所采用。李四光用这个方法，鉴定了大量的化石标本，写成了他的第一部科学巨著《中国北方之蜓科》，获得了伯明翰大学的科学博士学位。

20 世纪 20 年代中叶，有关大陆运动起源的讨论正值高潮之际，李四光发表了《地球表面形象变迁之主因》一文，提出了"大陆车阀"自动控制地球自转速度变化的作用的假说。地质学中的一个新的理论体系——地质力学就从这里萌芽产生了。

李四光建立的地质力学，是把力学理论引进到地质学的研究中，即用力学观点研究地壳构造和地壳运动规律。他认为，地球表层的各种构造现象都是地壳运动的产物。地壳在运动中存在，必然有一种力量在起作用，这种力就是地应力。岩石在地应力作用下会形变，由于各种岩石性质不同，产生的构造形迹也不同，依照构造形迹的力学特征和组合形式，可以追索力的作用方向和方式，进而探索地壳运动的方向和起源。这是一项研究地壳运动的新方法。它把力学和地质学密切结合起来，开辟了一条解决地壳构造和地壳运动问题的新途径。

在地质力学的建立与发展过程中，李四光的几篇重要著作，如 20 世纪 20 年代末的《东亚一些典型构造型式及其对大陆运动问题的意义》、30 年代的《中国地质学》、40 年代的《地质力学的基础与方法》、50 年代的《旋卷构造及其他有关中国西北部大地构造体系复合问题》、

60 年代的《地质力学概论》，都是每个阶段总结性的著作，具有里程碑的意义，在地学界产生了巨大而深远的影响。

李四光早就预见到新中国的国防和经济建设需要铀矿资源。1949年回国时，他从英国带回了一台伽马仪，为中国后来寻找铀矿发挥了重要作用。1955 年 1 月，召开中央书记处扩大会议，研究发展原子能事业的问题，在这次会议上，李四光和刘杰、钱三强一起做了工作汇报。李四光多次听取找铀队伍汇报、指导工作。他根据地质力学理论，对找铀前景持乐观态度，指出："一是要找富集带，二是要便于开采。……在我国主要是在几个东西带上。"实践证实了李四光的预测，尤其南岭带的一些铀矿床以规模大、品位高、易开采著称全国。李四光在强调构造规律的研究时提出："关键要把对构造规律的研究与辐射测量结合起来。"遵循李四光的思路，覃慕陶、吴磊伯等经过艰苦工作，找到了 211 特大型铀矿床。到"二五"计划末期，中国已发现一系列铀矿床，铀产量已能保证中国核工业发展需要。李四光作为原子能委员会主席，为中国原子弹和氢弹的研制成功做出了突出贡献。

长期以来，中国被认为是一个贫油的国家。当中国开始执行第一个五年计划的时候，李四光在仔细分析了中国地质条件后，深信在中国辽阔的领域内，天然石油资源的蕴藏量应当是丰富的，关键是要抓紧做好石油地质勘探工作。他提出应当打开局限于西北一隅找油的局面，在全国范围内开展石油地质普查工作，不是找一个而是要找出几个希望大、面积广的可能含油区。他找油的指导思想是，先找油区、后找油田。1954 年，他在石油管理总局作过《从大地构造看我国石油勘探远景》的报告，指出了三个远景最大的可能含油区，即青、康、滇地带，阿拉善—陕北盆地，东北平原—华北平原，并提出应该首先把柴达木盆地、四川盆地、伊陕台地、阿宁台地、华北平原、东北平原等地区作为普查找油的对象。1955 年春，他担任全国石油普查委员会主任委员，指导了石油找矿工作。特别是东北平原、华北平原先后被突破之后，他更加坚定了中国具有丰富的石油资源的信心，指出新华夏沉降带找油的理论是可靠的，为中国寻找石油建立了不可磨灭的功勋。

20世纪60年代开始，李四光根据我国发生地震的情况，运用地质力学的理论，研究地震地质和地震预报问题，也取得了很大进展。中国是个多震的国家，过去只有地震记录，并无预报先例。李四光为了社会主义建设和人民生命财产的安全，根据周总理指示，组织开展地震预报的研究。他认为地震的发生有一个自身的发展过程，由于地下岩层在一定部位受到一般地应力的作用，地应力在不断地加强，达到岩层承受不了的时候，便而会破裂产生震动，用不同的方法测定地应力集中、加强和释放的过程，摸清掀起这股力量的原因，这是探索地震预报的一条必要的途径。关于北京地区的地震，李四光曾有这样的说法："从地质构造情况看，虽然整个新华夏系正在活动，但北京外围，如邢台、河间、延庆等地区活动比较频繁，相对来说，地应力在那些地方释放了，北京是比较安全的。当然，外面如果有大的地震，其地震也可能波及北京。"

李四光多年对第四纪冰川的考察和研究，不但证明中国许多地区确有大量冰川遗迹，而且证实重视第四纪冰川的地质研究，将会对生产建设起重要作用。比如修水坝，天然的冰川泥砾是很好的隔水层，在大型建筑物的设计施工中，都应首先弄清这些地区有没有冰碛层，以免造成不必要的损失。

李四光晚年很重视地热的开发利用，他认为煤十分具有价值，它的副产品丰富，作为燃料统统烧掉是会被子孙后代骂的，他以为地下是一个庞大的热库，有蕴藏量极大的热能，应当把它开发出来为人民所用。他在为毛主席编写的《天文、地质、古生物资料摘要（初稿）》一书中专门写了"地热"一章。

1971年4月29日，著名的科学家李四光不幸逝世，终年82岁。5月2日，敬爱的周恩来总理参加了李四光的追悼会，并致了悼词，指出："李四光同志是一面红旗"，"对社会主义作出了很大贡献"，"是卓越的科学家"。周恩来总理号召全国科技工作者要"继承李四光同志的遗志","向李四光同志学习"。

中国科学院院士、地质学家刘东升这样评价:"李四光先生作为革命先驱者敢于向旧事物挑战的精神,作为教育家诲人不倦、孜孜追求的品德,作为事业家从人民需要出发强烈的责任感,和作为一位地质学家在科学实践中贯穿了前面所说的革命、育人、为人三者辩证统一的科学思想将永远激励着我们!地质学家李四光先生,像任何一位思想家一样,不仅留给我们许多还要去认识、去判断、去解决的地质问题,而且也留给我们认识、判断、解决的思想。"

1989 年 1 月,为纪念李四光对中国科学事业和地质事业的巨大贡献,继承和发扬他从国家建设需要出发,积极从事科学、技术和教育实践,不断开拓创新、勇于攀登科学高峰的精神和爱国主义精神,鼓励广大地质科技工作者为社会主义现代化建设和科技进步多做贡献,设立了李四光地质科学奖。2009 年 10 月 4 日,经国际天文学联合会小天体提名委员会批准,中国科学院和国家天文台即将把一颗小行星命名为"李四光星"。

# 第 八 章

## 中蒙两国教育科技医疗
## 领域的合作研究

### 第一节　中蒙教育服务领域合作研究

根据蒙古国 2017 年教育行政部门的数据，我们以学前教育、中小学教育、职业教育、高等教育和成人教育等 5 个类型分类论述蒙古国教育发展现状，分析其存在的主要问题，并基于现实问题，开展关于两国教育服务领域的合作探索。

#### 一　蒙古国学前教育现状

（一）学前教育现状

依据当前幼儿教育相关法规和 2008 年 5 月 8 日颁布的《蒙古国学前教育法》，蒙古国的学前教育指的是对幼儿（两岁到上幼儿园之前的儿童）实施的教育。

根据 2016—2017 学年的统计数据可知，蒙古国约有 1354 所幼儿园，其中，854 所公立幼儿园（27 所铁路所属幼儿园）和约 500 所私立幼儿园。在这些幼儿园中，开设了 7492 个班级，共有 243432 名入学儿童，其中 2 岁以下 6948 名、2 岁 49496 名、3—5 岁 185390 名、6 岁 1598 名。在这些儿童中，31254 名是乡村牧民的孩子，占 12.8%。

1. 学前教育班级分类情况：托管班有 2407 名儿童，占 1.1%；小班有 45526 名儿童，占 20.7%；中班有 51413 名儿童，占 23.4%；大班有 54529 名儿童，占 24.8%；学前班有 55011 名儿童，占 25.0%；混合班有 10925 名儿童，占 5.0%。其中，残疾儿童 1513 名，占 0.6%；受资助儿童 1999 名，占 0.8%；孤儿 127 名，占 0.1%。

2. 学前教育从业者情况：蒙古国幼儿园教职工共计 25639 名，其中专任教师为 7302 名，占教职员工总数的 28.5%。专任教师总数的 32.43%，即 2368 名教师具有专业技术职称，其中，幼儿高级职称教师 6 名（占 0.3%）、幼教一级教师 381 名（占 16.1%）和幼儿二级教师 1981 名（占 83.7%）。

（二）学前教育存在的主要问题

1. 一些牧区和城镇居民的部分子女尚不能受到学前教育服务。例如，在 2016—2017 学年，蒙古国 2—5 岁儿童总数的 77%，即 181000 名应接受学前教育的儿童中有 83% 上了幼儿园，还有 17% 的儿童未能上幼儿园，以其他教育模式替代。

2. 蒙古国的儿童们尚不能平等地共享国家学前教育资源，幼儿园尚未提供满足个体兴趣爱好及需求的教育帮助，目前很多幼儿园没能达到因人施教的目的，幼儿教育全过程缺乏针对性和活跃性。

3. 有必要调整目前蒙古国幼儿园"教育儿童，为上学打基础"的办学目标，要提高"幼儿教育是人类发展根基"的认识，注重个体的个性、技能和创造性的顺延发展，要树立学前教育是人们终身受教育的关键阶段的理念。

在以上诸多亟待解决的问题中，排在首位的是"让每个孩子受到平等的学前教育"。

## 二　蒙古国中小学教育现状

### （一）中小学教育现状

目前，蒙古国的小学和中学教育由普通小学、普通中学和综合学校构成。综合学校依据教育相关法规和 2002 年 5 月 3 日颁布的《蒙古国中小学教育法》规定，按照小学（1—5 年级）、初中（6—9 年级）、高中（10—12 年级）分段授课。

基于 2017—2018 学年的统计数字可知：

1. 中小学类型分布

蒙古国共有 798 所中小学，其中小学 74 所（9.3%），初中 116 所（14.5%），高中 562 所（70.4%），综合学校 46 所（5.8%）。这些中小学中的 81.7% 为国立学校，18.3% 为私立学校。

在国立学校中，有小学 56 所（8.6%），初中 115 所（17.6%），高中 440 所（67.5%），综合学校 41 所（6.3%）；在私立学校中，有小学 18 所（12.3%），初中 1 所（0.7%），高中 122 所（83.6%），综合学校 5 所（3.4%）。

在蒙古国的各类中小学中，557 所（69.8%）分布在各省城镇村地区，241 所（30.2%）分布在首都乌兰巴托。

2. 班级人数分布情况

蒙古国各类中小学共有 2.02 万个班级，其中，国立中小学有 1.82 万个班级，占 90.3%，私立中小学有 2000 个班级，占 9.7%。蒙古国中小学班级总数的阶段分布是 50.5% 为小学，32.4% 为初中，17.0% 为高中。

蒙古国全国班级学生平均人数为 28.3 人。高于国家班级学生平均人数或者学生人数在 37.0—53.7 名的学校有 40 所，其中，乌兰巴托市有 35 所，其他省市有 5 所，具体分布如下：

乌兰巴托市青格勒泰区：第 23 中学（平均 53.7 名学生），第 5 中学（平均 46.3 名学生），第 24 中学（平均 42.3 名学生），第 50 中学

（平均38.4 名学生），第 139 中学（平均37.8 名学生）。

乌兰巴托市苏赫巴托尔区：第1 中学（平均50.7 名学生），第3 中学（平均45.0 名学生），第 31 中学（平均41.6 名学生），第 2 中学（平均39.6 名学生），第 6 中学（平均38.5 名学生），第 45 中学（平均37.9 名学生），第 11 中学（平均37.9 名学生），第 58 中学（平均37.4 名学生）。

乌兰巴托市汗乌拉区：第 18 中学（平均50.3 名学生），第52 中学（平均46.4 名学生），宝音特乌华综合性中学（平均41.5 名学生），第 118 中学（平均37.2 名学生）。

乌兰巴托市巴彦祖尔赫区：第84 中学（平均46.3 名学生），第33 中学（平均43.5 名学生），第 21 中学（平均40.9 名学生），第 44 中学（平均40.3 名学生），第 111 中学（平均39.7 名学生），第 14 中学（平均37.7 名学生），第 97 中学（平均37.4 名学生），第 48 中学（平均37.0 名学生）。

乌兰巴托市巴彦高勒区：额尔德木音欧热综合性学校（平均42.4 名学生），第 20 中学（平均42.4 名学生），第 93 中学（平均41.8 名学生），乌云温德日嘎综合性学校（平均37.7 名学生）。

乌兰巴托市宋嘎纳海尔汗区：第 12 中学（平均41.9 名学生），第 104 中学（平均39.6 名学生），第 122 中学（平均39.1 名学生），第 62 中学（平均39.0 名学生），伊日格兑综合性学校（平均38.7 名学生），第 42 中学（平均37.0 名学生）。

巴彦洪格尔省：巴彦敖图小学（平均40.6 名学生）。

达尔汗乌勒省：乌云伊日格兑综合学校（平均38.4 名学生）。

鄂尔浑省：第 5 中学（平均38.3 名学生），第 14 中学（平均37.7 名学生）。

库苏古尔省：知识的海洋综合型学校（平均38.2 名学生）。这些学校中 2017—2018 学年新增了 6 所学校，其中，5 所在乌兰巴托，1 所在盟市。

### 3. 不同授课时段学生分布情况

蒙古国学校一般分三个阶段授课，如总班级的62.9%是上午授课，36.2%为下午授课，0.9%为晚上授课。在2017—2018学年，普通学校（中学）共有58.12万名学生，其中白天上课的学生为572752名，晚上上课的学生为111名，函授的学生为350名，参加同等学力课程的学生为7947名（通过日读、夜校、函授形式学习）。成人继续教育中心有7947名学生以同等学力的方式学习。与上一学年学生总数相比增加了19467名，且日读生增加了20799名。函授学生、夜读生及同等学力学生分别减少了97名、66名和1169名。

日读生有94.2%在国立学校学习，5.8%在私立学校学习。与上一学年相比，小学和初中人数分别上升6.9%和5.3%，高中学生人数下降了10.4%。

上午上课的学生有33.98万名（占学生总数的59.3%），下午上课的学生有22.57万名（占学生总数的39.4%），晚上上课的学生有0.73万名（占学生总数的1.3%）。本学年度晚上上课的学生人数比上一学年度下降了0.3个百分点。

普通中学中，日读生的49.9%为女生，50.1%为男生，女生比例比上学年度下降了0.3个百分点，男生比例有所上升。小学生的48.9%、中学生的49.6%和高中生的54.3%均为女生，性别差异指数为1.0，换句话说，每100名男生对100名女生。高中生的性别差距正在增加。

在学校的日读生中年龄小于入学年龄的学生约占0.07%，6—10岁的约占53.8%，11—14岁的约占29.2%，15—17岁的约占16.4%，18岁及以上的约占0.5%。相比上一学年，年龄小于入学年龄的学生、11—14岁的学生、15—17岁的学生、18岁及以上的学生分别减少了0.23个百分点、0.7个百分点、1.3个百分点，0.1个百分点，6—10岁的学生人数增加了2.2个百分点。

在这一学年中，有7279名残障儿童在学校就读，这些儿童占学生总数的 1.3%，比上一年下降了 0.2 个百分点。

4. 新生入学情况

2017—2018 学年，一年级的学生中有 99.6%（67974 人）为新入学的学生，新入学的学生人数比上一年增加了 9.6%，其中，国立学校学生占 94.4%，私立学校学生占 5.6%。

在新入学的学生中，约 92.9% 的学生为 6 岁左右的儿童，约 0.6% 的学生为 5 岁或更小年龄的儿童。在新入学的学生中有 6.4% 的学生为大于入学年龄的孩子。新入学的学生中有 64.6% 的学生受过学前教育，有 35.4% 的学生未受过学前教育。

5. 中小学教育从业者情况

在全国中小学工作的教师有 2.94 万人，其中 91.5% 在国立学校，8.5% 在私立学校。教师人数比上一学年增加了 353 人（国立学校 215 人、私立学校 138 人），增长率为 1.2%。在教师总数中，女性为 23876 人，占 81.2%，男性为 5524 人，占 18.8%；小学教师为 1.91 万人，占教师总数的 65.0%，初中、高中教师 1.9 万人，占教师总数的 64.6%。

全部教师的学历结构是：具有博士学位的占总数的 0.1%，硕士学位的占 13.8%，学士学位的占 72.4%，专科的占 10.7%。相比上一学年硕士学位的教师人数无变化，学士学位和专科教师人数分别下降了 1.5 和 0.1 个百分点。

蒙古国中小学教师总数的 40.4% 具有专业学位，其中，0.9% 是咨询教师、29.5% 是高级教师、69.6% 是骨干教师。相比上一学年，具有专业学位的教师人数下降了 5.9 百分点，咨询教师和高级教师人数分别增加了 0.1 和 0.4 个百分点，骨干教师人数下降了 0.5 个百分点。

（二）存在的主要问题

1. 教育质量因地区、学校和学生生源的不同而存在差异。

2. 蒙古国义务教育水平未达到标准。

3. 劳动人才市场缺乏受过知识和技能终身教育的劳动者。

4. 中小学教师和管理者目前尚得不到公平、全面、系统的专业知识、方法和技能的提升培训机会。

5. 教育环境缺乏统一的规范要求和标准。

6. 教学师资队伍质量有待提升。

7. 学校图书、设备等教学硬件设施有待改善，在"为每个孩子提供全面发展的有利环境"方面做的尚有欠缺。

8. 在开创性地教学和传承历史文化方面有待加强等。


### 三　蒙古国职业教育现状

#### （一）职业教育现状

目前，蒙古国职业教育由各类专业技术学校负责完成。这些技术学校根据《蒙古国教育法》、2009 年 2 月 13 日颁布的《蒙古国职业教育与培训法》和 2016—2021 年颁布的《职业教育发展规划》等法律法规规定，主要任务是为公民提供掌握专业教育、获得专业技能、提高劳动能力知识水平、满足待业人员的需求等方面提供帮助。

2017—2018 学年，在蒙古国有 87 个专业技术学校和教育培训机构对 10 万余名学员进行专业和技术培训，共开展了 87 项技能培训和 31 项技术培训业务。2017 年 4 月开展的家庭新生活水平详细调查结果显示，蒙古国尚有 82277 名年龄在 16—25 岁的失业人员。

#### （二）职业教育存在的主要问题

1. 对职业教育总体评价偏低（未达到专业技术行业标准水平）。

2. 职业教育师资队伍建设和师训工作有待加强。

3. 需进一步建立健全蒙古国职业教育体制机制。

4. 增加职业教育和培训机构的招生人数。

5. 专业技术培训教育机构的工作重点要转向失业青年的培训教育等。

### 四 蒙古国高等教育现状

（一）高等教育现状

依据《蒙古国教育法》和 2002 年 5 月 3 日颁布的《蒙古国高等教育法》，蒙古国高等教育的目标是为公民提供高等教育。

蒙古国高等教育机构分为大学、学院和专科院校。

大学除了培养学士、硕士和博士层面的教学以外，还设有科研重点实验室，集"科学—教育—产业"于一体的研究机构和独立的硕士、博士学位点。

学院是指以某个学科的教学科研为主导的，以培养本科层面及授予学士学位为主的集教学、科研于一体的教育机构。

专科院校是指拥有专业技术证书（专科毕业证）或学士学位授予权的集教学、产业于一体的教育机构。

高等教育专科毕业文凭授予基本课时应不少于 90 课时。在毕业文凭基本课时的基础上，本科学位还需要增加 120 个课时、硕士学位还需要增加 150 个课时、博士学位还需要增加 210 个课时。

根据 2016—2017 学年的统计数据，蒙古国共有 97 所高等院校开展高等教育业务，其中国立院校 17 所、非国立院校 79 所、国外学校分支院校 1 所。

1. 高等院校数量及地域分布情况

与上一学年相比，高等教育机构的数量减少了 5 个百分点或大约以 5% 比例减少。具体情况如下：

（1）非国立学校：Euro-asia，liberty，Shonkhor 等学院和 Gegee，Ikhshavi 等专科院校，在 2016—2017 学年没有招生且未开设课程；而 Guren 学院为新成立学校并开设了课程。

（2）外国学校分校：哈萨克斯坦国立东方大学—巴彦乌勒盖省分校已停止教学。

在蒙古国 95 所高等教育机构中，大学占 32.6%，学院占 60.0%，专科院校占 3.2%，外国学校分校占 4.2%。与上一学年相比，大学数量增加了 6 所，增长率为 24.0%；学院、专科院校和外国学校分校数量分别减少了 7 所（减少率为 10.9%）、3 所（减少率为 50.0%）和 1 所（减少率为 20.0%）。

在蒙古国 17 所国立高等院校中，13 所（76.5%）为大学，3 所（17.6%）为学院，1 所（5.9%）为专科院校；在 74 所私立院校中，有 18 所（24.3%）是大学，54 所（73.0%）是学院，2 所（2.7%）是专科院校。这些统计数据与上年度相比，非国立大学和学院的分类发生了变化。这一情况的发生除了与上述五所学院停止招生且未开设课程有关以外，也与有些学院升级为大学有密切相关。如财经学院、城市学院、醒悟学院、全民技术学院、蒙古国人文大学额尔德木外语学院和希和胡图格法律学院等升格为私立大学，新闻专科学校升格为学院。

在 2017 年以前的五年中，高等教育机构的类型结构发生了较大的变化，这些变化在国立或非国立学校中均有发生。大学数量从 17 所增加到 31 所，而专科院校数量从 19 所减少到 3 所。

蒙古国有 95 所高等教育机构，其中有 87 所设在乌兰巴托市，8 所设在其他省市。与上一学年相比，设在乌兰巴托市和其他省市的高等院校数量分别减少了 4 所和 1 所。

蒙古国高等教育机构在首都乌兰巴托市以外其他省市设有分校，具体学校分别有：

国立大学：蒙古国国立医科大学 3 所，蒙古国国立大学 2 所，蒙古国国立教育大学 1 所，蒙古国文化艺术大学 1 所，科布多大学 1 所，蒙古国科学技术大学 2 所等。

非国立学校：人文大学 1 所，满都呼统计学院 1 所，额图根大学 2 所，劳动及社会关系学院 1 所。

2. 高等学校学生分布情况

在 2016—2017 学年开学初期，蒙古国的所有大学、学院和专科院校在校学生总人数为 157138 人，比上一学年减少了 5488 人（3.5%）。其中，国立高等院校的在校学生人数减少了 3235 人（3.4%），非国立高等院校的在校学生人数减少了 2201 人（3.3%），外国学校分校的在校学生人数减少了 52 人（16.4%）。

因此，国立学校、非国立学校和外国学校分校的学生总数均有所下降，但学生总数中的比例与上一学年基本一样，国立院校学生为 91798 人，占 58.4%；非国立院校学生为 65075 人，占 41.4%；外国学校分校学生为 265 人，占 0.2%。

在高校学生总数中，84.5% 在大学就读，15.1% 在学院就读，0.3% 在专科院校就读，0.2% 在外国学校分校就读。与上一学年相比，在大学就读的学生总数比例上升了 9.0 个百分点，而在学院和专科院校就读的学生总数比例分别下降了 8.8 个百分点和 0.1 个百分点，外国学校分校就读学生数量没有大的变化。这与高等教育机构的类型结构发生变化有关，例如多个学院升格为大学。

从高校学生数量结构变化来看，在大学就读学生总数增加了 10317 人，比上一学年增加了 9.2 个百分点；在学院就读学生总数减少了 15576 人，比上一学年下降了 9.1 个百分点；在专科院校就读学生总数减少了 177 人，比上一学年下降了 0.1 个百分点；在外国大学分校就读学生总数减少了 52 人。

在乌兰巴托市就读的高校学生有 143684 人，占总数的 91.4%；在其他省市就读的高校学生有 13454 人，占总数的 8.6%。与上一学年相比，在乌兰巴托市和其他省市就读的学生总数分别减少了 4393 人和 1095 人。并且在乌兰巴托市就读的高校学生数在总学生数中的比重增加了 0.5 个百分点，而在其他省市就读的高校学生数量在总数中的比重减少了 0.5 个百分点。2015 年，12 年级（高三）的毕业生总数由原来的 17.4 万—17.8 万人急剧下降至 16.2 万人。专科院校学生总数也有所减少，从 4230 人减少到 393 人；另外，在外国大学分校就读的学生数量也有减少的趋势。

3. 高等学校各类学生分布情况

2016—2017 学年，大学生总数中有 88.4% 的学生是白天上课，2.7% 的学生是夜读生，8.9% 的学生以函授形式学习。与上一学年相比，白天授课生没有变化，夜读生减少了 0.1 个百分点，函授生增加了 0.1 个百分点。从学生数量来看，学生总数减少了 5488 人，其中，白天授课生减少了 4813 人、夜读生减少了 294 人、函授生减少了 381 人。

2016—2017 学年，学生人数减少总量是 5488 人，其中，本科生减少了 7073 人，而硕士研究生和博士研究生分别增加了 1061 人和 524 人。

2016—2017 学年，在蒙古国高校学生总数中，本科生占 84.8%，硕士生占 12.8%，博士生占 2.4%。与上一学年相比，本科生比例下降了 1.5 个百分点，硕士生比例上升了 1.1 个百分点，博士生比例上升了 0.1 个百分点。近两年，本科生数量减少比例在 1.1 至 1.5 个百分点之间，而硕士生增加比例在 1 至 1.1 个百分点之间，博士生增加比例在 0.1 至 0.4 个百分点之间。

从本科生、硕士研究生和博士研究生的教学基本方式来看，在白天授课的学生中，本科生为 89.4%、硕士研究生为 83.3%、博士研究生为 80.4%。与上一学年相比，以这种方式授课的本科生以 0.1 个百分点上升，硕士生和博士生数量分别以 0.2 和 0.1 个百分点下降。反之，夜校学生中本科生占 3.1%，硕士生占 0.4%，夜校没有博士生班级；在函授授课学生中，本科生占 7.4%，硕士生占 16.3%，博士生占 19.6%。

在蒙古国高校就读的学生中，女生人数为 91522 人，占 58.2%；男生人数为 38256 人，占 41.8%，男女性别比例为 1:1.39，这一比例与往年数据基本一样。

在整个高校学生人数当中，女生人数一般多于男生。在硕士研究生中女生人数占比高于本科生和博士生。最近几年男生和女生比例处于稳定状态（约 1:1.4），这一情况可以从近 5 年的统计资料中获得。

### 4. 高等学校各专业学生分布情况

根据蒙古国教育与科学部部长 2014 年签署的 A/78 和 A/370 文件要求，从 2014—2015 学年开始执行新的本科生、硕士研究生和博士研究生的培养专业方向和代码。文件要求，2014—2015 学年之前入学的学生，仍执行由教育与科学部部长 2010 年签署的第 235 号文件的专业方向与代码规定，直至他们毕业为止。

新制定的专业录取培养方向（目录）及代码文件中规定，年度录取学生总数中的各专业比例是：教育专业占 14.0%，艺术和人文科学占 7.5%，社会科学、信息和新闻学占 5.2%，商业、管理和法律专业占 26.7%，自然科学、数学和统计学占 3.6%，信息和通信科技占 2.7%，工程、制造和设计专业占 17.3%，农牧业、林业、渔业和兽医专业占 2.6%，健康和社会保障专业占 11.8%，服务专业占 4.0%，其他领域（尚无法归类及授予学位的专业）占 4.6% 等。

这些比例数据与以前的专业目录及代码录取比例相比，教育专业、艺术和人文科学专业录取培养人数比例均以 0.4 个百分点增加；录取培养人数比例减少的有：社会科学、信息和新闻学方向减少 1.1%，自然科学、数学和统计学方向减少 0.5%，工程、制造、设计方向减少 1.7%，农牧业、林业、渔业和兽医等专业减少 0.15%；而商业、管理、法律方向和信息、通信科技及健康和社会保障等专业与以前的专业目录及代码的比重无明显变化。

依据国际教育分类新标准，将教育部门的专业分类从以前的八大类改为现在的十大类。例如，将以前的社会科学类中的"商业、管理、法律"方向现在独立设立为一个新类；将自然科学类中的"计算机科学"和科学技术类中的"信息、通信科技与系统"合并设立为一个新类，即"信息和通信科技"。从上一年开始按照新的类别对专业方向进行分类。因此，按照以前分类的统计与新分类出来以后的统计数字相比存在一定的差异性或不可比性，对此，我们进行了适度的修正。

　　近 8 年的统计数据表明：教育、工程技术、健康卫生社会服务等方向的学生人数趋于稳步增长。具体是：教育以 0.7 个百分点、工程技术以 0.2 个百分点、健康卫生社会服务专业以 2.0 个百分点增加；艺术与人文专业以 1.1 个百分点下降，社会、商业、管理等专业以 3.9 个百分点下降。这是一个积极的发展趋势，符合《蒙古国教育发展 2006—2015 年总体规划》的"支持工程、技术、自然科学、教师和农牧业等专业的学生"的方针政策要求。

　　然而，"其他"专业（"服务"专业除外）的增长比重前几年保持在 0.3% 左右，2014 年上升到 2.6% 左右，2015 年为 1.9%，2016 年为 4.6%。这样的波动是因为蒙古国国立大学在 2014—2015 学年开始招收的学生不分专业，改为统一招生。

　　从 2016—2017 学年的学生专业选择情况来看：本科生选择专业基本能覆盖所有专业方向，硕士研究生中 38.6% 为商业、管理和法律专业的学生，比上一年下降了约 4.1 个百分点。

　　博士研究生中 9.6% 为艺术和人文专业学生；8.9% 为社会科学、信息和新闻专业学生；22.1% 为商业、管理和法律专业的学生。与上一学年相比，艺术与人文专业和社会科学、信息与新闻专业学生分别以 3.2 和 6.5 个百分点下降，而商业、管理和法律专业学生以 5.7 个百分点上升。

　　在博士研究生中，自然科学专业学生的比例为 8.4%。攻读自然科学专业的博士学位人数比例是本科生的 2.6 倍、硕士研究生的 1.6 倍。上一学年度，自然科学专业本科生的比例为 3%，硕士研究生的比例为 1.4%。

　　上一学年，在硕士研究生及博士研究生中，工程、制造和设计专业的学生比例较低，分别占 8.1% 和 9.7%，在本科生中以上专业的比例为 20.7%，硕士生、博士生所占比例相比本科生所占比例少 2.1—2.5 倍。本学年度，该两个专业领域的硕士生和博士生所占比例继续下降为 7.8% 和 7.4%，比本科生所占比例的 19.1%

少 2.5—2.6 倍。

上一学年度，在农牧业与兽医专业领域学习的本科生占本科生总数的 2.2%，硕士生比本科生多 2.5 倍，博士生比本科生多 4.3 倍。本学年度所占比例的情况是：本科生占 2.1%，硕士生的比例为本科生的 2.5 倍，博士生的比例为本科生的 3.9 倍。

5. 高校学生的区域分布情况

乌兰巴托区域的高校学生有 59513 名，占全国高校学生总数的 44.2%；杭爱区域的高校学生有 30778 名，占全国高校学生总数的 19.6%；中部区域的高校学生有 24695 名，占全国高校学生总数的 15.5%；西部区域的高校学生有 22796 名，占全国高校学生总数的 14.5%；东部区域的高校学生有 9656 名，占全国高校学生总数的 6.1%。

与前几年相比，在乌兰巴托、中戈壁省和东戈壁省就读的学生人数有所减少，而在后杭爱省、达尔汗乌勒省和戈壁松贝尔省就读的学生人数有所增加。

6. 高校学生年龄结构

未满 18 岁的学生占 5.8%，18—24 岁的学生占 70.8%，25—29 岁的学生占 13.2%，30 岁以上（含 30 岁）的学生占 10.2%。依据教育部门近 6 年的统计，大学、学院和专科院校中未满 18 岁的学生人数有所增加，在学生总数中的比重由 2010 年的 5.4%，分别增加到 2011 年的 6.5%、2012 年的 9.2%、2013 年的 11.0%、2014 年的 10.2%。从 2015 年开始，由于高中毕业生人数减少的原因，其比重减少到 6.9% 和 2016 年的 5.8%。

相比上一年，未满 16 岁的学生及 16 岁的学生、17 岁的学生分别减少了 361 人、656 人、1016 人，硕士研究生最小年龄为 18 岁，博士研究生最小年龄为 22 岁。本科生、硕士生和博士生的年龄越来越小，是因为有些孩子未满 8 岁便就读了一年级或者在小学、初中和高中阶段有跳班学习的情况。

### 7. 高校学生新生入学情况

在2016—2017学年蒙古国高等院校招收的41195名新生中，有27626人（占新生总数的67.1%）为普通高中应届毕业生，其余3.0%为其他学校毕业生、17.6%为在职工作人员、12.3%为待业人员。相比上一学年，新生总数以12172人、普通高中应届毕业生以9798人有所增加。普通高中应届毕业生和待业人员录取人数分别增加了6.3和6.0个百分点，其他学校毕业生和在职工作人员录取人数分别减少了1.3和10.4个百分点。

蒙古国2016—2017学年新增入学学生按照培养学位等级统计如下：本科生35429人，占新生总数的86.0%；硕士研究生5087人，占新生总数的12.3%；博士研究生679人，占新生总数的1.6%。与上一学年相比，本科生增加11867人，硕士研究生增加253人，博士研究生增加52人，本科生增加4.8个百分点，硕士研究生减少4.3个百分点，博士研究生减少0.6个百分点。

据统计，在本科生新入学的学生中，普通高中应届毕业生较为平稳，2012—2014年的比例为81.0%，2015年减少到75.7%。2015年的普通教育学校12年级应届毕业生和完成全部中学教育的毕业生人数几乎比前几年减少了2倍。

### 8. 高校学生住宿情况

在2016—2017学年初，共计12390名学生有住宿意愿，住进宿舍的学生有12374名（99.9%），其中，11198名学生（90.4%）住在自己学校的宿舍，1176名学生（9.5%）住在其他学校的宿舍。与上学年相比，住宿学生数量有所增加，其中有住宿意愿的学生人数增加了850人，实际住宿总人数增加了1316人。

在2012—2013学年，有住宿意愿的学生人数为17000人左右，而实际住宿人数为14000人左右。但2014年这两项数据均处于下降趋势，在乌兰巴托就读的学生中近一半的人（47.2%或74240人）没有住宿意愿，这些学生通常寄住在亲戚家或者几个人一起合租房子居住。

在学校宿舍住宿的学生中，主要是本科白天授课班的学生。学生总数的 72.0% 是女性，31.7% 为大一新生（包括预备班学生），24.2% 是大二学生，且 9654 名学生（78.0%）是国立院校学生。与去年相比，本科大一新生比例下降 0.5 个百分点，而国立学校学生比例上升 4.0 个百分点。

截至 2015 年年底，高等院校共有 88 栋宿舍，占地面积为 13.63 万平方千米，与上一年相同。

国立高等院校基本拥有学生宿舍，非国立高等院校没有学生宿舍的有 43 所，占非国立高校总数的 50% 以上。另外，5 所外国学校分校也没有学生宿舍。

9. 高校学生学费情况

截至 2016—2017 学年，国立院校本科生年均学费为 191.3 万图格里克，非国立院校为 195.22 万图格里克。与上一学年相比，国立学校学费增长 13.3%，非国立院校增长 6.0%。

依据近 5 年的统计数据显示，每年的学费均在增加。如，2016 年相比 2012 年，国立院校学费增加了 2.1 倍，而非国立院校学费增加了 1.8 倍，但非国立院校学费比国立院校学费略高一些。依据学位和授课方式的不同，学费也有一定的差别。如，硕士生和博士生的学费要比本科生的略高。

10. 高校招生规模分布情况

在蒙古国高校中，全校学生不到 100 人的有 11 所，不到 200 人的有 13 所，这些学校占学校总数的 25.3%，占学生总数的 1.5%（共有 2359 名学生），其中 2 所为国立院校，18 所为非国立院校，另外 4 所为外国学校分校。

全校学生在 5000—10000 人的学校有 2 所，拥有 10000 名以上学生的学校有 4 所，这些学校占学校总数的 6.3% 和学生总数的 53.6%（共有 84262 名学生）。上述 6 所学校中有 5 所是国立大学，这表明大多数学生都聚集在为数不多的学校，尤其是国立大学。相比上一年，学生总数不到 200 人的学校减少了 3 所，以 1.7 个百分点下降，学生总数大于 5000 人的学校数量无明显变化，占比以 0.3 个百分点增长。这些数据表明非国立院校学生数在减少，即招收的新生数量在减少。

在 2016—2017 学年，大蒙古学院、设计艺术专科院校和伊特根大学达尔汗乌拉省分校等非国立学校没有招生，且另有 5 所非国立学校新生不到 20 人。

学生最多的国立大学为蒙古国立大学（21942 人，包括其他地区分校学生），其次为蒙古国科学技术大学（19974 人，包括其他地区分校学生）；学生最多的非国立大学为蒙古国民族大学（8888 人）。学生最少的国立大学为 2013 年由蒙古国与德国共同创建的资源开采与技术大学（101 人）；学生最少的非国立大学为 2013 年建立的政府学院（15 人）；学生最少的外国分校为伊尔库茨克交通国立大学乌兰巴托分校（40 人）。

11. 高校招收留学生情况

2016—2017 学年，在蒙古国高等学校就读的外国学生有 1520 人，分别来自 32 个国家和地区。其中，850 人（55.9%）为本科生，497 人（32.7%）为硕士生，173 人（11.4%）为博士生。这些留学生中的 104 人（6.8%）为两国政府协议中由蒙古国资助就读的学生，1261 人（83.0%）为自费学生，155 人（10.2%）为其他费用学生。相比上一年，留学生总数增加了 70 人（增长率为 4.6%），其中硕士生和博士生分别增加了 129 人和 35 人，而本科生减少了 94 人。

在留学生中，女生占 47.8%，比上一年下降 0.7 个百分点。在全部留学生中，有 73.9%（1123 人）在国立大学就读，有 20.5%（312 人）在非国立大学就读，有 5.6%（85 人）在外国学校分校就读。相比上一年，国立学校留学生增加了 142 人（增加了 6.3 个百分点），非国立学校和外国学校分校的留学生分别减少了 61 人（下降了 5.2 个百分点）和 11 人（下降了 1.0 个百分点）。

10 所国立学校、25 所非国立学校和 3 所外国学校分校等 38 个高等院校招收本科、硕士和博士阶段的留学生。其中，17 所（44.7%）学校有不到 6 名留学生，与上一年相比，减少了 4 所（0.9%）。

留学生最多的学校：国立学校中以蒙古国立大学留学生最多，有 383 人，非国立学校为 MIU 大学，有 141 人，外国分校为俄罗斯东西伯利亚技术与管理大学乌兰巴托分校，有 52 人。

中国留学生有 969 人，俄罗斯有 182 人，韩国有 132 人，这些学生占总留学生的 84.4%。以上 3 国留学生相比上一年，上升了 3.0 个百分点，在数量上，中国学生增加了 132 人，俄罗斯和韩国学生分别减少了 24 人和 5 人。此外，留学生人数在 1—8 人的有 21 个国家，比上年增加了 4 个国家。

根据近五年的统计数据，外国学生人数在增加，尤其是硕士生和博士生人数在增加。特别是过去五年，中国学生人数增加了 2.7 倍，但来自俄罗斯和韩国的学生人数有所下降。

12. 高等教育从业人员情况

高等院校教职工共有 12740 人，其中 62.4% 为女性。与上一年比较，职工人数减少了 317 人（-2.5%），其中，国立学校 113 人，非国立院校 113 人，外国分校 29 人。在总教职工中，有 8281 名（65.0%）为国立院校职工，比上一年增加了 0.2 个百分点；4360 名（34.2%）为非国立院校职工，与上一年的数量一样；99 名（0.8%）为外国分校职工，比上一年减少了 0.2 个百分点。

在高等院校总教职工中，有 6917 人（54.3%）为正式工。与上一年相比，正式工人数减少了 204 人，其中，国立学校 134 人、非国立学校 63 人、外国分校 7 人。在全部正式工中，64.2% 为国立学校教师，35.5% 为非国立学校教师，0.3% 为外国分校教师。相比上一年，国立学校和外国分校正式工教师均减少 0.1 个百分点，而非国立学校正式工教师增加了 0.2 个百分点。学校数量和学生人数减少与正式工教师人数减少有关系。

在正式工教师中有博士学位的教师增加了 107 人，增加 3.4 个百分点，硕士研究生教师减少 230 人。正式工教师中有 7.3% 是受训人员，为 11 人，41.6% 是教师，29.5% 是高级教师，12% 是副教授，9.7% 是教授。与上年相比，受训人员、教授比例均下降 0.9 个百分点，教师、高级教师、教授比例分别上升 0.1 个百分点、1.7 个百分点和 0.1 个百分点。其中，正式工教师中有 19.7% 是 30 岁以下的年轻人，15.3% 是 55 岁以上的高级教师，其中 486 人已经退休。以工作时间分类，19.7% 的人为 1—5 年，15.0% 的人有超过 25 年的工作经历，与上一年相比，30 岁以下和工作 1—5 年的人比例分别下降了 1.5 个百分点、0.8 个百分点，55 岁以上的人所占比例上升了 2.5 个百分点。

13. 高校毕业生情况

多年来，高校毕业生人数一直在增加，但在过去一年，这一趋势发生了变化。在 2011—2012 学年，学生为 37749 名；2012—2013 学年，学生为 37243 名；2013—2014 学年，学生为 33850 名；2014—2015 学年，学生为 35181 名；2015—2016 学年，学生为 35889 名。与上一年相比，毕业学生为 708 名，减少 2.0%，2011—2012 学年，毕业学生为 1860 名，增长 4.9%。

毕业学生中国立学校毕业生 19896 人，占 55.4%，非国立学校毕业生 15993 人，占 44.6%。与上一学年相比，国立学校学生数量增加 938 人，上升了 1.5 个百分点，非国立学校学生数量减少 230 人，下降了 1.5 个百分点。

毕业生中专科生 231 人（0.6%），本科生 30663 人（85.4%），硕士研究生 4859 人（13.5%），博士生 136 人（0.4%）。与上一年相比，分别增加了 138 名专科生，935 名本科生，30 名博士生，减少了 395 名硕士研究生。

毕业生总数中有 60.9% 是女性，39.1% 是男性，这意味着，100 名男性毕业生对应着 164 名女性毕业生。上一年女性毕业生人数减少了 1.2 个百分点，男性毕业生人数则增加了 1.2 个百分点，大部分高等教育毕业生中女性占据了绝大比例。

在一些研究领域中毕业生性别比例存在一定的差异，例如，83.5%的医学专业毕业生，81.8%的教育专业的毕业生以及79.9%—82.3%的社会福利、新闻传播学、生物学和人文科学专业的毕业生是女性；而71.7%—86.2%的计算机、交通（铁路）、土木工程、工程方向的毕业生以及90.4%的军人、警察和安全部门专业的毕业生是男性。

毕业生总数中15.3%就读于教育学，6.0%就读于艺术和人文科学，38.3%就读于社会学、经济学、新闻传播学、工商管理和法律，4.8%就读于自然科学，15.4%就读于工程技术学，2.7%就读于牧区经济学，10.7%就读于健康、社会福利，5.2%就读于服务业，1.5%就读于其他专业。相比于前两个学年，就读于工程、科技、建筑专业的比例上升了12.7%—15.4%，就读于其他专业的比例相差不大，就读于艺术和人文科学、社会学和财政经济学、新闻传播学、商务、管理和法律学的毕业生比例为44.3%—45.4%，大部分没有明显变化。

有报道称，2015—2016学年，毕业生中有30.9%是毕业后立即就业的。这一数值相比于上一学年下降了1.9个百分点。98.5%的博士毕业生、86.7%的硕士毕业生有工作岗位，而本科毕业生的就业比例为21.8%，一些学校毕业生就业信息没有登记完善和毕业生毕业后缺乏立即就业的机会。

14. 高等教育机构认证情况

到2016年年底，共有74所高等教育机构获得认证，其中69所为高等学校，2009年年底获得认证的学校为86所，2010年为68所，2011年为67所，2012年为70所，2013年为63所，2014年为65所，2015年为67所。

国立学校中，国家探院、蒙古与德国合资矿业、科技大学未达到评估标准的有非国立的18所大学中的1所（在蒙古国的美国大学）、54所高等学校中的18所、2所专科院校中的1所（艺术设计专科院校）、外国的 4 所分校，其文学、社会技工高校的认证期为 2012 年年底，纪农大学、恩和奥日其楞学校到 2013 年均已到期，这些学校还没有达到认证标准。到 2017 年，将有 19 个学校认证期到期。

### 五　蒙古国成人教育现状

终身教育包括家庭教育、公民教育、艺术教育、生活技能教育等方面，且其形式必须符合该国的特点并具有实用性。1995 年的《教育法》中提出，蒙古国的教育系统是由正式系统和非正式子系统的统一体构成，且为终身教育奠定了基础。现阶段，蒙古国的终身教育是为了让公民全面、正确地理解以下 5 个教育方针而进行的培训与发展。

1. 家庭教育

主要内容：每个人都为自己的家庭负责，保证孩子的身体、心理和精神健康，为子女创造一个安全的环境，妥善处理家庭问题，保持家族基因健康，与亲属和家人保持联系，完成每个公民应尽的责任且有能力执行每一项任务。

2. 公民教育

主要内容：在生态、经济、政治和法律方面，每个人都有权将国家和公民社会的传统价值观结合起来，并在知识、家庭和社会问题领域拥有平等的权利。

3. 道德教育

内容框架：每个人在青少年时期认识到生活的意义，确定生活的目标，提高生活质量，发挥才艺，选择职业，在健康、沟通、道德方面稳定发展，不被错的条例所影响，获得确保社会地位所需的技能。

4. 质量—敏感性教育

内容框架：每个人认识到自然、社会的关联性和普及性，把这种规划、认知运用到社会和人际关系中，通过艺术品传播人类生存的价值，推广美好，掌握接收能力。

5. 掌握以生活技能为主的教育

内容框架：每个人在日常生活中不落后于社会发展，全面发展体力、智力和能力，不断提高掌握的技能，提高综合素养和职业素养，以改善财务状况为教育目标，获得多种日常工作的能力。

除了以上的法制环境之外，还要基于下述思想方针执行工作，包括《国家非正规教育基本纲要》、《远程培训基本纲要》、《文字教育基本纲要》、《生活技能培训纲要》、《混合组培训纲要（形象艺术、数学、蒙古语、人类健康)》、《非正规教育生活技能培训纲要》、《非正规教育健康培训纲要》、《非正规成年人教育教师培训纲要》、《非正规教育课程》、《非正规教育"Gegeerel"项目示范规则》和《非正规教育"Gegeerel"项目校长职位的示范规则》、《非正规教育教学工作示范说明》、《非正规教育教学工作的规划、评估和总结指南》、《非正规教育"Gegeerel"项目校长工作的规划、评估和总结指南》等。

## 六　中蒙两国教育部门相互合作发展的基础

中蒙两国在很早以前就开始有了交流合作，随着时间的推移，合作范围不断扩大。

当今中蒙两个国家也是在社会、文化、政治、经济、科技、创新、健康、教育、畜牧业、能源、农业、交通、通信技术、自然资源利用、防灾减灾、保护环境、贸易和建筑等多个领域进行相互收益的合作研究。特别是近年来，双方在教育领域的合作不断扩大，主要体现在两国相似的科研机构之间签约的协议数量增加、老师和学者相互交流学习的范围扩大、合作项目数量增加等方面。

（一）中蒙两国教育工作相互合作协议签订及执行情况

目前蒙古国与中国的教育合作建立在以下政府文件（协议）上：

表 8 - 1　　　　　　　中国和蒙古国有关教育合作的政府文件（协议）

| 类型 | 文件（协议）名称 | 颁发时间 |
|---|---|---|
| 教育、科学、文化、科技和经济 | 中蒙两国政府之间在科学技术领域合作协议 | 1990.06.06 |
| | 中华人民共和国政府和蒙古国政府关于相互承认学历、学位证书的协定 | 1998.12.11 |
| | 中华人民共和国政府和蒙古国政府经济技术合作协定 | 2007.06.30（6000 万元） |
| | | 2007.10.15（2000 万元） |
| | | 2008.04.11（三亚） |
| | | 2008.06.19（乌兰巴托） |
| | | 2009.06.25（乌兰巴托） |
| | | 2009.12.18（乌兰巴托） |
| | | 2010.05.01（上海） |
| | | 2010.06.01（乌兰巴托） |
| | 修改完善中华人民共和国政府和蒙古国政府关于相互承认学历、学位证书的协定 | 2010.06.01（乌兰巴托） |
| | 中华人民共和国政府和蒙古国政府之间的经济贸易、科学技术合作委员会第十二届会议的说明 | 2010.06.13（乌兰巴托） |
| | 中华人民共和国政府和蒙古国政府经济技术合作协定 | 2011.06.13（乌兰巴托） |
| 教育 | 中华人民共和国教育部与蒙古国教育文化科学部 2011—2016 年教育交流与合作执行计划 | 2011.06.16（北京） |
| 资产投资 | 蒙古国教育、文化、科学部和中国进出口银行合作备忘录 | 2011.06.16（北京） |
| 教育、科学、文化、科技和经济 | 中华人民共和国政府和蒙古国政府经济技术合作协定 | 2011.08.24（乌兰巴托） |
| | | 2012.09.03（乌兰巴托） |
| | | 2013.01.30（乌兰巴托） |
| | 中华人民共和国政府和蒙古国政府之间的经济贸易、科学技术合作委员会第十三届会议的说明 | 2013.06.04（乌兰巴托） |
| | 中华人民共和国政府和蒙古国政府经济技术合作协定 | 2013.10.25（北京） |

在未来，我们需要把教育领域的合作变得更加友好、公平、高效、

便利及可持续。为了后续合作的顺利进行，双方必须调整和稳定各自的法律环境。

（二）中国对蒙古国高等教育人力资源方面提供的支持

近年来，中国为蒙古国的高等教育机构的人力资源开发提供了大量支持。这一点可以由蒙古国博士和硕士研究生在中国接受教育（见表 8 - 2）以及在北京师范大学学习的学生情况（见表 8 - 3）得以证实。

表 8 - 2　　　　　　　蒙古国留学生在中国取得博士和硕士学位情况

| 序号 | 论文 | 作者 | 学位 | 单位 | 年度 |
|---|---|---|---|---|---|
| 1 | 中国与蒙古高等教育行政管理结构比较研究 | 金光 | 博士 | 东北师范大学 | 2006 |
| 2 | 蒙古高等教育结构调整的经济与社会因素分析 | 恩和扎亚 | 硕士 | 山东大学 | 2015 |
| 3 | 蒙古、中国高等教育信息化比较研究 | Naidanjav Gerelmaa | 硕士 | 华东师范大学 | 2012 |
| 4 | 蒙古国高等教育发展研究 | 德·钢期木格 | 硕士 | 哈尔滨师范大学 | 2012 |
| 5 | 蒙古国高等教育服务贸易现状与对策 | 阿莫勒祖拉 Amarzul umur | 硕士 | 大连海事大学 | 2013 |
| 6 | 蒙古国立大学外语系汉语写作课的调查与分析 | 马婧韬 | 硕士 | 黑龙江大学 | 2014 |
| 7 | 蒙古国基础教育课程改革现状及问题研究 | 巴娅日玛 Batbayara- Yarmaa | 硕士 | 东北师范大学 | 2010 |
| 8 | 蒙古、中国基础教育信息化比较研究 | Nanzaddorj Erdenetsogt | 硕士 | 华东师范大学 | 2012 |
| 9 | 蒙古国中学数学教育史研究（1921—1990） | 宝乐日玛 （D. Bolormaa） | 硕士 | 内蒙古师范大学 | 2013 |
| 10 | 蒙古国全民扫盲教育研究 | 白吉日木吐 | 硕士 | 内蒙古大学 | 2014 |
| 11 | 蒙古国学前教育发展存在的问题研究 | Ganbat Nandin- Erdene | 硕士 | 哈尔滨工业大学 | 2015 |
| 12 | 蒙古国远程教育应用现状与发展研究 | Gerelchimeg Ariya | 硕士 | 华东师范大学 | 2013 |

续表

| 序号 | 论文 | 作者 | 学位 | 单位 | 年度 |
|---|---|---|---|---|---|
| 13 | 蒙古国社会转型时期义务教育研究 | 乌妮尔 | 硕士 | 东北师范大学 | 2012 |
| 14 | 蒙古国传统教育的特征——基于相关蒙语成语的文本分析 | 恩日乐 | 硕士 | 东北师范大学 | 2012 |
| 15 | 蒙古、中国基础教育课程改革比较研究 | Lkhamsuren Tumenbaatar | 硕士 | 华东师范大学 | 2007 |
| 16 | 蒙古国区域经济发展研究 | 卡娃 | 博士 | 吉林大学 | 2014 |
| 17 | 蒙古国教育发展史研究 | 冯福林 | 硕士 | 河北大学 | 2009 |

表8-3　　　　　　　　　　北京师范大学报告

北京师范大学教育学部

| 序号 | 专业 | 博士研究生 | 硕士研究生 | 总数 |
|---|---|---|---|---|
| 1 | 课程与教学论 | 3 | 11 | 14 |
| 2 | 特殊教育 | 1 | 4 | 5 |
| 3 | 比较教育 | 6 | 7 | 13 |
| 4 | 高等教育 | 7 | 7 | 14 |
| 5 | 教师教育 | — | 2 | 2 |
| 6 | 教育经济与管理 | 1 | 16 | 17 |
| 7 | 教育原理 | 4 | 6 | 10 |
| 8 | 学前教育学 | 1 | — | 1 |
| 9 | 职业技术教育 | 4 | — | 4 |
| 10 | 教育技术学 | 1 | 7 | 8 |
| 11 | 教育史 | 1 | 1 | 2 |
| 12 | 教育政策学与教育法学 | 2 | | 2 |
| 13 | 成人教育学 | — | 1 | 1 |
| | 共计 | 31 | 62 | 93 |

## （三）国际社会对教育发展的推动

最初，国际社会组织于1972年在瑞典斯德哥尔摩进行会谈，讨论主题为"为了发展社会与文化"，宣布未来将走"可持续发展"道路

（联合国斯德哥尔摩宣言，1972 年）。实施可持续发展的基础是促进人民教育，例如，一个地区、一个分布带和全世界民众的可持续教育。因此，国际社会组织一直特别重视"教育可持续发展"，并在近 40 多年来花费了大量资金。可持续发展的关键是"环境—经济—社会文化"的不断发展问题。为了发展，公民需要接受"全面—持续—机遇"教育。公民"全面—持续—机遇"教育就是可持续发展教育。其中，"全面"是指：第一，永久，即为现在和未来的公民；第二，世界公民；第三，国家和地区的公民。

2012 年，联合国教科文组织在世界范围内开展了世界级的公民教育，且将其带到了公民视线中。于 2015 年发布了"世界公民教育（主题与学习目标）"提案，并得到了公众认可。当今，国际社会组织这项提案正在共同努力推进中。

（四）进一步发展中蒙两国教育领域合作的可能性

目前，蒙古国的教育是在《蒙古国宪法（1992）》《教育系列法律法规》《国家教育政策（2015）》《蒙古国可持续发展构想 2030（2016）》以及相关部门会议、政府决策等的基础上持续发展。

中国的教育事业是在党的第十九次全国代表大会上习近平总书记提出的"习近平新时代中国特色社会主义思想"以及大会决议、《国家中长期教育改革和发展规划纲要（2010—2020 年）》、《中华人民共和国国民经济和社会发展第十三个五年规划纲要（2016—2020）》、"一带一路"建设的基础上持续发展的。

在比较以上中蒙两国颁布的文件（协议）时，在以下方面具有相似之处。例如：政府将教育领域放在首位进行发展；政策方向（透明、公开、受益者的参与、以理论研究为基础）；遵循的原则（国际上可接受，高质量，可收益，传统习俗，历史，富有文化特点，符合儿童的特点和需要，尊重民族历史、文化、语言、遗产和习俗，教育政策和科研活动具有稳定、可持续、开放等特性，基于技术进步，具有相关性，居民终身学习的需要，符合学者的兴趣、才能、能力、发展等特点，机会平等，多项选择，自由，公开）；教育体系及其组成部分；教育指导与建设管理；支持教育领域的人力资源；各级教育部门之间均有合作。

从教育有关文件以及蒙古国和中国的历史文化相关研究来看，他们不仅具有相似的价值观，且都将"和谐"、"友谊关系"和"学术"作为首要事项。

表8-4　　　　　　　　　中国和蒙古国的价值观比较

| 中国 | 蒙古国 |
| --- | --- |
| 和谐 | 和谐 |
| 知识 | 知识 |
| 正直，诚信 | 陪护，同情心 |
| 友好交流 | 道德友谊 |
| 善良，尊重 | 感恩，回报 |
| 忠诚 | 公平竞争 |
| 可靠性 | 任何制度均基于智慧 |
| 保护环境 | 说实话，对自己的言语负责 |
| 坚韧不拔，坚持不懈 | 生存心理 |

以上相似之处使双方有机会进一步深化和发展教育领域的合作，以支持"一带一路"建设的发展。

（五）科学与教育的关联性

科学是教育的一种方式，而教育是一门科学，应该同时注重，共同发展。总的来看，我们当今的形势是在一定程度上强调教育的重要性，忽视科学意义，发展教育而忽略科学。

当科学得到越好的发展，教育才能更先进。教育发展不仅是科学发展的一部分，更是融于科学发展中。因此，科学和教育的共同发展是科学发展的另一个说法。教育是科学深化的结果，我们不仅需要重视与发展教育，更要重视与发展科学。

我们可以从蒙古国负责教育的中央行政机关的名称演变中看出科学、教育的相互关系。在 1991—1997 年，称为科学教育部门（科学教育部门），1997 年后，称为教育科学部门、教育文化科学部门、教育文化科学体育部门。不难看出，蒙古国一直以来都关注科学，之后因"外界因素"，将此改变。

## 第二节 中蒙科技服务领域合作研究

### 一 蒙古国科学研究组织机构现状

蒙古国科学技术管理体系的组成包括国家科技委员会、国家中央科技行政管理机构、蒙古国科学院、研究机构自设机构、蒙古国部委内部设立的科学技术委员会等。

国家科技委员会负责审核评估蒙古国的科技发展情况、科技发展政策、优先事项、总体规划、国家规划、政府委托的科技项目提案、国家科技政策、部级科技委员会的报告、中央和地方行政组织的科技活动成果、新技术和技术成果的筹资、技术园区和孵化器网络的建立、教育和科学以及生产的协作、建构和发展国家科技成果转化体系的政策、新研究领域的发展、科研单位组织结构以及科学技术基金会的活动报告等事项。

国家科学技术委员会的当前工作表明，这个编外组织的工作范围十分广泛，并非总是能够解决所有问题，因此有必要制定一个非常详细的年度工作计划。如今，国家科学技术委员会的工作仅限于审核评估政府委托的科技项目提案和科技基金会的年度报告等。

其中，科学技术基金会是致力于在科技优先领域的基础理论研究、科技和成果转化项目的实施、科研成果产业化的筹资、资金统筹和使用的监督机构。基金会的组织结构和岗位，应由负责科技和财务预算的政府成员共同审批，并由负责科技的政府成员任免基金会主席。

该基金会确定对科技和科技成果转化政府委托项目在国家年度预算中的份额；为负责科技的政府成员批准的项目提供资金和监督；分析财务报表；解决产生的矛盾；在有偿的基础上对科技成果的产业化进行融资和监督；与委托单位和项目负责人签订项目合同和融资协议；对已结项的项目进行登记；每半年与项目委托方共同发布项目执行和融资情况信息；将结果提交给国家中央科技管理机构，公之于众，从公民和企业经济实体使用国有知识产权收入中抽取2%的资金，存储于基金会账户。此外，该基金会还负责创建并维护科技项目数据库的工作。

科学技术基金会的资金由《政府专项基金法》规定的各个资金渠道提供，由负责科技的政府成员用《政府专项基金法》规定的措施进行管理。基金的支出依法上报国家中央科技、预算和财务管理机构，并予以公示。

科技和工业相结合的机构负责研究、实验、设计、生产和商业等领域的工作，具有相应的规章制度。此类机构进行的活动包括：利用研究和实验的成果、传播技术、与国内外组织合作、执行计划和项目、向市场提供信息、对产品进行广告和销售、运转资金、获取财富等。董事会负责选举执行董事、批准章程和预算，而机构的学术委员会负责讨论相关研究和实验、创作成果和科学水平等问题。

基于1997年1月22日第31号相关科技领域的政府决议，蒙古国成立了8个包括研究、实验、生产和商业在内的公司。主要由相关建筑、建筑研究、测试、生产、建筑商业的公司；相关轻工业研究、测试、生产、轻工业商业的公司；相关电子技术和机械研究、测试、生产、电子技术和机械商业的公司；相关可再生能源研究、测试、生产、再生能源商业的公司；相关能源研究、测试、生产、能源商业的公司；相关食品研究、测试、生产、食品商业的公司；相关农业技术研究、测试、生产的公司以及国家科技园组成。

如今，其中一些公司已成为研究机构，有些已私有化，有些则已宣告破产。在私有化公司中，只有建筑、建筑研究、测试、生产、建筑商业公司以及食品研究、测试、生产和食品商业公司表现良好。总体上，蒙古国这类科学、工业和商业组织的法律环境并不尽如人意。此外，经营此类公司的经理似乎也并未做好相关准备。

为了提高研究机构和研究中心的效率和效力，消除职能的重复，蒙古国政府发布了《对科学界应采取的措施》（1997）、《对科学机构应采取的措施》（2015）、《对科技领域应采取的一些措施》（2019）等决议。随后对研究机构的数量、隶属关系和人员配备进行了重组。

表8-5和表8-6显示，目前蒙古国的研究机构正是按照2019年第328号政府决议和2015年第27号政府决议审批的架构设立的。表8-5列出了由国家预算资助的26个研究机构名称、人员配备和附属机构。表8-6则列出了由非预算来源资助的6个研究机构名称和附属机构。管辖权方面，卫生部隶属下的有1个；教育、文化、科学和体育部隶属下的有2个；国家安全委员会隶属下的有1个；而科学院、国立大学、农业大学、科技大学和国立医科大学隶属下的有28个研究所。表8-5显示，蒙古国大多数研究机构都隶属于高校和蒙古国科学院。

表8-5　　　　　　　　研究机构的名称、人员和隶属关系

| 序号 | 研究机构和中心 | 员工人数上限 | 隶属 |
| --- | --- | --- | --- |
| 1 | 化学化工研究所 | 127 | 蒙古国科学院 |
| 2 | 医学科学研究院 | 46 | 国立医科大学 |
| 3 | 畜牧科学研究院 | 105 | 蒙古国农业大学 |
| 4 | 兽医科学研究院 | 88 | 蒙古国农业大学 |
| 5 | 植物与农业科学研究院 | 107 | 蒙古国农业大学 |
| 6 | 生物研究所 | 95 | 蒙古国科学院 |
| 7 | 地理与地球生态研究所 | 158 | 蒙古国科学院 |
| 8 | 历史与民族志研究所 | 54 | 蒙古国科学院 |
| 9 | 物理技术研究所 | 118 | 蒙古国科学院 |
| 10 | 矿业研究院 | 20 | 蒙古国科技大学 |

| 序号 | 研究机构和中心 | 员工人数上限 | 隶属 |
|---|---|---|---|
| 11 | 公共卫生研究所 | 95 | 卫生部 |
| 12 | 哲学研究所 | 50 | 蒙古国科学院 |
| 13 | 轻工业研究开发研究院 | 35 | 蒙古国科技大学 |
| 14 | 天文地球物理研究所 | 200 | 蒙古国科学院 |
| 15 | 古生物学研究所 | 47 | 蒙古国科学院 |
| 16 | 语言学研究所 | 50 | 蒙古国科学院 |
| 17 | 数学与数字技术研究所 | 45 | 蒙古国科学院 |
| 18 | 核物理研究中心 | 20 | 蒙古国立大学 |
| 19 | 教育研究所 | 51 | 教科文体部 |
| 20 | 传统医学技术研究所 | 15 | 教科文体部 |
| 21 | 国际关系研究所 | 37 | 蒙古国科学院 |
| 22 | 国家战略研究所 | 45 | 国安委员会 |
| 23 | 植物保护研究院 | 45 | 蒙古国农业大学 |
| 24 | 植物学研究所 | 63 | 蒙古国科学院 |
| 25 | 考古研究所 | 43 | 蒙古国科学院 |
| 26 | 地质研究所 | 35 | 蒙古国科学院 |

由国家预算资助的 26 个研究机构最高可容纳 1794 名研究人员开展工作。

表 8 - 6　　　　　　　非预算来源资助的研究所和中心列表

| 序号 | 学院和中心 | 隶属 |
|---|---|---|
| 1 | 蒙古国立大学新材料研究中心 | 蒙古国立大学 |
| 2 | 蒙古国科技大学森林培育研究所 | 蒙古国科技大学 |
| 3 | 蒙古国科技大学热能工程与产业生态学研究所 | 蒙古国科技大学 |
| 4 | 文化艺术大学文化艺术研究所 | 蒙古国文化艺术大学 |
| 5 | 蒙古国立大学经济研究所 | 蒙古国立大学 |
| 6 | 农业技术测试、研究、生产、商业公司 | 蒙古国农业大学 |

除了上述主要针对改革的政府规章制度外，蒙古国政府还发布了《支持科技部门的某些措施》（2010 第 174 号）和《对科学机构采取的一些措施》（2015 第 27 号）等决议，其目的是进一步改善科技部门的管理和运作。

蒙古国 2019 年投入的科学技术活动资金总额为 367.33 亿图古里克（约 0.92 亿人民币），其中 127.81 亿图古里克（约 0.32 亿人民币）用于资助 7 个领域约 500 个科研项目，占国内生产总值的 0.12% 左右。

在科技投资方面，过去通过实施总体规划和科技成果转化计划在改善研究机构的研发环境方面取得了一定进展。例如，建立了蒙古国科学院的技术孵化中心、自然科学综合实验室、畜牧研究所、高产捐助动物胚胎实验室和饲料车间、农业大学教育中心、传染病暴发国际诊断实验室、农业技术园区、生物技术孵化基地、蒙古国科技大学纺织材料研究化学技术实验室、蒙古科技大学食品技术孵化基地、核实验室、蒙古国立大学激光实验室、生物活性产品测试车间、扩建的农业大学兽医学院等约 20 个中心、孵化基地、实验室和车间。如今，蒙古国科学院的统一实验室大楼、扩展大楼和科技园区正在建设，但近年来该行业的投资一直在急剧下降。此外，为了改善研究机构和大学的实验设备，建设科技成果转化基础设施，在 2008 年、2011 年和 2019 年，蒙古国政府分别投资了 30 亿图古里克（约 750 万元人民币）、1.5 亿图古里克（约 37.5 万元人民币）和 15 亿图古里克（约 375 万元人民币）。

## 二　蒙古国科技工作成效

通过实施总体规划和部署、国家政策和方针、相关法律法规，蒙古国在科学技术领域的成就可归纳如下。

蒙古国在过去 30 年中的科技发展可以大致分为两个阶段。第一个阶段恰逢蒙古国刚刚过渡到市场经济的艰难时期。在蒙古国向不同的社会结构过渡、经济陷入困境的时候，科技政策制定者、决策者和科研人员采取了尽可能避免损害科技方面的决策。第二个阶段被认为是经济稳定和社会经济复苏时期。蒙古国为内部和外部的科学技术发展创造有利的法律、社会、经济条件，开始采取必要措施，以迅速发展科学技术。

在科技发展的社会和经济条件良好的时期，无论是在内部还是外部，蒙古国科学部门的法律文件都得到了完善，研究机构的结构也变得相对稳定。研究经费和投资虽小，但仍有增长，研究人员工作机会变得稳定，研究内容的选择、选拔、评估和资助获得增长，科学领域的外交关系也有所扩大。蒙古国在将研究结果应用于生产和服务方面已经取得了不错的进展，并且已经在教育、文化和科学部的科技园管理局的主持下建立了科技园。科技园为其初创公司创造了法律环境。迄今为止，已经建立了约 50 家初创公司，而这些公司是科技园的组成部分。

促进、选拔和执行科技项目是国家科学技术发展中最重要的问题之一。政府审批的《科学技术项目实施规定》的目的是确立实施科技项目的基本原则，并规范与之相关的各类事宜。该规定已多次更新，对于选拔和实施蒙古国所有类型的科技项目来说非常重要。该规定选拔的项目包括基础研究项目、政策性项目、委托项目、核心技术项目、技术测试和改进项目以及与国外的联合项目等。此外，还规定了项目运行顺序，即下达、提名、公开宣布、制订、声明、选拔、签约认证、融资、监控实施过程和绩效、公示成果、报告、验证、移交结果以及进行财务计算等。项目的实施秉持公开、公正、具有效率和效益、重点优先等原则。项目申报者应是中央和地方政府组织、机构、企业实体和公民。基础研究项目、技术测试和改进项目可以由研究机构、研究团队和研究人员申报，技术测试和改进项目可以由政府机构申报。项目承担单位或个人可以是研究机构、企业实体、组织、研究团队、蒙古国公民、外国公民抑或无国籍人士，但项目经理必须具有博士学位。目前，蒙古国每年审批约 500 个科研项目。由于遵守这项规定，蒙古国的科研项目质量正在逐年提高（见表8-7）。因此，该规定具有较高的可行性。

表8-7 蒙古国近五年科研项目成果清单

| 类型/年度 | 2015 | 2016 | 2017 | 2018 | 2019 |
|---|---|---|---|---|---|
| 书籍 | 96 | 257 | 116 | 113 | 114 |
| 学位论文 | 21 | 40 | 15 | 12 | 6 |
| 新产品 | 70 | 60 | 43 | 36 | 13 |
| 新技术 | 75 | 68 | 53 | 38 | 9 |
| 研发设备 | 19 | 38 | 8 | 5 | 12 |
| 建议和咨询报告 | 97 | 126 | 91 | 99 | 42 |
| 专利 | 13 | 58 | 23 | 16 | 6 |
| 可行性研究 | 12 | 4 | 2 | 5 | — |
| 生产有效模型 | 12 | 20 | 15 | 25 | 3 |
| 著作权 | 7 | 15 | 12 | 12 | 5 |
| 学术论文（外国） | 307 | 890 | 358 | 220 | 252 |
| 学术论文（国内） | 443 | 1456 | 585 | 530 | 590 |
| 学术报告（外国） | 218 | 609 | 348 | 177 | 373 |
| 学术报告（国内） | 350 | 1245 | 582 | 498 | 604 |
| 行业技术标准 | 33 | 105 | 13 | 31 | 16 |
| 设计和图纸 | 50 | 147 | 46 | 28 | 81 |
| 项目结题报告 | 138 | 202 | 163 | 107 | 72 |

在表8-7中列举了书籍、学位论文、新产品、新技术、研发设备、建议和咨询报告、专利、可行性研究、生产有效模型、著作权、国内外发表的学术论文和学术报告、行业技术标准、设计和图纸、项目结题报告等科研成果类型。蒙古国科学技术基金会的有关专家表示，在表8-7中有些数据有所波动，但基本上反映了2015—2019年研究成果的匀速提升。由于遴选的渠道不同，每年实施的项目数量有所不同，因项目而产生的成果数量也各不相同。但也可以看出，科技资助金额

相近的年份，科研成果的数量差异也不大。当科技资助力度处于平稳状态下，科研成果大幅增长的后劲不足。除了关注上述这些数字，蒙古国还需要考虑研究质量。蒙古国根据《旧金山科研评估宣言》(*San Francisco Declaration on Research Assessment*) 要求及相关科技评估机构建议，对蒙古国科学家在国外著名学术期刊上发表的研究文章数量进行了统计。特别是在近 30 年，蒙古国研究人员在国外注册的期刊上发表具有影响力的研究文章数量迅速增长。

以蒙古国研究人员在国际最广泛的科技、医学文献的导航工具 Scopus 索引数据库上收录的学术论文数量为例，蒙古国研究人员发表的论文被收录的数量在逐年增加，这表明其研究综合能力在不断提高。其主要原因是资金投入力度的增加、研究工作条件的改善，以及多边国家科研人员的联合研究项目增多等。

在蒙古国政府审批的《科技部门奖励办法》(2007 第 147 号) 中国家设立"自然与社会科学奖"、"科技进步奖"和"国际科技合作奖"，并明确了成果作品的提交、相关文件的准备、材料的接收、奖项的遴选和授予等有关规定。政府规定"自然与社会科学奖"每年最多颁发两项，"科技进步奖"和"国际科技合作奖"每两年颁发一项。

"自然与社会科学奖"主要奖励在发现自然和社会事物现象规律和性质方面做出新贡献的公民和研究团体；"科技进步奖"主要奖励开发、引进或使用新技术、新产品、新材料的公民和团队；"国际科技合作奖"主要奖励为蒙古国的科学技术发展做出卓越贡献的外国公民和团队。

自以上奖励项目设立以来，有数学、物理和化学研究领域的三位科学家获得了"自然与社会科学奖"。另外，工程技术、化学和农业科学研究领域的三位科学家获得了"科技进步奖"。迄今为止，还没有个人或团队获得过蒙古国的"国际科技合作奖"。

此外，在蒙古国教育、文化和科技部颁布的《年度最佳科技奖选拔细则》(2010 第 479 号) 中规定，每年遴选在解决社会需求、为生产服务、造福国家经济方面做出贡献的科技成果，以及具有较高理论水平的科研成果，可授予"年度最佳科技奖"。该奖项每年在蒙古国科学工作者日颁发。

此外，根据蒙古国政府审批的《授予名义奖励的细则》（2012 第 204号），决定以博·仁钦（B. Rinchen）、彻·丹木鼎苏仁（Ts. Damdin-suren）和博·希仁德沃（B. Shirendev）三位院士的名义设立奖项。"博·仁钦奖"授予在包括蒙古学研究领域创造的优秀学术作品，为蒙古文化的复兴做出重大贡献的，将世界文化、科学、艺术和文学的经典作品翻译成蒙古文的 5 人（国内外），该奖项每 5 年颁发一次；"彻·丹木鼎苏仁奖"授予在蒙古文学和藏学研究等东方研究领域做出重要贡献的 3 位最佳学术著作创作者（国内外），该奖项每 3 年颁发一次；"博·希仁德沃奖"授予在科学技术的发展、研究机构的管理以及新学科的发展中发挥了关键作用的 2 人（国内外），该奖项每 3 年颁发一次。

蒙古国通过各种渠道鼓舞和奖励国内外科学工作者。这些奖项重点授予杰出的优秀科研人员，并将其研究成果推广给公众和社会，以此激发所有科研人员，尤其是中青年研究人员的工作热情、研究动力和主动性。值得一提的是，这种对科研人员的奖励措施，积极推动了蒙古国科学技术研究事业的扩大和发展。

### 三　蒙古国科技工作中存在的问题

蒙古国的科技工作仍存在一些问题，首先是科学研究的经费投入不足。科研经费是科学技术发展的关键因素之一。2019 年，蒙古国计划投入国内生产总值的 0.12%，约合 367.33 亿图古里克作为科学研究的经费。其中，127.810 亿图古里克分配给了 7 个领域约 500 个科技项目。如此少的资金，无法使科技在较高的理论水平上进行研究。

其次是科技工作者的薪水待遇低。目前，蒙古国科研领域大约有1700 名研究人员从国家预算中获得薪水，约有 1600 名大学教授正在参与科学研究。蒙古国每百万人的研究人员数量比世界发达国家和世界平均水平都要少。这样无法支撑研究团队的人数和稳定组成，不利于竞争力的提升。

最后，还存在如下问题：蒙古国科研人力资源有限，现代设备和试剂的供应匮乏，缺乏完善科技基础条件和运行机制；对外科技合作力度不够；由于政治不稳定，负责科技的国家行政管理部门的领导层频繁变动，对科学部门的日常活动产生了负面影响；公民的科学意识有待增强。

### 四　蒙古国与中国科技合作交流现状

蒙古国和中国的科技合作与交流在各级政府部门、研究机构和个人之间均取得了显著成效。

2016 年 6 月 23 日在乌兹别克斯坦共和国首都塔什干举行的上海合作组织成员国元首理事会第十六次会议期间，蒙古国、俄罗斯和中国国家元首进行了第三次首脑会晤。会议期间，经济走廊方案核准的 32 个项目中包括了科技合作领域的以下两个项目。

三国科技园区和科技成果转化领域之间以及研究与教育机构之间的运输；环境保护和自然资源、生命科学、信息和通信技术、纳米系统和材料、能源的可持续利用以及在节能减排、农业科学、工业新技术、自然和技术灾害等领域加强合作。

促进三方之间关于科学技术发展的信息交流、支持科研人员的交流和培训。

近 30 年来，蒙古国教育文化科学体育部与中华人民共和国科学技术部签署了多项科技合作协议。例如，为合作建立"蒙古国第一个科技园"，2013 年 10 月 25 日，蒙古国教育科学部与中华人民共和国科学技术部签署了谅解备忘录。2014 年 8 月 21 日至 22 日，中华人民共和国主席习近平对蒙古国进行国事访问期间，双方签署了 20 多个协议文件。这些文件包括《蒙古国教育科学部与中华人民共和国科技部之间关于建立联合国家实验室的谅解备忘录》，以及《蒙古国教育科学部与中华人民共和国科技部之间交换科学家的协议》。此外，在 2017 年 5 月 12 日至 16 日蒙古国总理额尔登巴特访华期间，两国还签署了《蒙古国在发展科技园区和创新基础设施方面进行合作》和《实施青年科学家交流计划》两项谅解备忘录。

基于上述协议和备忘录，2015 年在蒙古国建立了蒙中联合分子生物学实验室。随后，根据中国"一带一路"科技创新行动计划和"一带一路"合作专项规划的要求，建立了蒙中联合应用分子生物学实验室。蒙古国科学院化学化工技术研究所在中国内蒙古呼和浩特冶金研究所的协助下，建立了蒙中矿物加工联合实验室。同时，在中华人民共和国的协助下蒙古国正在建立技术孵化器和技术转让中心。此外，基于蒙古国科学技术基金会和中华人民共和国自然科学基金会于 2017 年签署的谅解备忘录，部分科研项目和培训活动自 2019 年开始实施。

中蒙俄三国的科学家和研究团体每年都会在中国满洲里参加科技创新博览会。并且自 2015 年以来，蒙古国政府、有关部委和研究机构一直积极参与诸如在内蒙古自治区与中国合作举办的世博会和学术会议等交流经验的活动。

根据两国之间的协议、备忘录和谅解备忘录，蒙古国教育文化科学体育部以及中国科技部每年实施 14—18 个联合科技项目。此外，组织与科学家之间的研究合作得到了拓展，许多科技项目正在实施。参与中国研究机构和高校的蒙古国青年科研人员培训的人员数量也在逐年增加。

蒙古国的大学在科技和教育领域一直与中国的大学和研究机构保持着紧密合作。

1991 年，蒙古国科学院与中国科学院签署了科学合作协议。如今，两国正在 1991 年和 1999 年由蒙古国科学院和中国科学院签署的合作备忘录和协议框架内进行积极合作。1991 年和 2007 年，中国科学院院长访问了蒙古国科学院，这是加强合作的重要体现。基于这些备忘录，两个研究院之间的合作范围正在扩大。

蒙古国科学院院长一直在积极参加由中华人民共和国科技部和中国科学院组织的"一带一路"倡议活动。

# 第三节　中蒙医疗卫生服务领域合作研究

## 一　蒙古国医疗卫生服务领域现状

（一）蒙古国医疗卫生高等教育现状（基于 2019 年的实地调查）

1. 医疗卫生领域高等教育概况

蒙古国乌兰巴托市有着四家医科大学，分别为蒙古国国立医科大学、蒙古国阿其拉图医科大学（私）、蒙古国新医学医科大学（私）、蒙古国奥奇满玛日医科大学（私，传统医学）。蒙古国国立医科大学有硕士、博士研究生培养授权，其他医科大学均为本科和硕士研究生培养授权，本科为 6 年制，硕士研究生为 2 年制，博士研究生为 3 年制。各个盟均有医学专科学校，主要培养基层医师和护士，均为 4 年制教学。蒙古国医学教育要求高，学费偏高，就业率低，工资偏低，竞争力很强，学业完成之后放弃医学专业的情况非常多，很多优秀本科毕业生因撑不起学杂费和答辩费用而放弃深造，部分本科毕业生依靠奖学金到欧洲、美国、日本、韩国、中国等地进一步深造。蒙古国蒙医教学与其他大学一样，本科生每天 9—16 点上课，硕士和博士研究生 16—18 点开课，部分本科生放学后在酒店、饭店、商场、工厂短时间打工，硕士和博士研究生基本每天下班之后再复习功课。

其中，蒙古国国立医科大学有 5 个组成学校，当地分支机构拥有 3 所学校。在建立综合卫生技术规划系统以发展和适应人口卫生需求和卫生技术评估方面，强调了引进现代医学和服务的先进技术。为此，通过对健康技术的投资形式引进先进技术建立合资企业和专有技术，以及在蒙古国立大学医学院的基础上，从国立大学中分离出 20 余所二级学院、65 名教师和 800 多名学生，并于 1961 年成为独立医学研究所。医学和传统医学学制为 6 年，生物医学、物理疗法、公共卫生和药学学制为 5 年，其他分支学校有 4—5 年的培训计划。2014 年国立大学由 41 个部门组成，包括培训政策协调，财务，经济学，对外关系，供应与管理，行政，监控和评估，信息技术，专业发展学院，学生，学术培训部门，综合医院科学技术中心，医学中央实验室，中央医学图书馆，"Erkess" 印刷厂，"Erkhes" 护理中心，"Bayan Chandmani" 护理中心和 NASS 医院等。国立大学自成立以来，共有 834 位医生接受了专业化培训。目前，国立大学发展为 21 个专业，13000 名在校学生，713 名住院医师，110 所专业护理学校，11 所护理学校，694 名硕士和161 名博士研究生。

2. 存在的主要问题

在蒙古国，医学本科专业均为 6 年制，教学要求比起其他专业甚高，医学硕士生和博士生答辩费用多，一般很难承担课题实验室费用，近一半的学生在二三年级后放弃学业。

（二）蒙古国卫生医疗结构现状

1. 人口与健康政策

国家医疗卫生工作以《国家卫生政策文件》、《2030 年蒙古的可持续发展概念》、《发展政策与规划法》、《蒙古人口发展国家政策》和《蒙古政府 2016—2020 年行动计划》为基础。这些政策文件反映了蒙古国卫生部门的总体发展和未来发展规划，其主要目的是根据疾病的需求为民众提供医疗保健服务，并采用新的循证诊断和治疗技术关注客户，通过建立适当的融资体系来提高护理服务质量和可及性，延长预期寿命。

2. 医疗机构设置

目前蒙古国有 3244 个卫生组织机构在运作，其中 13 所大型专业中心医院，5 所区域体检中心，省级综合型医院 16 所，妇产科医院 12所，儿科医院 6 所，镇医院 39 所，苏木医院有 272 所，家庭保健医院有 218 所，私立医院有 224 家，门诊诊所 1006 家。据 2015 年统计，在卫生部门共有 47429 名卫生工作者分别在国立和私人卫生机构工作，其中有 93.2% 的医疗卫生人员和 6.8% 非医务人员。所有医务人员中，初级职称占 22.9%，二级职称占 18.0%，三级职称占 16.3%，医疗卫生机构的占 17.3%，疗养院的占 25.5%。盟市级地区 10—30 张床位医疗机构为小型医院，30 张以上床位医疗卫生机构为一级医院，200—300 张床位医院为二级医院，500 张床位医院为三级医院，基层盟级一二级医院共有 500 余家，乌兰巴托市一二级医院有 600 余家，三级医院有 10 余家。蒙古国医疗机构里，除了医院，还有急救中心、传染病防预中心、肿瘤危重患者享乐所、戒毒中心、医养休假中心、执业医师考试中心、各市区盟卫生管理局等。

3. 医疗机构投资情况

在卫生部门，蒙古国总共批准了 6449 亿蒙图，其中医院的总支出为 4510 亿蒙图（占 69.9%），外国投资项目为 760 亿蒙图（占 11.8%），社会卫生保健为 505 亿蒙图（占 7.8%），部门计划管理总值为 368 亿蒙图（占 5.7%），国外贷款和赠款 487 亿蒙图（占 7.6%）。在各省和市区卫生提供初级保健和二级保健 2657 亿蒙图（占 41.2%）。

4. 医务人员分布情况

蒙古国总人口 300 万人，其中 65.1% 生活在城市，34.9% 生活在牧区。蒙古国医疗卫生服务体制是根据国家行政管理体制而逐渐建立起来的医疗卫生体系，是中央、盟、苏木、嘎查模式的医疗卫生管理体制。医疗机构管理模式包括国家医疗卫生机构和个体医疗卫生机构，在医保政策上享受平等待遇。基层地区的医生为助理医师或小医师，一般拿着医包做简单处理，这样的医师有 1400 余名。蒙古国国土面积辽阔，气候恶劣，冬季长夏季短，交通不发达，医疗条件不充足，生活水平差距很大，蔬菜食物匮乏，以肉食为主等原因引起看病难、基层医疗卫生管理艰难的局面。

5. 社会卫生教育情况

蒙古国医学教育系统中的医疗机构须符合卫生部的资格。根据人口的健康需要，蒙古国增加了 1336 名医疗专家，特别是护士。蒙古国还将实施一项计划，以改善卫生部门的社会福利，计算卫生工作者的工作量，制定规范并建立新的工资和激励制度，改善卫生工作者的工作环境。

## 二 蒙古国常见病现状及诊治情况

在"一带一路"建设背景下，中蒙两国医疗卫生部门展开了合作，蒙古国人民健康问题得到改进，2019 年蒙古国常见病、多发病、传染病的诊疗现状得到了改善。

### (一) 常见病发病调查

1. 常见病分类

截至 2015 年临床统计，每 10000 人口中非传染性疾病有 7649.5 例，呼吸系统疾病 1462.7 例，消化系统疾病 1202.8 例，泌尿生殖系统疾病 783.7 例，伤害、中毒及其他外因 534.6 例。此外，全国登记了 29 种传染病共 59400 例，比上年增加 25884 例，每 10000 人口增加 200.5 例。国家一级死亡人数为 16374 例，比 2014 年减少 121 例或 0.7%。

2. 孕妇儿童情况

2010 年的前 9 个月，孕产妇死亡人数为 31 例，每 10 万活产中有 52.3 例，与去年同期相比，占 30.9%，婴儿死亡人数为 1063 例，每千活产中有 17.9 例，与去年同期相比，每千名活产儿 2.8 例，五岁以下死亡人数为 1297 例，每千活产儿 21.9 例，每千活产 3.9 例。每年约有 80000—81000 例婴儿出生，其中 51—52% 出生在首都。但是，乌兰巴托的人口增长和出生率增加了 19—28%，在过去的 50 年中，医院一直在努力增加产妇床位。

### (二) 多发病发病情况

1. 肿瘤病发病现状

蒙古国气候恶劣，冬季漫长，煤炭烟气浓厚严重超标，严重偏食，乙型肝炎患者较多，烈性酗酒，慢性酒精中毒，环境污染等因素引起肿瘤患者迅速增加趋势。据蒙古国资料显示：肿瘤病例中肝癌最多，其次是胃癌、结肠癌、肺癌、子宫癌、肺腺癌、胰腺癌、膀胱癌。在蒙古国三级医院均有肿瘤科，但是医疗条件一般，治疗费昂贵，技术有待提高，肿瘤研究机构偏少。蒙古国肿瘤患者与其他患者一样，大多数患者前往国外治疗，40%的患者在乌兰巴托地区的三级医院治疗，不少肿瘤患者因难以承担医疗费而失去最佳治疗机会。

2. "四高"发病现状

蒙古国人中食肉者较多，过度肥胖、营养过剩、过度饮酒、严重缺乏体育锻炼等引发了高血压、高血脂、高血糖、高尿酸等疾病。"四高"疾病并发症在心脑肾脏、骨关节、眼睛、消化道部位逐渐地增加，甚至引起生命垂危，尤其痛风病、胆结石、肾结石、阑尾炎、高血压、糖尿病、脑血栓、脑出血、心梗等疾病极为突出。以上"四高"疾病及并发症直接影响着蒙古国人群平均寿命，加大政府财政医保经济压力。同时，不少家庭因医疗费问题，生活贫困，放弃治疗。

3. 蒙古国骨关节性疾病发病

蒙古国人从小患肥胖症的较多，严重缺乏体育运动，骨关节发育受到影响，再加漫长寒冷季节和变化多端的恶劣气候、民族风俗习惯、多次生育等因素引起骨性疾病、关节性疾病、代谢性疾病较多。对于这些疾病，传统蒙医、激素药物等疗法只能起到控制作用。据社会观察，70%的年迈老人走路蹒跚，拐杖走路，易骨折，生活艰难。

4. 传染病发病现状

蒙古国境内传染病较多，最多的是乙型肝炎，其次是丙型肝炎、梅毒、艾滋病、传染性疱疹等。蒙古国多数乙肝患者均为家族性，婴母血性传染率很高，其次是卫生条件引起的传染。这些疾病是因控制机构力度不够，防备意识不强，卫生条件不足，血液性传染等引起的。近10年由于卫生部门对母婴传染的防备措施、接生条件进行了改进，使乙肝及其他传染病患者逐渐地减少。

### (三) 发病原因及存在问题

#### 1. 地理位置环境因素

蒙古国的地理环境、气候条件等引起成人患风湿病、脑病、肝病、肾病的较多。蒙古国 64% 的人群居住在城市，居住条件极为贫穷，严重偏食，工资偏低，家庭成员甚多，物价偏高，政府及资本家垄断社会和市场。医疗市场基本上是老百姓小病不治疗，大病拖延等状况。生活中客观存在着影响人群健康、家庭幸福等问题。

#### 2. 卫生部门管理因素

卫生部门的人力资源培训系统，特别是学前教育系统，与日益增长的卫生服务需求无关。例如，儿童医生、护士、病理学家和医生稀缺。卫生工作者的责任心和工作量很高，但其工资却仅为实际价值的 1/10 到 1/5。农村地区缺乏专职医疗人员，尽管传染病和非传染病继续增长，但公共卫生服务的资金仍未得到满足，预防人群患病的成本低，病后患病的成本高。卫生部已批准了约 188 亿蒙图的设备投资用于早期发现流行疾病和常见疾病，引入综合电子数据网络，快速诊断，监视和监测系统以及增加公共卫生计划。

### (四) 医疗情况调查

#### 1. 基本医疗情况

目前，在蒙古国，血管外科手术以及大量昂贵的护理和服务，为卫生部门的融资做出了贡献。蒙古国每年将支付 15 亿挪威克朗的预算，用于双筒望远镜和血管造影等设备的维护和保养。此外，蒙古国通过增加对药品的报销，高昂的护理和服务成本以及在免疫抑制、血液癌和罕见病例中对试剂的需求，来增加预算。

#### 2. 医疗市场管理情况

国有医院将必须建立独立、共同管理的政府医疗服务的半独立治理，并扩大公私合作伙伴关系，以增加公众对医疗保健的参与，增加私营部门的参与，确保医疗保健和服务的透明度，重点放在提高公民、政府和非政府组织、商业实体和组织的参与以及提高社会责任感上。

通过实施政府的卫生政策，医疗服务将根据其需求而定，并将引入基于疾病的新诊断和治疗技术上，并在卫生部门建立健全融资体系，以提高医疗服务的质量和可及性。迄今为止，已经制定了约 30 份文件，例如总体规划、国家计划、战略和子计划，但是大多数文件的实施期已于 2015—2016 年完成，其余文件已根据《发展政策规划法》进行制定。例如，卫生部门总体规划、国家公共卫生政策和国家传统蒙古医学发展政策等文件的实施已于 2015—2016 年完成。

### 三　促进中蒙两国医疗卫生部门的相互合作发展

中蒙两国医疗卫生部门在"一带一路"建设合作背景下持续发挥主导作用，下文将具体描述蒙古国医疗卫生合作状况。

#### （一）中蒙两国医疗卫生工作相互合作的法律环境

蒙古国医疗卫生机构健全、法律完善，实行国内实践与国外经验相结合的管理模式。但是蒙古国国内经济发展水平较低，人口较少，交通运行不便，社会转化时间短，党派甚多，社会矛盾尖锐等因素引起医疗卫生管理机构执行法律法规不够到位。蒙古国医疗卫生管理在这一环境中艰难运行，国家医保、医疗、卫生工作受到严重影响。医疗卫生工作是一个关乎民生的健康事业，人群健康关涉国家的强弱。中国近年来在医疗卫生领域也进行了一系列改革，国家投入了大量公共财政，付出了巨大改革努力，取得了一些明显的阶段性成就。内蒙古自治区与蒙古国山水相连，人缘相通，中蒙两国在医疗卫生合作交流中，中国可提供相关经验借鉴，带动解决蒙古国医疗卫生结构走向健康趋势，带动最亲密友好国家的利益和人民的安康生活。

#### （二）蒙医在"一带一路"建设中的任务与作用

蒙医学是蒙古族在游牧生活中，与自然疾病和气候对抗而形成的传统医学，内蒙古地区在挖掘、继承、传承、保护、临床、应用、科研等方面做出了贡献，是祖国文化遗产和瑰宝。近 30 年来，内蒙古蒙医教育、临床、文献对蒙古国传统医学发展起到了巨大的作用，在中蒙两国医疗卫生和教育部门的合作和推动下，取得成就。中国政府在国际舞台和空间倡导的"一带一路"发展思路，让蒙古国医疗卫生管理机构及市场得到前所未有的发展机会。

（三）"一带一路"建设中的医疗发展趋势

"一带一路"建设是一个国际性、科学性、可行性的发展思路，它是将中国政府在过去的"丝绸之路""郑和下海""茶叶之路""陶器之路"等古老发展模式应用在现代发展上的思路，也是中国崛起和实现中国梦的伟大举措。经过五年的运行，国际合作模式已经在国际贸易和经济走廊领域做出了巨大贡献。中国政府在改革开放40年进程中，对蒙古国、越南、老挝、朝鲜、哈萨克斯坦、俄罗斯、白俄罗斯、巴基斯坦、印度、马来西亚、吉尔吉斯斯坦等国家经济发挥着带动作用，尤其是医疗卫生教育方面，每年培养大量医学人才，推动了它们的医疗市场，为这些国家的人民健康做出了巨大贡献。目前，在"一带一路"倡议之下，中国已经将创新医疗设备和药品提供给这些国家的医疗卫生管理部门，并通过合作模式协助，得到了医疗市场的认可。

（四）进一步发展中蒙两国医疗卫生领域合作的可能性

中蒙两国友谊已经运行了近百年，在医疗卫生部门合作方面，中国政府为蒙古国培养医疗人才，提供医疗设备，医疗建筑，药品等。为了扶持蒙古国医疗卫生事业更好地发展，也为了增强两国友谊，完善"一带一路"倡导思路，中国与蒙古国开展全方面合作，带动蒙古国医疗卫生市场，人民健康得到保障。蒙古国领土位于中国和俄罗斯之间，是一个陆地国家，交通运输问题是最大的难题，与中国合作，参与"一带一路"的中蒙俄经济走廊建设，使蒙古国的医疗卫生事业得到前所未有的发展。蒙古国医疗卫生部门积极与内蒙古边界口岸合作，并进一步扩大医疗卫生方面的合作，达到共同发展的目的。

（五）科学与医疗卫生的关联性、国际影响力及传播

中国的医疗卫生事业在养老保险、医疗保险、医疗教学、医疗技

术、医疗设备、医疗器械、蒙医教学、蒙医科研、蒙医临床、蒙医文献等方面均取得了可喜的成就。中国医疗卫生部门已经与多国签署合作协议,在国际医疗卫生市场具有重要地位。内蒙古医疗卫生部门按照国家医疗卫生发展目标和规划,有责任带动蒙古国医疗卫生市场,为蒙古国广大人民健康做出贡献。

### 四 中蒙两国医疗卫生公共服务合作目标

中蒙两国医疗卫生部门在"一带一路"建设顺利推进的背景下,进一步改进了双方的合作方式,具体服务指南及技术路线如下。

#### (一)合作基本模式

中蒙两国建交70多年以来,各种交流和往来均以全面合作模式进行,遵循以两国人民为本,以发展和团结为核心内容,以推动中蒙俄经济走廊为合作领域的原则。

中方提供蒙古国医疗卫生事业所需的资金、设备、器械、药品等。蒙方提供医疗卫生发展的政策和渠道,认同对方的医疗卫生设备、器械及医疗卫生用品。在"一带一路"倡议框架内,在医疗卫生方面两国企业也开展了合作。

#### (二)近期合作目标

在"一带一路"倡议的背景下,两国的近期合作目标是,解决中蒙双方医疗卫生事业发展不平衡问题,取长补短,共同发展,保障改进中国和蒙古国人民的医疗安全。

1. 内蒙古边界口岸建设医疗卫生部门合作枢纽

二连浩特市和扎门乌德镇是内蒙古与蒙古国的交通枢纽,是中蒙建交的重要纽带,是中蒙俄经济走廊的重要口岸。在口岸医疗卫生检疫部门办理相关认可手续。

2. 中蒙两国组织成立检测机构

中蒙两国医疗卫生部门成立医疗卫生设备、产品、器械、用品、药品认同检疫的机构。

### 3. 在蒙古国境内创办医疗卫生部门认准的合资企业

中方投资资金和技术,蒙方提供政策、区域、劳动力,共同创办医疗卫生方面的设备、器械、药品、医用用品合资企业。

### 4. 共同创造蒙医发展渠道

在过去的合作培养人才基础上,继续开展全方面合作,为培养蒙医人才提供环境和政策;中蒙双方以合作模式或合资模式建立亚洲最大的蒙药厂;将中蒙两国合作研发的蒙医成果(人才、蒙药、疗术疗法)一起推向欧洲、推向世界。

### (三)合作途径

中蒙两国可采取以下合作途径:加速推动中蒙俄医疗卫生部门国际合作进展;解决中蒙俄三国医疗卫生设备、器械、医疗用品、药品的统一化、标准化、国际化问题;解决蒙医分散、孤立、不平衡发展问题,解决蒙医国际化进展推广问题;解决中国企业、产品、药品、医疗用品走向世界问题;响应"一带一路"倡议,积极建设中蒙俄经济走廊。

医疗卫生工作,是国家、民族、地区、个体均离不开的重要项目,是人群健康生存之本,也是人类社会必要的条件。本次"一带一路"倡议的中蒙俄经济走廊医疗卫生部门合作,给亚洲、欧洲地区医疗卫生事业注入了活力,也是团结各方力量大幅度地发展医疗卫生部门项目,为突破全球性医学难题奠定牢固基础。如果本次合作,能够解决推动亚洲北方地区的医疗卫生部门工作,人均寿命大幅度地增长,甚至保障蒙古高原人群的健康所需的医疗卫生安全问题。

# 第 九 章

## 加强中蒙俄科技教育交流与
## "一带一路"建设

　　"一带一路"倡议是继承与发扬"丝绸之路"历史作用、实现中国梦的重大举措。"一带一路"倡议源自国家主席习近平 2013 年 9 月和 10 月出访中亚与东南亚国家时提出的"丝绸之路经济带"和"21 世纪海上丝绸之路"。2015 年 3 月,在海南博鳌亚洲论坛上,国家发展和改革委员会、外交部和商务部共同发布《推动共建丝绸之路经济带和 21 世纪海上丝绸之路的愿景与行动》(以下简称《愿景与行动》)。2016 年 8 月,中央召开推进"一带一路"建设工作座谈会,习近平总书记发表了重要讲话,提出"八个推进",并强调以"钉钉子"精神把"一带一路"建设工作一步一步向前推进。2016 年 11 月,在第 71 届联合国大会上,"一带一路"被写入"第 A/71/9 号决议"。2017 年 5 月,我国举办了"一带一路"国际合作高峰论坛,来自 110 多个国家和 70 多个国际组织的 1500 位嘉宾参加了论坛,覆盖五大洲各大区域。"一带一路"提出以来,成果丰硕,政策沟通不断深化,设施联通不断加强,贸易畅通不断提升,资金融通不断扩大,民心相通不断促进,全球 100 多个国家和国际组织积极支持与参与"一带一路"建设。"一带一路"是一个包容性全球化的平台,为此国家设立了专门服务于"一带一路"建设的丝路基金,倡议成立与中国"一带一路"建设相匹配的亚投行。"一带一路"为世界提供了一个公共服务平台,是为全球资本流动服务的平台,更是包容性发展的平台。《愿景与行动》明确提出，共建"一带一路"将秉承开放的区域合作精神，致力于维护全球自由贸易体系和开放型世界经济，旨在促进经济要素有序自由流动、资源高效配置和市场深度融合，推动沿线各国实现经济政策协调，开展更大范围、更深层次的区域合作，共同打造开放、包容、均衡、普惠的区域经济合作架构。中国倡议已达成广泛的国际共识。截至 2018年 7 月，全球 100 多个国家和国际组织同中国签署了共建"一带一路"合作文件，签署范围自亚欧大陆拓展至非洲、拉美和加勒比地区、南太平洋地区。正如世界银行前行长金墉所言："'一带一路'倡议植根于古代丝绸之路的历史土壤，点亮的是未来世界发展的星空。它将推动跨境乃至跨大洲的融通，惠及世界大多数人口"。

## 第一节　中蒙俄经济走廊建设离不开人文交流

　　中国是亚欧大家庭的一员，中国的发展与亚欧的整体发展密不可分。中国提出的"一带一路"倡议得到沿线国家积极响应，已成为兼顾各方利益、反映各方诉求的共同愿望。《愿景与行动》是在"框架思路"中提出来的，根据"一带一路"走向，陆上依托国际大通道，以沿线中心城市为支撑，以重点经贸产业园区为合作平台，积极规划中蒙俄、新亚欧大陆桥、中国—中亚—西亚、中国—中南半岛、中巴、孟中印缅六大经济走廊建设；海上以重点港口为节点，共同建设通畅、安全、高效的运输大通道。亚洲基础设施投资银行和丝路基金将为亚欧互联互通产业合作提供有力的资金支持。"一带一路"和互联互通相融相近、相辅相成，亚欧互联互通产业合作前景光明。

　　国家发展和改革委确定的中蒙俄经济走廊分为两条线路：一是从华北京津冀到呼和浩特，再到蒙古国和俄罗斯；二是从东北大连、沈阳、长春、哈尔滨到满洲里和俄罗斯的赤塔。两条走廊互动互补形成新的开放开发经济带,统称中蒙俄经济走廊。从中蒙俄"一带一路"合作进展情况看,2012—2016 年,我国对蒙俄贸易额整体呈现先增后减趋势,2016 年开始企稳回升。这是因为,受全球贸易额大幅下降等因素的影响,2015 年我国对蒙俄贸易总额有所下降。2016 年缓慢增长,较 2015 年增加 1.23%。贸易占比方面,2011—2015 年,蒙中、俄中双边贸易额占两国对外贸易额的比重分别上涨 7.68 个和 3.28 个百分点,表明与中国的贸易在两国对外贸易中的地位越来越重要。从双边贸易交易类型看,矿产品、机电产品是我国对蒙、俄贸易的最主要商品类型,其中中蒙贸易产品结构相对单一,矿产品贸易额约占双边贸易总额的 62.19%。矿产品、机电产品则是中俄双边贸易的主要产品,分别占双边贸易总额的 31.09% 和 16.47%。

中蒙俄三国有着悠久的国际关系史和密不可分的地缘、人缘、文缘、商缘联系。由于历史原因,三国间形成多民族跨境而居的独特格局。这些跨境民族彼此间语言、文化基本相同,人文联系素来密切,共同构筑联结三国历史与现实的人缘脉络。多元人文联系是中蒙俄经济走廊建设的历史基础。文明互鉴理念作为贯穿中蒙俄经济走廊建设各阶段的思想基础和文化契合点,在三国间的政策沟通、经贸合作和人文交流中始终起着消除忧虑、增强互信、强化认同的积极作用。文化和文明的平等对话与和谐互鉴,具有重要的先导作用。因此,加强文明互鉴,推进中蒙俄经济走廊建设,已经成为中蒙俄三国携手合作、共同繁荣的时代课题。

"一带一路"需要统筹国内国际两个大局,综合考虑建设问题。"一带一路"建设是中国真正走向全球的发展思路,需要进一步的体制机制改革才能深入推进和长期实施,也需要有长远打算、系统布局和战略定力,要谨防因急躁情绪导致的失误。

近年来,由于中国企业"走出去"的经验不成熟,没有充分考虑当地的社会文化传统,也没有尽到企业的社会责任,再加上一些别有用心的国家暗中鼓动,中国的正面形象遭到一定程度的诋毁。同时,由于中国经济体量庞大，很多周边国家对与我国合作持有矛盾心理，既希望通过合作促进本国经济发展，又担心被中国的经济扩张吞噬。为了让"一带一路"建设能够更为平顺长远地持续下去，中国必须加强与沿线国家的民心沟通。只有民心通、民心和，才能消除周边国家的担忧，化解对方的疑虑。

习近平总书记指出："要切实推进民心相通，弘扬丝路精神，推进文明交流互鉴，重视人文合作。"鼓励加强各国文化交流和民间往来，支持丝绸之路沿线国家联合申请世界文化遗产，鼓励更多亚洲国家地方省区建立合作关系，也要派出更多留学生、专家学者到周边国家学习交流。对蒙古历史文化进行研究，这是非常好的契机。研究蒙古历史文化，必须加强与其他国家和地区的文化交流及民间往来，多次深入中亚、西亚、东欧等国家与地区进行调研和考察，了解和吸收当地学者的研究成果。文明之间的对话，仰赖于跨越地域、超越民族的心灵沟通，离不开民间交流的桥梁作用。只有民心相通，才能有民意基础，而人文合作是软实力的合作，虽然一时看不出成果，但久久为功，就会激活民间资源，凝聚发展合力，进一步扩大"一带一路"的朋友圈，画出情投意合的"同心圆"，更有力地促进项目的落地、收成。

人文交流是文化交流里的一项，文化交流是广义范围。人文涉及风俗、地理、风景、语言等方方面面的内容。"一带一路"不仅仅是中国的路，它应该是中国和"一带一路"沿线国家共同的友好、合作、共赢的路。"一带一路"的基本内涵不仅仅是互联互通、经贸合作等，很重要的一点就是人文相通，人与人之间的沟通交流，国与国之间的友好合作，这是"一带一路"建设中最基础的。当前，世界正处于大发展大变革大调整时期，和平与发展仍然是时代主题。世界多极化、经济全球化、社会信息化、文化多样化深入发展，全球治理体系和国际秩序变革加速推进，各国相互联系和依存日益加深。在这种情况下，我国开放的大门只会越开越大。因此，在"一带一路"建设中，我们要以人文交流为基础，坚持"引进来"和"走出去"并重，遵循共商共建共享原则，加强各方面的合作。"一带一路"建设需要将人文交流合作置于政府工作的优先位置，包括文化、教育、科技、医疗、体育等方面的交流以及民生援助工作，充分重视宣扬丝绸之路的文化内涵，让有关国家充分理解中方提出"一带一路"的意图是推动包容性、全球化，追求共同做大"蛋糕"和共同繁荣，以实际工作逐渐消除负面舆论的影响。

# 第二节　中蒙俄科技合作与交流的
# 成就及存在的问题

由于"一带一路"是一个国际区域经济合作网络，它必然以国家间的合作为主，而不是相邻国家的次区域合作。在"一带一路"建设大框架下，各省区市结合区位特点、产业结构及对外贸易格局，充分整合现有口岸、海关特殊监管区和边境经济合作区等，优化提升沿海开放平台的功能，重点建设沿边和内陆开放平台，在六大走廊上形成多层次、有侧重、分工协作的对外开放平台体系。

内蒙古是丝绸之路经济带向北开放的重要桥头堡，对蒙俄具有较强的辐射作用。内蒙古处于中国北部边疆，与蒙古国、俄罗斯接壤，边境线 4200 多千米。目前，已建成 18 个对外开放口岸，其中 4 个对俄口岸，10 个对蒙口岸，4 个国际航空口岸。在中俄蒙开通的 7 条铁路线中有 6 条经过内蒙古。蒙古族是蒙古国的主体民族，在俄罗斯等亚欧国家也有分布。内蒙古的主体民族与蒙古国同属一个，语言相通，民俗相近，自然条件、文化背景、历史传统等较一致，共同生活在一个"草原经济带"，毗邻地区往来频繁，边民关系融洽，民间交往密切，双边关系良好，这让内蒙古在参与"一带一路"建设中拥有了独特的历史文化优势。

**一 中蒙俄科技交流与合作**

2013 年 3 月,中蒙双方就深入开展双边科技与创新合作,落实《2011—2015 中蒙科技合作协议》达成共识。2013 年 10 月,中蒙双方总理签署《中华人民共和国和蒙古国战略伙伴关系中长期发展纲要》,签署《中华人民共和国科学技术部与蒙古国教育科学部关于在蒙古国建设第一个国家科技园区的合作谅解备忘录》。2014 年 8 月,国家主席习近平在蒙古国访问期间,两国元首签署了《中华人民共和国和蒙古国关于建立和发展全面战略伙伴关系的联合宣言》。其间,中国科学技术部与蒙古国教育科学部签署了《关于推进科技人员交流的协议》和《关于共建中蒙生物高分子应用联合实验室的谅解备忘录》。

2000 年 11 月,中俄签署《中华人民共和国科技部和俄罗斯联邦工业、科学和技术部关于创新领域合作的谅解备忘录》,成立专门的军转民技术合作工作组,致力于在纳米技术和材料、生命科学、节能和能源、合理利用自然资源、通信技术和信息等科技优先发展方向进行合作。2007 年 11 月,中俄双方签署《中华人民共和国科学技术部和俄罗斯联邦科学与创新署关于在科技优先发展领域开展共同项目合作的谅解备忘录》,决定在纳米技术、生命科学、能源和节能、合理利用自然资源、通信技术等领域开展合作。2013 年 3 月,中俄签署《中俄关于合作共赢、深化全面战略协作伙伴关系的联合声明》。中俄哈蒙阿尔泰区域科技合作是在上合组织框架下开展的最有代表性的丝绸之路经济带国家间科技合作形式。

国际科技合作的平台逐步建立和扩大,为国内各省区市与"一带一路"沿线国家开展国际科技合作搭建了良好平台。目前,新疆已建成 5 家国际科技合作基地,甘肃有 11 家国际科技合作基地,陕西、四川、重庆、云南等省区市也建立了国际科技合作基地。这些基地涉及哈萨克斯坦、吉尔吉斯斯坦、乌兹别克斯坦、塔吉克斯坦等中亚国家以及南亚和东盟国家,涉及生态环境、荒漠化、农业技术、畜牧业品种改良、新能源、动物医学等。农业部、商务部、科技部等多个部委以及沿线省份也面向沿线国家设立了若干不同专业领域的重大合作项目，建立了若干联合实验室、研究中心、观测站等，为国际合作搭建了技术平台。

内蒙古自治区以科技项目为纽带，不断深化中蒙科技合作。内蒙古农业大学、内蒙古师范大学、内蒙古农牧业科学院等高校与蒙古国在草原畜牧业、生态环境、生物医药、乳业等领域开展了"蒙古高原绒山羊高效生态养殖技术生产技术与开发""乳酸菌发酵剂生产技术与开发""中蒙跨境灾害监测预警与信息共享研究"等上百个中蒙科技合作项目，取得了一系列重要成果。2014 年，实施"内蒙古国际科技合作能力及创新平台建设"科技计划项目，向蒙古国开展检测技术、稀土饲料添加剂和国产磁选设备推广，帮助蒙古国稀土、有色及黑色矿等资源探测，探索"项目—人才—基地"相结合的国际科技合作新模式等合作活动，为寻求和拓展合作领域打下坚实基础。中国（满洲里）北方国际科技博览会已连续举办 12 届，现已成为中国、俄罗斯和蒙古国毗邻地区规模、层次、影响最广的科技成果及高新技术产品展示会。随着中蒙科技合作的不断推进与深入，双方科研人员与专家学者的学术交流互访不断增多。2014 年，内蒙古师范大学与蒙古国科学院、乌兰巴托大学在教育、文化、考古、历史、民俗、乳制品、资源环境、新材料等多个领域达成合作共识。2015 年，内蒙古对外科技交流中心承接了在蒙古国实施的"蒙古国草原畜牧业科研试验示范基地建设""蒙古国边远牧区户用可再生能源发电试验示范""中蒙小型风力、太阳能发电机推广应用"等科技援外项目，并针对中蒙科技合作的相关领域承办 6 期专题培训班，培训蒙古国学员 100 余名。

**二 "一带一路"建设背景下的中蒙教育合作与交流**

当前，内蒙古自治区在教育交流平台建设、留学生教育、合作办学、人文交流等方面取得了实效。如在蒙古国举办"内蒙古教育展"，在内蒙古举办"中俄蒙经济走廊建设与高等教育科技合作发展国际论坛""中国高等教育发展论坛""中蒙博览会——大学校长论坛"等系列活动。截至 2017 年，全区 18 所高校和 49 所中小学校具备接受来华留学生资格，在华留学生 3500 人，其中，蒙古国留学生 4500 多人，俄罗斯留学生 350 多人（见表 9 – 1），拥有中国政府奖学金、孔子学院奖学金、内蒙古自治区政府奖学金和校际学生交流项目等多方资助体系。

表 9 – 1　　　自治区 2012—2017 年国际留学生数量和来源国家情况

| 年份 | 留学生总数（人） | 国别 |
|---|---|---|
| 2014 | 2363 | 蒙古国 1727 人，俄罗斯 82 人，巴基斯坦 350 人<br>其他 204 名留学生来自 41 个国家 |
| 2015 | 2813 | 蒙古国 2046 人，俄罗斯 117 人，巴基斯坦 468 人<br>其他 182 名留学生来自 40 个国家 |
| 2016 | 3666 | 蒙古国 2703 人，俄罗斯 274 人，巴基斯坦 465 人<br>其他 224 名留学生来自 41 个国家 |
| 2017 | 6202 | 蒙古国 4535 人，俄罗斯 355 人，巴基斯坦 511 人<br>其他 801 名留学生来自 54 个国家 |

内蒙古自治区高校有 18 个专业取得教育部中外合作办学许可。锡林郭勒职业学院设立了对蒙职业教育培训基地，内蒙古财经大学与蒙古国商学院合作成立中蒙国际商学院、内蒙古民族大学与蒙古国医科大学合作建设蒙医药现代研究联合蒙药厂及实验室等项目取得阶段性成果。内蒙古大学与俄罗斯卡尔梅克国立大学合作建立了孔子学院，呼和浩特民族实验学校与蒙古国中学在有序推进合作设立孔子课堂。内蒙古师范大学举办了中蒙俄大学生国际足球邀请赛、中蒙俄青少年足球邀请赛、中蒙青年教育工作者交流等活动。内蒙古与蒙古国在职业教育上还有较大合作空间。蒙古国 15 岁以上公民的识字率为98.4%，其中男性识字率高达98.2%，女性达98.6%。但是蒙古国的学校教育和技能培训与社会实际需求并不一致，这一教育体制的缺陷

使得蒙古劳动力市场存在结构性失业的问题。国内各类专业技术人才稀缺以及劳动力素质普遍下降，造成企业"用工荒"与劳动力"剩余"的矛盾。

　　内蒙古自治区人才积极参加赴蒙古汉语教师志愿者项目。志愿者项目的实施为中蒙两国的语言、文化、科学、技术、贸易、旅游及经济领域的交流和合作做出积极贡献。近年来，随着中蒙两国关系的提升，特别是"一带一路"的实施，在蒙古国也出现了学习汉语的热潮。赴蒙汉语教师志愿者作为中国文化的使者教授汉语、传播中国优秀文化，培养的学生已在蒙古国各领域参加工作，还有很多在中国留学或已学成归国。这些学生在中蒙经济、文化等各领域的合作交流中起到积极的推动作用（见表9-2）。汉语教师志愿者项目是中国为帮助世界各国解决汉语师资短缺问题专门设立的项目，由孔子学院总部/国家汉办负责组织实施。赴蒙任教项目自2005年开始实施，目前已选派1400多人次志愿者赴蒙任教。这些志愿者主要从对外汉语、汉语言文学、外语、教育学、心理学、历史学、哲学等专业毕业的本科生、在读研究生和在职教师中选拔派遣。在蒙任教学校有公立和私立，包括大中专院校、中小学等各个层次。

表9-2　　　　　　　　　　　赴蒙汉语教师志愿者情况

| 学年 | 总人数 | 内蒙古人 | 任教学校数 |
|------|--------|----------|------------|
| 2005—2006 | 12 | — | — |
| 2006—2007 | 31 | | |
| 2007—2008 | 54 | | |
| 2008—2009 | 75 | | |
| 2009—2010 | 121 | 51 | 31 |
| 2010—2011 | 109 | 38 | 38 |
| 2011—2012 | 127 | 28 | 42 |
| 2012—2013 | 110 | 23 | 36 |
| 2013—2014 | 145 | 27 | 46 |

| 学年 | 总人数 | 内蒙古人 | 任教学校数 |
| --- | --- | --- | --- |
| 2014—2015 | 174 | 30 | 53 |
| 2015—2016 | 134 | 12 | 47 |
| 2016—2017 | 144 | 9 | 54 |
| 2017—2018 | 166 | 14 | 50 |

### 三 "一带一路"建设背景下的中俄教育合作与交流

中俄教育合作同样在两国文化交流中发挥着特殊桥梁作用。历史上，中俄两国教育领域的合作随着双方关系的发展而跌宕起伏。两国教育合作与交流始于民国初期，已经走过近一个世纪。1949 年中华人民共和国成立后，中苏正处于"蜜月期"，中国掀起一股前所未有的"留苏热"。与此同时，众多苏联专家和学者来华工作，支援新中国的建设。到"文化大革命"开始时，苏联为新中国培养了近万名各个领域的专家。从 20 世纪 60 年代中苏交恶开始到 90 年代苏联解体，两国教育合作基本中断，苏联也撤走了全部援助中国的专家和学者。

苏联解体后，中俄两国教育领域的合作慢慢步入正轨。1992 年，中俄签订文化合作协议，1995 年双方签署互认学历协议。2001 年 7 月 16 日，正在俄罗斯首都莫斯科访问的时任中国国家主席江泽民和俄罗斯总统普京签署了《中俄睦邻友好合作条约》，奠定了 21 世纪中俄两国"世代友好、永不为敌"的和平理念以及发展关系。2001 年 12 月，在莫斯科组建俄罗斯孔子基金会，其目的是支持并发展双方人文教育和文化领域的合作，扩大并刺激教育和学术交流，举办学术讨论会和促进俄中教育领域的合作。2006 年 11 月，中国教育部与俄联邦教育科学部签署了《中华人民共和国教育部与俄罗斯联邦教育科学部教育合作协议》。

随着中俄建立全面战略合作伙伴关系，两国高校间的教育合作日益活跃，主要包括互派留学生、联合培养专业人才、举办学术会议、推广汉语和俄语教育等。根据《中国留学发展报告 2016》，2015 年中国赴俄罗斯留学生总数为 25000 人,占该国留学生的比例为 13.4%,是俄罗斯留学生中人数最多的群体。"一带一路"倡议实施后,中国政府奖学金向周边邻国和"一带一路"沿线国家倾斜,使得沿线国家来华留学生数量增幅明显。2016 年,中国共接受来自世界 205 个国家和地区的 442773 名留学生,创造历史新高。其中,183 个国家的 49022 名学生享受中国政府奖学金,占在华留学生总数的 11%。巴基斯坦、蒙古国、俄罗斯留学生获得中国政府奖学金人数位列前三,俄罗斯留学生为 17971 人。

中俄双方互设孔子学院和俄罗斯中心,为合作推广俄语和汉语教学搭建平台。在"俄罗斯世界"基金会的支持下,俄罗斯在中国先后设立了 22 个俄罗斯中心,其目的是"推广俄罗斯的语言和文化,作为世界文明的重要组成元素,以此对国外研究俄语课题的支持,从而推动国际文化对话的发展和增进人民之间的相互理解"。作为中俄毗邻地区,内蒙古一直借助地缘、人文优势,积极与俄罗斯社科研究机构以及高校合作,并取得一定成绩,积累了一些可供借鉴的经验,当然也有需要改进的地方。

2000 年,内蒙古大学与卡尔梅克国立大学建立校际合作关系,经过十几年的合作与发展,两校合作成为"一带一路"建设背景下中俄教育领域合作的典型成功案例。内蒙古大学与卡尔梅克国立大学之间的合作有校际合作、国家公派指定和自费推荐择校学习等形式。校际合作是指两个学校之间通过互派学生合作,主要集中在外语学院和蒙古学学院。内蒙古大学外语学院每年派 7 名俄语专业大三学生赴卡尔梅克国立大学学习俄语。另外,蒙古学学院派 2—3 名学生去卡尔梅克大学进修卡尔梅克语言文学以及历史。相应地,俄罗斯卡尔梅克国立大学也派一定学生来内蒙古大学学习汉语或者是少数民族语言。目前,内蒙古大学一共有 27 名来自俄罗斯卡尔梅克的留学生,其中 6 名获得孔子学院奖学金来学习汉语,11 名学生获得中国政府奖学金来学习各项专业知识。在卡尔梅克国立大学学习的中国留学生以学习俄语为主,个别学生进修卡尔梅克语言文学课程。俄语班的学习时间一般为 1 年，每班为 15 人左右，一周上 6 天课，每天上 4—6 个小时的语言课程。课程以俄罗斯语言、历史、文学、艺术和日常生活介绍为主。

教育主要通过内在的教育过程和外在的交流活动促进不同文化的交流与融合。留学生通过积极参加各种课堂内外的交流活动，促进两国不同民间文化的相互吸收、相互影响和相互融合。这是促进中俄人文交流、答疑释惑、夯实民心、提高民意最为有效的路径和方法。未来，两国应做好教育领域的合作规划，建立更有效、更有意义的合作机制，实现中俄两国制定的"至 2020 年中俄两国到对方国家留学人数增至 10 万"的目标。数量只是一个指标，质量才是合作的本质。在"一带一路"背景下，我们希望中俄两国加强教育领域的合作，促进人文交流，增加相互信任度，为中俄区域合作奠定良好的人文基础。

**四　中蒙俄教育合作与交流中存在的问题**

虽然中蒙俄在文化认同和地缘优势上存在很多共同点，但教育毕竟是一个很复杂的社会智力传承过程。反观历史，中蒙俄成功的教育交流与合作案例不少，但仍存在一些普遍性的问题。

一是语言实践和校园融入度不够。从内蒙古大学与卡尔梅克国立大学教育合作的案例来看，俄罗斯留学生语言实践不多，对校外社会活动的参与度不够。内蒙古大学专门建立的独立的留学生公寓楼，从某种程度上阻碍了留学生与国内学生的相互交流。这并不是内蒙古大学特有的个别现象。中国高校基本上都有独立的留学生公寓楼。一位卡尔梅克留学生说："宿舍里基本上全是蒙古国和俄罗斯的同学，缺乏练习日常汉语的语言环境，影响汉语口语的提高。"他们希望搬出留学生公寓，与中国学生一起住，真正融入校园文化，更加了解中国学生的学习生活，加深对中国文化的了解，这样的留学生不在少数。因此，内蒙古大学应当考虑留学生与中国学生自愿组成室友，促进相互交流。

二是语言能力提高有限，专业人才少之又少。大多数互派留学生的学习时间为一年，虽说有了语言环境可迅速提高语言能力，但是学习时间过短，远未达到专业人才水准。内蒙古大学外语学院教师说："有的学生到了卡尔梅克后，俄语口语确实有所提高，但是回到内大后发现单词量可能还不如留在内蒙古大学的同学。"针对学习对方语言的互换生，两所高校完全可以实施"2+2"联合培养模式，提高学生的语言能力和专业翻译水平。

三是合作机制单调，联合培养质量较低。中俄两国的互派学生大多以学习对方语言为主，还未达到各专业领域内的全方位交流与合作。目前，俄罗斯留学生都以获得中国政府奖学金或孔子学院奖学金的形式来内蒙古大学学习，自费生寥寥无几。此外，由于联合培养方案不完善，留学生在国外没有专门的指导教师，学习课程与国内不对等，出现学分转换困难等问题。因此，双方学校应健全联合培养的教育大纲。

四是校际合作有待扩大。目前，内蒙古大学与俄罗斯卡尔梅克国立大学、布里亚特国立大学都有校际合作关系。内蒙古大学应当抓住国家推进"一带一路"建设机遇，发挥内蒙古地缘、人文优势，与更多俄罗斯高校开展合作，扩大合作领域，不能仅停留在语言学习层面，而应向理工科、艺术等多专业领域延伸，培养专业型人才。

五是留学生兼职及就业问题。受中俄两国法律的限制，两国留学生均不能在留学国家谋求正当职业作为学习以外的工作，无助于两国年轻人认识社会、了解国情、传播文化。随着中俄关系不断深入，两国对于汉语和俄语人才的需求量逐渐增多。在华留学以及在内蒙古留学的俄罗斯留学生也是一种人力资源，应当成为中俄经贸、人文、商务交流的重要媒介。

## 五　内蒙古自治区蒙医药学的发展优势

### （一）蒙医药学发展历程长

蒙医药学历经古代传统蒙医药的产生与经验积累阶段、古代传统蒙医药形成阶段、蒙医学全面系统化阶段、近代蒙医学的发展 4 个阶段。新中国成立后，我国蒙古族聚集生活的地区越来越重视继承和发展蒙医学的工作，从而使蒙医学医疗、教学、科学研究等方面都取得了显著成效和突飞猛进的发展。在蒙古国，传统蒙医药学也发挥了重要作用，但因国际社会等影响在 20 世纪初被禁止，到 20 世纪末才得以恢复。因此，蒙古国蒙医药学发展滞后，又因人口基数少，经济社会欠发达，故亟须帮扶、协同发展。

（二）蒙医药学教育教学扎实

蒙医教学历史悠久，源远流长。新中国成立以前，以师傅带徒弟或在寺庙里接受医学教育为主，现在蒙医药教育已跨入规模化高等教育行列。自 1958 年起，内蒙古医学院中蒙医系开始招收蒙医专业本科生，1982 年开始培养硕士生，1993 年开始招收蒙古国留学生，2017 年内蒙古医科大学申请成为培养中医学（蒙医学）博士学位授权单位。1987 年，通辽市成立内蒙古蒙医学院，于 2000 年组建内蒙古民族大学后调整成立蒙医药学院。该学院一直招收蒙医、蒙药、制剂专业本科生、硕士生和蒙古国留学生，2012 年服务国家特殊需求蒙药学博士人才培养项目获得批准，2013 年开始培养博士生。其间，还成立了若干蒙医卫校、专科学校。内蒙古自治区目前有以内蒙古医科大学、内蒙古民族大学为首的赤峰学院、锡林郭勒职业学院、呼伦贝尔职业技术学院、乌兰察布医学高等专科学校、内蒙古医科大学鄂尔多斯学院 7 所院校在招收蒙医医药专业本科生、专科生以及研究生。已拥有蒙医学、蒙药学、药物制剂学、护理学（蒙医方向）、运动康复 5 个本科专业。培养层次包含了本、硕、博完整的教学体系，主要生源地有内蒙古自治区、黑龙江、青海、辽宁等国内蒙古族居住的八省区和蒙古国。目前内蒙古自治区蒙医药工作者总数约有 2 万人，在校生约 4000 名。

（三）自治区各级领导不断重视、支持

国家层面，党和国家重要领导人一贯重视医疗外交事务，在习近平总书记等多位领导人的讲话中都体现了医疗卫生合作共赢的重要性。

蒙古国是连接欧亚大陆的战略通道，也是"丝绸之路经济带"的起点。我国和蒙古国的卫生交流与合作以改善人民健康福祉为宗旨，是牵紧两国民心的重要纽带，蒙医药可以成为推进两国卫生领域务实合作的有力抓手。将改革开放以来我国卫生成果有效地惠及蒙古国普通民众，有助于缓解、转变蒙古国的对华偏见或抵触情绪，打造两国健康命运共同体，提升中国在全球卫生治理中的话语权和影响力。因此，在内蒙古积极开展中蒙博览会，将蒙医药列入重要合作内容，受到中蒙双方高度赞扬，掀起医疗卫生合作的新热潮。

　　自治区层面，积极响应中央战略部署，认真落实发展民族医药精神，积极采取各种措施，扶持和发展蒙医药学。内蒙古医科大学蒙医药学院和内蒙古民族大学蒙医药学院等蒙医药学高等院校的成立、蒙医和蒙药博士学位授权点建设、全区旗县及以上医疗机构中设立蒙医科室或专门建设蒙中医院和蒙医医院、大力推进蒙医药标准化研究等硬软件平台建设，足以证明内蒙古自治区党和政府各级领导在不断重视和支持蒙医药学发展。2010 年开始，内蒙古自治区颁布实施了《内蒙古自治区蒙中医药条例》《内蒙古自治区人民政府关于进一步扶持蒙医中医事业发展的决定》《内蒙古自治区蒙医药中医药发展战略规划纲要》《内蒙古自治区旅游局、卫生计生委关于促进蒙医药中医药健康旅游发展的实施意见》等20 余项蒙医药中医药法规政策。2017 年，通辽市被命名为"中国蒙医药之都"，成立了蒙药研究工程中心；在呼和浩特成立了蒙医药协同创新中心、蒙医药医疗器械研发中心等，都表明政府领导不断扶持和促进蒙医药中医药事业发展。

### 六　中蒙俄在蒙医药学方面的交流概况及存在问题

　　蒙医药是在长期的医疗实践中逐渐形成与发展起来的，是具有鲜明民族特点、地域特点的传统医学。长期以来，中国蒙医药事业稳步发展，蒙医药医疗机构覆盖内蒙古自治区每个旗县，蒙药生产企业已达18 家，注册蒙药品种 128 个。蒙医药不单单是医药，也是蒙古族文化的一部分。山水相连、语言相通、习俗相近，使得中国与蒙古国开展蒙医药合作具有天然优势，这也是"第三邻国"无法覆盖的卫生合作领域。

（一）中蒙俄在蒙医药学方面的交流概况

1949年后，蒙古国慢慢恢复传统蒙医药学研究、教学工作。例如，1959年，蒙古国科学院建立药物化学、药理学实验研究室，后又更名为自然科学联合所、民间医院、传统民族温泉疗养院，1998年进一步扩大为传统医学、科学技术、生产集团。该集团由科研和教育中心、联合诊所、传统蒙药生产、药用植物栽培种植、矿物质研究等机构组成，同时还承担着蒙古国传统医学高等院校的教学工作。目前该集团已成为蒙古国和东方传统医学的科研、医疗、生产的科学技术中心。该中心在传统医学史、医学理论、诊断、临床、制药、新药研发等方面进行科学研究。1990年，蒙古国乌兰巴托市蒙古国医科大学设立蒙古传统医学厅，在校学习现代医学的学生补修传统医学课程，1993年，首届学生毕业。同年，开始培养六年制蒙医学本科生，并在蒙古国的乌兰巴托、达尔汗、戈壁阿尔泰等省市相继建立了蒙医专科学校。在上述企业和学校的建设过程中，内蒙古医科大学、内蒙古民族大学的部分蒙医教师应邀去当地承担教学、药用植物普查、临床带教等工作。内蒙古医科大学从1993年开始招收蒙古国留学生，内蒙古民族大学也从20世纪90年代开始招收蒙古国留学生、研究生。上述两所大学的教职工也去蒙古国攻读博士学位，已毕业了20余名博士。蒙医药学古籍文献整理、校勘、出版等方面合作密切，如内蒙古医科大学吉格木德教授主编的《蒙医学简史》一书在蒙古国用斯拉夫文字发行，蒙古国出版的斯拉夫蒙古文本的《东方医学经典概述》《蒙医渊源》《蒙古传统医学简史》《医史蓝宝石镜》《蒙医药史概述》已发行到中国、俄罗斯、日本等国家和地区，引起多方学者的关注。2016年4月16日，内蒙古民族大学与蒙古国国立医科大学合作建立蒙药研发工程重点实验室、蒙药制药厂和国际蒙医医院的项目揭牌仪式在蒙古国国立医科大学举行。该项目是内蒙古民族大学实施推动"一带一路"倡议和"向北开放"战略的首批蒙医药跨国合作项目，将成为中蒙两国蒙药文化交流的重要平台，为传承传统蒙药事业传播及蒙药产品走向世界奠定坚实基础，也为推进内蒙古民族大学蒙药世界一流学科建设提供良好的机遇。2017年开始，内蒙古民族大学往蒙古国派遣40名骨干，攻读博士学位，其中包括十余名蒙医药学专业教师和医生。2017年，内蒙古医科大学从蒙古国邀请两位传统医学院士，聘请客座教授，联合开展古籍文献整理、名词术语规范化、新药开发、建设数据库等横向课题。1986年开始，《蒙医药》杂志公开发行，定为季刊。该刊由内蒙古蒙医药学会主办，并在中国蒙古族居住的八省区及蒙古国、独联体、日本、韩国等国家和地区发行。目前，中国内蒙古、辽宁蒙药厂生产的300余种蒙成药正在走向中国及蒙古国的医药市场。近年来，蒙医药研究的国际学术交流日益活跃，主要以民间形式互派学者交流经验、考察、进行科学研究合作等。

与俄罗斯在蒙医药学方面的交流零星存在，民间形式占多数。内蒙古医科大学借助校庆曾经邀请布里亚特方面的医药专家代表出席，后又带队到布里亚特访问、调查学习。内蒙古自治区的少数几个蒙医大夫曾到布里亚特、卡尔梅克等地行医。通过学术大会，中俄双方互相访问，交流民间医药学、蒙医药学。例如，在布里亚特进行的国际传统医药学大会、内蒙古自治区国际蒙医药协同创新论坛、中医药世界联合会蒙药分会学术年会等大型学术会议上，中俄双方民间医药、蒙医药代表发言，做讲座，进行实质性交流。

（二）中蒙俄在蒙医药学交流上存在的问题

因各国体制、政策、法律及蒙医药民间医药发展水平不平衡，语言文字障碍，经济社会发展等多方面因素，与俄罗斯、蒙古国在蒙医药学交流方面存在不少问题，概括起来有如下几点。

第一，高层协调方面有待加强。中蒙俄医疗卫生合作应建立三国卫生部长对话机制，切实加强政府主管部门和相关官员之间的统筹与协调，将蒙医药作为重点合作领域。以建交周年庆典为契机，为促进三方民间蒙医药合作创造条件，要实现政策支撑、资金支持、人才培养，向蒙古国和俄罗斯民众传递好中国声音，讲述好中国故事，解决合作国家公民在他国行医行教难题。

第二，目前与俄罗斯、蒙古国卫生领域的合作有限，内容单一，主要集中在国境卫生检疫、传染病联防联控和蒙医药合作三方面，而蒙医药领域的交流合作主要停留在民间层面，政府层面的关注和支持欠缺。受制于民间机构人力、财力及各国国家体制、政策导向等因素，民间层面的合作容易随机化和分散化，纵深合作难有较大发展。

第三，校际合作、省部级合作有待扩大。目前，内蒙古医科大学、内蒙古民族大学等几所院校与蒙古国国立医科大学在零星项目、教学方面有校际合作，还未与俄罗斯建立校际合作。内蒙古自治区政府牵头与蒙古国医疗合作仅体现在选派义诊、宣讲等内容和模式上，还未与俄罗斯开展实质性的医疗合作。

第四，语言文字障碍和民族习俗不同，也在一定程度上影响了蒙医药交流。国内片面强调英语学习，忽视了俄罗斯语言文字、斯拉夫文字的学习和提升，导致懂俄语、斯拉夫语的人数直线下降，影响了医疗卫生交流和留学生培养工作。

## 第三节 促进中蒙俄科教医疗合作服务 "一带一路" 建设的对策与建议

内蒙古自治区作为中蒙俄国际合作重要支点，拥有良好的人文合作基础，与蒙俄在教育、科技、医疗服务等方面具有较强的合作基础、巨大的合作潜力和广阔前景，各方都有升级合作交流的强烈意愿。"一带一路"建设既为内蒙古自治区发展提供了新的重要机遇，也对内蒙古提出了更高要求。内蒙古需要加快推进教育、科技、医疗服务中蒙俄国际合作步伐，全面提升在"一带一路"和我国西部地区的影响力，巩固桥头堡地位和国际竞争力。

宏观丝绸之路经济带同俄罗斯跨欧亚经济联盟、蒙古国发展之路倡议进行对接。加强铁路、公路等互联互通建设，推进通关和贸易便利化，促进过境运输合作，研究三方跨境输电网建设，开展旅游、智库、媒体、环保、减灾救灾等领域务实合作；加强中蒙俄等"一带一路"沿线国家在教育、科技、医疗服务领域开展更大范围、更高水平、更深层次的国际合作，对促进沿线各国经济繁荣与区域经济合作，加强不同文明交流互鉴，推动三国建立更深层次的互信关系，助力"一带一路"建设，都具有重大意义。

### 一　提升中蒙俄科技战略合作的建议

广泛开展国际科技合作对增进"一带一路"沿线国家间人文领域交流、巩固国家间战略同盟以及落实各国间更紧密的战略合作具有积极促进作用，是推进"一带一路"建设、加强沿线国家交往合作的重要途径。积极开展与沿线国家的科技合作，不仅能提升中国与沿线国家交往中的国际话语权、科技影响力，而且有助于推进中国与沿线国家之间政策沟通、贸易联通等的主要任务，发挥科技合作在国家"一带一路"建设实施中的重要作用。

第一，完善和创新科技合作机制与方式。一是通过项目引导、平台基地建设，支持高等院校、科研机构、企业围绕沿边开发开放经济带建设，在相互考察调研的基础上，进行资源交换、技术交流、合作培养人才、建立示范基地、开展合作研究等的科技合作，启动并实施一批科技专项，引进一批急需的关键技术和科技产品。二是加快提高区内科研机构、高校和科技型企业的国际化程度，以产学研结合方式扩大科技合作规模。三是加快从单纯的学术交流向以需求为导向的合作研发转变。四是积极引导和支持国际科技合作项目实施、国际科技合作基地建设，鼓励引进国外先进成果和创新资源。

第二，进一步推进科技合作项目、人才、基地建设。发挥内蒙古自治区与俄罗斯、蒙古国资源与技术互补优势，开展更多的国家国际科技合作项目，高质量推进在现代农牧业、绿色农畜产品、煤清洁高效利用、新能源、节能环保、智能电网、现代煤化工、生态安全、生物制药、稀土功能材料等领域的项目合作。

第三，加强国家国际科技合作基地建设。一是提升国际科技合作基地的建设水平，新建一批国家国际科技合作基地，拓展合作广度与深度。二是提升中国（满洲里）北方国际科技博览会参展项目与协议金额规模水平，进一步开拓俄罗斯、蒙古国等国家市场。三是支持举办"中国新丝绸之路·锡林郭勒草原畜牧业创新品牌展示交易会""中蒙博览会——中蒙技术转移暨创新合作大会和中蒙科学技术交流合作展"，搭建国内企业、科研机构与俄蒙开展科技务实合作平台。四是开展防沙、治沙基础科学和应用技术研究的国际交流。五是优先开展蒙古国稀土资源和矿产资源勘探合作。六是鼓励企业合作建设中蒙科技企业孵化器。七是加强国际援助创新平台载体建设。八是加强蒙古国科技园区建设、蒙古国草原畜牧业科研试验示范基地建设、马奶产业化基地建设、蒙古国材料研究理化检测中心建设、中蒙高分子生物应用联合实验室建设。

## 二 进一步促进中蒙俄教育合作交流的建议

教育在推进"一带一路"建设中具有基础性、先导性、引领性的作用，多边教育的合作与交流能够为"一带一路"实施提供优质服务、智力支撑和人才保障。中蒙俄教育合作在各国文化交流中发挥着特殊的桥梁作用，教育甚至是良好外交关系的基础。教育合作能够促进中蒙俄人文交流，增加三国传统友谊的同时服务于各方经济合作。中蒙俄教育领域的合作，不仅能够共同培养国际型专业人才，还能服务于"中蒙俄经济走廊"建设以及三国战略合作伙伴关系的全面建设。

第一，深化和丰富中蒙俄教育国际合作。一是进一步提高留学教育质量，扩大留学生规模，优化来华留学生专业结构、学历层次。二是改善办学条件，加强留学生管理服务水平，扩大各类奖学金资助范围，提高师资和课程的国际化水平，支持蒙俄青年来内蒙古接受全日制高等学历教育。

第二，提高合作办学层次和水平。一是鼓励高等学校和职业院校境外合作办学，对以多种形式开展境外办学的院校提供相应的支持和帮助。二是着重支持高等教育领域和中小学教育的境外办学，建设一批示范性中外合作办学项目，推动高等院校和中小学校申办孔子学院、孔子课堂，建议优先在蒙古国建立孔子学院，明确孔子学院建设的时间点、任务书和路线图，推动政府、企业、教育机构在蒙俄开展职业教育合作办学和开办中小学校，支持和推动内蒙古师范大学在乌兰巴托建设附属学校，积极协调推进内蒙古师范大学在莫斯科地区合作办学。三是加强与"一带一路"沿线国家学校学历互认、师生互换，建立更加密切的区域教育合作交流机制。

第三，拓展中外教育人文交流。一是加强与蒙俄语言人才培养合作，建设一批"一带一路"人才培养基地，加快培养蒙语和俄语高素质复合型人才、应用人才、涉蒙涉俄人才。二是加强内蒙古自治区高校对外汉语师资培训基地建设，提高对外汉语教师和志愿者教师培养与培训水平。三是加强国别与区域研究，深化对国别和区域研究人才、拔尖创新人才、来华杰出人才的培养，从"一带一路"沿线国家和地区高校吸引研究相关国家经济、文化、法律等领域的专家学者来华任教。四是完善中俄、中蒙教育磋商交流机制，深化中外学校教育人文间交流与合作。

### 三　蒙古国专家提出的科技和教育合作与发展建议

中国提出的"一带一路"与蒙古国倡议的"发展之路"在理念上高度契合。为此，双方将积极参与支持这些倡议的科技项目，解决地区和国家面临的共同问题，为社会经济发展创造有利条件。建立联合实验室、科技园区等协作场所，有效利用沿线国家的科技创新能力，共建共享、互惠互利、共同受益。中国的发展成果试图和蒙古国分享，且有效利用彼此的优势。蒙古国国立教育大学扎丹巴教授、蒙古国科学院前秘书长朝胡先生应本课题组之邀请，历时近一年进行广泛调研，最后整理出科技合作交流建议如下。

第一，基础研究方向上。一是蒙古国技术员要参与北京正负电子加速器上提取实验结果的加工及创造科学新知识工作。二是在环境、荒漠化、沙尘暴、永久冻土和气候变化方面开展联合研究。三是与内蒙古师范大学联合研究新材料。四是蒙古国科学院与中科院决定共同开展煤气化、生物活性化研究。

第二，理论与应用结合研究和应用研究的方向上。一是鼓励支持传统医学领域的合作。二是双方努力让已建立的分子生物应用实验室稳定运行，改善产品类型和质量推向两国市场。三是对太阳、风、生物质、水等可再生能源进行联合研究，并从中国购买设备。四是在石油厂设备维护、提炼石油深加工产品等方面需要中国技术员的帮助及在产品销售上合作。五是在"一带一路"建设背景下对通过伊朗—哈萨克斯坦—蒙古国—中国四个国家的流沙、沙尘暴做研究，在中国新疆、蒙古国戈壁阿尔泰省和南戈壁省开展绿化带建设工作。六是联合研究酸马奶长期存储技术，开展国际市场上创造新品牌产品的研究。七是与稀土元素研究水平高的中国一起研究蒙古国的稀土矿，建立联合公司共同利用、提取稀土元素氧化物，向国外市场推广。八是解决建立沙棘研究、实验联合的实验室的问题，沙棘加工业特别注重现代先进技术，引进技术需要中方的资助。

第三，建设工作方面。一是在蒙古国建科技园需要中国的资金和专家资助，蒙方开发一个科研基础设施，让出资的政府部门及实施该项目的中方企业也参与此工作。二是在乌兰巴托成立蒙古国—中国合作的技术孵化器，这项工作从建立科学技术信息中心、印刷厂开始。

第四，政策措施方面。一是鼓励驻京内蒙古企业孵化器培育蒙古国的创业公司,各方共同组织在蒙古国科研机构制造的现成品、技术提高及对中国企业的宣传工作,一起做蒙古国生态产品的出口销售工作。二是内蒙古自治区在中国、蒙古国、俄罗斯三个国家的合作中发挥着重要作用,与蒙古国、俄罗斯的合作除了经济、贸易领域外,还涉及教育、科学、文化、政治等诸多部门。三是建立蒙古国—俄罗斯—中国跨境生态走廊,开展野生植物和动物、水、湿地相关的科学研究,加强与野生动物、植物和候鸟保护部门的合作。四是发展跨境区域的旅游业,如包括蒙古国库苏古尔湖、俄罗斯贝加尔湖、中国呼伦贝尔湖的"大湖三角",建立蒙古国—俄罗斯—中国的旅游区。五是蒙古国有丰富的自然资源,生态环境也未失去平衡,因此有可能发展绿色食品和农业。把土地长期提供给对蒙古国有利、符合国家政策活动的中国公司、个人,为合作创造条件。六是共同开展中国—蒙古国—俄罗斯三个国家物流网的空间监测活动。

针对两国的教育合作与交流,蒙方专家提出了具体建议。

第一,在科技创新发展的基础上,为两国各级教育创造有利环境,与研究学者合作。一是梳理分析近年来两国领导人、政府、相关单位和企业之间签订的章程、合同和协议的执行情况,建议提高执行力和执行质量。二是建议蒙古国政府与中国政府之间达成教育系统工作人员以创新为主要研究方向的合作协议。三是通过共同分析研究每年的工作过程和成果,总结经验和教训,制订下一年的工作计划。

第二,加强两国政府和相关组织的合作,解决两国教育部门面临的问题。一是两国共同解决蒙古国农村和城镇地区未达到上幼儿园年龄的学前儿童的教育问题,并制订具体实施方案。二是中蒙双方采取相关合作举措,将乌兰巴托和其他城市中心的三等学校扩建提升为一、二等学校。三是为了提高两国科学技术教育的声誉,增加科学技术教育领域招生人数,将技术研究转向为"一带一路"建设服务的研究。四是鼓励两国高校毕业生结合"一带一路"建设进行发展与创新,促进科技创新、工作创新。五是为两国成年人提供终身教育平台。六是实施"一带一路"建设，为其服务，将其优化，促进科学创新。七是将两国各级教育机构的信息交流提高到新层次。八是重点打造和建设两国少数民族和残障儿童教育合作平台。九是共同建立联合幼儿园、中小学校、大学和专业技术学校。十是以孔子学院和政府合作为基础，深化两国的文化和教育关系。

第三，增加两国各级学校管理人员和教师合作与相互交流学习的机会。一是提高两国各级学校管理人员和教师的文化水平，鼓励不断创新，打造稳定、公平的教育环境。二是促进两国各级学校管理人员和教师之间的经验交流，实施联合项目，共同开展实验研究，组织联合培训和学术会议，并为联合培训创造有利条件。三是加强两国各级学校领导、教师和学者的沟通交流。

第四，增加两国共同合作的高等院校培训、科研、科技和创新研究机构的数量，提高质量。一是分析当前两国学术研究的进展和结果，以制定未来的目标。二是两国高校将建立为"一带一路"建设服务的体系，并同相互间有亲密关系和合作基础的高等院校一起组织实施。三是在内蒙古师范大学和蒙古国教育大学合作的背景下，不断相互交流学习与创新，为"一带一路"建设服务。

第五，为两国各级教育机构创造合法、优良、有利的环境，确保为每个学者提供公平、普及和优质的教育。一是分析研究两国当前所有培训机构的法律和环境现状，并确定双边未来的合作方向。二是根据各自的兴趣水平，考虑双方相关利益，根据协议方向，共同解决和规划实施。

第六，加强两国各级教育机构为"一带一路"建设服务的力度。一是提高两国各级教育机构的经济能力。二是提高两国各级教育机构开展科学科技创新的程度。三是两国各级教育机构促进受过高等教育的学者为"一带一路"建设服务。

第七，两国各级教育机构共同创新研究方向。一是基于两国类似的培训机构，共同建立联合创新中心。二是基于机构创新中心，深化双边合作，实施联合研究项目和计划。

从全国来看，各区域海外教育合作水平差距明显。各地应积极通过与海外国家合作办学，共同促进学术交流和人才培养。据统计，截至2017年5月，各地中外合作办学机构和项目数量共计1205个，平均每个省区市有39个。11个省区市合作办学数量高于平均值，黑龙江、上海、江苏、北京、河南分列前五。其中，黑龙江不断引进国外优质教育资源，深化国际教育合作，中外合作办学数量最多（176个）。从区域看，各区域海外教育合作水平差距显著，华东地区和东北地区表现突出，合作办学数量较多，而西北地区明显较弱，个别省区市还未开展海外办学项目，与海外国家的教育合作与交流亟待加强。

2015年10月，国家主席习近平在伦敦出席全英孔子学院和孔子课堂年会开幕式上强调，"语言是了解一个国家最好的钥匙"。孔子学院是中国国家对外汉语教学领导小组办公室在世界各地设立的推广汉语和传播中国文化与国学的教育和文化交流机构，给世界各地的汉语学习者提供规范、权威的现代汉语和最正规、最主要的汉语教学渠道。随着"一带一路"的推进，汉语在"一带一路"沿线国家日益受到重视。

**四　蒙医药学参与"一带一路"合作发展建议**

蒙医药是蒙古民族在游牧经济和游牧文化基础上产生与发展起来的传统民族医学，是东方医学和祖国医学的重要组成部分。它是内蒙古自治区医疗卫生事业的特色和优势、内蒙古自治区医药专业高等院校办学格局的重要组成内容，包括蒙医、蒙药两大学科，在党和政府各级领导的关怀下正在日益繁荣和发展。大力宣传和弘扬蒙医学是文化自信的具体表现，是将内蒙古自治区建设成为文化强区的客观需要之一。现代蒙医药学在继承传统的同时，不断吸纳现代科学发展的最新成果，朝着现代化蒙医药学的方向发展、进步。

中蒙卫生交流与合作以改善人民健康福祉为宗旨，是牵紧两国民心的重要纽带，而蒙医药可以成为推进两国卫生领域务实合作的有力抓手。改革开放以来，我国卫生成果有效地惠及蒙古国普通民众，有助于缓解、转变蒙古国的对华抵触情绪，打造两国健康命运共同体，提升中国在全球卫生治理中的话语权和影响力。

以蒙医药为特色的卫生交流合作深受蒙古国民众喜爱，有利于发挥"破冰"作用，消解乃至转变蒙古国传统心理上对中国的抵触情绪，进而推动中蒙两国政治、经济、文化、贸易等领域的合作进入互利多赢的良性循环，也有助于树立中国"亲诚惠容"和负责任大国形象，提高中国在全球卫生外交和全球卫生治理中的话语权与影响力。

第一，建立健全与蒙古国在蒙医药学教学、科研、临床、产业化领域的合作长效机制和规章制度，鼓励文化交流、互派专家实地调查，将教育教学合作与交流常态化。由内蒙古医科大学、内蒙古民族大学牵头，加强与蒙古国国立大学传统医学国家大学之间的教育教学合作，定期互派专家教授、访问学者，交流教学大纲、培养计划、教学方法、教学理念、教学技艺，统编教材。

第二，加大科研合作力度，设置和保障专用科研经费。在临床各科研究、名老蒙医临床经验及民间疗法的继承发掘和整理研究、基础理论的继承和发展研究、治则和治法的原理及应用研究、饮食起居研究、药物基础理论及应用研究、方剂学的基础理论及应用研究、蒙西医结合防病治病的临床应用和基础理论研究、蒙医史研究、历代医学家的学术思想整理挖掘研究、医药文献和古籍的整理与翻译以及数字化研究、期刊合作办刊和医药情报信息研究、养生及康复学研究、医疗器械应用与现代化研究、计划生育及优生优育的蒙医药研究、卫生事业管理研究、名词术语的翻译和统一以及规范等方面，具有广阔的合作前景。

第三，大力投入，搞好民生工程。主要是在蒙古国建立蒙医医院、蒙药厂，提高内蒙古自治区蒙医临床知名度，同时为蒙古国人民体检、医疗、保健提供便利条件。为让中国改革开放成果惠及蒙古国民众，建议以蒙医药为抓手，系统地和可持续性地提升中蒙卫生合作水平，提供高端医疗服务，开展医疗外交；充分发挥内蒙古国际蒙医医院的窗口作用，利用蒙医药特色优势，打造具有国际水平的蒙医药医疗服务，制定国际医疗服务标准，简化来华就医手续，开通面向蒙古国高级官员和高收入人群的专业服务通道与服务平台，发展高端优质的蒙医药特色医疗服务，吸引其来华就医、体检和疗养，与日本、韩国在蒙古国开办的私营医院或体检中心形成优势竞争。

第四，满足普通民众需求，促进民心相通。在既往实践基础上，拓展中蒙联合下乡义诊、巡诊的方式和渠道，有重点地帮助蒙古国缓解边远省份普通居民基本医疗卫生服务短缺的问题。日本和韩国高收费的私营医院尚不能满足普通民众基本卫生需求，面向普通民众提供基本医疗服务，为此，建议借助内蒙古国际蒙医医院与蒙古国现有卫生合作优势，探索在蒙古国建立以民营蒙医医院或者混合所有制医院为主体的发展模式。

第五，带动蒙医药产业合作，形成"产学研"模式。中国药品注册审批手续烦琐，导致大量蒙医药只能作为院内制剂使用，无法大规模生产推广。蒙古国药品注册审批程序相对容易，但因其国内医药企业规模小、产能不足，未能大规模生产。中国和蒙古国的医药企业联合在蒙古国完成蒙医药注册审批，建立蒙医药标准，积极推动蒙医药纳入国际质量标准认证体系，探索在蒙古国合资或者独资办厂，促进蒙医药迈向国际化道路；继续强力推进中国与蒙古国蒙医药联合申遗，力争将作为中国传统医药瑰宝的蒙医药申报为人类非物质文化遗产；新药研发是企业的生命力，为此鼓励中国和蒙古国的高等院校、科研院所、民间学术团体就蒙医药新产品和新技术进行学术交流，创建蒙医药研究基地，联合培养高层次蒙医药人才，促进蒙医药新产品研发，建立长效和可持续合作机制。

第六，加强高层协调，实现中蒙卫生合作可持续发展。中蒙卫生合作应建立两国卫生部长对话机制，加强政府主管部门和相关官员之间的统筹与协调，将蒙医药作为重点合作领域。以中蒙建交 70 周年为契机，为促进双方民间蒙医药合作创造条件。首先，要有政策支撑，探索民间卫生发展援助模式。其次是资金支持。中国与蒙古国卫生合作是一项长期工程，单靠医院无力承受资金之重，项目可持续性和效果亦会受到影响，建议在发挥民间资本作用的同时，政府推动新的融资机制，待时机成熟后纳入国家对外卫生发展援助规划。最后是人才培养。建立中国与蒙古国卫生合作专家库，发现和培养一批熟悉蒙古国医疗卫生现状、具备蒙医药专业水准和一定外交及谈判素养的高端复合型人才；设立蒙医药奖学金等专门项目，吸引并培养蒙古国蒙医药领域的年轻精英，增进他们对中国的好感；向蒙古国民众传递好中国声音，讲述好中国故事。

# 参考文献

阿·达木廷苏荣:《明安图传》,科学出版社 1978 年版。

阿尔达扎布:《蒙古秘史》,内蒙古大学出版社 2005 年版。

阿尔达扎布:《蒙古秘史》,新译集注,内蒙古大学出版社 2015 年版。

巴·巴达拉胡、达·奥都苏荣:《蒙古包解释辞典》,"TEPE" XXX-D, 2016 年。

巴·巴图吉日嘎拉:《古代蒙古的数学》(上),科学出版社 1976 年版。

白寿彝:《元代回教人与回教》,《中国伊斯兰教史参考资料》(上册), 宁夏人民出版社 1985 年版。

包银图:《黑龙江蒙古族的手把肉和烤全羊》,《黑龙江民族丛刊》2012 年第 5 期。

宝音朝克图:《草原乳文化与清代皇室》,《北京档案》2007 年第 4 期。

北京图书馆善本组辑:《析津志辑佚》,北京古籍出版社 1983 年版。

毕奥南:《清代蒙古游记选辑三十四种》,东方出版社 2015 年版。

博斯沃斯、阿西莫夫:《中亚文明史》(第四卷)下,刘迎胜译,中译 出版社 2017 年版。

蔡志纯:《漫谈蒙古族的饮茶文化》,《北方文物》1994 年第 1 期。

曹纳木:《蒙古族禁忌汇编》,莫·呼和乎译,内蒙古人民出版社 2011 年版。

曹纳木:《蒙古族禁忌汇编》,内蒙古人民出版社 2011 年版。

曹永年:《蒙古民族通史》(第三卷),内蒙古大学出版社 2002 年版。

曹元宇:《烧酒史料的收集和分析》,《化学通报》1979 年第 2 期。

陈得芝:《蒙元史研究导论》,南京大学出版社 2012 年版。

陈高华:《关于亦思替非文字》,《中国伊斯兰文化》,中华书局 1996 年版。

陈剑:《古代蒸馏器与白酒蒸馏技术》,《四川文物》2013 年第 6 期。

陈永考:《内蒙古阿拉善烤全羊》,《烹调知识》1996 年第 7 期。

陈欲云、边名鸿、杨跃寰:《米酒对小鼠免疫功能的影响》,《中国酿造》2013 年第 32 卷第 7 期。

崔利:《从元代朱德润〈扎剌机酒赋〉看中国蒸馏酒起源》,《酿酒》2011 年第 38 卷第 1 期。

达·迈达尔、拉·达力苏荣:《蒙古包》,楚勒特木、仁钦宁布转写,内蒙古文化出版社 1987 年版。

段其贵:《内蒙古自治区教育成就(1947—1996 年统计资料)》,内蒙古教育出版社 1997 年版。

冯立升:《回回砲考述》,载李迪主编《中国少数民族科技史研究》(第七辑),内蒙古人民出版社 1989 年版。

冯立升:《色目人在科学技术上的成就与贡献》,载李迪主编《中国少数民族科技史研究》(第四辑),内蒙古人民出版社 1989 年版。

格·孟和:《蒙古文化概论》,辽宁民族出版社 2016 年版。

郭雨桥:《蒙古通》,内蒙古科学技术出版社 2007 年版。

郭雨桥:《细说蒙古包》,东方出版社 2010 年版。

韩儒林:《元朝史》(下册),人民出版社 1986 年版。

郝经:《陵川集》卷二十六《太极书院记·北京图书馆古籍珍本丛刊(91)集部金元别集》,书目文献出版社 1991 年版。

贺艳荣:《新疆游牧民族的奶茶文化——哈萨克族与蒙古族奶茶文化比较研究》,《兰州教育学院学报》2013 年第 29 卷第 11 期。

黄时鉴:《阿剌吉与中国烧酒的起始》,载黄时鉴《东西交流史论稿》,上海古籍出版社 1998 年版。

黄时鉴:《关于茶在北亚和西域的早期传播——兼说马可波罗未有记

茶》，《历史研究》1993 年第 1 期。

黄时鉴：《中西关系史年表》，浙江人民出版社 1994 年版。

吉谢列夫等：《古代蒙古城市》，孙危译，商务印书馆 2016 年版。

贾敬颜、朱风：《蒙古译语女真译语汇编》，天津古籍出版社 1990 年版。

翦伯赞、郑天挺主编：《中国通史参考资料》（古代部分，第六册），中华书局 1981 年版。

克·莫日根：《克兴额———一个科尔沁蒙古人》，内蒙古教育出版社 2001 年版。

郎立兴：《蒙古族饮食图鉴》，内蒙古人民出版社 2010 年版。

李丹、曹潘荣、马红彦：《奶茶风味品质形成的研究进展》，《广东茶叶》2014 年第 6 期。

李迪：《忽必烈在我国科学发展中所起的促进作用》，《内蒙古社会科学》1980 年第 1 期。

李迪：《纳速拉丁与中国》，《中国科技史》1990 年第 4 期。

李迪：《清嘉庆末前满蒙天算人才的培养》，《中国少数民族科技史研究》（第四辑），内蒙古人民出版社 1989 年版。

李迪：《元朝政府编辑全国地理志和绘制彩色地图的经过》，《内蒙古师范大学学报》（自然科学版）1986 年第 3 期。

李迪：《元代的科学技术成就》，《内蒙古师院学报》（哲学社会科学版）1982 年第 3 期。

李迪：《中国少数民族科学技术史丛书·通史卷》，广西科学技术出版社 1996 年版。

李守华：《蒙古族的饮食文化》，《锡林郭勒职业学院学报》2013 年第 2 期。

李汶忠：《中国蒙古族科学技术史简编》，科学出版社 1990 年版。

李俨：《阿拉伯输入的纵横图》，《文物参考资料》1958 年第 7 期。

李俨：《明清算家之割圆术研究》，《科学》第 12 卷第 11 期—第 13 卷第 2 期（1927—1928）。

李俨：《十三、十四世纪中国民间数学》，科学出版社 1957 年版。

刘长春：《元代蒙古族对冶铁业的贡献》，载李迪主编《中国少数民族科技史研究》（第三辑），内蒙古人民出版社 1988 年版。

刘晓军：《蒙元时期回回人对中西科技交流的贡献》，《重庆科技学院学报》（社会科学版）2008 年第 5 期。

刘勇明：《维吾尔药志》，新疆科技出版社 1999 年版。

陆思贤、李迪：《元上都天文台与阿拉伯天文学之传入中国》，《内蒙古师范大学学报》（自然科学版）1981 年第 1 期。

陆锡兴：《汉字数字之变迁》，《中国文字研究》2013 年第 18 辑。

罗布桑丹津：《黄金史》（蒙古文），乔吉校注，内蒙古人民出版社 1983 年版。

罗见今：《割圆密率捷法》译注，内蒙古教育出版社 1998 年版。

马福祥修，王之臣纂：《朔方道志》（二），民国 15 年铅印，载《中国方志丛书——塞北地方》（第二号），台北成文出版社 1968 年版。

马坚：《元秘书监志"回回书籍"释义》，《光明日报》1955 年 7 月 7 日。

马建春：《蒙元时期"回回炮"的东传及作用》，《西北民族研究》1996 年第 2 期。

马可波罗口述，鲁思梯谦笔录，曼纽尔·科姆罗夫英译：《马可波罗游记》，陈开俊等汉译，福建科学技术出版社 1982 年版。

满蒙学术调查研究团：《第一次满蒙学术调查研究团报告》（第三部），满蒙学术调查研究团事务所，1937 年。

《蒙古秘史》，巴雅尔标音，内蒙古人民出版社 1980 年版。

《明太祖实录》卷二百零四，洪武二十三年九月丁酉条。

鸟居龙藏：《蒙古旅行》，戴玥、郑春颖译，商务印书馆 2018 年版。

帕拉斯：《内陆亚洲厄鲁特历史资料》，邵建东译，云南人民出版社 2002 年版。

恰赫里亚尔·阿德尔、伊尔凡·哈比卜：《中亚文明史》（第五卷）下，蓝琪译，中译出版社 2017 年版。

钱宝琮：《中国数学史》，科学出版社 1964 年版。

仁钦莫德格：《沈阳东北蒙旗师范学校》，载中国人民政治协商会议内蒙
　古自治区委员会文史资料研究委员会编《内蒙古文史资料》（第 23
　辑），内蒙古人民出版社 1986 年版。

史金波：《"西夏译经图"解》，《文献》1979 年第 1 期。

舒义顺：《关中的茶食与茶饮》，《农业考古》2009 年第 2 期。

宋哲元等：《察哈尔省通志》卷二十四《执业编之三》（出版年代不详）。

唐戈：《从"仙人柱"到"蒙古包"》，《黑龙江民族丛刊》1994 年第
　2 期。

王风雷：《百科全书式的人物——合赞汗》，《内蒙古大学学报》（哲学社
　会科学版）1994 年第 3 期。

王风雷：《国师搠思吉斡节儿》，载梁家贵《皖北文化研究集刊——元后
　期政治与社会学术研讨会专辑》，时代出版传媒股份有限公司黄山书社
　2012 年版。

王风雷：《论元代科举考试中的几个问题》，《内蒙古师范大学学报》（哲
　学社会科学版）2001 年第 1 期。

王风雷：《蒙古族全史·教育卷》（上、下），内蒙古大学出版社 2013
　年版。

王风雷：《元代的端本堂教育》，《内蒙古大学学报》（哲学社会科学版）
　1992 年第 2 期。

王风雷：《元代的国子祭酒考》，《内蒙古社会科学》1993 年第 4 期。

王风雷：《元代的哈剌和林教育》，《内蒙古师范大学学报》（哲学社会科
　学版）2007 年第 4 期。

王风雷：《元代的蒙古国子学和蒙古国子监》，《内蒙古师范大学学报》
　（哲学社会科学版）1993 年第 2 期。

王风雷：《元代的农业技术教育》，《内蒙古社会科学》1998 年第 6 期。

王风雷：《元代的书院考遗》，《内蒙古社会科学》1994 年第 4 期。

王风雷:《元代的医学教育》,《内蒙古师范大学学报》(教育增刊) 1989 年第 3 期。

王风雷:《元代的阴阳学教育》(蒙古文),《蒙古学研究》1992 年第 2 期。

王风雷:《元代的音乐教育》,载南开大学历史学院纪念文集编辑组《杨志玖教授百年诞辰纪念文集》,天津出版传媒集团、天津古籍出版社 2017 年版。

王风雷:《元代漠南地区教育考》,《内蒙古师范大学学报》(哲学社会科学版) 2002 年第 4 期。

王风雷:《元代水军训练及军事科技教育》,载内蒙古大学蒙古史研究室《蒙古史研究》(第 11 辑),科学出版社 2013 年版。

王风雷:《元代云南教育考》,载内蒙古大学蒙古史研究室《蒙古史研究》(第八辑),内蒙古大学出版社 2005 年版。

王风雷:《元上都教育考》,《内蒙古师范大学学报》(哲学社会科学版) 2000 年第 4 期。

王立霞:《元代茶文化的传播与创新》,《农业考古》2012 年第 5 期。

王柱宇:《烤羊肉须知》,《三六九画报》1940 年第 2 卷第 7 期。

《文物考古工作三十年》(1949—1979),文物出版社 1981 年版。

乌兰杰:《毡乡艺史长编》,民族出版社 2014 年版。

乌其拉图:《匈奴语研究》(蒙古文),内蒙古大学出版社 2013 年版。

吴海霞:《发酵型黄米酒酿制工艺的研究》,《农产品加工》2009 年第 4 期。

夏鼐:《元安西王府址和阿拉伯数码幻方》,《考古》1957 年第 5 期。

篠田统:《中世之酒》,载薮内清编《中国中世科学及技术史研究》,角川书店 1963 年版。

谢岚等:《黑龙江省教育史资料汇编》(上册),黑龙江教育出版社 1988 年版。

严敦杰:《阿拉伯数码字传到中国来的历史》,《数学通报》1957 年第

10 期。

姚大力：《读史的智慧》，复旦大学出版社 2016 年版。

姚学镜：《五原厅志稿》下，《风俗志》，江苏广陵古籍刻印社 1982 年版。

叶新民：《元代阴阳学初探》，载内蒙古大学蒙古史研究室《蒙古史研究》
　　（第六辑），内蒙古大学出版社 2000 年版。

阴瑞芬：《从档案资料看国立绥宁师范学校创办情况》，《学理论》2013
　　年第 27 期。

余振贵：《回回司天文台的建立和演变》，载李迪主编《中国少数民族科
　　技史研究》（第一辑），内蒙古人民出版社 1987 年版。

《元史·刘敏传》，中华书局 1976 年版。

《元史·太宗本纪》，中华书局 1976 年版。

袁翰青：《酿酒在我国的起源和发展》，《新建设》1955 年第 9 期。

约翰·艾尔沃斯克格：《蒙古的时间进入了清的世界》，载司徒琳：《世界
　　时间与东亚时间中的明清变迁》（上卷），赵世玲译，生活·读书·新
　　知三联书店 2009 年版。

约翰·奈斯比特、帕特里夏·阿伯迪妮：《2000 年大趋势》，军事科学院
　　外国军事研究部译，中共中央党校出版社 1990 年版。

扎奇斯钦：《蒙古黄金史校注》，台湾联经出版事业公司 1979 年版。

札奇斯钦：《蒙古文化与社会》，台湾商务印书馆 1981 年版。

张华明：《浅谈蒙古族的茶文化》，《茶叶通讯》2012 年第 3 期。

张彤：《蒙古包溯源》，《文物世界》2001 年第 6 期。

赵迪：《蒙古包营造技艺》，安徽科学技术出版社 2013 年版。

赵潜恋：《中国少数民族茶文化研究》，中央民族大学出版社 2010 年版。

中央民族学院少数民族语文系：《古代突厥文献选读》（第一册），内部
　　资料。

周宇：《制作烤全羊的两个关键点》，《中国烹饪》2006 年第 4 期。

祝亚平：《从滴淋法到钓藤酒——蒸馏酒始于唐宋新探》，《中国科技史
　　料》1995 年第 16 卷第 1 期。

卓宏谋:《蒙古鉴》,北京琉璃厂公慎书局 1919 年版。

［波斯］拉施特主编:《史集》（第一卷第一分册），余大钧、周建奇译，商务印书馆 1983 年版。

［波斯］拉施特主编:《史集》（第二卷），余大均、周建奇译，商务印书馆 1983 年版。

［波斯］拉施特主编:《史集》（第三卷），余大钧译，商务印书馆 1986 年版。

［法］笛卡尔:《谈谈方法》，王太庆译，商务印书馆 2005 年版。

［法］勒尼·格鲁塞:《草原帝国》，魏英邦译，青海人民出版社 1991 年版。

［法］沙海昂:《马可波罗行纪》，冯承钧译，中华书局 2004 年版。

［法］威廉·鲁布鲁克:《鲁布鲁克东行记》，耿升、何高济译，中华书局 1985 年版。

［英］肯尼斯·克拉克:《文明》，易英译，中国美术学院出版社 2019 年版。

［美］杰克·威泽弗德:《成吉思汗与今日世界之形成》，温海清等译，重庆出版社 2017 年版。

［美］唐纳德·里奇:《大家来做口述历史》，邱霞译，当代中国出版社 2019 年版。

［苏］马·伊·戈尔曼:《西方的蒙古史研究》，陈弘法译，内蒙古教育出版社 1992 年版。

［苏］H.Л 茹科夫斯卡娅:《数目字在蒙古文化中的作用》，《蒙古学信息》1995 年第 1 期。

［英］道森:《出使蒙古记》，鲁布鲁乞东游记部分，中国社会科学出版社 1983 年版。

［英］道森编:《出使蒙古记》，吕浦译，周良霄注，中国社会科学出版社 1983 年版。

（北齐）魏收:《魏书》卷一百《乌洛侯》，中华书局 1974 年版。

（北齐）魏收：《魏书》卷一百三《高车》，中华书局 1974 年版。

（汉）班固：《汉书》卷九十四上《匈奴传》，中华书局 1962 年版。

（汉）司马迁：《史记》卷一百十《匈奴列传》，中华书局 1959 年版。

（汉）司马迁：《史记》卷一百一十一《卫将军骠骑列传》，中华书局 1959 年版。

（晋）陈寿撰、（宋）裴松之：《三国志》卷三十《乌丸鲜卑东夷传》，中华书局 1997 年版。

（明）宋濂：《元史》卷七十七《志第二十七下·祭祀六》，清乾隆武英殿刻本，906。

（明）宋濂等：《元史》卷八十一《选举一·学校》，中华书局 1976 年版。

（明）宋濂等：《元史》卷二《太宗》，中华书局 1976 年版。

（明）宋濂等：《元史》卷二百二《释老·八思巴》，中华书局 1976 年版。

（明）宋濂等：《元史》卷二百二《释老·八思巴》，中华书局 1976 年版。

（明）宋濂等：《元史》卷九十八《兵一》，中华书局 1976 年版。

（明）宋濂等：《元史》卷六《世祖三》，中华书局 1976 年版。

（明）宋濂等：《元史》卷六五十八《地理一》，中华书局 1976 年版。

（明）宋濂等：《元史》卷七十六《宣圣》，中华书局 1976 年版。

（明）宋濂等：《元史》卷三十一《明宗》，中华书局 1976 年版。

（明）宋濂等：《元史》卷十六《世祖十三》，中华书局 1976 年版。

（明）宋濂等：《元史》卷十四《世祖十二》，中华书局 1976 年版。

（明）宋濂等：《元史》卷十四《世祖十一》，中华书局 1976 年版。

（明）宋濂等：《元史》卷一《太祖》，中华书局 1976 年版。

（明）宋濂等：《元史》卷一百八十七《百官三》，中华书局 1976 年版。

（明）宋濂等：《元史》卷一百二十四《塔塔统阿》，中华书局 1976 年版。

（明）宋濂等：《元史》卷一百五十八《许衡》，中华书局 1976 年版。

（明）宋濂等：《元史》卷一百五十七《刘秉忠宣圣》，中华书局 1976 年版。

（明）萧大亨：《史料四编——北虏风俗·待宾》，广文书局 1972 年版。

（明）萧大亨：《史料四编——北虏风俗·生育》，广文书局 1972 年版。

（明）叶子奇：《元明史料笔记丛刊——草木子》，中华书局 1959 年版。

（明）佚名：《食物本草》，北京图书馆出版社 2007 年版。

（清）方以智：《物理小识》卷六，清光绪宁静堂刻本，1884 年。

（清）屈大均：《广东新语》卷十四《食语》，清康熙水天阁刻本，210。

（清）姚元之：《竹叶亭杂记》卷六，清光绪十九年。

（清）张穆：《蒙古游牧记》，张正明、宋举成点校，山西人民出版社 1991
　　年版。

（清）张廷玉等：《明史》卷七十四《职官三·太常寺附提督四夷馆》，
　　中华书局 1974 年版。

（宋）范晔撰、（唐）李贤等：《后汉书》卷九十《乌桓鲜卑列传》，中华
　　书局 1965 年版。

（宋）孟珙：《蒙鞑备录》卷一，古今说海明嘉靖陆等辑刊本。

（宋）欧阳修、宋祁：《新唐书》二百二十一上《西域上·党项》，中华
　　书局 1975 年版。

（宋）彭大雅撰，徐霆疏证：《黑鞑事略》，中华书局 1985 年版。

（宋）澎大雅：《黑鞑事略》，明嘉靖二十一年抄本。

（宋）澎大雅：《黑鞑事略》，明嘉靖二十一年抄本。

（宋）王溥：《唐会要》卷九十六《室韦》，中华书局 1955 年版。

（宋）王溥：《唐会要》卷七十二《马》，中华书局 1955 年版。

（唐）房玄龄等：《晋书》卷九十七《吐谷浑》，中华书局 1974 年版。

（唐）李延寿：《北史》卷九十九《突厥》，中华书局 1974 年版。

（唐）孟诜：《食疗本草》，郑金生、张同君译注，上海古籍出版社 2008
　　年版。

（唐）温大雅、李季平、李锡厚点校：《大唐创业起居注》卷一，《起义旗
　　至发引凡四十八日》，上海古籍出版社 1983 年版。

（元）戴侗：《六书故》卷三，清文澜阁四库全书本。

（元）忽思慧：《饮膳正要》卷三，明景泰七年内府刊刻。

（元）忽思慧：《饮膳正要》，姚伟钧、李亮宇、崔磊等注评，中州古籍出版社 2015 年版。

（元）忽思慧：《饮膳正要》，张秉伦、方晓阳译注，上海古籍出版社 2014 年版。

（元）忽思慧：《饮膳正要·注释》，尚衍斌、孙立慧、林欢注释，中央民族大学出版社 2009 年版。

（元）胡古愚：《树艺篇·穀部》卷一，明纯白齐抄本。

（元）黄玠：《弁山小隐吟录》卷二，清文澜阁四库全书本。

（元）贾铭：《饮食须知》卷一，清学海类编本。

（元）贾仲名：《昇仙梦》，民国孤本元明杂剧本。

（元）李志常：《长春真人西游记》卷上，明正统道藏本。

（元）刘佶：《北巡私记》，民国三年云窗丛刻。

（元）鲁明善：《农桑衣食撮要》，商务印书馆 1936 年版。

（元）萨都拉：《萨天锡诗集》，四部丛刊景明弘治本。

（元）苏天爵：《元文类》卷四十一《杂著·经世大典序录·礼典总序·乐》，（元）苏天爵辑撰，姚景安点校：《元朝名臣事略》，中华书局 1996 年版。

（元）陶宗仪：《元明史料笔记丛刊——南村辍耕录》，中华书局 1959 年版。

（元）脱脱等：《辽史》卷三十二《营卫志中·行营》，中华书局 1974 年版。

（元）脱脱等：《辽史》卷十三《圣宗四》，中华书局 1974 年版。

（元）无名氏：《居家必用事类全集》，中国商业出版社 1986 年版。

（元）熊梦祥：《北京图书馆善本组辑〈析津志辑佚〉》，北京古籍出版社 1983 年版。

（元）杨允孚：《滦京杂咏》卷上，清知不足齐业书本。

（元）杨允孚：《滦京杂咏》卷下，清知不足斋丛书本。

（元）耶律楚材：《湛然居士文集》卷四，四部丛刊本。

（元）佚名：《居家必用事类全集》，邱庞同注释，中国商业出版社 1986
    年版。

（元）佚名：《居家必用事类全集》，明刻本。

（元）佚名：《元典章·刑部》卷十九《典章五十七》，元刻本。

（元）朱德润：《札剌机酒赋》，《古今图书集成·食货典》，第 698 册，
    1343 年。

# 后　记

本书是集体合作编著的成果。本书作为内蒙古自治区人民政府重大研究项目"发掘内蒙古历史文化，服务'一带一路'建设"第七子课题研究成果，在傅永春的主持下，由课题组成员布仁吉日嘎拉、仪德刚、代钦、王风雷、松林、王敏、王猛等共同完成。本书编撰分工如下：书稿前言、后记由仪德刚撰写；第一章"蒙古族科学技术史研究的历史及展望"由代钦撰写；第二章"元朝'一带一路'上的科技交流"由王敏撰写；第三章"蒙古族教育的历史脉络"由王风雷撰写；第四章"蒙古族医药的传承发展与'一带一路'"由松林撰写；第五章"蒙古族传统工艺与'一带一路'"由仪德刚撰写；第六章"蒙古族传统饮食文化与'一带一路'"由王猛撰写；第七章"蒙古族杰出科技成就及其服务现代社会的价值"由王敏撰写；第八章"中蒙两国教育科技医疗领域的合作研究"由布仁吉日嘎拉等撰写；第九章"加强中蒙俄科技教育交流与'一带一路'建设"由布仁吉日嘎拉、仪德刚、代钦、王风雷、松林等共同撰写。全书由仪德刚统稿，武月清进行了全文编辑。课题的完成，得益于教育部民政司民族教育发展中心郭岩主任，内蒙古自治区政府研究室程玺主任，内蒙古国际蒙医院服务贸易联络办呼戈主任，内蒙古自治区科技厅何秀萍处长，内蒙古教育厅科学技术与教育信息化处朱广元处长，内蒙古师范大学郭永胜教授、李营刚老师、包塔娜博士、姜红军博士，呼和浩特职业学院师范学院银杰老师等学界同人的大力支持，特此致谢。